...rsk beteiligte Fahrzeuge

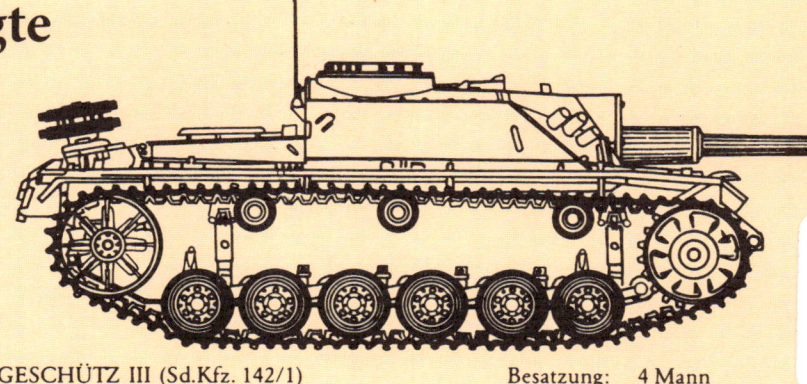

STURMGESCHÜTZ III (Sd.Kfz. 142/1)

Gewicht:	23,9 t	Besatzung:	4 Mann
Motor:	265 PS	Länge:	6,770 m
Kraftstoff:	310 l einschl. Reservetank	Breite:	2,950 m
Fahrbereich:	Straße: 155 km, Gelände: 95 km	Höhe:	2,160 m
Panzerung:	Front: 50 + 30 mm (Bug)	Feuerhöhe:	1,570 m
	Boden: 15 mm	Bewaffnung:	1 7,5-cm-Sturmkanone 40 (L 24) (L 48)
	Seite: 30 mm Schürzen: 5 mm		1 MG 42
	Heck: 30 mm Decke: 10 + 25 mm		2 MPi
			1 Front-MG 34 bzw. Rundum-MG 34

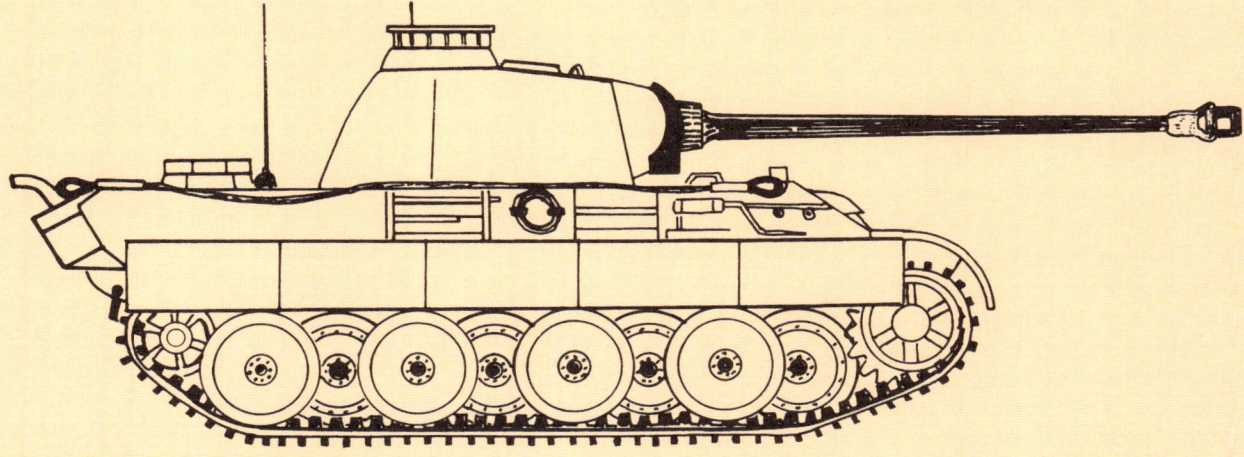

PANTHER I (zugleich auch Panzerbefehlswagen)

Gewicht:	44,8 t	Besatzung:	5 Mann
Motor:	600–700 PS	Länge:	8,860 m
Kraftstoff:	730 l einschl. Reservetank	Breite:	3,270 m (mit Schürzen: 3,420 m)
Fahrbereich:	Straße: 200 km, Gelände 100 km pro Füllung	Höhe:	2,995 m
Panzerung:	Front: 80 mm	Feuerhöhe:	2,300 m
	Bug: 60 mm	Bewaffnung:	1 7,5-cm-KwK 42 (L 70)
	Turm: 100 mm/45 mm		2 MG 34 (1 MG im Turm, 1 MG in Kugelblende)
	Seite: 40 mm		1 MPi
	Schürzen: 5 mm		

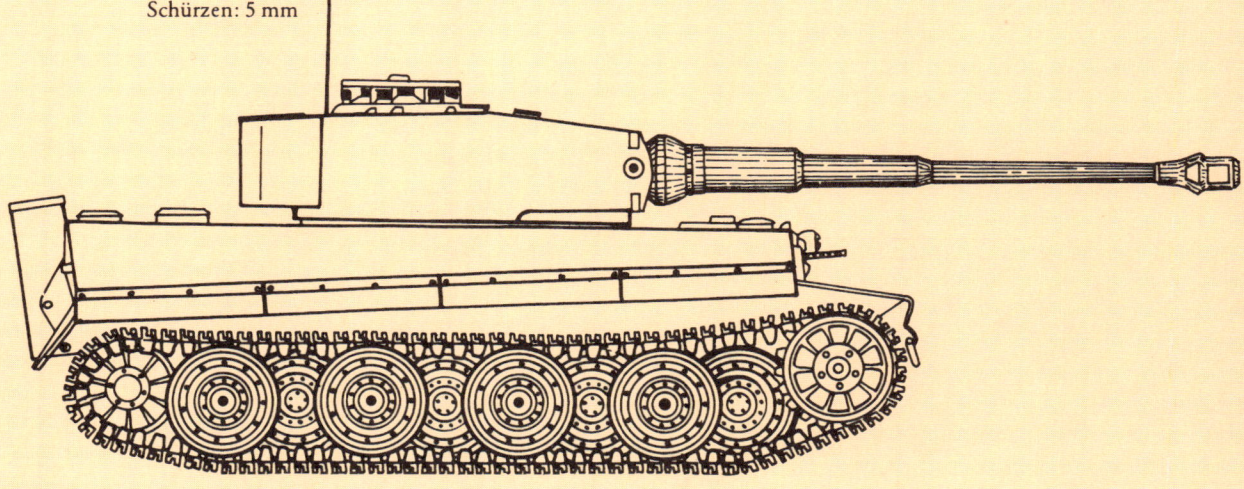

TIGER I, Ausführung B (Sd.Kfz. 182)

Gefechtsgewicht:	69,7 t	Breite:	3,755 m
Motor:	700 PS	Länge:	10,286 m (mit Rohr nach vorn)
Kraftstoffverbrauch		Höhe:	3,075 m
im Gelände:	1000 l	Bewaffnung:	1 8,8-cm-KwK 43 (L 71)
bei Straßenfahrt:	650 l		1 MG 34, Kaliber 7,92 mm
Panzerung:	Front: 150/40 mm		1 MG 34, Kaliber 7,92 mm
	Seite unten: 80/90 mm		1 MP 40, Kaliber 9 mm
	Boden: 40 mm	Besatzung:	5 Mann

Sylvester Stadler

Offensive gegen Kursk

Das II. SS-Panzerkorps
als Stoßkeil im Großkampf

EDITION ZEITGESCHICHTE

Titelseite: Im Sturm nehmen SS-Panzergrenadiere ein Dorf (oben). – Ein Panzerkampfwagen „Tiger" der SS-Panzergrenadier-Division „Das Reich" während des Unternehmens „Zitadelle" im Juli 1943 (unten links, Foto: Bundesarchiv/101III-Zschaeckel-207-12/Friedrich Zschaeckel) sowie SS-Brigadeführer und Generalmajor der Waffen-SS Sylvester Stadler – hier noch als SS-Obersturmbannführer (unten rechts, Foto: Walter Frentz). Während der Offensive gegen Kursk führte Stadler das SS-Panzergrenadier-Regiment „Der Führer".

Bibliographische Information der Deutschen Bibliothek
Die Deutsche Bibliothek verzeichnet diese Publikation in der Deutschen Nationalbibliographie; detaillierte bibliographische Daten sind im Internet unter http://www.dnb.ddb.de abrufbar.

ISBN 978-3-942145-26-8

© 2016 Edition Zeitgeschichte im Pour le Mérite-Verlag. Alle Rechte vorbehalten

Edition Zeitgeschichte
Postfach 52, D-24236 Selent

Gedruckt in der Europäischen Union

VORWORT

Das Buch „Die Offensive gegen Kursk 1943" – II. SS-Panzerkorps als Stoßkeil im Großkampf – ist ein weiterer Beitrag zur Geschichte der Waffen-SS im Zweiten Weltkrieg. Es ist ein besonderer Glücksfall, wenn wir im folgenden das Kriegstagebuch des SS-Panzerkorps mit allen wichtigen Anlagen und Karten vorlegen können, nachdem die Kriegstagebücher der Divisionen und der Regimenter leider fast alle vernichtet worden sind. Zudem wird der Kampf unserer ältesten Divisionen, der 1. SS-Panzerdivision „Leibstandarte", der 2. SS-Panzerdivision „Das Reich" und der 3. SS-Panzerdivision „Totenkopf" wiedergegeben.

Um die Kraft und das Gewicht der nun schon historischen Aussagen voll zur Geltung zu bringen, sind Erläuterungen weitgehend unterblieben, lediglich technische Erklärungen zum Verständnis der Artilleriebefehle wurden eingearbeitet. Andere sind auch wohl nicht angebracht, denn sie hätten die Aussage ihrer unmittelbaren Wirkung beraubt. Alle Dokumente sind nach den Tageszeiten in kursiver Schrift eingefügt. Die Information über den Verlauf der Schlacht um Kursk ist lückenlos und dokumentarisch für das Korps. Einführung und Schlußbetrachtung sind ebenfalls in enger Anlehnung an Originalunterlagen erstellt. Die Nachbarn sind, soweit nötig, erwähnt.

Es ist bewußt vermieden worden, Leistungen und die besondere Tapferkeit der einzelnen Divisionen und deren Führer, Unterführer und Männer zu würdigen. Alle drei Divisionen sind über sich hinausgewachsen, und ihre Leistungen in der Schlacht um Kursk und am Mius sind über jedes Lob erhaben. Für ehemalige Soldaten gibt es nur kriegsgeschichtliche und nachvollziehbare tatsächliche Abläufe des gewaltigen Geschehens. Eine moralisierende Betrachtung, ob gut oder böse, steht ihnen nicht zu. Sie haben zu beurteilen „wie es tatsächlich war".

Ich danke meinem Kameraden Helmut Thöle für die Archivarbeit, die Herstellung und Bildauslegung, dem Kameraden Richard Crull für seine wertvolle Mitarbeit und den Herren Archivamtsrat Meyer und Fotomeister Maurer für ihre Mithilfe. Die Karten „Lage am 4. Juli 1943 abends" und „Lage der 4. Panzerarmee und der Armee-Abt. Kempf am 10. Juli 1943 abends" wurden wurden dem Buch „Das Gesetz des Handelns" (Operation „Zitadelle" 1943) von Dr. Klink mit freundlicher Genehmigung des herausgebenden Militärgeschichtlichen Forschungsamtes entnommen.

Sylvester Stadler

Paul Hausser

LEBENSWEG DES KOMMANDIERENDEN GENERALS

Generaloberst Paul Hausser wurde am 7. Oktober 1880 in Brandenburg an der Havel geboren. Als Sohn einer alten Offiziersfamilie begann er seinen soldatischen Werdegang im Kadettenkorps und wurde im März 1899 Leutnant. Nach dem Truppendienst folgte die Kommandierung zur Kriegsakademie, und noch vor dem Ausbruch des Ersten Weltkrieges erfolgte seine Versetzung in den Generalstab. Während des Krieges bekleidete er verschiedene Generalstabsstellen und war bei Kriegsende 1. Generalstabsoffizier eines Armeekorps.
Anschließend kämpfte er noch beim Grenzschutz Ost um den endgültigen Bestand des Deutschen Reiches.
Er trat dann zur Reichswehr über und wird 1. Generalstabsoffizier und Chef des Stabes beim Wehrkreiskommando II in Stettin. Es folgen Kommandos als Bataillons- und Regimentskommandeur bei der Infanterie und die Versetzung als Infanterieführer IV in Magdeburg. 1932 scheidet Hausser als Generalleutnant aus der Reichswehr aus. Als der Wiederaufbau der Wehrmacht begann, war General Hausser wieder zur Stelle. Er mochte aber nicht in den alten Geleisen weiterfahren. Sein schöpferischer Geist suchte nach neuen Formen. Er wollte aufgrund der Erfahrungen im Ersten Weltkrieg und in der Reichswehr eine neue, moderne Truppe aufbauen. Der Reichsführer SS Heinrich Himmler gab ihm die Möglichkeit hierzu. Er holte ihn als Kommandeur der Junkerschule nach Braunschweig und ernannte Hausser im Jahre 1936 zum Inspekteur der damaligen SS-Verfügungstruppen. Damit begann der Aufbau der späteren Waffen-SS. Viele fröhliche Anekdoten aus dieser harten Ausbildungszeit lassen uns heute noch herzlich lachen. General Hausser schenkte uns dennoch nichts. Gerade diese entschlossene, zupackende Führung, seine einfache, schlichte Art, das mehr Sein als Scheinen, sein Herz für seine Soldaten und nicht zuletzt sein nie versiegender, treffender Humor waren die Grundlagen für seine Erfolge in Ausbildung und Einsatz im Kriege. Er war jeder Situation gewachsen, sowohl als Divisionskommandeur der Division „Das Reich", mit der er in den Westfeldzug marschierte, als auch später als Kommandierender General.
Mit eisernem Willen hielt er an einem einmal gefaßten Entschluß fest, solange nicht grundlegende neue Erkenntnisse die Lage veränderten. So auch im Frühjahr 1943, als er trotz mehrmaliger Führerbefehle und dem Drängen seiner unmittelbaren Vorgesetzten Charkow unter allen Umständen zu halten, die Stadt aufgab und seinem Korps den Rückzug befahl.
„Die drohende Vernichtung der Truppe muß dem Führer das Gewissen wecken", bekannte er später seinen jungen Kommandeuren.
Von frühester Jugend an, als leidenschaftlicher Soldat nur ausschließlich dem Befehl lebend, hat er sich trotz allem nicht gescheut, den Mut zum Ungehorsam auf sich zu nehmen.
Die Verantwortung für die Truppe war ihm erste Pflicht.
Wir, seine getreuen Soldaten, haben ihm für diese verantwortungsbewußte Haltung von Herzen gedankt und unter seiner Führung Charkow kurze Zeit später wieder zurückerobert.
General Hausser wurde zwar ob dieses schlachtentscheidenden Entschlusses von verschiedenen vorgesetzten Dienststellen, einschließlich Führerhauptquartier, angefeindet, um nicht zu sagen gemaßregelt, doch der Erfolg gab ihm recht und seine starke Persönlichkeit setzte sich schließlich auch hier wieder durch. Seine militärische Laufbahn endete nicht beim Kommandierenden General. Im Gegenteil, er konnte ab Juni 1944 noch als Oberbefehlshaber der 7. Armee und ab Anfang 1945 der Heeresgruppe G im Rückzug vom Westen seine große Führerqualität unter Beweis stellen.
Ritterkreuz mit Eichenlaub und Schwertern waren die äußeren Zeichen der Anerkennung seiner Tapferkeit und seiner schlachtentscheidenden Entschlüsse. Generaloberst Hausser war einer der ganz wenigen wirklich großen Führer und Soldaten des Zweiten Weltkrieges.

EINFÜHRUNG

Selten ist von einer Schlacht so viel und von so bedeutenden Männern wie v. Manstein, Schukow, Guderian, Liddell Hart, Fuller und anderen berichtet und geschrieben worden wie über die Kursker Offensive. Vielfach wurde sie als Wende des Zweiten Weltkrieges betrachtet, und zwar sowohl von deutscher als auch von russischer Seite.

War sie es tatsächlich? Wie kam es überhaupt zu dieser großen Schlacht und welche Bedeutung hatte sie in Wirklichkeit? Ein kurzer Blick auf die Gesamtlage des Reiches im Frühjahr 1943 zeigt von Norwegen bis Afrika höchste Anspannung auf allen militärischen und wirtschaftlichen Gebieten.

Der westliche Gegner war in Afrika gelandet. Man mußte damit rechnen, daß in absehbarer Zeit auch in Frankreich, Italien, auf dem Balkan oder auf einer der vielen vorgelagerten Inseln weitere Landungen erfolgen würden. Die Fronten erstreckten sich im Westen vom Nordkap über die Westküsten von Norwegen, Dänemark, Deutsche Bucht, Holland, Belgien, Frankreich, das westliche Mittelmeer bis nach Afrika und im Osten vom Schwarzen Meer bis zum Eismeer.

Es war völlig ausgeschlossen, solche Tausende von Kilometern breiten Fronten etwa in einem Stellungskrieg wie im Ersten Weltkrieg zu halten. Wir waren einfach zum Bewegungskrieg gezwungen. Nur hier konnten unsere größere Wendigkeit, unsere bisherige Kampferfahrung, unsere geschicktere Truppenführung und der höhere Kampfwert der Truppe voll und ganz zur Geltung gebracht werden, auch wenn wir quantitativ unterlegen waren.

Die letzten Siege an Donez und Dnjepr im Winterfeldzug 1942/43, der mit der Wiedereroberung von Charkow und Bjelgorod im Schlamm endete, hatten diese Tatsache erneut bewiesen. Die Rote Armee hatte trotz Stalingrad einen Rückschlag erlitten, der von uns genutzt werden sollte, und zwar so schnell wie möglich, bevor die schwer angeschlagenen Armeen Stalins wieder voll aufgefüllt und kampfbereit waren. Hier bei Kursk und Orel blieb der Schwerpunkt, hier mußte fast zwangsläufig eine Entscheidung gesucht und gefunden werden, bevor der Westen noch stärker in das Kriegsgeschehen eingreifen konnte. Die erfolgreiche Abwehr der sowjetischen Winteroffensive hatte zwar eine Beruhigung der Lage an der gesamten Ostfront gebracht, doch der sogenannte Kursker Bogen, der zirka 160 Kilometer nach Westen vorsprang, hatte infolge der einsetzenden Schlammperiode nicht mehr begradigt werden können. Das bedeutete zusammen mit dem anschließenden Bogen bei Orel eine Frontverlängerung von fast 500 Kilometern, die uns durch die quantitative Unterlegenheit an Menschen und Material in der Verteidigung doppelt belastete. Was lag näher, als hier schnell Abhilfe zu schaffen und eine entsprechende Frontverkürzung und damit auch die Bildung operativer Reserven herbeizuführen, zumal die Russen ihrerseits, sicheren Nachrichten und Beobachtungen zufolge, ebenfalls die Absicht zeigten, den Orel-Bogen abzuschneiden bzw. aus dem Kursker Bogen heraus anzugreifen, zumindest aber diesen Vorsprung und Bereitstellungsraum unter allen Umständen und mit allen Mitteln halten wollten.

Es kam also darauf an, so schnell wie möglich zu handeln, d. h. nach Abschluß der Schlammperiode, spätestens aber bis Mitte Mai den Kursker Bogen abzuschneiden und die darin befindlichen, nicht unbedeutenden Teile der Roten Armee zu vernichten.

GFM v. Manstein schreibt hierzu:*)

„Mit der Absicht, den Gegner noch im Stadium der Schwäche zu treffen, wurde also die Operation ‚Zitadelle' angelegt.
Nach den Weisungen des OKH sollte der feindliche Frontbogen um Kursk durch einen an seinen Eckpfeilern angesetzten Zangenangriff der H.Gr. Mitte (von Norden) und der H.Gr. Süd (von Süden) abgeschnitten und die in ihm stehenden Feindkräfte vernichtet werden. Für beide H.Gr. lag in diesem Angriff zweifellos ein erhebliches Risiko.

---
*) v. Manstein, „Verlorene Siege", Seite 485.

Der Angriff der H.Gr. Mitte mußte aus der Südfront des Orel-Bogens angesetzt werden. Wie der vom Gegner um Kursk gehaltene Frontbogen weit nach Westen in unsere Linien vorsprang, so ragte – nördlich von ihm – der von der H.Gr. Mitte gehaltene Orel-Bogen weit nach Osten in die feindliche Front hinein. Als Basis für die Operation ‚Zitadelle' bot er aber auch dem Gegner die Möglichkeit eines umfassenden Angriffs und somit – im Falle des Erfolges eines solchen – einer Gefährdung des Rückens der zum Angriff von der H.Gr. Mitte angesetzten Kräfte.

Im Bereich der H.Gr. Süd lag die Gefahr in der Tatsache, daß das Donezgebiet unter allen Umständen gehalten werden sollte, das durch seine exponierte Lage dem Feinde die Möglichkeit eines von überlegenen Kräften geführten Angriffes von zwei Seiten bot.

Trotz dieser Bedenken haben beide H.Gr. das Äußerste getan, um durch möglichst hohen Kräfteeinsatz das Gelingen von ‚Zitadelle' sicherzustellen. Unzweifelhaft aber war, daß das Risiko bei den Heeresgruppen um so größer werden mußte, je länger man dem Gegner Zeit ließ, seine angeschlagenen Kräfte wieder herzustellen.

Die HGr. Mitte stellte für ihren von Norden zu führenden Angriff die 9. Armee unter dem Befehl des Generalobersten Model bereit. Sie konnte für den eigentlichen Durchbruchsangriff in Richtung Kursk 3 Pz.-Korps mit insgesamt 6 Pz.-, 2 Pz.Gren.- und 7 Inf.-Divisionen verfügbar machen.

Diese 3 Korps hatten, aus der Südfront des Orelbogens antretend, die feindliche Front auf etwa 50 Kilometer Breite zu durchbrechen, wobei den beiden Flügelkorps zugleich die offensive Abdeckung des Stoßkeils nach den Flanken zufiel...

Der H.Gr. Süd war es möglich, der Angriffsoperation ‚Zitadelle' einen größeren Rahmen zu geben, indem sie 2 Armeen mit insgesamt 5 Korps mit 11 Pz.- und 7 Inf.-Divisionen für den Angriff bereitstellte."

Die 4. Panzerarmee unter Generaloberst Hoth, den wir alle von den vorangegangenen Einsätzen gut kannten und verehrten und der später selbst in der Gefangenschaft noch voller Anerkennung von der Ausbildung, dem Einsatz und der Führung der Waffen-SS sprach, erhielt den Auftrag zum Durchbruch auf Kursk und zur Herstellung der Verbindung zu der von Norden antretenden 9. Armee unter Generaloberst Model. Hierzu standen der Armee drei Korps, darunter das II. SS-Panzerkorps, zur Verfügung.

Das Oberkommando der 4. Panzerarmee befahl:

Oberkommando der 4. Panzerarmee   *AHQu., den 28. 6. 1943*
Ia Nr. 194/43 g.Kdos. Chefs.
– 3 Anlagen.
                      Geheime Kommandosache   *8 Ausfertigungen*
                      Chef-Sache! Nur durch Offizier   *6. Ausfertigung*

                               Operationsbefehl „Zitadelle".

1. Vor der Angriffsfront der Pz.-Armee muß mit vier Schützen-Div. in der ersten und mit zwei weiteren Schtz.Div. in der zweiten Stellung gerechnet werden. Außerdem scheint ein Pz.-Korps in oder dicht hinter der 2. Stellung, ein weiteres Pz.-Korps südl. Obojan zu stehen.

Das Verhalten des Feindes zeigt, daß er, gestützt auf sein tiefes und gut ausgebautes Stellungssystem, den vorspringenden Frontbogen von Kursk zu halten beabsichtigt und hierzu frontnahe Panzerkräfte im Kampf um die 1. Stellung einsetzen wird.

Nach Durchbruch durch die 2. Stellung muß mit Panzerangriffen gegen die Ostflanke des Gesamtangriffs in Stärke mehrerer Pz.-Korps und Angriffen von drei bis vier herangeführten Schtz.Div. gegen die Westflanke gerechnet werden.

2. Pz.AOK 4 tritt zur Einkesselung und Vernichtung des Feindes im Frontbogen Kursk zum Angriff „Zitadelle" an.

Hierzu durchbricht die Pz.-Armee am X-Tage im planmäßigen Angriff die feindliche 1. Stellung im Abschnitt Höhen nordwestl. Belgorod–Korowino nach vorheriger Wegnahme der Höhen beiderseits Butowo und südl. Gerzowka durch XXXXVIII. Pz.-Korps am Nachmittag des x-1. Tages.

Sie bricht schnell jeden Widerstand in der 2. Feindstellung, schlägt die entgegengeworfenen Panzerkräfte und stößt sodann, Obojan ostwärts umgehend, auf Kursk und ostwärts vor. Die Operation wird durch die Armee-Abt. Kempf offensiv nach Osten abgeschirmt. Hierzu greift der linke Flügel der Armeeabteilung (6. Pz.Div.) von Belgorod über Ssabynino in Richtung Prochorowka an.

3. II. SS-Pz.-Korps bricht am x-Tage in planmäßigem, durch Panzer unterstützten Angriff nach starker Artillerievorbereitung durch die vordere feindl. Verteidigungszone im Abschnitt Beresoff–Sadelnoje durch. Die für die Artl.-Beobachtung notwendigen Höhen sind nachts zu nehmen. Eine Division greift rechts rückwärts gestaffelt zunächst bis in Gegend Shurawliny an und öffnet die Straße Belgorod, Jakowlewo.
Nach Durchkämpfen durch die vordere feindliche Verteidigungszone ist das Korps unverzüglich zum Angriff gegen die zweite feindliche Stellung zwischen Lutschki und Jakowlewo vorzuführen. Die linke Flanke ist an der Worskla durch ein Drittel 167. ID zu decken.
Nach Durchstoßen durch die 2. Stellung ist das Korps so bereitzuhalten, daß es in sich rechts rückwärts gestaffelt mit Masse südlich des Pssel-Abschnitts nach Nordosten vorgehen kann, rechter Flügel über Prochorowka.

4. XXXXVIII. Pz.-Korps setzt sich am Nachmittag des x-1. Tages ohne Einsatz von Panzern in den Besitz des Vorfeldes bis zur Linie Höhe südostw., nördl. und westl. Butowo–Höhe südl. Gerzowka–Wald ostw. Bubny.
Am x-Tag setzt das Korps aus den erreichten Stellungen den Angriff durch das feindliche Hauptkampffeld fort. Nach starker Artl.-Vorbereitung bricht es mit Panzerunterstützung zunächst westl. Tscherkasskoje ein und nimmt sodann die feindl. Stellungen beiderseits des Weges Butowo, Dubrowa. Nach Nordosten eindrehend ist mit Panzern voraus in Richtung Dubrowa vorzustoßen, um ein Ausweichen des Feindes südl. Olchowatka nach Norden zu verhindern und den Angriff des II. SS-Pz.-Korps ostwärts der Worskla zu unterstützen. Jede Gelegenheit, in die feindliche 2. Stellung einzubrechen, ist mit äußerster Entschlossenheit auszunutzen.
Mit 167. ID (ohne ein Drittel) ist zunächst westl. Nowo Tscherkasskoje, später an der Worsklalez ein Ausbrechen der roten 67. Garde-Schtz.Div. nach Westen zu verhindern. Die linke Flanke ist durch Angriff über die Pena bei Sawidowka und Nachführen starker Teile der 332. ID zu decken.
Nach Gewinnen der Straße Belgorod, Obojan hält sich das Korps zum Vorgehen gegen den Pssel-Abschnitt zwischen Olchowskij und Schipy bereit.

5. LII. AK wehrt in den bisherigen Stellungen feindl. Entlastungsangriffe ab. Zur Feindtäuschung ist am Nachmittag des x-1. Tages ein Stoßtruppunternehmen mit starkem Artl.-Vorbereitungsfeuer zur Wegnahme eines schwach besetzten Punktes durchzuführen. Außerdem sind am Nachmittag x-1.Tag feindl. Batterien durch Feuerüberfälle zu bekämpfen.
Das Korps hält sich bereit, am x-1. Tag mit rechtem Flügel aus Gegend Krjukowo auf Dmitrijewka anzugreifen.

6. Angriffsbeginn.
Angriffstag wird gem. Tarntafel befohlen.
Sollten Wetterlage oder besondere Umstände eine Verschiebung erforderlich machen, ist der Befehl hierzu bis zum x-1. Tag 8.00 Uhr zu erwarten. Vorbereitungen sind zu treffen, um die Truppe sodann wieder aufzulockern und das Erkennen der beabsichtigten Schwerpunkte zu verhindern.
Angriffszeiten (nach Tarntafel).
XXXXVIII. Pz.-Korps am x-1. Tag: 42.00 Uhr, LII. AK am x-1. Tag für Stoßtrupps: 44.00 Uhr, Artl.-Bekämpfung 43.30 Uhr.
II. SS-Pz.-Korps am x-Tag: 30.00 Uhr (Beginn des Einschießens).
XXXXVIII. Pz.-Korps am x-Tag: Zeit befiehlt XXXXVIII. Pz.-Korps.

7. Befehlsverhältnisse ab x-5. Tag sind mit Ia Nr. 158/43 g.Kdos. Chefs. vom 23. 5. 1943 befohlen (Aufmarschbefehl).

8. Unterstellungen siehe Anlage (vorbereitete Kriegsgliederung).

9. Kampfverfahren wie durch Sonderweisung an die Korps befohlen.

10. Trennungslinien:

a) zwischen Armee-Abt. Kempf und 4. Pz.-Armee:
Verlauf des Udy bis Bolchowez (Kempf)–Wegegabel 6 Kilometer südwestl. Schopino–Schopino (4. Pz.)–Wissloja (4. Pz.)–Petrowskij (4. Pz.)–Leski (Kempf)–Prochorowka–Olchowatka–Ssarajewka (Orte zu 4. Pz.)

b) zwischen (4. Pz.)–Welikij Istorop (2.)–Bahnhof Boromlja (4. Pz.)–Grebenikowka (2.)–Krassnopolje (4. Pz.)–Ssytnoje (4. Pz.)–Ilek (4. Pz.)–Belaja (4. Pz.);

c) zwischen II. SS-Pz.-Korps und XXXXVIII. Pz.-Korps:
Borissowka–Tomarowka–Dragunskoje–Olchowka–Wesselyj–Ortschaften am Olchanka-Bach (Orte zu XXXXVIII.)–Rshawtschik (25 Kilomenter ostw. Obojan) (II. SS-Pz.-Korps). Trennungslinie tritt ab x-5. Tag 12.00 Uhr in Kraft.

d) zwischen XXXXVIII. Pz.-Korps und LII. AK:
Graiworon–Antonowka–Chotmyshsk–Oktjabrskaja Gotnja (Orte zu XXXXVIII.)–Trefilowka (LII.)–Dmitrijewka (LII.)–Melowoje (LII.)–Iwnja–Pawlowka (Orte zu XXXXVIII.).
Trennungslinie tritt ab x-4. Tag 6.00 Uhr in Kraft.

11. Aufklärung:

a) Die Luftwaffe wird den Raum Belgorod–Oskol-Abschnitt von Wolokonowka bis nördl. Staryj Oskol–Kursk–Ssudsha–Miropolje mit Schwerpunkt auf den von Nordosten heranführenden Bahnen und Straßen aufklären.

b) Erde: Durch die Korps in ihren Bewegungsstreifen nach eigener Anordnung. Dem II. SS-Pz.-Korps fällt die Aufklärung in der Ostflanke der Panzerarmee über den Ssewerny Donez zur Feststellung, ob der Feind hier Kräfte von Osten heranführt, zu.
Beim XXXXVIII. Pz.-Korps und LII. AK kommt es darauf an, frühzeitig Ausweichbewegungen des Gegners aus dem Raum südlich Ssudsha nach Osten oder Nordosten zu erkennen.

12. Unterstützung durch die Luftwaffe:
Die Panzerarmee ist auf Zusammenarbeit mit VIII. Fliegerkorps angewiesen.
Die Luftwaffe wird am Nachmittag des x-1. Tages XXXXVIII. Pz.-Korps unterstützen. Am x-Tag wird die gesamte Luftwaffe zunächst beim Einbruch des II. SS-Pz.-Korps mitwirken. Es ist sodann beabsichtigt, die Luftwaffe etwa ab 7.00 Uhr vor XXXXVIII. Pz.-Korps anzusetzen.
Einzelheiten regeln die Korps unmittelbar über die Fliegerverbindungskommandos.

13. Pioniere:

a) Oberbaustab 14 mit Bau-Btl. (K) 155 und (K) 305 sowie OT-Einsatzstab Kretzer mit den OT-Einheiten 71 und 73 werden der Pz.-Armee unmittelbar unterstellt.
Auftrag:
Instandsetzung und Unterhaltung der Pz.-Armee-Nachschubstraße Belgorod, Obojan, Kursk mit sämtlichen Bauwerken für 60 Tonnen. Herstellung einer unmittelbaren Verbindung zwischen dem Ausladebahnhof Dolbino und der Straße Belgorod, Obojan etwa 6 Kilometer nordwestl. Belgorod.
Hierzu verbleibt Bau-Btl. 155 zunächst im bisherigen Raum.
Bau-Btl. 305 tritt am x-Tag 9.00 Uhr mit Anfang von Bol. Pissarewka an und erreicht über Graiworon, Borissowka den Ort Tomarowka.

b) Die Entminung der Straße Belgorod, Kursk ist von den Korps in ihren Abschnitten durchzuführen.

14. Flakartillerie:
Mit Zuführung von Flakkräften ist vorerst nicht zu rechnen. Die Gen.Kdos. regeln den Einsatz der Flak ihrer Div. einheitlich so, daß der Schwerpunkt vom x-2. Tag früh bis zum Angriffsbeginn im Raum Streletzkoje–Rakowo–Ssajenkoff–Blishny sowie im Raum Tomarowka–Borissowka liegt.
Mit Angriffsbeginn ist vor allem die Bereitstellung und das Vorgehen der Panzer zu schützen.

15. Nachrichtenverbindungen:

1. Drahtverbindungen:

a) Pz.-Armee-Nachr.Rgt. 4 stellt Fernsprechverbindung zu II. SS-Pz.-Korps, XXXXVIII. Pz.-Korps und LII. AK her und treibt mit Angriffsbeginn je eine Pz.-Armee-Achse bei II. SS-Pz.-Korps und XXXXVIII. Pz.-Korps vor.

b) II. SS-Pz.-Korps und XXXXVIII. Pz.-Korps sind dafür verantwortlich, daß die zum Bau der Pz.-Armee-Achse benötigten Teile des Pz.-Armee-Nachr.Rgt. 4 möglichst weit vorne in ihre Marschbewegungen eingegliedert werden.

2. Funkverbindungen:

a) Pz.-Armee-Nachr.Rgt. 4 hält Funkbereitschaft zu den unterstellten Korps und hört Verkehr der Pz.-Div. zu den Korps mit. Funkstille bis zur Feindberührung.

b) Sonderfunkregelung für:

aa) Teilunternehmen des XXXXVIII. Pz.-Korps am x-1. Tag.
Unter Aufrechterhaltung des bisherigen Funkbildes Funkerlaubnis für die am Teilunternehmen beteiligten neu herangeführten Verbände bis zu den Regimentsstäben einschl. Funkstille von den Regimentern nach rückwärts bis 24.00 Uhr.

bb) für Teilunternehmen des II. SS-Pz.-Korps:
Funkerlaubnis nur für die unmittelbar beteiligten Truppen.

3. Nachr.Nahaufkl.-Kompanie des Pz.-Armee-Nachr.Rgt. 4 wird XXXXVIII. Pz.-Korps zur Nachrichtennahaufklärung zugeteilt.
Besondere Anordnungen für die Nachr.-Verbindungen zum Operationsbefehl s. Anlage 3.

16. Zur Geheimhaltung sind auch jetzt nur die unbedingt notwendigen Persönlichkeiten in die Absichten usw. einzuweisen. Die Einweisungen sind erst Zug um Zug und so spät wie irgend möglich zu erweitern. In sämtliche schriftlichen Befehle ist nur das aufzunehmen, was der Empfänger unbedingt wissen muß.

17. Pz.-Armee-Hauptquartier: Bogoduchoff.
Vorgeschobener Gefechtsstand ab x-1. Tag 12.00 Uhr, Bhf. Alexandrowka.

18. Die Geheimhaltungsbestimmungen sind nach Inhalt und Verteiler beachtet.

Der Oberbefehlshaber, Hoth

Bei den Generalkommandos sollten nur die Kommandierenden Generale, die Chefs und 1. Generalstabsoffiziere von den Absichten Kenntnis erhalten.
Dieser Hinweis ist sicher vor jeder größeren Operation gegeben worden. Hier war er auch besonders angebracht. Leichtsinn, Unvorsichtigkeit oder Nachlässigkeit würden sich bei „Zitadelle" in ganz besonderem Maße in Form von schwersten Verlusten oder gar in einem Fehlschlag der Operation mit nachhaltigen Folgen zeigen.
An Verrat dachte damals noch niemand. Das war für uns einfach unvorstellbar, obwohl uns natürlich nicht unbekannt war, daß die feindliche Spionage durch deutsche Kommunisten tüchtige, fanatische und unsere Verhältnisse gut kennende Agenten besaß, die nicht davor zurückschreckten, für ihre Sache ihr Leben einzusetzen. Dazu kamen dann auch noch die Partisanenverbände, welche im Rücken der Front operierten und durch die Zivilbevölkerung stets über die eigene Truppe, deren Bewegungen, Transporte auf dem laufenden gehalten wurden und die zudem für uns ein ständiger Unruheherd waren. Außerdem mußten schließlich starke Kräfte zur Bekämpfung dieser Partisanen abgegeben werden, die uns an der Front bitter fehlten.
Bei unserer unmittelbar nach der Rückeroberung von Charkow und Bjelgorod Ende März bereits angelaufenen Auffrischung und Ausbildung im Großraum westlich der obengenannten Städte haben wir deshalb auch auf Geheimhaltung besonderen Wert gelegt, damit der Gegner durch Truppen-, Funk- oder Luftaufklärung so gut wie nichts erfahren konnte.

Im übrigen wurde die gesamte Ausbildung so gewissenhaft, so planmäßig und vor allem so kriegsnah wie nie zuvor durchgeführt. Als erste Maßnahme wurde wieder einmal befohlen, unsere rückwärtigen Dienste nach alten, noch gut ausgebildeten Rottenführern zu durchkämmen. Sie wurden in Unterführer-Lehrkompanien zusammengefaßt, die wiederum von besonders befähigten Führern geleitet wurden. Auf diese Art haben wir unseren Kampfwert immer wieder auf den alten Standard bringen und halten können, obwohl die „Leibstandarte" Personal zur Aufstellung der 12. SS-Panzerdivision „Hitlerjugend" abgeben mußte. Ein gutes Unterführerkorps war und ist eben in jeder Truppe der beste Halt! Im weiteren war von jeder Division jeweils ein durch schwere Waffen verstärktes Pz.Gren.Btl. in der Front eingesetzt, und es war befohlen, das Gelände, den Gegner, seine Verpflegung, seine Munitionierung, alle sonstigen Gewohnheiten und vor allem seine schweren Waffen genau zu studieren und dies schriftlich festzuhalten. Das regte die allgemeine Beobachtung an. Jedermann bis zum jüngsten Grenadier bekam ein klares Feindbild, und dies stärkte das Selbstbewußtsein. Die nicht eingesetzten Teile übten – neben der allgemeinen Ausbildung – vor allem Stoßtruppunternehmen, Kampf gegen Pakstützpunkte, Überwinden von Panzergräben, Panzerabwehr der Grenadiere sowie Vertiefung der Ausbildung der Panzerwaffe. Neu war, daß jede Division eine „Tiger"-Kompanie erhielt. Zusammenarbeit mit der Luftwaffe erhielt ebenfalls breiten Raum. Lehrübungen im scharfen Schuß und in Zusammenarbeit aller Waffen waren ständig auf der Tagesordnung. Generaloberst Hausser war täglich bei der Truppe. Er gab uns aus seiner reichen Erfahrung, seinem unerschöpflichen soldatischen Wissen und Können immer wieder wertvolle Ratschläge und hob mit seinem nie versiegenden trockenen Humor die Stimmung der Truppe. Das SS-Pz.-Korps war auf jeden Fall voll und ganz auf weitere harte Angriffsaufgaben eingestellt, und Führer aller Grade wetteiferten jeden Tag, die Ausbildung ihrer Einheiten weiterzuentwickeln und zu vertiefen. Leider bekamen wir noch viel Zeit dazu. Die beim Korps vorliegenden Aufträge kannten wir zwar noch nicht, doch es war nicht schwer, unsere Aufgabe zu erahnen. Unsere ständige Sorge galt den Feindabsichten, ob der Gegner nicht in die eigenen Vorbereitungen hineinstoßen oder eine andere Front durchbrechen und wir dadurch – wie schon so oft – wieder aufgesplittert eingesetzt würden.
Die Rote Armee brauchte genauso den Erfolg der Truppe wie wir. Zudem war sie an Menge, Menschen und Material überlegen und im eigenen Land von der Bevölkerung und ihren Partisanen stark unterstützt. Interessant ist in diesem Zusammenhang die Ansicht des bekannten englischen Militärschriftstellers Liddell Hart. Er schreibt hierzu:*)

„Der Kursker Bogen als Angriffsziel lag sehr nahe. Er bedeutete eine ebenso klare Verlockung für eine deutsche Zangenbewegung wie der angrenzende Bogen bei Orel eine Verlockung für eine russische Zangenbewegung. So waren auf beiden Seiten wenig Zweifel über den Raum des nächsten Angriffes möglich, und die Hauptfrage war, wer zuerst losschlagen würde.
Dies war auch auf russischer Seite diskutiert worden. Die Argumente für ein Losschlagen vor den Deutschen waren die, daß die russische Verteidigung zwei Sommer hintereinander von dem deutschen Angriff über den Haufen geworfen worden war. Die durch die vielen offensiven Erfolge seit Stalingrad erzeugte Zuversicht machte die russischen Führer geneigt, in diesem Sommer die Initiative zu ergreifen. Andererseits wurde darauf hingewiesen, daß im Jahr 1942 Timoschenko mit seiner Charkow-Offensive im Mai den Anfang gemacht hatte, auf die der russische Zusammenbruch zwischen Charkow und Kursk im Juni in katastrophaler Weise folgte.
Bei seiner ersten Besprechung mit dem russischen Generalstab Ende Mai gewann der neue Chef der britischen Militärmission, Generalleutnant G. L. Q. Martel, den Eindruck, die Entscheidung sei für eine Offensive gefallen. Er sagte offen, nach seiner Meinung würden die Russen in Schwierigkeiten geraten, wenn sie eine Offensive starteten, solange die aufgefrischten deutschen Panzerformationen noch nicht abgenutzt seien, und daß sie schwer auf den Kopf geschlagen würden, wenn sie etwas Derartiges versuchten. Kurz darauf wurde er über die britische Taktik in Nordafrika befragt, und er erklärte ihnen, daß

---

*) Liddell Hart, „Geschichte des Zweiten Weltkrieges", Seite 611.

unser Erfolg in Alamein weitgehend darauf zurückzuführen war, daß wir die deutschen Panzerverbände sich an unserer Verteidigung die Köpfe blutig rennen ließen. Als die deutschen Panzer mitten im Kampf und schwer angesschlagen waren, war für uns die Zeit gekommen, selbst einzugreifen. Bei der nächsten Besprechung hatte er den Eindruck, daß der russische Generalstab dieser Taktik zuneigte. Er benutzte die Gelegenheit, die Russen mit einer anderen britischen Erfahrung bekanntzumachen: der Wichtigkeit, bei einem feindlichen Panzerdurchbruch auf beiden Seiten die Flanken zu halten und mit allen verfügbaren Reserven zu verstärken als eine Art indirekten Widerstandes, der besser ist, als sich der Sturzflut frontal entgegenzustellen."

Es ist nicht ganz auszuschließen, daß dieser englische Rat mit dazu beigetragen hat, die Russen vor einem Angriff aus der Vorhand, wie es GFM v. Manstein nennt, abzuhalten und sie dazu bewogen hat, aus der Nachhand anzugreifen. Andererseits kann man ebensogut annehmen, daß die Auffrischung und Ausbildung der Russen erheblich langsamer liefen und nach der Frühjahrsschlappe auch ein Stimmungstief zu überwinden war, das für die Truppe stets viel schwieriger ist als der Verlust von Waffen und Gerät.

Inzwischen ging die Ausbildung bei den Divisionen des SS-Pz.-Korps intensiv weiter. Ständige Alarmübungen gaben uns die Gewißheit, daß es nun bald wieder soweit sein würde und wir zu einem weiteren Großangriff starten müßten. Wir waren bereit. Die Stimmung der Truppe war ausgezeichnet, der Ausbildungsstand gut.

Ganz das Gegenteil spielte sich im Führerhauptquartier bzw. beim OKH ab. Hier war inzwischen der damalige Generaloberst Model zum Vortrag beim Führer, dessen besonderes Vertrauen er genoß, bedingt durch seine Energie und unerschütterliche Standhaftigkeit bei den vorangegangenen Abwehrkämpfen. GFM v. Manstein schreibt hierüber:*)

„Generaloberst Model hatte nun anläßlich seines Vortrages bei Hitler nachdrücklich auf die Schwierigkeiten hingewiesen, denen sein Angriff infolge des starken Ausbaues des feindlichen Stellungssystems begegnen werde. Auch Nachrichten über eine außerordentliche Verstärkung der feindlichen Panzerabwehr, insbesondere durch Einführung einer neuen Panzerbüchse, der unsere Panzer IV nicht gewachsen wären, hatten in seinen Darlegungen eine große Rolle gespielt. Dem ihm übertragenen Durchbruchsangriff hatte er von vornherein einen Sechstageplan zugrunde gelegt.

Diese Ausführungen hatten Hitler offenbar stark beeindruckt. Er fürchtete, daß unser Angriff nicht oder zum mindesten nicht schnell genug durchschlagen würde, um zu einem großen Einkreisungserfolg zu führen. Er sah nach seinen Darlegungen eine weitere Verstärkung unserer Panzerkräfte für notwendig an. Sie könne bis 10. Juni durch Zuführung erheblicher Mengen von Panzern der Typen ‚Tiger' und ‚Panther', von Sturmgeschützen sowie einer Abteilung überschwerer Panzer ‚Ferdinand' (eine Porschekonstruktion, die sich dann als unbrauchbar erweisen sollte) erfolgen. Außerdem müßten die Panzer IV und die Sturmgeschütze ‚Panzerschürzen' (anhängbare Schutzschilde zur Verstärkung der Panzerung) erhalten, um den neuen sowjetischen Panzerbüchsen gewachsen zu sein. Im ganzen stellte Hitler annähernd eine Verdoppelung unserer Panzerzahl in Aussicht.

Er wünschte jedoch zu der Frage einer Verschiebung von ‚Zitadelle' zunächst die Ansicht der beiden Oberbefehlshaber zu hören. Beide sprachen sich gegen eine solche aus, eine Auffassung, die auch der Chef des Generalstabes, General Zeitzler, teilte."

GFM v. Manstein führt weiter aus:*)

„Der Zuwachs an Panzern, den wir erhalten sollten, würde durch den Zufluß von Panzern auf sowjetischer Seite vermutlich mehr als ausgeglichen werden. Die monatliche Panzerproduktion des Gegners betrage sicher mindestens 1500 Stück. Auch würden bei längerem Zuwarten die jetzt noch durch die Verluste des Winterfeldzuges und die kürzlich erlittenen Niederlagen in ihrer Moral wie in ihrem Kampfwert stark abgesunkenen Verbände des Feindes ihre Angriffskraft wiedergewinnen. Schließlich würde der Ausbau der feindlichen Stellungen immer stärker werden. . . .

---

*) v. Manstein, „Verlorene Siege", Seiten 490/91.

So verlockend die weitere Verstärkung unserer Panzerkräfte auch sei, so müsse meines Erachtens doch an dem alsbaldigen Angriff festgehalten werden. Im Falle einer Verschiebung würde die H.Gr. jedenfalls neben dem Zuwachs an Panzern auch weiterer Infanteriedivisionen zur Überwindung des feindlichen Stellungssystems bedürfen.
Ich schloß damit, daß ‚Zitadelle' wohl kein leichtes Unternehmen werden würde, daß man aber an dem Entschluß baldigen Schlagens festhalten und, wie ein Reiter, als erstes ‚das Herz über das Hindernis werfen' müsse. Ein Vergleich, der, wie mir alsbald klar wurde, Hitler, welcher Pferde und Reiter nicht schätzte, allerdings nicht ansprechen konnte."

Der Chef des Generalstabes der Luftwaffe schloß sich der Ansicht der beiden Oberbefehlshaber an. Er bestätigte, daß der Gegner nach dem Bild der Luftwaffe eine entscheidende Offensive im Bereich der HGr. Süd zu planen scheine.

Generaloberst Guderian schlug vor, die gesamten Panzerkräfte auf einer Angriffsfront, sei es bei HGr. Süd oder bei HGr. Mitte, zusammenzufassen.

Hitler wiederholte alsdann nochmals seine Argumente für einen Aufschub bis 10. Juni. Hinsichtlich des Zuwachses an Panzern auf beiden Seiten sagte er, daß ein mögliches Mehr an Panzern auf sowjetischer Seite durch die technische Überlegenheit der zusätzlichen „Tiger", „Panther" und „Ferdinand" wieder aufgehoben werden würde. Weitere Infanteriedivisionen könne er jedoch nicht zur Verfügung stellen.

Leider wurde auch der Junitermin erneut verschoben. Wir bekamen immer mehr ein ungutes Gefühl, denn wir sahen täglich deutlicher, was beim Gegner hinter der HKL vor sich ging. Auch der Oberbefehlshaber der 4. Panzerarmee, Generaloberst Hoth, machte sich erhebliche Sorgen. Klink schreibt hierüber:*)

„In einer Lagebeurteilung vom 14. Juni betonte der Oberbefehlshaber der 4. Panzer-Armee, daß der Gegner einen deutschen Angriff zur Abschnürung des Frontbogens von Kursk erwarte, ihm jedoch nicht klar sei, wo der Angriff angesetzt werden würde. Eine wesentliche Verstärkung der russischen Abwehr an der ganzen Front unter Eingraben von Panzern und Verlegen von Minenfeldern war erkannt. Auch der Panzergraben von Tscherkasskoje war fertiggestellt, so daß an der gesamten Angriffsfront die Zwischenräume zwischen den natürlichen Panzerhindernissen geschlossen waren. Abschließend stellte Hoth die erheblich verbesserte Ausbildung der Truppe fest. Angriffsgeist und -schwung ist über jedes Lob erhaben. Die materielle Ausstattung ist nicht wesentlich verbessert worden; bedenklich ist die ungenügende Panzerausrüstung bei der 3. und 11. Pz.-Division... Zusammenfassend glaube ich daher, daß nunmehr jeder Tag des Hinausschiebens des Angriffes allein dem Feinde zugute kommt."

Der Oberbefehlshaber hatte nur zu sehr recht. Das Überraschungsmoment, immer noch eine unserer stärksten Waffen und bei einem solchen Angriff fast unabdingbar, war nicht mehr gegeben. Der Angriff war dadurch ganz erheblich erschwert und nur mit schweren eigenen Verlusten, wenn überhaupt noch möglich, ein Erfolg zu erkämpfen. Denn auch der Gegner hatte die Zeit genützt und seine Truppen mit allen Mitteln wieder aufgefrischt.

Am 18. März war unser Angriff nördlich von Bjelgorod zum Stillstand gekommen. Bereits ab 20. März bauten die Hauptkräfte der russischen 21. Armee uns gegenüber tiefe Abwehrstellungen. Im Raum südlich Obojan war die russische 1. Panzer-Armee mit der gleichen Aufgabe im Einsatz. Ende März folgte im selben Abschnitt die 64. Armee. Den Russen war also völlig klar, worum es ging. Sie rüsteten von vornherein zur großen Entscheidungsschlacht. Marschall Schukow schreibt hierüber:**)

„Um der Woronescher Front (gegenüber Kursker Bogen) eine festere Führung zu geben, ernannte Stalin Generaloberst Watutin zu deren Befehlshaber. Gleich nach der Übernahme seiner neuen Funktion ging Watutin mit der ihm eigenen Energie daran, die Truppen der Front zu verstärken und eine tiefgestaffelte Verteidigung aufzubauen. Ende März und Anfang April besichtigte ich mit ihm fast alle Truppenteile der Front. Es war Zeit, den Plan für die Schlacht bei Kursk auszuarbeiten."

---
*) Klink, „Das Gesetz des Handelns - Die Operation ‚Zitadelle' 1949", Seite 159.
**) Schukow, „Erinnerungen und Gedanken", Seiten 422, 428.

Und weiter auf Seite 428:

„Um den 8. bis 12. April hatte das Hauptquartier also noch keine endgültige Entscheidung über die Angriffshandlungen unserer Truppen im Raum des sogenannten Kursker Bogens für Frühjahr/Sommer getroffen. Von einem Angriff aus dem Raum Kursk war noch nicht die Rede. Das konnte auch gar nicht anders sein, da unsere strategischen Reserven erst im Entstehen waren und die Woronescher- und Zentralfront nach den Verlusten in den vorausgegangenen Schlachten ihren Personalbestand, ihre Kampftechnik und ihr Material ergänzen mußten. Aufgrund dieser Situation hatte das Hauptquartier die Frontbefehlshaber angewiesen, in die Verteidigung zu gehen."

Ab 10. Mai waren die gegnerischen Truppen aufgrund von Agentenmeldungen bereits in höchste Alarm- bzw. Gefechtsbereitschaft gebracht worden. Zu diesem Zeitpunkt war auch ursprünglich der Angriff von unserer Seite vorgesehen und verraten worden. Schukow schreibt dann weiter auf Seite 435:

„Armeegeneral Watutin beurteilte die sich entwickelnde Situation etwas anders. Ohne Abwehrmaßnahmen abzulehnen, schlug er Stalin vor, dem Feind durch einen Stoß seiner Bjelgorod-Charkow-Gruppe zuvorzukommen. In dieser Hinsicht fand er die absolute Zustimmung von Chruschtschow, dem Mitglied des Militärrates.
Stalin schwankte indes noch, ob unsere Truppen dem Feind in der Abwehr begegnen oder ihm einen Präventivschlag versetzen sollten. Stalin befürchtete, daß unsere Verteidigung einem Stoß der deutschen Gruppen nicht gewachsen sein würde, wie das in den Jahren 1941 und 1942 wiederholt der Fall gewesen war. Andererseits war er aber auch nicht sicher, ob unsere Truppen imstande seien, den Feind im Angriff zu bezwingen.
Nach mehrfachen Besprechungen entschied Stalin Mitte Mai endgültig, dem Angriff der Deutschen mit allen Mitteln einer tiefgestaffelten Verteidigung, mit mächtigen Schlägen der Luftwaffe und Gegenstößen der operativen und strategischen Reserven zu begegnen, den Feind auf diese Weise zu zermürben und auszubluten, ihn dann durch einen wuchtigen Gegenangriff in der Bjelgorod-Charkower und der Orjoler Richtung zu zerschlagen und anschließend in den wichtigsten Richtungen tiefe Angriffskeile voranzutreiben.
Das Hauptquarteier wollte nach der Niederlage der Deutschen im Kursker Bogen das Donezbecken und die ganze Ukraine links vom Dnjepr befreien, den Brückenkopf auf der Taman-Halbinsel beseitigen, die Ostgebiete Belorußlands zurückerobern und die Voraussetzungen für eine vollständige Vertreibung des Feindes von unserem Territorium schaffen."

Das war ein sehr umfassender Befehl Stalins und zeugt nicht nur von seiner starken Führungskraft. Hier wird ganz deutlich sichtbar, welche Dimension die Russen der Schlacht um Kursk vom Tage dieses Befehles ab einräumten. Für sie war es die große Entscheidungsschlacht schlechthin, für uns ein Angriff mit begrenztem Ziel.
Genauso verliefen auch die Vorbereitungen, ausgenommen die Ausbildung der Truppe. Die Russen bauten mit seltener Energie und viel Aufwand ihre Stellungen aus, alles konzentrierte sich auf Kursk. Hierüber nochmals Schukow, Seite 44:

„Zu diesem Zeitpunkt befand ich mich an der Zentralfront und überprüfte mit K. K. Rokossowski die Truppen der 13. Armee, der 2. Pz.-Armee und der Reserve-Korps. Im Abschnitt der 13. Armee, wo der Hauptstoß des Feindes erwartet wurde, konnte eine außerordentliche Artilleriedichte geschaffen werden. Im Raum Ponyri wurde das 4. Artilleriekorps der Hauptreserve mit 700 Geschützen und Granatwerfern eingesetzt. Hier war die Masse der Artillerie der Front und der Hauptreserve in Stellung. Die Artilleriedichte war auf 92 Geschütze und Granatwerfer je Frontkilometer gebracht worden.
Um einen massierten Panzerstoß aufzuhalten, wurde die Panzerabwehr in der Tiefe beider Fronten ausgebaut und maximal mit Artillerie, Panzern, Pionier- und Minensperren ausgestattet.

---
*) Schukow, „Erinnerungen und Gedanken", Seiten 435, 44.

An der Zentralfront wurde im Streifen der 13. Armee und an den angrenzenden Flügeln der 48. und der 70. Armee die wuchtigste Panzerabwehr geschaffen. Sie erreichte im Streifen der 13. Armee mehr als 30 Einheiten je Frontkilometer.

An der Woronescher Front hatte die Panzerabwehr im Streifen der 6. und 7. Gardearmee eine Dichte von 15,6 Geschützen je Frontkilometer und unter Berücksichtigung der Mittel der zweiten Staffel sogar von etwa 30 Geschützen. Außerdem war die Panzerabwehr in diesem Abschnitt mit zwei Panzerregimentern und einer Panzerbrigade verstärkt. An allen panzerbedrohten Abschnitten bestand die Verteidigung aus Panzerabwehrstützpunkten und -bereichen. Nicht nur Artillerie und Panzerwaffen wurden eingesetzt, sondern überdies das Gelände vermint und Panzergräben, Panzersteilhänge und andere Sperren errichtet. Auch bewegliche Sperrabteilungen und Panzerabwehrreserven fanden häufig Verwendung."

Schon aus diesen wenigen Zeilen kann man ersehen, wie verhängnisvoll der mehrmalige Aufschub des Angriffsbeginns für uns werden sollte. Der Gegner kannte ja längst unsere Absichten und war bekannt für seinen intensiven Stellungsbau, der nicht nur in der Hauptkampflinie, sondern bis 150 Kilometer in die Tiefe ging; die „Steppenfront", das war die strategische Reserve, mit eingerechnet, war der Abschnitt sogar bis zu 250 Kilometer tief befestigt. Dagegen waren unsere Vorbereitungen unzureichend und nicht mehr sinnvoll. GFM v. Manstein schreibt darüber:

„Bei nachträglicher Sicht wird man geneigt sein zu sagen, daß die Oberbefehlshaber der Heeresgruppen angesichts des immer weiter verzögerten Beginns von ‚Zitadelle' dem OKH hätten erklären müssen, dieser Angriff habe nunmehr seinen Sinn verloren und dürfe nicht mehr geführt werden. War er doch darauf angelegt gewesen, den Gegner möglichst frühzeitig, also noch im Zustand der Schwäche, zu treffen. Davon konnte allmählich nicht mehr die Rede sein.

Was mich betrifft, so lag der Grund dafür, daß dieses nicht geschehen ist (was ein Fehler gewesen sein mag) in folgendem:

Erstens hätte der Verzicht auf ‚Zitadelle' ein weiteres Abwarten im Osten bedingt mit all den Gefahren, die ein solches im Hinblick auf die zu erwartende zweite Front bedeutet hätte. Schien es doch nunmehr so, als ob die Sowjets sich nun tatsächlich Zeit lassen wollten, ehe sie selbst zur Offensive schritten. Zweitens waren wir, jedenfalls beim Ob.Kdo. d. H.Gr. Süd überzeugt, daß unser Angriff sehr schwer sein, daß er aber zum Erfolg führen werde. Zweifelhafter erschien uns eher die Frage, ob wir eine feindliche Offensive im Donezbecken würden abwehren können. Doch blieben wir überzeugt, daß wir nach einem Sieg bei Kursk auch mit einer Krise im Donezgebiet fertig werden, ja aus ihr vielleicht einen großen Sieg würden machen können. Daß unsere Ansicht hinsichtlich eines möglichen Erfolges unseres ‚Zitadelle'-Angriffes nicht ganz so abwegig gewesen ist, wie es heute scheinen mag, ergibt sich aus dem Ablauf der Operation und den Gründen, die zu ihrer Einstellung geführt haben."

Hierzu ein Kommentar von Liddell Hart:**)

Beide Oberbefehlshaber äußerten sich vorher, als ob sie an die Erfolgsaussichten glaubten. Doch die Hoffnung wird oft durch professionelle Erwägungen gefördert. Pflichttreue Soldaten neigen von Natur aus zum Glauben an den Erfolg einer Operation, mit der sie beauftragt sind, und sie sind von Natur aus wenig bereit, Zweifel zu äußern, die das Vertrauen eines Vorgesetzten in ihre Fähigkeiten schwächen könnten. Die ganze Richtung ihrer militärischen Ausbildung trug auch dazu bei, Zweifel zu ersticken."

Doch wieder zurück zum weiteren Ablauf der Ereignisse: Endlich, am 1. Juli, wurden alle Oberbefehlshaber und Kommandierenden Generäle in das Führerhauptquartier „Wolfschanze" befohlen. Hitler gab nach ausführlicher Begründung den Angriffsbefehl „Zitadelle"

---

*) v. Manstein, „Verlorene Siege", Seiten 494/95.
**) Liddell Hart, „Geschichte des Zweiten Weltkrieges", Seite 606.

für den 5. Juli. Ein folgenschwerer Befehl. Widerspruch wurde nicht erhoben. Am 3. Juli ging der Befehl bei der Truppe ein. Eine fieberhafte Tätigkeit setzte ein, und pünktlich, wie vorgesehen, am 5. Juli, brach der Sturm los.

Im Interesse einer völlig wahrheitsgemäßen, vorurteilslosen und sachlichen Darstellung der nun folgenden Ereignisse des Monats Juli soll nun das KTB des II. SS-Pz.-Korps sprechen. Das Korps war der Stoßkeil im Verband der 4. Pz.-Armee unter Generaloberst Hoth.

Generalfeldmarschall von Manstein

Kriegstagebuch Nr. 6

Generalkommando II. SS-Panzer-Korps

Begonnen: 1. Juni 1943   Abgeschlossen: 2. August 1943

Generalkommando II. SS-Panzer-Korps unterstand:

vom   1. 6. 1943 bis 18. 7. 1943 dem Pz.AOK 4
vom 19. 7. 1943 bis 24. 7. 1943 dem Pz.AOK 1
vom 24. 7. 1943 bis   2. 8. 1943 dem AOK 6

Das Kriegstagebuch wurde geführt:

vom 1. 6. 1943 bis 2. 8. 1943 durch SS-Obersturmführer Oberlies.

Wetter: Nachts Regen, tagsüber bewölkt, warm; Wegezustand verbessert. 1. 7. 1943 –
Um 04.00 Uhr werden die Verbindungsoffiziere zu den Divisionen in Marsch gesetzt und Bol. Dolshik
überbringen:

1. Korpsbefehl Nr. 17:

Befehl für den Angriff am x-Tag

1) Feind siehe Feindlagenkarte.
Vor der Angriffsfront des Korps ist mit 2 Schützendivisionen in der ersten Stellung zwischen Schopino und der Worskla, mit 2 weiteren Schützendivisionen in der zweiten Stellung zwischen Lutschki und Pokrowka zu rechnen. Panzerbereitstellungen sind in den Schluchten südostw. Kolch. Redin, bei Höhe 215,4 (Straße Tomarowka–Bykowka), in den Schluchten südostw. Kamennyj Log, nördl. Bykowka und im Raum Pokrowka anzunehmen. Operative Panzerreserven werden bei Prochorowka und südlich Obojan vermutet.

2) Rechter Nachbar (6. Pz.Div.) greift von Belgorod antretend über Ssabynino auf Prochorowka an und wird mit Teilen den Raum zwischen Ssewernyj Donez und rechter Korpsgrenze säubern.
Linker Nachbar (11. Pz.Div.) greift über Butowo, Luchanino an und wird im Raume Pokrowka Anschluß an II. SS-Pz.-Korps suchen.

3) II. SS-Pz.-Korps greift am x-Tag mit Schwerpunkt auf den inneren Flügeln der SS-Pz.Gren.Div. „Das Reich" und „LSSAH"-Pz.Gren.Div., nach vorheriger Wegnahme der feindl. Gefechtsvorposten, feindl. 1. Stellung an, durchbricht diese (Näheres siehe Kampfanweisung) im Abschnitt Beresoff–Sadelnoje, stößt durch die 2. Stellung im Abschnitt Lutschki–Jakowlewo durch und erreicht mit Masse südl. des Pssel vorgehend den Raum um Prochorowka.
Erstes Angriffsziel Prochorowka–Pssel-Übergang im Raume Wassiljewka.

4) Grenzen, Trennungslinien und Stoßrichtungen im großen siehe anliegende Planpause (Anlage 1).

5) Angriffsbeginn X-Tag, y Uhr. Durchgabe der y-Zeit erfolgt gem. Zeittarntafel.

6) Aufträge:
a) SS-Pz.Gren.Div. „Das Reich" greift unter Zusammenfassung ihrer Kräfte auf dem linken Flügel die feindl. Stellungen an, stößt über Beresoff und Stellungen westl. davon nach Norden vor und erzwingt den Durchbruch bei Lutschki. Division stellt sich darauf ein, nach gelungenem Durchbruch mit starken Kräften unverzüglich nach Nordosten zur Inbesitznahme von Prochorowka anzutreten.

b) „LSSAH"-Pz.Gren.Div., verst. durch Gren.Rgt. 315 und II./AR 238, greift die feindl. Stellungen im Zuge des Weges Tomarowka–Bykowka an, stößt unter Abschirmung der linken Flanke bei Kamenyj Log–Sadelnoje, welche zu nehmen sind, nach Norden vor und erzwingt den Durchbruch ostw. Jakowlewo.
Weitere Aufgabe der Division wird es sein, unverzüglich nach Nordosten vorzustoßen und zunächst einen Pssel-Übergang im Abschnitt Michailowka–Kljutschki in die Hand zu bekommen.

c) SS-Pz.Gren.Div. „Totenkopf" greift, y+2 Stunden hinter dem rechten Flügel der SS-Pz.Gren.Div. „Das Reich" antretend, die feindl. Stellungen bei 216,5 und um Shurawlinyj an und öffnet durch Eindrehen nach Süden bzw. Südosten die große Straße Belgorod–Kursk zwischen Schopino und Gluschinskij.
Durch Teile sind nach Wirksamwerden des Rückenangriffs auf die feindl. Stellungen bei Jerik auch diese von Süden her aus den bisherigen Stellungen anzugreifen.
Anschließend ist der Raum zwischen dem Lipowij Donez und der großen Straße Belgorod–Kursk zu säubern.
Die Division richtet sich darauf ein, bald im Raum Ssmorodino zur Verfügung des Korps bereitzustehen.

7) Artillerie.
a) Gliederung und Unterstellung siehe Art.-Befehl (Anl. 2).

1. 7. 1943 –
Bol. Dolshik

Die Feuervorbereitung der Art.- und Werferverbände leitet Geb.Art.Kdr. 132.
Nach Abschluß der Feuervorbereitung unterstehen die Art.-Rgter (o. 10-cm-Battr. „LSSAH" und „DR") den Divisionen, nach deren Weisung die weitere artilleristische Kampfführung erfolgt.

Es wird unterstellt:
der SS-Pz.Gren.Div. „Totenkopf": die Korps-Werfer-Abt.,
der SS-Pz.Gren.Div. „Das Reich": das Werfer-Lehr-Rgt. 1 (o. II. Abt.),
der „LSSAH"-Pz.Gren.Div.: das Werfer-Rgt. 55 und le.Art.Abt. 861.
Die II./WL-Rgt. 1 bleibt dem Kdr. Nb.Tr. 3 zur Verfügung des Korps unterstellt.

b) Von y bis y+15 überprüfen Art.- und Werfer-Abt. die errechneten Grundlagen für die zugewiesenen Zielräume.
Von y+15 bis y+50 Vorbereitungs- und Vernichtungsfeuer der Art.- und Werfer-Abt. auf die feindl. Stellungen vor SS-Pz.Gren.Div. „Das Reich", anschließend Angriff.
Von y+15 bis y+65 Vorbereitungs- und Vernichtungsfeuer der Art.- und Werfer-Abt. auf feindl. Stellungen vor „LSSAH"-Pz.Gren.Div., anschließend Angriff.
Mit Beginn des Angriffs der SS-Pz.Gren.Div. „Das Reich", ab y+50, blenden Werfer- und Art.Abt. feindl. Stellungen in der rechten Flanke. Mit Fortsetzung des Angriffs der „LSSAH"-Pz.Gren.Div., ab y+65, wird Feind in der linken Flanke durch Nebel geblendet.
Einzelheiten der Art.-Vorbereitung enthalten „Erläuterungen zum Art.-Feuerplan".

c) Art.-Bekämpfung.
Die vor dem Angriff aufgeklärten Feind-Battr. werden im Planschießen, während des Angriffs neuauftretende Feind-Art. mit Fliegerbeobachtung bekämpft. Hierzu wird als Art.-Bekämpfungsgruppe unter Geb.Art.Kdr. 132 eingesetzt: III./AR 818, 2 10-cm-Battr. („LSSAH" und „DR").

8. Luftwaffe.
VIII. Flieger-Korps unterstützt mit Masse den Angriff II. SS-Pz.-Korps.
Erste Angriffsziele vor SS-Pz.Gren.Div. „Das Reich" auf Stellungen in Beresoff und Raum nordostw. Beresoff außer Brücken; letzte Bombe y+50;
vor „LSSAH"-Pz.Gren.Div. auf Stellungen beiderseits 220,5 und nördl. davon; letzte Bombe y+65.
Weitere Stuka-Ziele ergeben sich während des Angriffsverlaufs und werden auf Anforderung der Div. zwischen dem II. SS-Pz.-Korps und dem VIII. Flieger-Korps festgelegt.
Schlachtfliegerverbände begleiten mit Angriffsbeginn die Angriffsspitzen SS-Pz.Gren.Div. „Das Reich" und „LSSAH"-Pz.Gren.Div.
Kampffliegerverbände zerschlagen in der Tiefenzone Art.-Sellungen, Reserven, Stäbe und Verbindungen.

9) Aufklärung.

a) Erde bis zur Linie: Ssewernyj Donez–Podolchi–Radkowka–Don Sseimiza–Chimitschew–Marino–Rshawtschik.

Trennungslinien:
zwischen SS-„T" und SS-„DR" Praworot–Krassnoje–Wyssypnoj–Kudrin (für SS-„DR"),
zwischen SS-„DR" und „LSSAH": Div.-Grenze, dann Pssel-Tal einschl. Orte (für „LSSAH") Klein Pssinka–Sswino–Pogorelowka (für „LSSAH") Chimitschew (für SS-„DR").
Es kommt darauf an, frühzeitig das Heranführen feindl. Reserven, besonders Panzer, zu erkennen. Verbindungsaufnahme zu beiden Nachbarn.

b) Luft.
Gefechtsaufklärung VIII. Flieger-Korps vor Angriffsspitzen der Divisionen. Überwachung der Lipowij-Donez-Übergänge im Raum Gostischtschewo.
Taktische Aufklärung bis zur Linie Staryj Oskol–Korowino–Obojan.
Es kommt darauf an, die Heranführung feindl. Verbände, besonders auf Straße Staryj Oskol–Skorodnoje–Prochorowka und Staryj Oskol–Obojan zu erkennen.

10) Pioniere werden gem. „Besondere Anordnungen für den Einsatz der Pioniere" eingesetzt.

11) Flakschutz durch die Divisionen in ihren Streifen mit Schwerpunkt an Engen und Brücken.

12) Pz.AA 3 und III./Pz.Gren.Rgt. „Theodor Eicke" sind ab y+2 Stunden durch SS-Pz.Gren.Div. „Das Reich" bzw. „LSSAH"-Pz.Gren.Div. der SS-Pz.Gren.Div. „Totenkopf" wieder zuzuführen. Alle Fahrzeuge, außer Gefechtstroß I und Fahrzeugen für schwere Waffen, die unbedingt benötigt werden, sind nach Anordnung der Division im Abschnitt der SS-Pz.Gren.Div. „Totenkopf" zu belassen, um mot. Querbewegungen möglichst zu vermeiden.
Zur Front laufende Bewegungen der SS-Pz.Gren.Div. „Das Reich" und „LSSAH"-Pz.Gren.Div. haben Vorfahrtrecht.

13) Nachrichtenverbindungen durch Pz.KNA 400.
a) Drahtverbindung:
bis Angriffsbeginn gem. Korpsbefehl Nr. 16,
nach Angriffsbeginn Fernsprech-Achse hinter SS-„DR" bauen, Anschluß von dort zu „LSSAH" und SS-„T".
Die Div.Nachr.-Führer melden täglich bis 18.00 Uhr die in ihren Angriffsstreifen verlaufenden Blankdrahtleitungen an Korps-Nachr.-Führer. Ausnutzung nur nach Genehmigung durch AN-Führer.
b) Funkverbindung:
1. von Generalkommando zu SS-„T", SS-„DR", „LSSAH", 167. ID, III. Pz.-Korps, XXXXVIII. Pz.-Korps, Pz.AOK 4, Qu.;
2. von Flivo zu Aufkl.-Flieger, NAG 6;
3. von Geb.Arko 132 zu AR 1, 2, 3, Korps-Art., Werfer-Lehr-Rgt. 1, Werfer-Rgt. 55, Korps-Werfer-Abt.
Funkbereitschaft ab x-1. Tag, 23.00 Uhr.
Funkerlaubnis nach Angriffsbeginn.
Für Truppenteile, die zur Wegnahme der feindl. Gefechtsvorposten bestimmt sind, Funkerlaubnis mit Beginn des Unternehmens.
Einzelheiten siehe „Besondere Anordnungen für die Nachrichtenverbindungen".

14) Korps-Gefechtsstand: Bol-Dolshik (südwestl. Waldspitze), 3 km nördl. Bessonowka. Spätere Vorverlegung nach Rakowo beabsichtigt.

15) Zur Geheimhaltung sind auch jetzt nur die unbedingt notwendigen Persönlichkeiten in die Absichten usw. einzuweisen. Die Einweisungen sind erst Zug um Zug und so spät wie irgend möglich zu erweitern. In sämtliche schriftlichen Befehle ist nur das aufzunehmen, was der Empfänger unbedingt wissen muß.

16) Die Geheimhaltungsbestimmungen sind nach Inhalt und Verteiler beachtet.

gez. Hausser

2. Kampfanweisungen für den Angriff:

1) Wegnahme der feindl. Gefechtsvorposten und Vorbereitung für den Einbruch in ihren Gefechtsstreifen:
durch SS-Pz.Gren.Div. „Totenkopf" im Wald nördl. 227,4 und Höhe 218, durch SS-Pz.Gren.Div. „Das Reich" in Jachontow. Verbindungaufnahme mit Teilen SS-Pz.Gren.Div. „Totenkopf" durch Wegnahme feindl. Stellungen zwischen Höhe 218 und Jachontow;
durch „LSSAH"-Pz.Gren.Div. im Wald hart westl. Jachontow und feindl. Stellungen auf Höhe 228,6. Verbindungaufnahme nach rechts zu Teilen SS-Pz.Gren.Div. „Das Reich" und links zur bisherigen HKL.
Überschreiten der HKL 23.00 Uhr.
Der Angriff ist überfallartig und ohne Feuervorbereitung durchzuführen.
Höhe 218 ist sobald wie möglich durch VB der SS-Pz.Gren.Div. „Das Reich" und „Totenkopf" gemeinsam auszunutzen.

1. 7. 1943 –
Bol. Dolshik

1. 7. 1943 – Bol. Dolshik

Zur Wegnahme der feindl. Gefechtsposten sind Teile der Reserven (außer bei SS-Pz.Gren.Div. „Totenkopf") zu nehmen, die solange in der erreichten Linie zu belassen sind, bis die 1. feindl. Stellung durchbrochen ist. Sie sind erst beim Nachführen der Masse der Reserven einzuziehen.

Es kommt darauf an, eine Sicherungslinie herzustellen, das Einsickern feindl. Kräfte oder Gegenstöße abzuwehren und das Heranschieben der eigenen Hauptkräfte in die Ausgangsstellungen zu ermöglichen. Für das Beseitigen von Panzerhindernissen (Pz.-Gräben, Minen) sind entsprechende Kräfte bereitzustellen und unmittelbar nachzuführen.

2) Einbruch und Durchbruch.

Heranschieben während der Dunkelheit im Schutze der vorderen Sicherungslinie.

Die Tiefe der feindl. Verteidigungszone und die geringe Breite der Angriffsstreifen bedingen Kämpfen auf der Tiefe.

Der Einbruch selbst erfolgt stoßtrupppartig, unmittelbar nach der Art.- und Stukavorbereitung. Feuerschutz durch „Tiger" und Sturmgeschütze.

Im einzelnen:

a) SS-Pz.Gren.Div. „Das Reich":

Es kommt darauf an, daß sich während der Art.-Vorbereitung von y+15 bis y+50, welche sich von y+45 bis y+50 zum Vernichtungsfeuer steigert und des Stukaangriffes, letzte Bombe fällt y+50, die Grenadiere auf Sturmausgangsstellung heranarbeiten, um Beresoff und Höhenstellung westl. davon anzugreifen. Beresoff ist sowohl vom Süden als auch von Westen bzw. Rücken her zu nehmen. Mit starken Teilen ist westlich an Beresoff vorbei weiter nach Norden vorzustoßen, um den Durchbruch zu erweitern und die Höhen 244,7 und 233,3 zu nehmen.

Das Pz.Rgt. ist mit Beginn des Angriffes so nahe heranzuhalten, daß, sobald durch Minengassen und Gangbarmachen der Panzergräben Einsatzmöglichkeiten geschaffen sind, seine volle Angriffskraft zum Tragen kommt und beim Kampf durch die Tiefenzone mitwirken kann. Das Heranziehen des Pz.Rgt. hat spätestens mit der Einnahme von Beresoff zu erfolgen.

Nach Erreichen der Höhen 244,7 und 233,3 Vorstoß gegen die 2. Stellung, Erzwingung des Durchbruches bei Höhe 246,3, Aufrollen der Höhenstellung und Erweiterung des Durchbruchs über Netschajewka–Lutschki.

b) „LSSAH"-Pz.Gren.Div.:

Die Angriffstruppe hat sich während der Art.-Vorbereitung von y+15 bis y+65 entlang der Schlucht nordwestlich Jachontow und längs der Straße Tomarowka, Bykowka auf Sturmausgangsstellung heranzuarbeiten. Steigerung der Art.-Vorbereitung von y+60 bis y+65. Letzte Bombe fällt y+65. Dann Angriff auf Stellungen beiderseits Höhe 220,5 und Wegnahme der Stellungen auf dem Höhenrücken. Säuberung des Waldstückes hart südlich 220,5. Mit Beginn des Angriffs ab y+65 blenden Werfer und Artillerie Feind in der linken Flanke durch Nebel.

Dann Fortsetzung des Stoßes nach Norden zur Wegnahme von Bykowka.

Das Pz.Rgt. ist, sobald Durchbruch durch die Pakstützpunkte und deren Niederkämpfung erfolgt ist, einzusetzen, um seine gesamte Angriffskraft in den Kampf durch die Tiefenzone zur Geltung zu bringen. Das unterstellte verst. Gren.Rgt. 315 ist hinter der Angriffsgruppe links rückwärts gestaffelt vorzuführen und nach Durchbruch durch das Stellungssystem beiderseits Höhe 220,5 gegen Kamennyj-Sadelnoje einzudrehen.

Der Durchbruch durch die 2. Stellung ist ostw. Jakowlewo zu erzwingen.

c) SS-Pz.Gren.Div. „Totenkopf":

SS-Pz.Gren.Div. „T" tritt nach Einnahme von Beresoff im Abschnitt SS-Pz.Gren.Div. „Das Reich" hart westl. der Straße Strelezkoje, Beresoff vorgehend, zum Angriff aus südwestl. und westl. Richtung auf Stellungen Höhe 216,5 an und nimmt diese.

Die Aufgaben der Div. werden es gestatten, schon mit Angriffsbeginn das Pz.Rgt. anzusetzen.

Sodann hat die Wegnahme des Stützpunktes Shurawlinyj-Klch. Smelo Ktrubu (Redin) zu erfolgen. Stuka-Unterstützung auf Shurawlinyj ist vorgesehen.

Nach Einnahme dieser Ortschaften Vorstoß mit der Masse der Angriffsgruppe entlang der Hauptstraße nach Süden, um die feindl. Stellungen bei Gonki und ostw. Jerik vom Rücken her zu nehmen. Wenn

Spitze dieses Angriffs die Höhenstellungen ostw. Jerik erreicht hat, Angriff des inzwischen bereitgestellten Rgts. aus der HKL gegen Jerik.

Danach Vereinigung beider Gruppen zum Stoß nach Osten und Einnahme von Schopino und Stellungen nördl. Schopino.

Anschließend Säuberung des Raumes zwischen Lipowyj Donez und Hauptstraße Belgorod, Kursk.

1. 7. 1943 –
Bol. Dolshik

d) Das Ergebnis der Luftaufklärung, wonach der Feind im Angriffsstreifen des Korps mehrere tiefgegliederte Stellungssysteme hat, zwingt zum scharfen Zusammenfassen der Stoßgruppen, auch nachdem Durchbruch durch die vorderste Stellung und durch die zweite Stellung gelungen ist. Es muß verhindert werden, daß bei Verfolgungskämpfen eine Zersplitterung der Kräfte eintritt.

3) Die zahlreichen im Luftbild erkennbaren Pakstützpunkte (eingegrabene Panzer, s.Pak, Inf.-Stellungen) müssen wie folgt bekämpft werden:

a) Stuka-Angriff. Sofortiges Ausnutzen der Erschütterung des Gegners, mit letzter Bombe Sturm der Grenadiere unter Feuterschutz der „Tiger".

b) Zusammengefaßtes Art.-Feuer auf den Stützpunkt. Blenden der Paks durch Artillerie und Kwk. der „Tiger". Ansatz von Stoßtrupps. Nachstoß der Panzer.

Um eine rasche Niederkämpfung der Pakstützpunkte sicherzustellen, ist frühzeitig Artillerie dem Angriff der Pz.-Grenadiere überschlagend nachzuziehen, damit jederzeit möglichst viele Battrn. feuerbereit sind.

4) Art.-Bekämpfung wird von großer Bedeutung sein. Da mit einer Anzahl Schweigebatterien gerechnet werden muß, welche bis Angriffsbeginn nicht aufgeklärt sind, wird die feindl. Art. von Hellwerden an durch Art.-Flieger überwacht. Rechtzeitiges Vorziehen der Art.-Bekämpfungsgruppe ist Voraussetzung, um auftretende Feind-Battrn. schnell mit Fliegerbeobachtung bekämpfen zu können.

5) Luftwaffenunterstützung. Stuka frühzeitig anfordern, so daß sich die Truppe nach Mitteilung der Angriffszeit zur unmittelbaren Ausnutzung der Stuka-Wirkung bereitstellen kann.

6. Mit starken feindl. Luftangriffen muß besonders in den ersten Tagen gerechnet werden. Schwere Flak verspricht nur Erfolg bei Zusammenfassung aller Batterien.

Die ersten Einsatzräume sind den Divisionen befohlen. Im weiteren Verlauf ist rechtzeitiges Vorziehen der Flak-Abt. sicherzustellen.

7) Mangel an Betriebsstoff darf niemals der Grund für eine Stockung des Angriffs sein. Die Divisionen treffen Vorsorge, daß besonders der gepanzerten Gruppe soviel Betriebsstoff nachgeführt wird, daß bei Erreichen des Aktionsradius sofort aufgetankt und der Angriff fortgesetzt werden kann.

Betriebsstoffversorgung durch die Luftwaffe (Abwerfen oder Landung) wird im Notfalle über das Korps durch die Luftwaffe veranlaßt. Um die Versorgung im Schwerpunkt sicherzustellen, wird unmittelbare Verbindungaufnahme der Divisionen mit Dienststellen der Luftwaffe untersagt.

gez. Hausser

Artillerie-Befehl und Zusätze zum Art.-Befehl vom 21. 6. 1943 – siehe Anhang B, C, D, E und F, Seiten **256** bis **262**.

Feindstärke vor dem Korps wird in 1. und 2. Stellung auf je zwei Schützendivisionen geschätzt. II. SS-Pz.-Korps durchbricht am x-Tag, y-Uhr mit Div. „Das Reich" rechts, „LSSAH" links – Schwerpunkt auf den inneren Flügeln – die 1. feindl. Stellung im Abschnitt Beresoff–Sadelnoje, die 2. Feindstellung im Abschnitt Lutschki–Jakowlewo und erreicht Raum Prochorowka als 1. Angriffsziel. Div. „Totenkopf", um y+2 Stunden antretend, greift bei Shuralinyj an, öffnet durch Eindrehen nach Süden die Straße Bjelgorod–Kursk und hält sich dann zur Verfügung des Korps bereit. Der Angriff des Korps wird mit Masse des VIII. Fliegerkorps unterstützt. Die Kampfanweisungen legen die Art der Kampfführung im einzelnen für Wegnahme der feindl. Gefechtsvorposten (Div. „Totenkopf" im Wald nördl. 227,4 und Höhe 218, Div. „Das Reich" in Jachontow, „LSSAH" im Wald westl. Jachontow und Höhe 228,6), Einbruch und Durchbruch durch die 1. Stellung sowie Bekämpfung von Pakstützpunkten und feindl. Artillerie fest und geben Richtlinien zur Zusammenarbeit mit der Luftwaffe.

1. 7. 1943 –
Bol. Dolshik

Der Art.-Befehl vom 21. 6. 1943, bisher zur Information bei den Divisionen, tritt jetzt in Kraft. Er legt Artillerie- und Werfer-Stellungen fest und enthält den genauen Feuerplan mit Munitionsübersicht. (24464 Schuß Artillerie, 9270 Schuß Werfer von y bis y+65). Er bestimmt die Zielräume und regelt Unterstellungsverhältnisse. Die Zusätze zum Art.-Befehl enthalten Anordnungen über Zeitpunkt des Instellunggehens und der Feuerunterstützung bei Angriffsbeginn, über Zusammenarbeit zwischen Artillerie und Werfer, Artilleriebekämpfung und Nebelschießen sowie Nachrichtenübermittlung (siehe Anhang B bis F, Seiten 256 bis 262).

Die besonderen Anordnungen Ic geben Richtlinien für die Behandlung von Kriegsgefangenen und weisen auf die Wichtigkeit der Erhaltung ihrer Arbeitskraft hin. Überläufer sind grundsätzlich von Kriegsgefangenen zu trennen. Weiter wird Dringlichkeit und Art der Beuteerfassung klargelegt.

05.40 Uhr Morgenmeldung an die Armee.

In der Front keine besonderen Vorkommnisse. Die für die Nacht vorgesehenen Bewegungen wurden planmäßig durchgeführt. „LSSAH" hat befohlenen Raum Olschany–Krysino–Beresowka erreicht und liegt nun mit Div. „Das Reich" auf gleicher Höhe.

Werfer-Lehr-Rgt. 1 (alter U.-Raum Beresowka) und Werfer-Rgt. 55 (alter U.-Raum Odnorobowka) sind in Waldstücken südl. bzw. nördl. der Straße Puschkarnoje–Tomarowka untergezogen und haben damit ihre Endräume vor der Bereitstellung erreicht.

Die Einheiten des Pi.Rgt.-Stabes 680, zum Teil zur Instandhaltung und Verbesserung der Vormarschstraßen eingesetzt, haben gleichfalls ihre vorbereiteten Marschbewegungen abgeschlossen.

Le. Art.Abt. III/818, seit 8. 5. beim XXXXVIII. Pz.-Korps und ab 30. 6. dem II. SS-Pz.-Korps erneut unterstellt, hat im Zuge der Wiederzuführung Wyssoki erreicht und dort Zwischenunterkunft bezogen.

In der Front wurde Gren.Rgt. 331 durch III./Rgt. 6 und Pz.AA Div. „Totenkopf", II./AR 238 durch 1 le. Art.Abt. „LSSAH" abgelöst. Zu gleicher Zeit Unterstellung le. Art.Abt. „LSSAH" sowie le.Art.Abt. 861 (bisher 167. ID) unter Div. „Totenkopf".

Div. „Das Reich" führte innerhalb des U.-Raumes Verschiebungen durch, um ein besseres Anlaufen der bevorstehenden Bewegungen sicherzustellen.

Um 09.00 Uhr Cheforientierung an General Fangohr (Chef 4. Pz.AOK):

Lage in der Front ruhig. Im rechten Abschnitt in Gegend Jerik Bewegungen, wahrscheinlich Verstärkungen in der Tiefe des HKF. Offensivabsichten des Gegners sind nicht zu erkennen. Bei einigermaßen günstigem Wetter ist mit planmäßigem Verlauf der eigenen Gesamtbewegungen zu rechnen.

Div. „Totenkopf" erhält FS-Befehl, im Raum von Jerik durch Stoßtrupp Gefangene zu machen, zwecks Feststellung, ob neue Truppenteile in 1. Stellung zugeführt werden.

Ab 10.00 Uhr führt Gruppenführer Krüger, Kdr. Div. „Das Reich", das Korps in Vertretung des Kommandierenden Generals SS-Obergruppenführer Hausser. SS-Obergruppenführer Hausser startet um 10.00 Uhr in Charkow zum Fluge ins Führerhauptquartier.

Der Befehl der Armee über Anbringung der Erkennungszeichen Stufe A wird um 10.35 Uhr durch FS an die Divisionen weitergegeben. Termin 2. 7. zur Tagesmeldung.

Zu Mittag treffen die Flivos und Stukaleitoffiziere des VIII. Flieger-Korps am Gefechtsstand ein. Sie werden durch O 1 kurz in die Lage eingewiesen. Inmarschsetzung zu Div. „Totenkopf" am 1. 7., zu Div. „Das Reich" am 2. 7., zu „LSSAH" am 3. 7.

Nach Anruf des pers. OO des OB, um 12.00 Uhr, wird dem Gen.Kdo. ein Befehlswagen zugeführt, der bei der Führungsstaffel mitzuführen und stets zur Verfügung des OB zu halten ist. Der Panzer trifft im Laufe des Nachmittags ein.

Da sich die Markierung der Vormarschstraßen bis in die Bereitstellungsräume hinein als unzulänglich erwiesen hatte, wird der Feldgendarmerie-Trupp unter Führung SS-Hauptsturmführer Dörrstein im Laufe des Nachmittages zur Richtigstellung und Vervollständigung der Straßenkennzeichnung angesetzt.

Um 18.00 Uhr Tagesmeldung durch FS an die Armee.

Feindbild unverändert. In der Front vor rechtem Korpsabschnitt bei Shurawlinyj und Gremutschni geringe Feindbewegungen. Geringes feindl. Art.-Störungsfeuer, geringe Fliegertätigkeit. In der Front: Im gesamten Armeeabschnitt auffallend ruhiges Verhalten des Feindes. Um 19.15 Uhr durch FS-Befehl an Divisionen beabsichtigte Belegung der Bereitstellungsräume bis 2. 7. 1943, 03.00 Uhr, zu melden.	1. 7. 1943 – Bol. Dolshik

2. 7. 1943 - Wetter: Wechselnd bewölkt, vereinzelte Niederschläge.
Bol. Dolshik Um 06.00 Uhr Morgenmeldung an die Armee.
In der Front allgemein ruhig. Südl. Jachontow vor Rgt. „Eicke" verstärktes Infanterie-, vor Gren.Rgt 315 etwas stärkeres Artillerie-Störungsfeuer.
Die Unterstellung Gren.Rgt. 331 unter Div. „Totenkopf" wurde um 00.00 Uhr aufgehoben, das Rgt. 331 der 167. ID mit Marschrichtung Westen wieder zugeführt.
„LSSAH" und Div. „Das Reich" haben die vorletzten Zwischenunterkunftsräume planmäßig bezogen. Durch aufgeweichte Straßen ergaben sich teilweise geringe Verzögerungen. Div. „Das Reich" liegt im Raum Schtschetinowka–Udy–Solotschew, „LSSAH" dicht nach Westen anschließend mit ungefähr gleicher Ausdehnung im Raum Ischtschenki–Odnorobowka–Beresowka. Le. Art. Abt. III/818 wurde von Wyssoky nach Soltoschew vorgeführt.
Durch Bv.TO (Bevollmächtigter Transportoffizier) der Armee wird um 10.30 Uhr die Zuführung von Teilen der schw. „Tiger"-Abteilung nach Solotschew angekündigt. Auf Befehl des Chefs des Stabes sollen sie in Ausbildungsfragen mit Feldersatz-Btl. „Das Reich" zusammenarbeiten. Die Ausbildung des Flakzuges übernimmt nach mündlicher Vereinbarung durch Ia die 10. Flak-Division
Die bei Bahnhof Saljutino eingesetzte le. Flak-Battr. Div. „Totenkopf" hat ihren Auftrag erfüllt. Da die Ausladungen der „Panther"-Abteilungen beendet sind, erhält Div. „Totenkopf" um 11.5 Uhr fernmündlich Befehl, die Batterie nachzuziehen.
Um 11.35 Uhr treffen die am Vortag erbetenen Auskünfte über Lage der Gefechtsstände bei den Nachbarn ein.
Rechter Nachbar: III. Pz.-Korps, ab 2. 7., 15.00 Uhr Nowo-Nikolajewka, ab x-Tag vorgeschobener Gef.-Stand Repnoje;
linker Nachbar, XXXVIII. Pz.-Korps, Beresowka.

Ab 12.00 Uhr neuer Gefechtsstand Div. „Das Reich" Redilowka.
Um 16.15 Uhr Orientierung Chef des Stabes der Armee durch Ia: Normale Lage.
Da die am Tag durchgeführten Bewegungen der Div. z. T. nicht den Tarnungsanforderungen entsprachen, werden am frühen Nachmittag auf Straße A und B zwei Ordonnanzoffiziere zur Verkehrsüberwachung angesetzt. Zugleich erhalten die Divisionen durch FS verschärften Hinweis über Durchführung von Bewegungen am Tag.
Unterstellung le. Art.Abt. 861 unter Div. „Totenkopf" wird um 17.00 Uhr aufgehoben, die Abteilung der „LSSAH" unterstellt. Verbindung mit „LSSAH" wird aufgenommen.
Von seinem Flug ins Führerhauptquartier kehrt der Kommandierende General, SS-Obergruppenführer Hausser, nachmittags zurück und trifft um 17.45 Uhr am Korpsgefechtsstand ein.
Die befohlene Anbringung der Kennzeichen Stufe A wird durch Divisionen um 18.00 Uhr gemeldet.

Um 18.30 Uhr Tagesmeldung an die Armee:

Feindbild im großen unverändert. Anscheinend stellenweise infanteristische Verstärkungen.

Im Abschnitt SS-„T" vereinzeltes Art.- und Gr.W-Störungsfeuer. Bei Rgt. 315 keine Art.-Tätigkeit. Während des Vormittags geringe Einzelbewegungen südostw. Alexandrowka und in kleinen Marschgruppen von Triretschnoje und Waldstück 1 km südostw. bis zu 200 Mann Gesamtstärke nach Osten. Geringe beiderseitige Fliegertätigkeit. Nördl. Shurawlinyj-Wald 08.30 Uhr Landung eines feindl. Jägers beobachtet.

Marschbewegungen SS-„DR" und „LSSAH" planmäßig ohne Schwierigkeit.

SS-„DR" ab 12.00 Uhr Redilowka. „LSSAH" seit 18.00 Uhr Selenaja Dubrawa.

Fernmdl. durchgegeben.
9. Wolkig bis heiter, mäßige Winde, trocken, Straßen für alle Fahrzeuge befahrbar.
„LSSAH"-Pz.Gren.Div.: Pz. II 4, Pz. III/lg. 12, Pz. IV/lg. 72, Pz. VI 11, Bef. 15, Pak 7,5 mot. Z 18, Pak 7,5 Sfl. 22, St.G. 31.

SS-Pz.Gren.Div. „Das Reich": T 34 19, Pz. III k. 1, Pz. III/lg. 47, Pz. IV/lg. 29, Pz. VI 12, Bef. 8, Pak 7,5 mot. Z 15, Pak 7,5 Sfl. 1, Pak 7,62 Sfl. 8, St.G. 33.

SS-Pz.Gren.Div. „Totenkopf": Pz. III/lg. 52, Pz. IV k. 5, Pz. IV/lg. 39, Pz. VI 11, Bef. 7, Pak 7,5 mot. Z 19, Pak 7,5 Sfl. 11, St.G. 28.

Wolkig bis heiter, mäßige Winde, trocken, Straßen für alle Fahrzeuge befahrbar.

2. 7. 1943 –
Bol. Dolshik

Über Feindlage am 2. 7., 18.00 Uhr, siehe Feindlagenkarte und Feindlagemeldung Ic. (Zusammenziehung stärkerer Kräfte im Großraum Nowi Oskol–Tschernowka; Russe rechnet mit starkem deutschen Angriff.):

1) Feindverhalten: ruhig.
W Jachontoff normales Art.-Störungsfeuer mittlerer Kaliber, Im Raum W Streletzkoje–Puschkarnoje keine Art.-Tätigkeit. Während des Vormittags geringe Einzelbewegungen SO Alexandrowka und in kleinen Marschgruppen von Triretschnoje und Waldstück 1 km SO bis 200 Mann Gesamtstärke nach Osten. N Shurawlinyj-Wald 08.30 Uhr Landung eines feindlichen Jägers beobachtet.

2) Feindbild:
90. SD in frontnahem Raum hinter 52. Gde.SD durch 3 Überläuferaussagen.
II. Gd.Pz.-Korps, III. Gd.Pz.-Korps, XI. Pz.-Korps, VI. Gde.Kav.-Korps in Großraum Nowi Oskol–Tschernowka herangezogen.
Ein weiteres Pz.-Korps (2. Gd. und 6. Pz.Brg.) im Raum Dalnaja–Igumenka vermutet.
1. Pz.-Armee aus Raum O Medwenskoje nach SO im Raum 25 km NO Obojan verlegt.
VI. Pz.-Korps am rechten Flügel 6. Gd.-Armee (vergl. Lagekarte Stand vom 2. 7. 1943).

3) Auf Bahnhof Jussubowo (Strecke Ssudsha–Krassnaja–Jaruga) Ausladungen erkannt. Auf Bahnhofsrampe 10 Fahrzeuge. Rangierbetrieb auf Bahnhof. Im Ort und auf Straße 11 Panzer. Auf Straße Wjasowskiy–(6 km NW Krassnaja–Jaruga)Lipzy (15 km NO Krasnopolje) Verkehr in Richtung O. Auf Straßen im Raum Belgorod–Stary Oskol–Tim–Kursk–Ssudsha etwas lebhafteren mot.-Verkehr.

4) Luftlage:
Schwache feindliche Fliegertätigkeit ohne Waffenwirkung.

5) Überläuferaussagen:
Überläufer I./155. SR: 180 bis 190 Mann in Kp. I./155. SR. Bewaffnung: 5 s.MG, 8 l.MG, 2 Gr.W 5 cm, 1 Pak 4,5 cm.
200 m SW Jachontoff Feldbefestigungen der Gef.-Vorposten. 800 m W Jachontoff am nördl. Waldrand sind die beiden Gr.W 5 cm in Stellung. Munition-Ausstattung gut. Nur Mangel an MPi.-Munition. In der Nacht zum 2. 7. sollte Ablösung durch III./155 stattfinden. Ablösung erfolgte nicht. Auf der Gegenseite mit heftigem Angriff der Deutschen gerechnet. Gasmasken vollzählig. Verpflegung: 700 g Brot, 2mal Gemüse- oder Graupensuppen.

Ereignisse im Armeeabschnitt: Feindverhalten im allgemeinen auffallend ruhig. Im Verlauf der Nacht keine besonderen Ereignisse.
Tagsüber bei LII. AK planmäßige Bekämpfung feindl. Batteriestellungen.

3. 7. 1943 –	Wetter: Teilweise bewölkt, trocken. Straßenzustand gut.
Bol. Dolshik	06.00 Uhr Morgenmeldung an die Armee:

Westlich von Sagotskot wurde feindl. Angriff in Kp.-Stärke abgewiesen. Der für SS-„T" befohlene Stoßtrupp brachte einen Gefangenen, der unterwegs starb.

„LSSAH" und Div. „Das Reich" sind planmäßig weiter vorgerückt. Mit Erreichen der Räume Kalinina–Jeremenki–Dyrdyn („LSSAH") und Bystry–Orlowka–Wersunki–Tschaiki (Div. „Das Reich") südl. der Bahnlinie Belgorod–Tomarowka, sowie Vorführen der le. Art.Abt. III/818 von Solotschew nach Strelezkoje, sind die vorbereitenden Marschbewegungen abgeschlossen. Sie sind nach anfänglichen Schwierigkeiten, bedingt durch Regenfälle und dadurch stellenweise grundlose Straßen ohne besondere Zwischenfälle verlaufen. Störungen durch Feindflieger erfolgten nicht.

Auch in der Front verhielt sich der Feind in diesen Tagen des Anmarsches und der Ablösung überraschend ruhig. Nach Anruf Ia XXXXVIII. Pz.-Korps dort dasselbe Feindbild. Nur hat man dort den Eindruck von Ablösungen, während vor II. SS-Pz.-Korps nach Gefangenenaussagen der Feind sich infanteristisch verstärkt.

Alles in Ordnung, das ist der Inhalt der Cheforientierung um 09.00 Uhr. In bezug auf Zeitpunkt und die Versorgung bestehen keine Bedenken.

Wie am Vortage angekündigt, treffen um 10.45 Uhr Oberstlt. v. Grundherr und Major i. G. Reidel, Verbindungsoffizier Armee-OKH, am Korpsgefechtsstand zu einer längeren Besprechung mit Chef des Stabes ein.

Nach Meldung Korps-Werfer-Abt. ist das Vorkommando der 5. (s.) Batterie, die im Reich neu aufgestellt wurde, dort eingetroffen. Die Batterie wird mit Bahntransport zugeführt und stößt in der folgenden Nacht zur Abteilung.

Um 14.00 Uhr werden durch Kurier von der Armee die Sonderbefehle des Führers zum bevorstehenden Angriff geholt.

Meine Kommandeure!
Ich habe den Befehl zur ersten Offensivschlacht dieses Jahres gegeben.
Sie und die Ihnen unterstellten Soldaten sind ausersehen, ihre erfolgreiche Durchführung unter allen Umständen zu erzwingen. Denn die Bedeutung des ersten Angriffsschlages in diesem Jahr ist eine außerordentliche. Diese eingeleitete neue deutsche Operation wird nicht nur unser eigenes Volk stärken, die übrige Welt aufhorchen lassen, sondern vor allem auch den deutschen Soldaten selbst neues Vertrauen einflößen. Unsere Verbündeten werden in ihrem Glauben an den Endsieg gefestigt, die Neutralen zur Vorsicht und Zurückhaltung gemahnt. Die durch diese Offensive einzuleitende russische Niederlage muß der Sowjetführung aber auf absehbare Zeit die Initiative rauben. Sie kann Stimmung und Haltung der Sowjetsoldaten weitgehend, wenn nicht überhaupt entscheidend, beeinflussen.
Die für den Angriff vorgesehenen Armeen sind mit all den Waffen ausgestattet worden, die deutscher Erfindungsgeist und deutsche Technik zu schaffen vermochten. Die Mannschaftsstärken sind in dem für uns überhaupt möglichen Höchstmaß gehoben worden. Die Versorgung mit Munition und Brennstoff ist für diese und die kommenden Operationen in ausreichendem Maße sichergestellt. Die Luftwaffe wird unter Zusammenfassung all ihrer Kräfte die Luftmacht des Feindes vernichten, sie wird mithelfen, seine Batteriestellungen zu zerschlagen und die Kämpfer der Infanterie durch einen ununterbrochenen Einsatz zu unterstützen, um sie dadurch zu entlasten.
Ich wende mich deshalb vor dieser Schlacht an Sie, meine Kommandeure. Denn: Mehr als je hängt im vierten Kriegsjahr die Schlachtenentscheidung von den Kommandeuren ab, von ihrer Führung, von dem von ihnen ausgehenden Schwung und Vorwärtsdrang, von ihrem rücksichtslosen, durch nichts zu beugenden Willen zum Sieg und wenn notwendig, auch von ihrem persönlichen heroischen Einsatz.
Ich weiß, daß Sie sich schon bei der Vorbereitung dieser Schlacht große Verdienste erworben haben, ich danke Ihnen dafür. Sie selbst müssen aber auch wissen, daß von der erfolgreichen Durchführung gerade dieses ersten großen Schlages des Jahres 1943 mehr abhängt, als von einem gewöhnlichen Sieg.
Ich zweifle unter diesen Umständen nicht, daß ich mich auf Sie, meine Herren Kommandeure, verlassen kann.
Adolf Hitler
Dieser Befehl ist vorwärts der Divisionsstäbe nach Bekanntgabe zu vernichten.

Soldaten! 3. 7. 1943 –
Mit dem heutigen Tage tretet Ihr zu einer großen Angriffsschlacht an, deren Ausgang kriegsentscheidende Bol. Dolshik
Bedeutung haben kann.
Euer Sieg muß in der ganzen Welt mehr noch als früher die Überzeugung verstärken, daß jeder Widerstand gegen die deutsche Wehrmacht am Ende doch vergeblich ist. Darüber hinaus wird eine neue schwere russische Niederlage den an sich schon in vielen Verbänden der sowjetischen Wehrmacht schwankenden Glauben an die Möglichkeit eines bolschewistischen Erfolges noch mehr zerstören. Genau so wie im letzten großen Kriege wird er eines Tages trotz allem fallen.
Denn: Durch was der Russe bisher den einen oder anderen Erfolg erringen konnte, waren in erster Linie seine Panzer.
Meine Soldaten! Ihr habt aber jetzt endlich bessere als er.
Sein scheinbar unerschöpfliches Maß an Menschen ist in einem nun zweijährigen Kampf so geschwächt, daß er gezwungen wurde, seine jüngsten Jahrgänge wie alte Männer einzuziehen. Diesen ist unsere Infanterie ebenso überlegen wie es unsere Kanoniere, unsere Panzerjäger, unsere Panzerfahrer, unsere Pioniere und vor allem auch unsere Luftwaffe schon immer waren.
Der gewaltige Schlag, der die Sowjetarmeen am heutigen Morgen treffen wird, muß sie deshalb bis in das Tiefste erschüttern.
Und Ihr müßt wissen, daß vom Gelingen dieser Schlacht alles abhängen kann.
Ich selbst weiß als Soldat genau, was ich damit von Euch fordere, trotzdem müssen wir, so bitter und schwer im einzelnen der Kampf sein mag, am Ende den Sieg erzwingen. Die deutsche Heimat, die sich selbst mit höchster Tapferkeit – die Frauen, Knaben und Mädchen eingeschlossen – der feindlichen Luftangriffe erwehrt und dabei, meine Soldaten, unermüdlich für den Sieg arbeitet, blickt mit heißem Vertrauen auf Euch.

Adolf Hitler

Dieser Befehl ist vorwärts der Divisionsstäbe nach Bekanntgabe zu vernichten.

Die Befehle wurden an die Divisionen weitergegeben.
Befehl an die Divisionen über die Notwendigkeit Gefangene einzubringen. Durch gleichen Kurier wird mit XXXXVIII. Pz.-Korps Lagekartenaustausch durchgeführt, zwecks wechselseitiger Orientierung.
Neuer Gefechtsstand Div. „Das Reich": Balka 500 m nördl. Punkt 199,7 südl. Redilowka.
18.00 Uhr Tagesmeldung an Armee:
Feindbild unverändert. Schanzarbeiten des Gegners, geringes Art.-Störungsfeuer.
Ereignisse im Armeeabschnitt: Im Verlaufe der Nacht XXXXVIII. Pz.-Korps zwei Feindspähtrupps abgewiesen, geringes feindl. Störungsfeuer.
LII. AK: ein Feindspähtrupp abgewiesen. Eigenes Art.-Störungsfeuer. Sieben Feindeinflüge mit Bombenwurf ohne Schaden.
Tagsüber geringe feindl. Fliegertätigkeit, geringes Artillerie- und Granatwerfer-Störungsfeuer.
Vor XXXXVIII. Pz.-Korps Feindbewegungen bis Kp.-Stärke.

4. 7. 1943 – Wetter: Vereinzelte Gewitterregen, Wege gut befahrbar.
Bol. Dolshik 05.15 Uhr Morgenmeldung an die Armee:
Bei SS-Pz.Gren.Div. „Totenkopf" lebhaftes feindl. Infanteriefeuer sowie IG- und Granatwerferfeuerüberfälle. Vier feindl. Stoßtrupps wurden abgewiesen. Bei Gren.Rgt. 315 ruhiger Verlauf der Nacht.
Das Vorschieben der Divisionen in die Bereitstellungsräume ist abgeschlossen. Bewegungen verliefen planmäßig und ohne besondere Störungen. Der Feind verhält sich überraschend ruhig.
Die 5. (s.) Werfer-Battr. wurde der Korps-Werfer-Abteilung nach Puschkarnoje zugeführt.
Im Laufe des Vormittags besuchen der Kommandierende General und Chef des Stabes die 6. Pz.-Division, den rechten Nachbarn des Korps.
Um 12.00 Uhr übernehmen „LSSAH" und Div. „Das Reich" den Befehl in ihren Abschnitten. Es werden unterstellt: SS-Pz.AA 3 und Gren.Rgt. 315 unter „LSSAH", III./Rgt. „Eicke" unter Div. „Das Reich", I./AR „LSSAH", seit Nacht 30. 6./1. 7. Div. „Totenkopf" unterstellt, tritt zu AR „LSSAH" zurück.
Das Verhalten des Feindes ist weiterhin auffallend ruhig. Funkspruchauswertungen deuten darauf hin, daß Gegner noch nicht viel bemerkt haben dürfte. Luftnah- und Fernaufklärung bringen keine besonderen Ergebnisse.
18.45 Uhr Tagesmeldung an Armee:

Keine Veränderung im Feindbild. Geringes feindl. Art.- und Granatwerfer-Störungsfeuer im gesamten Abschnitt. Feind verhält sich im übrigen ruhig. Schwache feindliche, rege eigene Fliegertätigkeit.

Planmäßiger Verlauf der Bewegungen.

SS-„DR" und „LSSAH" in ihrem Abschnitt Befehl übernommen. Verst. Gren.Rgt. 315 „LSSAH" unterstellt. Kdr. der „LSSAH" ab 4. 7. 1943 SS-Oberführer Wisch.

Div.-Gefechtsstand SS-„DR" seit 12.00 Uhr hart nördl. Kasazkoje.

	Pz. II	Pz. III lg.	Pz. IV lg.	Pz. VI	Bef.Pz.	Pak 7,5 m.Z	Pak 7,5 Sfl.	Stu.Gesch.
„LSSAH"	4	11	79	12	9	18	21	34

	T 34	Pz. III k.	Pz. III lg.	Pz. IV lg.	Pz. VI	Bef.Pz.	Pak 7,5 m.Z	Pak 7,5 Sfl.	Pak 7,62 Sfl.	Stu.Gesch.
SS-„DR"	18	1	47	30	12	8	16	2	8	33

	Pz. III lg.	Pz. IV k.	Pz. IV lg.	Pz. VI	Bef.Pz.	Pak 7,5 m.Z	Pak 7,5 Sfl.	Stu.Gesch.
SS-„T"	59	5	42	11	8	19	11	28

„LSSAH" *nimmt in der Nacht zum 5. 7. Höhe 228,6 (2,5 km nordwestl. Jachontoff). Im übrigen Verlauf wie befohlen.*

Teilweise bewölkt, vereinzelt leichter Regen, Straßen- und Wegezustand gut.

Kommandeur der „LSSAH" ab 4. 7. 1943 SS-Oberführer Wisch.
Gefechtsstand Div. „Das Reich", ab 12.00 Uhr, Balka 500 Meter nördlich 1. K. von Kasazkaja.
Neuer Gef.-Stand XXXXVIII. Pz.-Korps, ab 09.00 Uhr Wald 800 Meter südl. Moschtschenoje.
Für die Nacht ist die befohlene Wegnahme der Gefechtsvorposten, das Beziehen der Ausgangsstellung sowie letzte Vorbereitung für den Angriff am frühen Morgen geplant.
Die letzten Bewegungen werden noch äußerst erschwert durch einen wolkenbruchartigen Regen, der die Wege zum Teil grundlos macht.
Ab 21.30 Uhr verstärktes feindl. Art.-Störungsfeuer, zum Teil sperrfeuerartig verstärkt.

Feindlage 4. 7. 1943, Stand: 18.30 Uhr.

1) Feindverhalten.
Nacht 3. 7./4. 7. 1943 Raum S Jerik stellen- und zeitweise stärkeres Inf.-Feuer. IG- und Granatwerferüberfälle auf HKL bei Punkt 227,4 (4 km NO Satschejewka).

01.20 Uhr im gleichen Raum 4 Stoßtrupps, Stärke etwa je 25 Mann, in Richtung eigene Stellungen abgewiesen.

09.34 Uhr 6 Lkw mit ungewöhnlich hohen Aufbauten von Beresoff nach NO, Richtung 217,0; 10.00 Uhr in entgegengesetzter Richtung 6 bis 8 Lkw der gleichen Art. Truppe vermutet Salvengeschütze. Feind hat in der Nacht 3. 7./4. 7. 1943 1 km OSO Jachontoff 2 Geschütze oder Panzer in Stellung gebracht.

15.30 Uhr Feindbewegungen aus Wald S Shurawliny in westl. Richtung, vermutlich Besetzung der Stellungen bis Punkt 217,1. Abschnitt Strelezkoje Nacht 3. 7./4. 7. schwaches Artl.-Störungsfeuer; am 4. 7. tagsüber schwaches Artl.-Feuer aus Wald W Nowo Alexandrowka auf HKL bei 177,3 und ostw. davon. Einzelbewegungen zwischen Nowo Alexandrowka und Wald nordwestl. davon.

2) Feindbild unverändert, keine Truppenfeststellungen.

3) Gesamteindruck:
Normales Feindverhalten vor Front II. SS-Pz.-Korps. Eindruck, daß Gegner keine Maßnahmen für erhöhte Abwehrbereitschaft trifft.

Zusatz: Lage bei XXXXVIII. Pz.-Korps:

1) Bei Antreten zur Wegnahme der Gefechtsvorposten schwacher infanteristischer Widerstand, stärker bei Butowo. Feindartillerie schwächer als vermutet, kein organisiertes Sperrfeuer. Bis zum Abend erreichte Linie: Nordrand Waldstück W Dragunskoje, Südrand Waldstück 2 km W Dragunskoje (nördlich), Butowo (Nordrand), Punkt 229,8, Südostrand Gerzowka, hart SO Ausweichstelle Gerzowka, vorgedrungen bis hart S Arbeitshaus, eingedrungen in Waldstück O Butny.

2) Feindbild: Aufgetreten die bisher festgestellten der eigenen Truppe gegenüberliegenden Feindverbände.

3) Gesamteindruck: Eigener Angriff kam dem Gegner unerwartet.
Luftaufklärung: An Straße Bykowka—Tomarowka 2 km S Bykowka 4 Salvengeschütze. Am Ostrand Beresoff 5 Salvengeschütze.
Feindliche Fliegertätigkeit: Einflüge von einer R 5 und 4 U 2. Kein Bombenwurf.

VN:
a) Netzauswertung: 315. Gd.Gr.W.Rgt. in Funkverkehr mit 448. und 447. Abt., 97. Gd.Gr.W.Rgt. im Funkverkehr mit 388., 389. und 390. Abt.

b) Spruchauswertung: Gegnerische Infanterie lebhaft, schiebt sich örtlich an eigene Linien heran. Gegner vor XXXXVIII. Pz.-Korps fordert Verstärkung und Panzer an.

Ereignisse im Armeeabschnitt:
In der Nacht vor XXXXVIII. Pz.-Korps ein feindl. Stoßtrupp abgewiesen.
Bei LII. AK rege Spähtrupptätigkeit.
XXXXVIII. Pz.-Korps trat um 15.00 Uhr zur Wegnahme der feindl. Gefechtsvorposten an, um sich für den kommenden Tag eine günstige Ausgangsstellung zu sichern. Die gesteckten Angriffsziele wurden im überraschenden Angriff, bei geringem Widerstand, schnell erreicht.
LII. AK: Bei 57. ID eigenes Stoßtruppunternehmen, lebhafter Fahrzeugverkehr.
An gesamter Front geringe Fliegertätigkeit, geringes Art.-Störungsfeuer.
Die ärztliche Versorgung:

Besondere Anordnung IVb.

1) Die Einheitsführer haben dafür zu sorgen, daß die Erkennungsmarken dauernd um den Hals getragen werden.
Jeder Soldat hat sein Soldbuch dauernd bei sich zu führen.

2) Russla-Puder ist laufend zu verwenden.

3) Die Kraftwagenverbandkästen sind durch die Truppenärzte auf Vollzähligkeit zu prüfen.

4. 7. 1943 –
Bol. Dolshik

4. 7. 1943 –
Bol. Dolshik

4) Einsatz der Zahnärzte als Ordonnanzoffiziere oder in ähnlicher Eigenschaft ist in Anbetracht der zahnärztlichen Mangellage verboten. Sie sind ausschließlich als Hilfsärzte der Truppe oder in den San.-Einheiten zu verwenden.

5) Fachärzte aller Fachgebiete dürfen nicht in der Truppe Dienst tun. Sie sind ausschließlich in den San.-Einheiten zu verwenden. Ersatzgestellung ist nicht mehr möglich (Mangelberufe!).

6) Die bisherigen Befehle über ärztliches Berichts- und Meldewesen gelten unverändert. Verantwortliche Sachbearbeiter sind die Adjutanten der Divisionsärzte. Meldungen an Margareta IVb.

7) Eingesetzte San.-Einrichtungen:

a) Kriegslazarett Basis Charkow (2 Kriegs- und 2 Armee-Feldlazarette, 2 Krankensammelstellen).
b) 2. Korps-Feldlazarett bleibt in Charkow aufnahmebereit (einschl. Kiefernchirurgie und Haut-Abtlg.).

c) Armee-Feldlazarett in Borissowka.

d) Krankensammelstellen in Belgorod, Mikojanowka und Telekonoje (22 bzw. 25 km ssw. Belgorod), Golowtschino (30 km wsw. Tomarowka).

e) HVP in Streletzkoje–Bolchowez (SS-„T"), HVP in Sumskoje (SS-„DR") aufnahmebereit,

f) Div.-Feldlazarett SS-„T" in Puschkarnoje–Streletzkoje aufnahmebereit ab 5. 7., 15.00 Uhr, für Schwerverwundete aller Divisionen und Korpstruppen.

g) BVZ-Eisenbahntransport auf den Strecken:
Belgorod–Charkow ab Krankensammelstelle Mikojanowka, Golowtschino–Charkow ab Krankensammelstelle Golowtschino.

8) Hauptverbandplätze und Feldlazarett-Einsatzorte sind so zu erkunden, daß Anflugmöglichkeit für San.Ju. und San.-Störche gegeben ist.
Flivo der Divisonen stellen Fachleute dafür zur Verfügung.

9) Nächster Einsatzflughafen für San.-Flugzeuge Warwarowka (ca. 30 km ssw. Belgorod an der Rollbahn).

10) San.-Störche für Schwerstverwundete (Schädel-, Kiefer-, Hals-, Brust-, Bauchschüsse) sind bei Korpsarzt des Fliegerkorps über LV Charkow Panther II oder über Flivo Aufkl. Draufgänger anzufordern.

11) Die Landeplätze bei den San.-Einheiten müssen dauernd von der Morgen- bis zur Abenddämmerung mit einer Wache und einem Krad besetzt sein.
Landekreuze auslegen! Rauchzeichen schießen!
Vergebliche Flüge müssen unbedingt vermieden werden.

12) Einsatz der Div.-Feldlazarette nur auf Befehl bzw. mit Genehmigung des Korpsarztes.

13) Feldgen.Kp. bleibt in Charkow-West eingesetzt.

14) San.-Material-Ausgabestelle Charkow-West (wie bisher).

15) Verwundete und Kranke sind erst nach 9 Wochen zum Ersatz-Truppenteil zu versetzen, da die Mehrzahl über die Feldgen.Kp. zur Truppe zurückkehrt.

Für das Generalkommando:
Der Chef des Generalstabes

Anlagen

Kriegsgliederung der 4. Panzerarmee
Stand: 6. 7. 1943

	LII. Armeekorps Arko 137, 1. F.H.Abt. I/108 (mot RSO.), 15 cm Kan.Battr. 3/731, s.Werf.Rgt. 1, Pi.Rgt.Stab z.b.V. 677, Pi.Btl. 74, Brüko B 23, 80, Baubtl. 217, Radf.Sich.Btl. 226 o. 1 Kp.	57. I.D. 255. I.D. 332. I.D.

4. Pz.Armee
 	
Kartenstelle
(mot.) 473
Höh.Arko 312
VO Meßtrupp 512
Oberbaustab 14
Kdr. d. Bautr. 34
Baubtl. (K) 155, 305
Brükostaffelstab 922
  mit Brüko
B 671 u. 2/413
O.T. Einsatzstab Kretzer
O.T. Einheiten 71 u. 73
Pz.Armee-Nachr.Rgt. 4
Pz.Prop.Kp. 694
Abw.Tr. 323
Abw.Tr. 206
Abw.Tr. 104
Feldgen.Kp. 34
Feldgen.Kp. 37
	XXXXVIII. Panzerkorps
	Pz.Brig.Stab 10, Pz.Regt.Stab 39, Pz.Abt. 51 u. 52,
	Arko 132 u. 144, Art.Rgt.Stab z.b.V. 70,
	Mörs.Abt. III/109, s.F.H.Abt. 101,
	  10 cm Kan.Abt. 842,
	Stu.Gesch.Abt. 911, le. B.-Abt. 19
	Pi.Rgt.Stab z.b.V. 515, Pi.Btl. (mot.) 48,
	Pi.Lehr-Btl. 1 (mot.), Brüko-Staffelstab 938 mit
	  Brüko B 22, 609, 639–649, 676 u. J 841,
	Brü.Baubtl. 37, le.Radf.Str.Baubtl. 507,
	Baubtl. 81. o. 4. (georg.) Kp.,
	Heeres-Fla-Btl. 616
		167. I.D.
		Pz.Gr.Div. „G.D."
		3. Pz.Div.
		
		11. Pz.Div.

	II. SS-Panzerkorps Arko 122, 1. F.H.Abt. 861 (mot. R.S.O.), 1. F.H.Abt. III/818 (mot. R.S.O.), Kdr. d. Nbl.Tr. 3 Werf.Rgt. 55, Werf.Lehr.Rgt. 1 Pi.Rgt.Stab. z.b.V. 680, Pi.Btl. (mot.) 627, Pi.Btl. (mot.) 666, Brüko-Staffelstab 929 mit Brüko B 2/41, 11, 21, 31, 573 u. J 840, Kdr. d. Bautr. 8, Brü.Baubtl. 26, le.Radf.Str.Baubtl. 508, Baubtl. 410, Ger. Einheit B 812	SS-Pz.Gr.Div. „T" SS-Pz.Gr.Div. „A.H." SS-Pz.Gr.Div. „DR"
Auf Zusammenarbeit angewiesen	Generalkommando des VIII. Fliegerkorps	

Quelle: Ia Nr. 3020/43 g.Kdos., in: Pz.AOK 4, Ia, Anlagen 14 zum KTB, Kriegsgliederungen v. 3. 1.-27. 7. 1943 (34888/18).

Kriegsgliederung der Armeeabteilung Kempf
Stand: 1. 7. 1943

Armeeabteilung Kempf Kartenstelle A 590 Höh.Arko 310, Art.Rgt. z.b.V.781² Meßtrupp 626 Sturmboot Kp. 911 Brüko 603 (Bock) (B.Ger.) Straßenbau Kdr. 22 Pi.Brü.Bau-Btl. 21 s.Straßenbau-Btl. 538 s.Straßenbau-Btl. 676 OT Stab Heidenrich OT Abt 30 u. 40 Armee Nachr.Rgt. 570 Funk Kp. 50 Funk Kp. 56¹ Armee Nachr.Park 561 Kdr. d. Nbltr. 1 Prop.Kp. 637 Vermessungs- und Kartenabt. 604 Magnet Meßtrupp 8 Tr.Magnet Warta 2	*Korps „Raus" z.b.V.* Werf.Rgt. 52, II./s.Werf.Rgt. 1 Flak Rgt. 4¹, Flak Rgt. 7¹, Flak Rgt. 48¹ Pi.Rgt.z.b.V. 18, Pi.Btl. 52, Pi.Brück.Bau-Btl. 923 Brüko mit (B-Gerät) 7, 8, 20, 2/60, 102, 297, 2/407, 2/410, 610, 666 Brüko mit (K.Gerät) 151, Brück.Bau-Btl. 41 Straßenbau Pi.Btl. 246 Art.Kdr. 153⁴, I/le.A.R. 77 (10,5 cm H.) II./le.A.R. 54 (10,5 cm H.), le.Bb.Abt. 31, I./A.R. 213 (10,5 cm K) Sturmgesch.Abt. 905³, Sturmgesch.Kp. 393	106. I.D. 320. I.D.
	XXXXII. Armeekorps Flak Rgt. 77¹, s.Pz.Jg.Abt. 560⁶ (Hornisse), s.Pz.Jg.Abt. C⁶ Geb.Pi.Rgt. 620, Sonderstab „Dauber", Bau Rgt. 26 Bau-Btl. 219, Bau-Btl. (K) 112, Bau-Btl. (K) 153 Feld-Strafgef.Abt. 18 Art.Kdr. 107⁴, 2./s.Art.Abt. 800 (15 cm Kan.) le.Bb.Abt. 13	282. I.D. 39. ID. 161. I.D.
	III. Panzerkorps Werf.Rgt. 54, s.Pz.Abt. 503 (Tiger), Flak Rgt. 99¹,⁵, Flak Rgt. 153¹ Pi.Rgt. 674, Pi.Btl. 70, Pi.Btl. 651, Pi.Brück.Bau-Btl. 925 Brüko (B-Gerät) 9, 2/411, 1/505, 602 u. 2 Zusatzgeräte B Brüko (I-Gerät) 842, 843 Pi.Rgt. 601⁷, Pi.Btl. 127 (o.1 Kp.)⁷, Pi.Brück.Bau-Btl. 531⁷ Brüko (B-Gerät) 110⁷ Art.Kdr. 3, Art.Rgt.z.b.V. 612⁸, Sturmgesch.Abt. 228 II./A.R. 71 (15 cm H.), s.Art.Abt. 857 (21 cm Mrs.) II./A.R. 62 (10,5 cm K.)	168. I.D. 19. Pz.Div. 7. Pz.Div. 6. Pz.Div.

Quelle: AOK 8, Ia, Anlagenband zum KTB Nr. 2 v. 1.7.-20.8.43, Anlage z. AAb. Kempf, Ia Nr. 1100/43 g.Kdos. (44701/12, 2. Teil).

Wetter: Sonnig, teilweise bewölkt, leichter Wind. Straßenzustand bis auf Schluchten gut, sehr staubig.

Plan des SS-Pz.-Korps ist es, nach Wegnahme der Gefechtsvorposten auf Höhe 218,0 in Jachontoff und auf Höhe 228,6 und planmäßiger Artillerievorbereitung die erste Stellung des Feindes (HKL vor Korps: Jerikbachgrund, Beresoff, Höhe 220,5, Sadelnoje) an schmaler Stelle mit „LSSAH" und Div. „Das Reich" aufzubrechen, durchzustoßen und sofort gegen die 2. Stellung im Raum Lutschki–Jakowlewo anzutreten. Der Div. „Totenkopf" und dem Rgt. 315 fällt die Aufgabe zu, nach Durchschreiten der Einbruchstelle mit Massen nach SO bzw. W einzudrehen, den Gegner im Hauptkampffeld in Flanke und Rücken zu fassen, das Stellungssystem aufzurollen und zugleich Flankenschutz des Korps nach O bzw. W sicherzustellen.

Nach Wegnahme der Gefechtsvorposten, die hartnäckig Widerstand leisten, tritt das Korps um 03.00 Uhr mit starker Artillerie- und Stukaunterstützung zum Angriff an. Das Einbrechen mit letzter Bombe in die HKL gelingt zunächst nicht.

In schwerem feindl. Art.-Feuer vom Westufer der Worskla und dem Shurawliny-Wald sowie vor tiefen Minenfeldern stockt der eigene Angriff. Erst nach erneuter Art.-Zusammenfassung auf Höhe 220,5 und Beresoff sowie Stukaeinsatz gegen den feindl. Art.-Schwerpunkt auf den Höhen westl. der Worskla und im Shurawlinywald gelingt der entscheidende Einbruch. (Höhe 220,5 durch „LSSAH" um 11.15 Uhr, Beresoff durch Div. „Das Reich" um 13.30 Uhr genommen.)

Gegen nunmehr schwächer werdenden feindl. Widerstand erreicht „LSSAH" 14.30 Uhr Südrand Pykowka, Div. „Das Reich" steht 14.15 Uhr mit Spitze vor Höhe 233,3. Die erste Stellung ist durchbrochen.

Div. „Totenkopf" erreicht durch das Tal von Gremutschi gegen Mittag den Südrand des Shurawlinywaldes und dreht dort mit Masse nach S zum Angriff längs der Straße (Rollbahn) Belgorod–Kursk ein.

Um 15.45 Uhr ist im Angriff nach Süden Kch. Ssmelo K. Trudu erreicht. Zu gleicher Zeit werden die Wälder südl. des Jerikbaches gesäubert. In der linken Flanke wird Rgt. 315 nach erfolgtem Einbruch bei Höhe 220,5 um 11.10 Uhr für Räumung der Feindstellungen nach Westen eingedreht mit Auftrag, einen Brückenkopf über die Worskla zu bilden.

An den beiden Flügeln ergeben sich am Nachmittag keine wesentlichen Veränderungen mehr.

Beim Feind, der zunächst äußerst hartnäckig kämpft, werden mit fortschreitendem eigenen Angriff neben Nachlassen des Widerstandes auch rückläufige Bewegungen festgestellt. Um zu verhindern, daß Gegner sich erneut in 2. Stellung festsetzt, wird trotz der fortgeschrittenen Zeit, um 17.00 Uhr, an „LSSAH" und Div. „Das Reich" befohlen, die Pz.Rgter. beschleunigt nachzuziehen und noch bei Helligkeit die 2. Stellung zu durchbrechen. Div. „Totenkopf" erhält Auftrag, kampfkräftige Aufklärung in den Shurawlinywald zu schicken, mit rechtem Flügel Div. „Das Reich" Verbindung zu suchen und den Wald zu säubern.

Um 16.50 Uhr hat „LSSAH" Bykowka genommen, tritt um 18.40 Uhr gegen die 2. Stellung an und steht 19.30 Uhr 500 m südl. 2. Stellung vor der ostwestlich verlaufenden Schlucht am Südrand Jakowlewo. Da bei Div. „Das Reich" schlechte Wegeverhältnisse und Verstopfung auf der Vormarschstraße das Nachziehen stark verzögerte, wird auf Korpsbefehl der Angriff eingestellt. Die 2. Stellung soll gleichfalls planmäßig nach Bereitstellung am nächsten Morgen erst angegriffen werden. In der Nacht soll Vorfeld soweit als möglich genommen werden, Infanterie sich bis 241,5 vorschieben.

y–Zeit = 03.00 Uhr.

Einzelheiten:
Befehl über Umbenennung des Auffrischungsstabes Charkow in 4. Panzer-Armee.
Laut Morgenmeldung „LSSAH" Ia:

Höhe nordwestl. Jachontoff, Höhe 228,6 und Nordteil Strelezkoje seit 01.30 Uhr fest in unserer Hand.

5. 7. 1943 –
Bol. Dolshik

5. 7. 1943 –
Bol. Dolshik

Auf 228,6 laufend Gegenstöße aus nordostw. Richtung, etwa entlang dem Panzergraben. Sie werden abgewehrt. Panzerbereitstellung planmäßig erfolgt. Ab 03.45 Uhr rege eigene Fliegertätigkeit.
Ia „LSSAH"

02.45 Uhr meldet Div. „Das Reich": Jachontoff genommen, in Stellung ostw. davon eingedrungen.
Ab 03.00 Uhr Unterstellung AA 3 und III./„E" unter „LSSAH" bzw. Div. „Das Reich" aufgehoben.
88 Stukas greifen Beresoff an.
04.50 Uhr. Morgenmeldung Div. „Totenkopf":

Morgenmeldung vom 5. 7. 1943:
1) Ab 21.45 Uhr auf gesamtem Abschnitt Rgt. „E" starkes Art.- und Gr.W-Feuer sowie Feuerüberfall durch Salvengeschütze vornehmlich vor Mitte und rechtem Flügel.
Verst. 5./„E" um 02.30 Uhr Stellung der feindl. Gefechtsvorposten bei Pkt. 218,0 genommen.
Feindl. Gegenstoß von Norden und aus Eidechsenwald abgewiesen.
03.30 Uhr nach starker Art.-Vorbereitung Feindangriff vor Mitte Vorposten-Kp. am linken Flügel II./„E" durch zusammengefaßtes Feuer abgewiesen.
Luftlage:
2 Feindeinflüge von 1 U2 und einer unerkannten Maschine. Keine Bombenwürfe. Starke eigene Fliegertätigkeit.

05.10 Uhr. Angriff Div. „Das Reich" bleibt vor Panzergraben liegen.
05.20 Uhr. Morgenmeldung Div. „Das Reich":

21.30 Uhr bis 22.15 Uhr wiederholte feindl. Feuerüberfälle auf HKL und Anmarschwege.
23.00 Uhr Antreten SS-„D" auf Jachontoff. Feldstellungen am Südrand, ostwärts und westl. Jachontoff im Nahkampf genommen.
02.30 Uhr Jachontoff im eigenen Besitz.
03.15 Uhr Beginn des eigenen Artillerie-Feuerüberfalles.
Abwurf von Leuchtbomben und Bordwaffenbeschuß im Raum Jachontoff.
SS-Pz.Gren.Div. „Das Reich", Ia
gez. Maier, SS-Stubaf.

05.50 Uhr. Morgenmeldung an die Armee:

Feindl. Gefechtsvorposten während der Nacht nach hartem Nahkampf genommen. Während der Nacht bis zu Beginn der eigenen Art.-Vorbereitung starkes feindl. Art.- und Salvengeschützfeuer im gesamten Frontabschnitt.
Divisionen „Das Reich" und „LSSAH" wie befohlen angetreten. Div. „Das Reich" 05.00 Uhr Beresoff erreicht.
Während der Nacht schwache feindl. Fliegertätigkeit. Auf Jachontow Bordwaffenbeschuß. Mit beginnender Helligkeit stärkere feindl. Fliegertätigkeit.
Gen.Kdo. II. SS-Pz.-Korps, Ia

Mitteilung XXXVIII. Pz.-Korps über seine vordere Linie um 05.50 Uhr:

Vordere Linie: Punkt 156,6–Nordrand Wald 1 km westl. Dragunskoje–Südrand Wald 2 km südwestl. Triretschnoje–Nordrand Wald 3 km ostw. Butowo–Südrand Schlucht–1 km südostw. Wald (2 km nördl. Butowo)–Nordrand Butowo–Höhengelände nördl. Butowo–229,8–2,3–Gerzowka außer Nordwestteil–Höhengelände nordwestl. Ausweichstelle Gerzowka–Bahnlinie bis Korolewsk Wald–Westrand Korolewsk Wald–Südostteil Nowaja Gorjanka–Höhen 2 km westl. K. Sybino.
Gen.Kdo. XXXXVIII. Pz.-Korps, Ia

57. I.D.
255. I.D.
Belgorod
Graiworon
4. Pz. Armee
Woltschansk
Bogoduchoff
Walki
Kempf
LVII.
1. Pz. Armee

Lage am 4. Juli 1943 abends

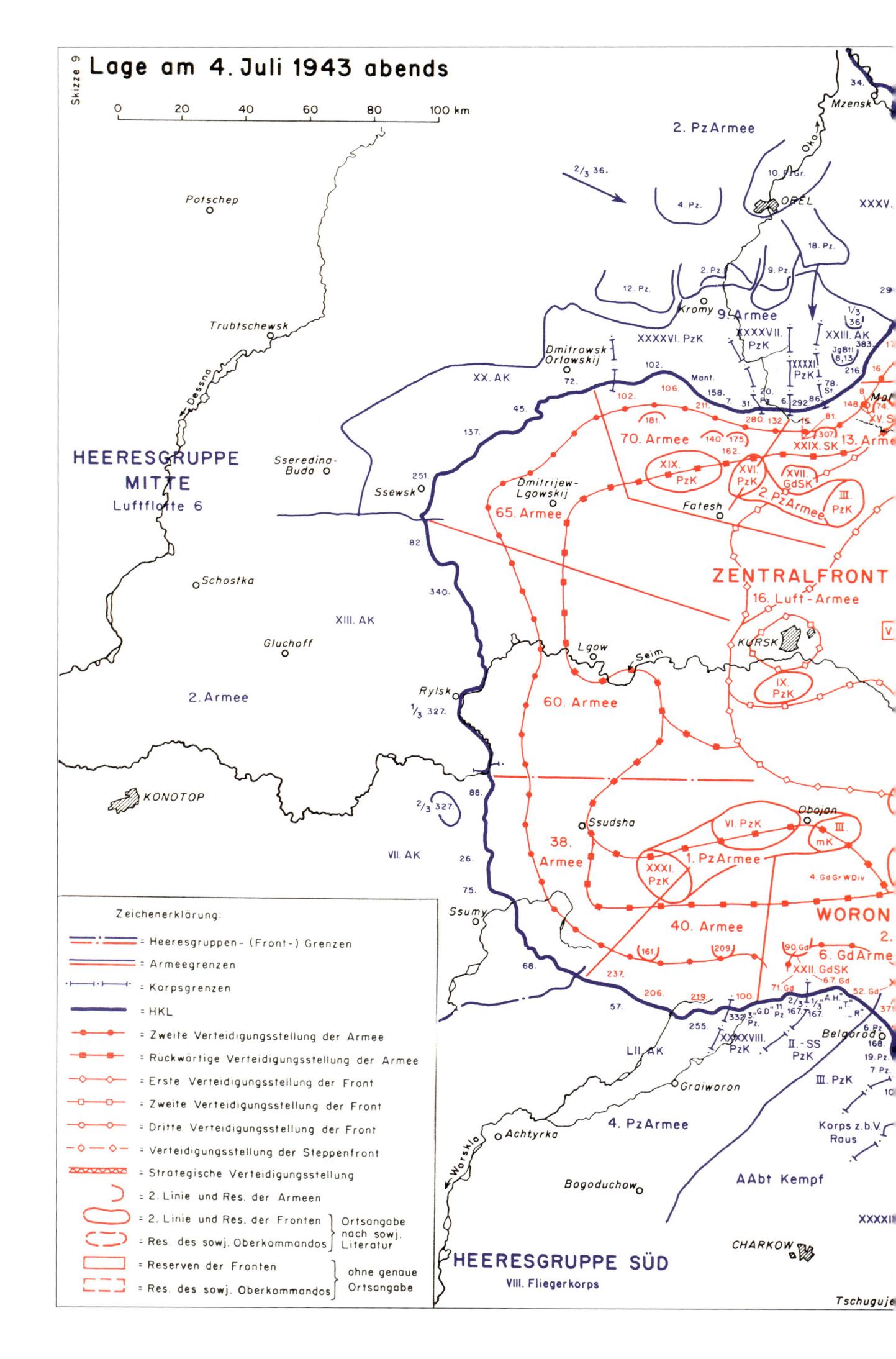

Skizze 9

0 20 40 60 80 100 km

Zeichenerklärung:

- ═══ = Heeresgruppen- (Front-) Grenzen
- ─── = Armeegrenzen
- ·─┤─· = Korpsgrenzen
- ━━━ = HKL
- ●─●─● = Zweite Verteidigungsstellung der Armee
- ■─■─■ = Rückwärtige Verteidigungsstellung der Armee
- ◇─◇─◇ = Erste Verteidigungsstellung der Front
- ◆─◆─◆ = Zweite Verteidigungsstellung der Front
- ○─○─○ = Dritte Verteidigungsstellung der Front
- ◇─ ─◇ = Verteidigungsstellung der Steppenfront
- ⟨⟨⟨⟨ = Strategische Verteidigungsstellung
- ⌒ = 2. Linie und Res. der Armeen
- ⬭ = 2. Linie und Res. der Fronten } Ortsangabe nach sowj. Literatur
- ⬬ = Res. des sowj. Oberkommandos
- ▭ = Reserven der Fronten } ohne genaue Ortsangabe
- ▱ = Res. des sowj. Oberkommandos

HEERESGRUPPE MITTE
Luftflotte 6

HEERESGRUPPE SÜD
VIII. Fliegerkorps

ZENTRALFRONT
16. Luft-Armee

2. PzArmee

9. Armee

2. Armee

4. PzArmee

AAbt Kempf

Map

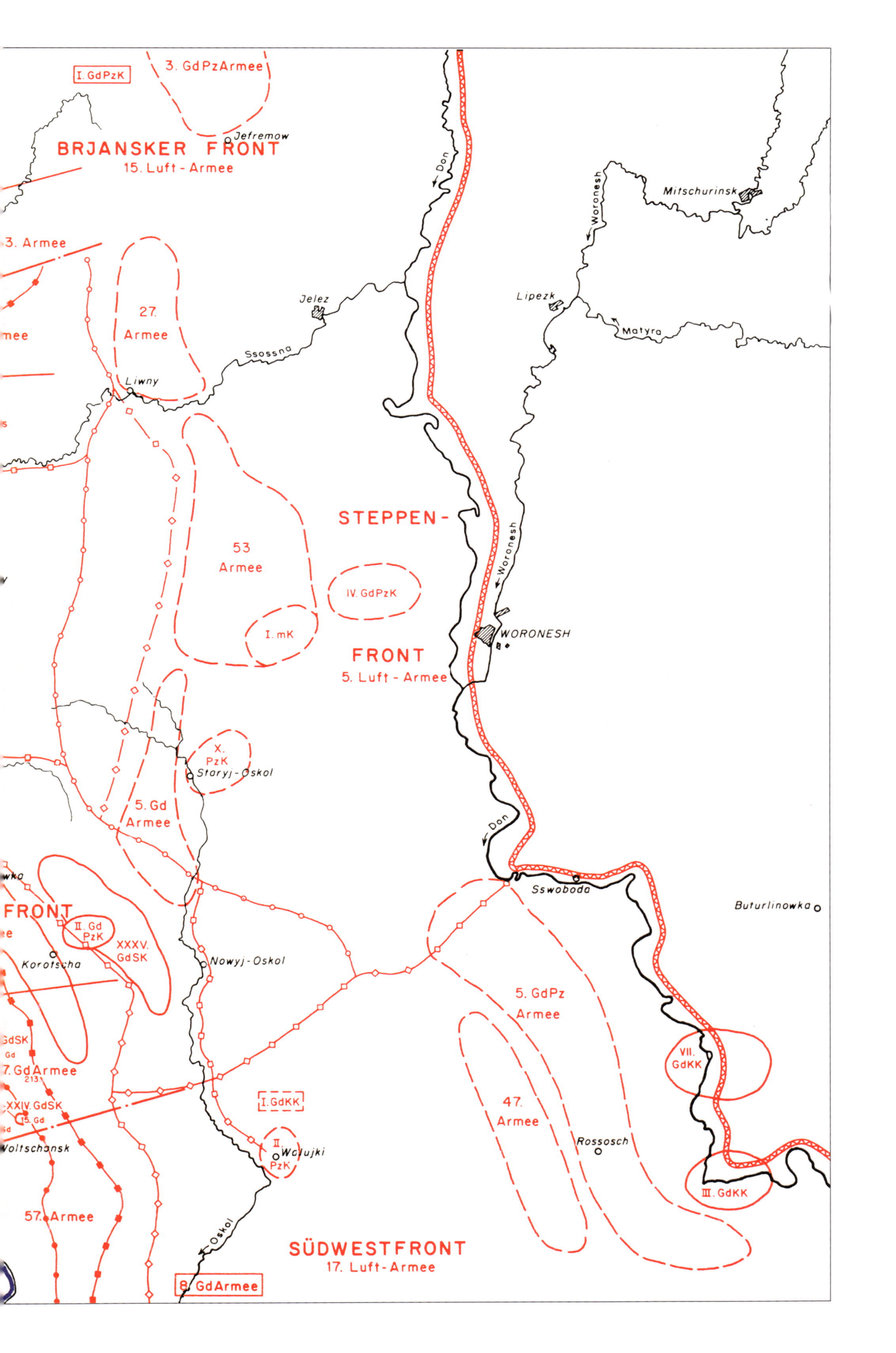

BRJANSKER FRONT
15. Luft-Armee

- I. GdPzK
- 3. GdPzArmee
- 3. Armee
- 27. Armee
- Jefremow
- Jelez
- Ssossna
- Liwny
- Lipezk
- Matyra
- Mitschurinsk
- Don
- Woronesh

STEPPEN-FRONT
5. Luft-Armee

- 53. Armee
- IV. GdPzK
- I. mK
- X. PzK
- Staryj-Oskol
- 5. Gd Armee
- WORONESH
- Sswoboda
- Buturlinowka

FRONT
- II. Gd PzK
- XXXV. GdSK
- Korotscha
- Nowyj-Oskol
- GdSK
- 7. GdArmee
- 213
- XXIV. GdSK
- 15. Gd
- Woltschansk
- I. GdKK
- II. PzK
- Walujki
- 5. GdPz Armee
- 47. Armee
- Rossosch
- VII. GdKK
- III. GdKK
- 57. Armee
- Oskol

SÜDWESTFRONT
17. Luft-Armee

8. GdArmee

Verlauf des 6.7.1943

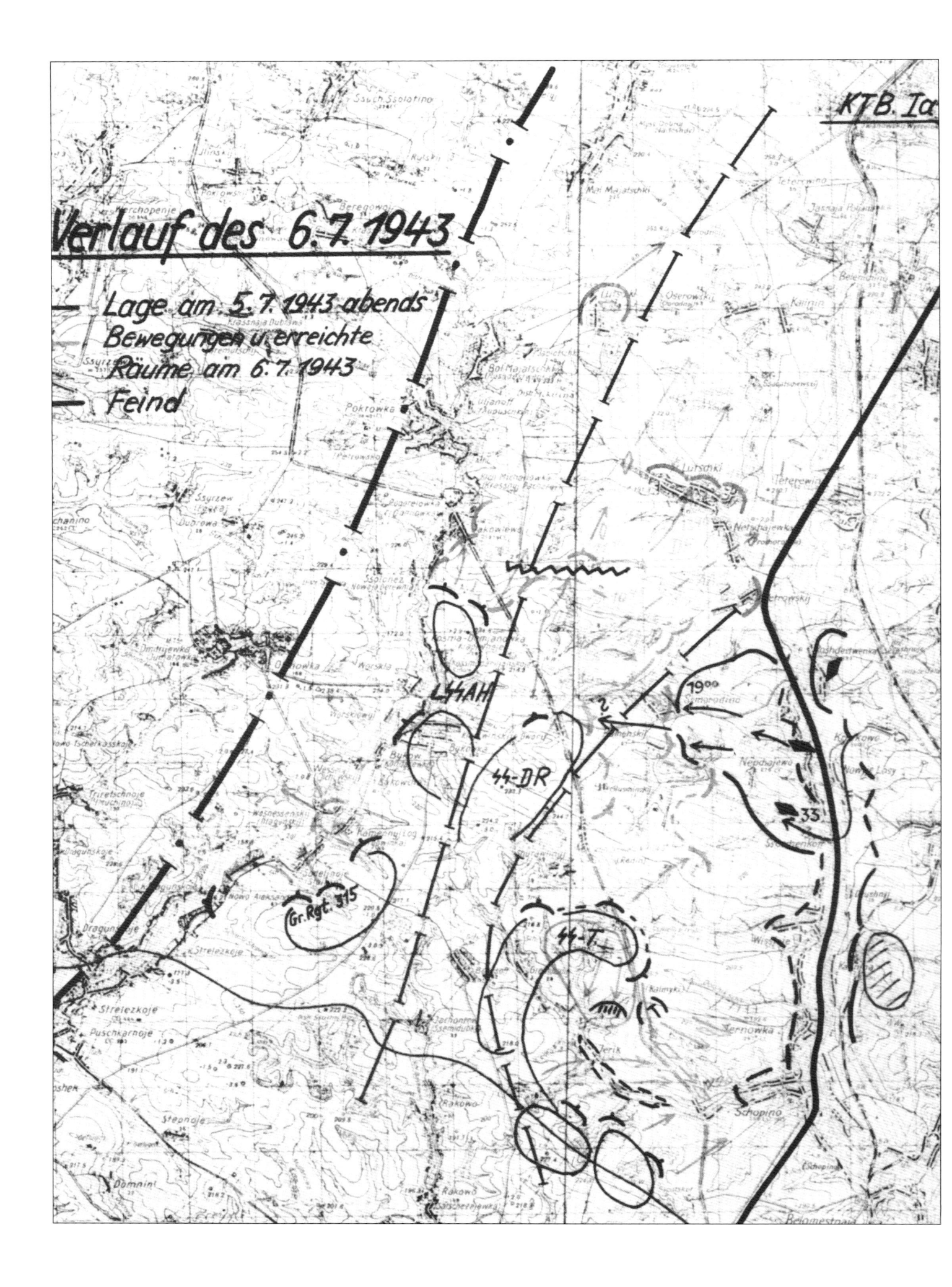

— Lage am 5.7.1943 abends
— Bewegungen u. erreichte
    Räume am 6.7.1943
— Feind

KTB. Ia

06.20 Uhr. Angriff bleibt in schwerem Art.-Feuer vor Westufer der Worskla liegen. 5. 7. 1943 –
07.00 bis 07.30 Uhr. Stukaangriff auf Shurawlinyj-Wald. Bol. Dolshik
07.30 Uhr. Morgenmeldung der Armee:

II. SS-Pz.-Korps:
Unternehmen zur Gewinnung der B-Stellen nach hartem Nahkampf während der Nacht gelungen. Divisionen traten 04.00 Uhr planmäßig zum Angriff an. Bis zum Beginn der eigenen Art.-Vorbereitung starkes feindl. Art.- und Salvengeschützfeuer im gesamten Abschnitt.

XXXVIII. Pz.-Korps:
Das Korps trat 05.00 Uhr planmäßig an. 167. ID wies Feindvorstoß in Kp.-Stärke vor rechtem Flügel und Vorstoß in Zugstärke vor linkem Flügel ab. Bei 11. Pz.Div. fühlte Gegner mit 3 Panzern vor, er wurde abgewiesen.
Bei Pz.Gren.Div. „Großdeutschland" keine besonderen Kampfhandlungen. In den späten Abendstunden wurde Gerzowka von 3. Pz.Div. genommen. 332. ID nahm bis 22.00 Uhr Höhe hart nördl. Eisenbahn nördl. Bubny-Wald und wies wiederholte Angriffe des Gegners ab. Eigene Artillerie unterstützte Abwehr feindl. Vorstöße und bekämpfte feindl. Art.-Stellungen. Starkes feindl. Feuer aller Waffen im gesamten Korpsabschnitt.

LII. AK:
Stoßtruppunternehmen 57. ID wurde während der Nacht abgeschlossen und die Truppe in die Ausgangsstellung zurückgeführt. Geringes Art.-Störungsfeuer.

Luftlage:
Rege Feindfliegertätigkeit bei SS-Pz.-Korps und XXXXVIII. Pz.-Korps mit Bombenabwurf und Bordwaffenbeschuß.

Mitteilung an XXXXVIII. Pz.-Korps über Werfen der Gefechtsvorposten.
08.15 Uhr. Teile von Div. „Das Reich" westl. Beresoff durchgestoßen, greifen Beresoff von N an.
08.37 Uhr Funkspruch KG: Masse Rgt. „Deutschland" hat Pz.-Graben überschritten. Lage in Beresoff unklar.
08.45 Uhr. Erneute Art.- und Stukavorbereitung vor „LSSAH".
09.21 Uhr. Chef des Stabes schlägt vor, Div. „Totenkopf" gleichfalls auf Beresoff anzusetzen.
09.47 Uhr. Spruch vom KG, der sich bei Div. „Das Reich" befindet: Nach Beobachtung von Höhe 218,0 Nordteil Beresoff genommen. SS-„T" kann antreten.
10.15 Uhr. Zu Div. „Das Reich" und „LSSAH" je 1 Stukageschwader unterwegs zum Einsatz durch Stukaleitoffizier.
10.40 Uhr. Meldung Div. „Totenkopf": Rgt. „Totenkopf" ist angetreten.
10.45 Uhr. „LSSAH" hat sich an Höhe 220,5 herangearbeitet und steht in schwerem Grabenkampf. Über Flankenfeuer von links wird nicht mehr geklagt.
11.00 bis 11.30 Uhr. Stuka-Angriff auf Beresoff.
11.15 Uhr. „LSSAH" hat Höhe 220,5 genommen. 2. Rgt. tritt auf Bykowka an.
11.15 Uhr. Orientierung: XXXXVIII. Pz.-Korps befindet sich in zügigem Vorgehen.
11.10 Uhr. Rgt. 315 beginnt im linken Abschnitt die Stellung aufzurollen mit Auftrag, einen Brückenkopf über die Worskla zu bilden.
12.30 Uhr. Rgt. „Totenkopf" hat Pz.-Graben ostw. Beresoff überschritten.
13.30 Uhr. Beresoff genommen.
13.30 Uhr. „LSSAH" Höhe 217,1 (500 m NO 220,5) genommen.
14.15 Uhr. Div. „Das Reich" meldet starken Widerstand vor Höhe 233,3 (ca. 6 km nördl. Beresoff, Abwehr eines Pz.-Gegenstoßes). 1. Stellung durchbrochen.
14.35 Uhr. Rgt. „E" tritt zur Säuberung der Wälder südwestl. des Jerik-Grundes an.
15.00 Uhr. Div. „Totenkopf" hat Höhe 216,5 (2,5 km nordostw. Beresoff) genommen.
15.45 Uhr. Div. „Totenkopf" im Angriff längs der Rollbahn Belgorod–Kursk hat Kch. Smelo K. Trudu erreicht.

5. 7. 1943 – 16.00 Uhr. „LSSAH" steht 200 m südl. Bykowka.
Bol. Dolshik   16.00 Uhr. Div. „Das Reich" hat Höhe 233,3 genommen.
16.40 Uhr. „LSSAH" meldet: Südteil Bykowka durchstoßen, Feind im Zurückgehen nach NO.
17.00 Uhr. Auftrag an „LSSAH" und Div. „Das Reich", die Pz.Rgter. beschleunigt vorzuführen, miteinander Verbindung aufzunehmen und zu versuchen, noch bei Helligkeit die 2. Stellung zu durchbrechen.
17.10 Uhr. Vorderste Teile Div. „Totenkopf" im Vorgehen von Höhe 225,0 an der Rollbahn nach Süden.

17.10 Uhr. Tagesmeldung Div. „Totenkopf":

Verstärktes SS-„T" hat um 09.15 Uhr von Höhe 218,0 antretend nach anfänglich zähem Widerstand Panzergraben südl. und ostw. Beresoff überschritten und nach Überwinden des Jerik-Baches Höhe 216,5 um 15.15 Uhr genommen.
Schw. Pz.Kp. Rgt. „T" unterstellt im Vormarsch auf Rollbahn Gonki–Belgorod mit vordersten Teilen 15.45 Uhr Kolch. Ssmelo K. Trudu erreicht.
Pz.Rgt. von 218,0 in nordostw. Richtung im Vorgehen. Bisher 4 Pz. durch Pz.Rgt. vernichtet.
Im Abschnitt Rgt. „E" Inf.- und Gr.W.-Störungsfeuer. 14.35 Uhr I./„E" nach eigener Art.-Vorbereitung zum Aufrollen der Stellungen feindl. Gefechtsvorposten im Hammer- und Stielhammer-Wald nördl. 224,3 angetreten. III./„E" 15.50 Uhr zur Wegnahme feindl. Gefechtsvorposten im Drachenwald und Drachenkopf ostw. 224,3 angetreten.

Luftlage:
Rege feindl., starke eigene Fliegertätigkeit. Abschüsse durch Flak-Abt. 3: 10.20 Uhr eine Il 2 durch 8,8 cm, 10.30 Uhr eine Il 2 durch 8,8 cm, 10.45 Uhr eine Lagg durch 3,7 cm, 14.05 Uhr eine Il 2 durch 3,7 cm.

Pz.AA und III. Btl. „E", ab 05.00 Uhr der Div. wieder unterstellt.

17.25 Uhr. Tagesmeldung Div. „Das Reich":

Nach wirksamer Art.- und Stukavorbereitung Antreten verst. SS-„D" auf Beresoff. Schlechte Wege- und Geländeverhältnisse verhindern rechtzeitiges Eingreifen Stu.-Geschütze und „Tiger". Angriff blieb zunächst 05.10 Uhr vor Pz.-Graben SW Beresoff liegen. Erneuter Art.-Vorbereitung 11.00 Uhr entscheidender Einbruch durch SS-III. Btl. Über ausgedehnte Minenfelder Angreifen. Beresoff 13.30 Uhr genommen.
Wirksame Unterstützung durch Stuka-Angriffe von 07.00 Uhr bis 07.30 Uhr auf Schurawlini Wald und von 11.00 bis 11.30 Uhr auf Einzelziele NO Beresoff.
14.45 Uhr. In zügigem Angriff Spitze 2 km S 233,3. Höhe jetzt voraussichtlich genommen. Noch keine Meldung. Feindl. Pz.-Gegenstoß von 233,3 abgewiesen. 7 Pz. abgeschossen. Zäher Feindwiderstand auf 233,3 und Richtung Bykowa.
14.00 Uhr Anmarsch Pz.-Gruppe aus Raum Kasazkaja. Anfang 16.30 Uhr in Gegend Beresoff.

Fliegertätigkeit: 8 Flakabschüsse durch Flak-Abt. (5 Il 2 und 3 P).

14.15 Uhr 2 km s. 233,3.

Rgt. SS-„DF" ohne SPW-Btl. Sturmgesch. voraussichtlich 20.

Heiter, trocken. Wege trocken, Staub.

130 Gefangene. Hohe blutige Verluste des Gegners.

SS-Pz.Gren.Div. „Das Reich", Ia

18.00 Uhr. Tagesmeldung „LSSAH":

5. 7. 1943 –
Bol. Dolshik

Nach planmäßig durchgeführter Bereitstellung traten am 4. 7. 1943, 23.00 Uhr, die Stoßgruppen des 1. und 2. Pz.Gren.Rgts. „LSSAH" zur Wegnahme der feindl. Gefechtsvorposten auf den Höhen westl. Jachontoff und westl. 288,6 an.
Durch vorzügliches Verhalten der Angriffstruppen wurde der Gegner völlig überrascht und die Gefechtsvorposten nach kurzem, aber sehr hartem Nahkampf 01.30 Uhr geworfen.
Die Art.-Vorbereitung für den eigentlichen Angriff am 5. 7. 1943 verlief planmäßig und lag nach Gefangenenaussagen ausgezeichnet.
Der Einbruch mit letzter Bombe um 04.05 Uhr gelang nur bis zum Panzergraben, wo die Truppe im flankierenden Feuer der Feind-Bttrn. vom westl. Worskla-Ufer zunächst liegenblieb und sich eingrub.
Nach Fertigstellung der Minengassen und Panzergrabenübergänge und nach erneuter Feuerzusammenfassung des gesamten AR „LSSAH" und Werfer-Rgt. 55 auf die Höhe 220,5 konnte sich die Truppe in zähem Ringen um jeden Meter Bodens unter Unterstützung der Sturmgeschütze und „Tiger" in beinahe fünfstündigem Kampfe 11.03 Uhr in Besitz der Höhe setzen.
Nach erfolgter Umgruppierung traten die beiden Gren.Rgter mit je einem Btl. in vorderer Linie um 12.45 Uhr erneut an und hatten in nunmehr zügigem Angriff um 14.30 Uhr 1,5 km südl. Bykowka genommen. Dort wurde ein Panzergegenstoß aus Bykowka abgewehrt, mehrere Panzer abgeschossen und zahlreiche Pak erbeutet (Einzelheiten werden nachgemeldet).
Um 11.10 Uhr erhielt das verst. Gren.Rgt. 315 den Befehl zum Nachführen hinter dem verst. 2. Pz.-Gren.Rgt., um unter Ausnutzung des geschaffenen Einbruchs die feindl. Stellung nach Nordwesten aufzurollen und einen Brückenkopf über den Worskla zu bilden.
Um 14.30 Uhr erhielt die gepanzerte Gruppe den Befehl zum Antreten mit dem Auftrag, noch am 5. 7. 1943 die 2. feindl. Stellung ostw. Jakowlewo zu durchstoßen und einen Brückenkopf über den Pssel zu bilden.

Feindeindruck:
Bei infanteristisch geringem Kampfwert, sehr starke und gut ausgebildete Artillerie und Panzerabwehr, die zäh und verbissen kämpft.

Luftwaffeneinsatz: sehr starke eigene und feindliche Fliegertätigkeit. Hervorragende Unterstützung durch eigene Stuka-Verbände.

15 Gefangene. Genaue Meldung folgt nach.
Luftlage: 15 Einflüge Typen Lagg 3, R 10, PE 2, Il 2. Angriff mit Bomben und Bordwaffen. Bekämpft durch 8,8 cm und 2 cm Flak.
Abschuß von 2 PE 2, 1 Lagg 3, 3 Il 2. Durch Luftangriff 1 Mann tot, 4 verwundet.

In der Nacht vom 4./5. 7. 1943 starke, die Bereitstellung erschwerende Regenschauer. Am 5. 7. 1943 klar und sonnig.

18.20 Uhr. Meldung Div. „Das Reich": Schlucht nördl. Beresoff stark vermint. Durchziehen der Panzer nicht möglich. Umweg über Shurawlinyj Wald erforderlich.
18.38 Uhr. Tagesmeldung des Korps:

Feind zieht sich nach sehr hartem Kampf seit den Nachmittagsstunden nach Norden zurück. Trotzdem der erste Widerstand gebrochen ist, muß mit erneutem Festsetzen in der zweiten Stellung gerechnet werden.
Eigene starke Fliegertätigkeit und erfolgreiche Unterstützung der kämpfenden Truppe. Rege feindl. Fliegertätigkeit.

SS-„T": 1 Gruppe von Norden nach Süden vorgehend 225,9 erreicht, mit anderer Gruppw 216,5 genommen. Säuberung des Shurawlinyj-Waldes im Gange.
SS-„DR": Höhe 233,3 genommen.
SS-„LSSAH": Mit vorderen Teilen Nordrand Bykowka.

5. 7. 1943 –
Bol. Dolshik

SS-„DR": wird nachgemeldet.

Korps beabsichtigt, mit SS-„DR" und „LSSAH" nach Art.- und Stukavorbereitung am Morgen des 6. die 2. Stellung zu durchstoßen.

Straßenzustand bis auf Schluchten gut, sehr staubig. Sonnig, teilweise bewölkt, leichter Wind.

Gefangenen- und Beutezahlen noch nicht festzustellen.

Tagesmeldung über Einsatz der Artillerie:

Feindartillerie.
Der ab 03.00 Uhr angesetzte Art.-Flieger klärte bis 13.00 Uhr 24 Feindbattr. auf. Davon wurden durch Flieger eingeschossen und niedergekämpft 12 Feindbattr., im Planschießen weitere 12 Feindbattr. niedergehalten. Fliegerziele haben sich zu etwa ein Drittel mit bereits aufgeklärten Zielen der B-Battr. gedeckt. Um 16.00 Uhr bekämpft Flieger eine durch Schlucht Termowyj nach Olchowka marschierende Battr., die nach den ersten Gruppen in aufgelöster Flucht den Ort zu erreichen suchte.
Schwerpunkt der Feindartillerie: Höhengelände beiderseits Kamenyj Log.

Eigene Artillerie.
Der Munitionsaufwand zur Feuervorbereitung war unbedingt notwendig. Bei „LSSAH" ist Wiederholung von Feuerüberfällen auf die im Feuerplan festgelegten Vernichtungsfeuerräume nach Liegenbleiben des ersten Inf.-Angriffs erforderlich gewesen.
Durch Zusammenfassung der Art.-Bekämpfungsgruppe und Battr. von „LSSAH" und „Das Reich" wurde feindl. Flankenfeuer, das den weiteren Angriff der „LSSAH" empfindlich störte, ausgeschaltet. Feindartillerie vor gesamten Korpsabschnitt war ab 14.30 Uhr ausgeschaltet.

18.40 Uhr. „LSSAH" von Höhen hart nordostw. Bykowka gegen die 2. Stellung angetreten.
18.45 Uhr. Meldung Div. „Das Reich": Die Vormarschstraße bei Beresoff völlig verstopft, rasches Nachziehen der für den Angriff gegen 2. Stellung erforderlichen Kräfte unmöglich.
19.30 Uhr. Spitze der Panzergrupe „LSSAH" steht 500 m südl. der 2. Stellung vor Jakowlewo.
Rgt. 315 im Angriff auf Kameny-Log.
20.30 Uhr. Schriftliche Meldung Div. „Das Reich" über Marschschwierigkeiten.

Generalkommando II. SS-Pz.-Korps   *K.Gef.St., den 5. 7. 1943*
Ic

Feindlage 5. 7. 1943, Stand: 20.30 Uhr.

Feindverhalten.
Die feindlichen Gefechtsvorposten bei Punkt 218,0, in Jachentoff und bei Höhe 228,6 leisteten bei eigenem Angriff in den Nachtstunden des 4. 7. 1943 heftigen Widerstand. Im Verlauf des weiteren Angriffs am 5. 7. 1943 wehrte sich Gegner erbittert in der HKL (Verlauf vor Korps: Beresoff, Höhe 220,5, Sadelnoje) und im Hauptkampffeld. Die feindlichen Stellungen zwischen Beresoff und Höhe 217,1 waren infanteristisch stärker besetzt als nach dem vorliegenden Feindbild zu vermuten war. Teile der 51. GSD, die im Raum Lutschki als Reserve angenommen war, waren zwischen die bis dahin festgestellten Stellungsverbände eingeschoben worden. Im Abschnitt Beresoff waren nach Gef.-Aussagen 2 Btl. der 51. GSD neben den bis dahin bekannten Bataillonen der 52. GSD eingesetzt. Der Gegner leistete bei Beresoff und bei Höhe 220,5 den stärksten Widerstand. Artilleristisch zeichnete sich ein Schwerpunkt im Höhengelände beiderseits Kamennyj Log ab. Zahlreiche Minensperren erschwerten das eigene Vorgehen. Nach dem Überschreiten des Pz.-Grabens vor der HKL und dem Durchbruch durch die Abwehrstellung wurde der Widerstand schwächer. Der rechte Flügel („T") erreichte in den Nachmittagsstunden durch das Tal von Gremutschi den Südrand des Waldgebietes von Shurawlinyj und konnte bald darauf an der Straße Belgorod–Kursk nach Süden eindrehen. Mitte („DR") nahm Beresoff gegen hartnäckigen Widerstand. Eine kleine Anzahl von Feindpanzern führte N Beresoff einen erfolglosen Gegenstoß. Am Nachmittag wurden rückläufige Bewegung des Feindes westl. des Shurawlinyj-Waldes gemeldet. Die mittlere

Angriffsgruppe erreichte, anscheinend ohne nennenswerten Widerstand, Höhe 233,3; Luftaufklärung meldet ihre Spitzen 20.00 Uhr am Südeingang von Krapiwinskije Dwory und am Nordrand der Schlucht W Krapiwinskije Dwory. Linke Angriffsgruppe („LSSAH") brach starken Feindwiderstand bei Höhen 220,5 und 217,1. Im weiteren Verlauf des Angriffs Richtung Höhe 215,4–Bykowka wurde Feindwiderstand schwächer; bei einem von Panzern nördlich 215,4 geführten Gegenstoß wurden eine Anzahl Panzer abgeschossen. Angriffsspitze erreichte gegen anscheinend schwachen Feindwiderstand Raum 3 km S Jakowlewo. Linker Flügel (Gren.Rgt. 315, „LSSAH" unterstellt) traf im Worskla-Tal S Dragunskoje (ostw.) auf starken Feind. Nach letzten Meldungen 17.00 Uhr auf Sadelnoje angetreten. Zusatz: Feindlage vor III. Pz.-Korps und XXXXVIII. Pz.-Korps.

5. 7. 1943 –
Bol. Dolshik

Korps Raus und III. Pz.-Korps.
Feindwiderstand zwischen Besljudowka und Masslowa am schwächsten. Nach Meldungen 14.30 Uhr dort Eisenbahnlinie in breiter Front überschritten. Straße Krutoj Log–Generalowka wurde erreicht. SO Belgorod wurde Donez bei Nish. Olschanez, Ssolomino, Borogobushino, SO Puschkarnoje überschritten. O und NO Belgorod starker Feindwiderstand, umfangreiche Verminungen, so daß Angriff keine Fortschritte machte.

XXXXVIII. Pz.-Korps.
Starker Feindwiderstand bei Tscherkasskoje, Feind führte Panzergegenstöße mit etwa 15 bis 20 Panzern. Am Abend Tscherkasskoje und Korowino genommen, Feindlage ähnlich wie SS-Pz.-Korps.

Gesamteindruck.
Feind führte Abwehrkampf mit starken Kräften in seiner ersten Linie. Gut ausgebaute Stellungen, Panzerhindernisse und Verminungen erhöhen die Abwehrkraft der durchgehend als gut anzusprechenden Feindverbände.

Feindbild.
Bestätigt in den vermuteten Räumen:
52. Gd.SD mit 151. und 155. Gd.SR, 60. med.San.Btl., 51. Gd.SD mit III./156. Gd.SR beiderseits Beresoff (Teile der in Reserve angenommenen Division also zur Verstärkung der ersten Stellung eingesetzt). 2. Luftarmee, I. Bombenflieger-Korps. 84. Fliegerregiment (Besatzung einer PE II, abgeschossen W Belgorod).

Aussagen:
Chef 8./155. GSR (Lt.):
2 Bataillone der 51. GSD, bisher Raum Teterewino in Reserve, S und SW Beresoff eingesetzt. Kp.-Stärken II./155. GSR 120 bis 130 Mann, Kp.-Stärken 51. GSD etwas niedriger.
Über deutsche Angriffsabsichten seit Abend 3. 7. 1943 positiv orientiert; deutscher Angriff auf Grund von Überläuferaussagen bereits 30. 6. erwartet.
In Offizierskreisen 155. GSR angeblich allgemein mit russ. Offensive gerechnet, da Truppe auf Sollstärke gebracht.
Zusammensetzung Truppe 155. GSR: 65 Prozent Russen (aus Gebiet Kursk), 40 Prozent Mittelasiaten.
Bereitstellung zweier deutscher Bataillone am 4. 7. 1943 durch Glasbeobachtung erkannt. Mit russischem Rückzug wird nicht gerechnet, dafür keine Pläne und Vorbereitungen.
Ersatz für 155. GSR laufend in kleineren Trupps eingetroffen, vornehmlich Neumobilisierte aus Gebiet Kursk, Rest aus E.-Rgtern aus Mittelasien.
Munitionierung reichlich, Nachschub unregelmäßig, daher Reserven angelegt.

Gef. 7./155. GSR:
2 Btl. 51. GSD im Raum Beresoff eingesetzt.

Gef. III./155. GSR (FPN 24562 U):
Von deutschem Angriff seit 3. 7. 1943 Kenntnis. Alarmzustand. Angriffsbeginn 4. 7. 1943 03.00 Uhr erwartet.
Btl.Kdr. Major Schalatschnikow.

5. 7. 1943 –
Bol. Dolshik

Anfang März erhielt Rgt. 80 Mann Ersatz aus Einheit Pferdelazarett 508, Anfang Mai 1943 III. Btl. 40 Mann Ersatz, E.-Einheit unbekannt. 155. GSR Ende Mai 1943 1000 Mann Ersatz aus unbekannter E.-Einheit, meist kurzausgebildete Asiaten. Stärke der Kp. durchschnittlich 120 bis 130 Mann, Jahrgänge 1890 bis 1925, III. Btl. rund 100 Mann 1925/26.
Gasmasken Modell 1943 vollzählig. Über Einsatz von Kampfstoffen nichts bekannt. Haltung und Stimmung der Truppe sehr gut, Verpflegung amerikanischer Herkunft.

Gef. III./151. GSR (FPN 25758 U):
Rgt.Kdr. Oberstleutnant Judith, Btl.Kdr. Kapitän Statlany.
2 deutsche Überläufer im Abschnitt 151. GSR sagten aus, deutscher Angriff am 5. 7. 1943, 03.00 Uhr.

Gef. III./156. GSR, 51. GSD:
III. Btl. in und nördlich Beresoff eingesetzt, Btl. vor 8 Tagen aus Lutschki abmarschiert.

VN.
Spruchauswertung 08.30 Uhr (Inhalt ungenau).
Ungedeutete Einheit an ungedeutete Einheit:
„Kampf in vorderer Stellung des Abschnitts Beresoff; 13 Panzer in Beresoff eingebrochen; gekämpft wird in der Tiefe des Hauptkampffeldes. Unsere Abwehrmittel haben sich als wirkungslos erwiesen. Minen, Brennstoff und Munition gehen zur Neige. Kein Nachschub." (Mystifikation?)

Luftaufklärung, Luftlage.
Nacht 4. 7./5. 7. erbrachte keine besonderen Feststellungen. 5. 7. 1943 18.00 Uhr von Jakowlewo 40 mot. nach Norden, Deutung unsicher.
Sehr starke feindliche Fliegertätigkeit mit Bombenwurf und Bordwaffenbeschuß.

21.00 Uhr. Chef befiehlt Angriff gegen 2. Stellung nach Bereitstellung am 6. 7.
Schriftlicher Befehl darüber an „LSSAH" und Div. „Das Reich":

1. SS-„DR" und „LSSAH" greifen 6. 7. Stellung südostwärts Jakowlewo an und erreichen nach Durchbruch die für 5. 7. befohlenen Ziele. Auftrag für SS „T" wie für 5. 7.

2. Grenadiere erreichen während der Dunkelheit Ausgangsstellungen beiderseits Höhe 1 km südl. 243,3, schieben sich während der Art.-Vorbereitung an Stellung heran und brechen 04.30 Uhr ein. Schwerpunkt innere Flügel. Panzer dicht heran.

3. Art.- und Nebelwerfer:
Unterstellung, Art.-Bekämpfungsgruppe, zur Art.-Bekämpfung angewiesene Batterien wie 5. 7. Art.-Flieger 03.00 Uhr über Ziel: Stellungsräume in den Gefechtsstreifen, südl. Linie Kamenskij–Kossmodannjanskoje. Art.-Bekämpfungsgruppe im Streifen Div. „Das Reich". Ab Hellwerden Bekämpfung aller erkannten Stellungen und B-Stellen im beobachteten Feuer von 03.00 Uhr bis 04,27 Uhr. Von 04.27 Uhr bis 04.30 Uhr nach Anordnung der Rgimentskommandeure höchstes Feuertempo auf festgestellte Schwerpunkte der Abwehr (3 Art.-Kampfsätze, 1 Werfersalve), zugleich Stuka-Angriff, falls nicht durch Wetter verhindert. Letzte Bombe 04.30 Uhr.

Pz.-Beobachtungs-Bttr. „T" bezieht vereinfachtes Lichtmeß-System zur taktischen Aufklärung nach Weisung Geb.Art.Kdr. 132.

4. Entminung, soweit für kämpfende Truppe notwendig, durch Pioniere der Divisionen, Erweiterung der Gassen im Streifen „Das Reich" durch Pi.Btl. 627 o. 1. Kp.; im Streifen „LSSAH" durch Pi.Btl. 666. Vormarschwege innerhalb der Streifen durch Divisionen festlegen. Verkehrsregelung durch Divisionen.

5. Verbindung zu beiden Divisionen Draht und Funk. Gefechtsstandwechsel frühzeitig anmelden.

6. Korps-Gefechtsstand zunächst unverändert.

Schriftlicher Befehl an Div. „Totenkopf": 5. 7. 1943 –
Bol. Dolshik

Auftrag für 6. 7.: Fortsetzung des Auftrages für 5. 7.
„Das Reich" und „LSSAH" greifen nach Art.-Vorbereitung um 04.30 Uhr Stellung südostwärts Jakowlewo an.
Panzer-Beobachtungs-Batterie „T" bezieht vereinfachtes Lichtmeß-System zur taktischen Aufklärung nach Weisung Geb.Art.Kdr. 132. Beabsichtigen Gefechtsstandwechsel frühzeitig anmelden. Verbindung Draht und Funk.
Korps-Gefechtsstand zunächst unverändert.

Vorschlag zur Artillerie-Ziffer:

Artillerie.
Artillerie und Werfer gehen im Raum südwestl. der Linie Kamenskij–Kosmodarnjanskoje in Stellung. Trennungslinie der beiden Divisionen ist zugleich Trennungslinie der Stellungsräume der beiden Art.-Rgter. mit unterstellten Werfer-Abteilungen.

Das Unterstellungsverhältnis bleibt unverändert.

Die Art.-Bekämpfungsgruppe geht im Raum des SS-Art.Rgt. 2 in Stellung.
Mit Morgengrauen beginnend bis y Uhr sind durch die verstärkte Div.-Artillerie in den Gefechtsstreifen der Div. erkannte Kampfanlangen, schwere Waffen und B-Stellen des feindl. Hauptkampffeldes mit beobachtetem Feuer niederzukämpfen. Während dieser Feuervorbereitung arbeiten sich die Grenadiere nach genauer Vereinbarung zwischen Artillerie und Grenadieren an das eigene Art.-Feuer heran. Von y bis y+3 ist nach Anordnung der Art.Rgt.Kdre. mit höchstem Feuertempo (3 Art.-Kampfsätze; 1 Werfer-Salve) das Feuer einzelner oder mehrerer Abteilungen auf die inzwischen festgestellten Schwerpunkte der feindl. Verteidigung zusammenzufassen.

Unmittelbar anschließend (y+3) Angriff der Grenadiere.

Zur Art.-Bekämpfung unter Leitung des Geb.Art.Kdr. 132, in gleicher Art wie am 5. 7. 1943, stehen die c-Geräte bei sämtlichen für das Fliegerschießen bestimmten Battr. ab Tagesanbruch auf Empfang. Panzer-Beob.Battr. „Totenkopf" bezieht vereinfachtes Lichtmeßsystem zur taktischen Aufklärung nach Weisung Geb.Art.Kdr. 132.

y = 4.30 Uhr (dann ergibt sich eine eineinhalbstündige Feuervorbereitung).

22.30 Uhr. Unterstellung je einer Kp. Pi.Btl. 627 unter die Divisionen wird aufgehoben. (Siehe Angriffsbefehl.)
Über Verlauf des Tages siehe Lagenkarte.
Tagesmeldung der Armee:

Beurteilung der Lage:
II. SS-Pz.-Korps und XXXXVIII. Pz.-Korps haben feindliche erste Stellung zwischen Straße Belgorod, Obojan und dem Worskla-Abschnitt sowie beiderseits Tscherkasskoje durchbrochen. Feind verteidigte sich in der Tiefe des Hauptkampffeldes zäh. Zusammenstoß mit starken feindlichen Panzerkräften ist noch nicht erfolgt. Es wurde lediglich je eine Panzergruppe von etwa 25 Panzern bei Tscherkasskoje, Korowino und Dmitrijewka festgestellt. Mit gleich hartem Widerstand beim Kampfe um die zweite Feindstellung und Auftreten starker feindlicher Panzerkräfte am 6. 7. wird gerechnet.
Vor Mitte LII. AK geringe Feindbewegungen (einige Panzer) in ostwärtiger Richtung.

Im einzelnen:
Angriff II. SS-Pz.-Korps wurde bis zum Mittag durch starke Artilleriewirkung aus Gegend Shurawlinyj und Raum Olchowka verzögert. Ab Mittag machte sich die ausgezeichnete Unterstützung des VIII. Fliegerkorps und das gut liegende eigene Artilleriefeuer geltend. SS-„Totenkopf" stieß nach nächtlicher Wegnahme der Höhe 2 km nordostw. Rakowo–ostw. Beresoff auf Höhe 2 km nordostw. davon vor,

5. 7. 1943 –
Bol. Dolshik

drehte mit Masse nach Osten ein, gewann Straße Belgorod, Kursk ostw. Gonki und hat im Angriff nach Süden Höhe 2,5 km nordostw. Jerik genommen. Teile bei Säuberung des Shurawlinyj-Waldes. Teile SS-„Das Reich" blieben vor Beresoff gegenüber starkem Feindwiderstand liegen, weitere Teile der Division drangen, über Höhen nördl. Jachontoff vorgehend, von Nordwesten in Beresoff ein. Nach Wegnahme des Ortes erreichte die Division im weiteren Vorstoß nach Norden Höhengelände 2 km südostw. Bykowka. Panzerteile im weiteren Angriff nach Norden.

Gegen sehr zähen Feindwiderstand und bei starker feindl. Art.-Einwirkung aus Gegend Olchowka nahm „LSSAH" Höhen 3 bis 4 km nordwestlich Jachontoff, erreichte dann in zügigem Vorgehen Nordrand Bykowka und steht noch im weiteren Angriff nach Norden.
Teile 167. ID im Nachziehen hinter linkem Flügel „LSSAH".
Bisher 11 Panzer abgeschossen.
Angriff XXXXVIII. Pz.-Korps litt nach wolkenbruchartigen Niederschlägen in der Nacht unter Verschlammung des beiderseits Beresowyj verlaufenden Baches. Nach Fertigstellung der Brücke waren bis zum Abend 80 Panzer auf dem Nordufer.
167. ID gewann gegen zähen Feindwiderstand Südrand S Schlucht nordwestlich Triretschnoje und Höhengelände westlich davon.
11. Pz.Div., mit Teilen zum Angriff nach Norden antretend, nahm nach Überwinden des Panzergrabens 3 km nordostw. Butowo Höhe 4,5 km nordostw. Butowo. Mit weiteren Teilen am Ostrand Waldstücke nordostw. Butowo vorbeistoßend, im Angriff gegen Feind am Ostausgang Tscherkasskoje, dabei 3 Panzer abgeschossen.
Pz.Gren.Div. „Großdeutschland" gewann mit Teilen in den Morgenstunden nach Überwinden des Bachgrundes nordostw. Beresowyj Südwestrand Tscherkasskoje. Am Nachmittag gelang es, in den Ort einzudringen (bei Gegenangriffen dort 7 Panzer abgeschossen), zur Zeit Säuberung im Gange. Gep. Gruppe bei Einbruch der Dunkelheit im Vorstoß auf Jaoki.
3. Pz.Div. trat aus den gestern gewonnenen Stellungen an, wehrte mit Teilen am Südrand Korowino feindl. Gegenangriff bei Abschuß von 5 Panzern ab, nahm den Ort gegen 02.00 Uhr und steht mit Teilen im Kampf um Potschinok.

Rgt. 332. ID nahm Wosschod und wehrte mit Masse feindl. Angriffe gegen Stellungen an Eisenbahn 3 km westlich Bf. Gerzowka ab.
LII. AK: Eigene Artillerie bekämpfte Bewegungen und Schanzarbeiten. Außer stärkerem feindl. Art.-Feuer auf rechtem Abschnitt 255. ID normales Störungsfeuer des Gegners. Lebhafterer Verkehr, dabei 6 Panzer und 50 Kfz. vor linkem Korpsabschnitt beobachtet.
Luftlage:
Sehr rege feindl. Fliegertätigkeit über Abschnitt II. SS-Pz.-Korps und XXXXVIII. Pz.-Korps mit Bombenwurf und Bordwaffenbeschuß. 180 Feindflugzeuge abgeschossen.

Vordere Linie:
II. SS-Pz.-Korps: bis 4 km südostw. Rakowo wie bisher–1,5 km nordwestl. Jerik–Höhe 3 km ostw. Gremutschi–Höhe 2 km westnordwestl. davon–Höhe 2,5 km nordostw. Beresoff–Höhe 2 km südostw. Bykowka–Nordrand Bykowka.
XXXXVIII. Pz.-Korps: bis Wald 1 km westl. Dragunskoje wie bisher–Südrand Schlucht nordwestl. Triretschnoje–Höhengelände 4 km nordostw. Butowo–Höhe 2 km ostw. Tscherkasskoje–Nordrand Wosschod–Höhe 500 m nordwestl. Eisenbahn 3 km westl. Bf. Gerzowka.

Absicht: durch Fernschreiben.

Generaloberst Hoth, Oberbefehlshaber 4. Panzerarmee, beim II. SS-Panzerkorps (neben dem Fahrer SS-Hauptscharführer A. Meier), der Kommandierende General II. SS-Panzerkorps, General der Waffen-SS Paul Hausser, und SS-Obersturmbannführer Stadler, Kommandeur SS-Panzergrenadier-Regiment 4

Sturzkampfflieger über uns

Panzerbereitstellung

SS-Obersturmbannführer Stadler wird vor der Schlacht vom Komm. General, SS-Obergruppenführer und General der Waffen-SS Hausser, eingewiesen. Stadler hat im Frieden in der Verfügungstruppe gedient und ist einer der wenigen Junkerschüler (Kriegsschüler), der den Rang eines Generals in der Waffen-SS erreichte. Bei Kriegsende war er der letzte Kommandeur der SS-Panzerdivision „Hohenstaufen" und Träger des Ritterkreuzes mit Eichenlaub und Schwertern.

„Am Mittag des 6. Juli nimmt das Regiment ‚Der Führer' den Ort Lutschki. Zwanzig Kilometer tief steht General Haussers SS-Panzerkorps damit im feindlichen Verteidigungsfeld. In General Tschistjakows 6. Garde-Armee ist ein riesiges Loch gerissen. Die Front ist offen wie ein Scheunentor. Und Hausser jagt durch dieses Tor alles, was er hat."
(Carell, „Verbrannte Erde", S. 56)

Tiger der Division „Das Reich" rollen zum Angriff. Auf den Türmen Hakenkreuzflaggen als Flieger-Erkennungszeichen

Wetter: Leicht bewölkt, örtliche Regenschauer.
Aus dem am 5. 7. nach harten Gefechten erreichten Raum setzt das Korps je nach Angriffsbereitschaft der Divisionen zum weiteren Kampf im Zwischenfeld und zum Angriff gegen die zweite feindl. Stellung an. Es arbeitet sich mit den beiden Angriffsdivisionen „Das Reich" und „LSSAH" durch die Einzelbefestigungen und Feldstellungen des Zwischenfeldes und durchbricht bis zum Mittag die feindl. HKL, um dann zum Kampf in der Tiefe weiter vorzudringen und seine gepanzerten Angriffsgruppen (Pz.Rgter. und SPW-Btle.) an den Durchbruchsstellen zum Nachstoß vorzuführen.

6. 7. 1943 –
Bol. Dolshik

Div. „Das Reich" ordnet ihre Kräfte zunächst zu neuem Angriff durch Vorziehen des Regimentes „Der Führer" und greift, vor hartem Widerstand zunächst liegen geblieben, die Höhe 246,3 nach Feuerzusammenfassung aller schweren Waffen an. Die Höhe fällt 11.30 Uhr, so daß die Einbruchstelle nach Osten erweitert und mit Panzern zum Stoß in die Tiefe angesetzt werden kann. Der Division gelingt im Laufe des weiteren Tages die Wegnahme von Lutschki, Ssabatschewskij und Kalinin sowie der Höhe 232,0, Oserowkij und Waldstück nordwestl. davon.

Die bei 243,2 stehenden Teile der „LSSAH" dringen nach frühzeitigem Einbruch in die tief ausgebaute, stark verminte 2. Stellung ein und nach hartnäckigen Kämpfen im Hauptkampffeld zügig nach Nordosten weiter vor, während starke Teile durch Feindwiderstand aus Jakowlewo und den Ortschaften nördlich davon gebunden werden.

Das der Division unterstellte verst. Gren.Rgt. 315 setzt zum Angriff gegen die auf dem Westufer der Worskla gelegenen Ortschaften Kamenny Log und Strelezkoje an, um dadurch die offene linke Flanke der Division zu schützen.

Die in der tiefen Ostflanke des Korps kämpfende Div. „Totenkopf" setzt das Öffnen der Rollbahn Belgorod-Kursk aus dem Raum um 225,9 nach Südosten fort, säubert die Waldstücke westlich der Rollbahn um Gonki vom Feind mit Rgt. „Totenkopf" und tritt danach frontal aus der HKL mit linkem Flügel des Gren.Rgts. „E" beginnend von Südwesten auf Jerik an. Es gelingt, im Laufe des Tages den Ort und die Höhe 198,3 mit Rgt. „E" zu nehmen und so die Versammlung des Rgts. „Totenkopf" um Gonki und Höhe 225,9 für andere Aufgaben zu ermöglichen.

Während bei den beiden Divisionen in zwar schweren Angriffskämpfen das Fortschreiten des Angriffes durchaus flüssig ist, zeichnet sich am Spätnachmittag in der Flanke des Korps der Beginn einer Krise ab, die gegen Abend bedrohlich wird. Sie entsteht durch das Heranführen starker Panzerkräfte des Feindes aus Nordosten in den Raum Roshdestwenka-Krjukowo-Nowyje Losi und das zunächst unbemerkte Übersetzen zahlreicher Panzer mit Deckungs-Infanterie über den Donez in den Raum Nepchajewo. Durch offensives Verhalten des Gegners, auch besonders aus Gegend ostwärts Ssmorodino, hat er einige Erfolge, wird aber gegen Abend bereits abgeriegelt und hat dabei starke Verluste.

Einzelheiten:
01.15 Uhr. Div. „Totenkopf" erbittet Luftwaffeneinsatz auf starkes Paknest südl. Höhe 214,5 für 03.30 bis 03.40 Uhr. Da erst um 04.00 Uhr Stukaeinsatz möglich, verzichtet die Division.
02.00 Uhr. Meldung Div. „Totenkopf": Div. tritt um 03.45 Uhr weiter nach Süden an.
05.00 Uhr. Meldungen der Divisionen.
Bereitstellung Div. „Das Reich" verzögert sich durch schwierige Wegeverhältnisse.
06.10 Uhr. Morgenmeldung an die Armee:

Bereitstellung SS-„Das Reich" und „LSSAH" wegen schwieriger Wegeverhältnisse verzögert. Angriffszeit wird nachgemeldet, voraussichtlich 07.30 Uhr. SS-„Totenkopf" seit 03.45 Uhr in Angriff mit 1 Gruppe entlang der Hauptstraße Belgorod-Jakowlewo nach Süden, hat Straßengabel südlich 225,9 überschritten. Feindl. Gegenstoß aus Waldstück südl. Jerik wurde zerschlagen.

Keine Änderung der Absichten.

Rege feindliche Fliegertätigkeit im Raum Beresoff und nördlich Bomben- und Bordwaffenangriffe.

6. 7. 1943 –
Bol. Dolshik

07.40 Uhr. Div. „Totenkopf" steht mit schweren Panzern hart nördlich Brücke westl. Schopino. Infanterie im Vorgehen auf Höhe 220,0. Spitze Pz.Rgt. 3 km westl. Ternowka. SPW-Btl. und Pz.Abt. steht westl. Roshdestowenka.

07.45 Uhr. Morgenmeldung der Armee:

II. SS-Pz.-Korps: SS-„Totenkopf" trat 03.45 Uhr entlang Straße Belgorod, Kursk nach Süden an und hat Wegegabel 2 km nordostw. Jerik überschritten. Feindl. Gegenstoß aus Gegend Jerik abgeschlagen. Bereitstellung SS-„DR" und „LSSAH" verzögert sich wegen schwieriger Wegeverhältnisse. Antreten voraussichtlich 07.30 Uhr.

XXXXVIII. Pz.-Korps: 167. ID wies Angriff in Kp.-Stärke westl. Dragunskoje (südl.) und auf linkem Flügel feindl. Gegenstoß in Btl.-Stärke (dabei 7 Panzer) für den Gegner blutig ab. 11. Pz.Div.: Keine besonderen Vorkommnisse. Pz.Gren.Div. „Großdeutschland" nahm mit Teilen Jaok. 3. Pz.Gren.Div. gelang es in den Abendstunden, gegen schwächeren Feindwiderstand Potschinok zu nehmen. Teile 332. ID erreichten Höhe 1 km westl. Korowino.

LII. AK: Bei 255. und 57. ID Abwehr je zwei feindl. Spähtrupps. Eigene Artillerie bekämpfte Bewegungen und Stellungen des Gegners. Geringes feindl. Störungsfeuer.

Rege feindl. Fliegertätigkeit bei II. SS-Pz.-Korps und XXXXVIII. Pz.-Korps, geringe bei LII. AK.
Pz.AOK 4, Ia

07.50 Uhr. Meldung Div. „Das Reich": Angriffsbeginn nicht vor 09.30 Uhr möglich.
08.10 Uhr. Neuer Gefechtsstand Div. „Das Reich" 500 m südwestl. P 89 (Beresoff).
10.30 Uhr. Orientierung XXXXVIII. Pz.-Korps. Feindeindruck: Feind ist weich.
10.33 Uhr. Div. „Das Reich": Bereitstellung 09.30 Uhr beendet.
10.30 Uhr. Angriff auf Lutschki. Div.Gef.-Stand 200 m südlich Punkt 98.
10.45 Uhr. Meldung durch Div. „Das Reich", als Signalspruch an KG: Eigener Angriff kommt nicht vorwärts bei Höhe 243,2.
Vorschlag Chef: Art.- und Stukazusammenziehung, um 13.00 Uhr Angriff „LSSAH" und Div. „Das Reich".
10.50 Uhr. „LSSAH": Um 09.30 Uhr in breiter Front eingebrochen. Rgt. 315 räumt Jerkownij-Schlucht auf, stößt mit weiterer Gruppe im Grund der Worskla von Norden nach Süden auf Streletzkoje vor.
Spruch an KG wird zurückgezogen.
11.15 Uhr. Spruch KG: Höhe 246,3 in eigener Hand. „LSSAH" im Vorgehen ostw. Jakowlewo.
11.15 Uhr. Spruch KG: Div. „Das Reich" im Angriff mit Panzern gegen Höhe 246,3. Feindstärke unklar. Absicht: Vorstoßen, Lutschki beiderseits umgehen.
11.15 Uhr. „LSSAH": Stellung durchbrochen, Feind weicht nach Nordosten aus. Pz.-Gruppe wird angesetzt. Aufklärung meldet Höhe 238,4 feindfrei.
11.25 Uhr. Div. „Das Reich": Stellung westl. Höhe 246,3 in eigner Hand, flüssiger Angriff in ostw. Richtung.
11.30 Uhr. Spruch KG: Höhe 246,3 in eigener Hand.
11.32 Uhr. Div. „Totenkopf": Im Wald nördl. Jerik harter Feindwiderstand. Angriff nach Bereitstellung um 11.00 Uhr. Um 07.58 bei Ssoschenkoff 10 T 34 erkannt.
11.45 Uhr. Auftrag: „LSSAH" durchstößt Lutschki. Bis auf weiteres Weg nördl. Lutschki nicht überschreiten. Verhalten nötig, da linker Nachbar zurückhängt.
12.15 Uhr. Auftrag an Div. „Totenkopf": Mit gep. Gruppe aufklären Richtung Lutschki, Verbindung mit Div. „Das Reich" suchen.
12.20 Uhr. „LSSAH": Allgemeiner Eindruck, daß der Russe läuft.
12.50 Uhr. Auftrag an Pi.Rgt.-Stab 680, in der Nacht vom 6./7. eine Brücke bei Jerik zu bauen.
13.40 Uhr. Spruch KG: Pz.Rgt. 2 bei Höhe 232,0 Rgt. „Der Führer" anscheinend in Lutschki. Befehl Stellungswechsel Führungsabteilung.

14.00 Uhr. Rgt. 315 wird 167. ID wieder unterstellt. Befehl hierüber an „LSSAH".
14.05 Uhr. Div. „Das Reich": Rgt. „Der Führer" im Kampf um Lutschki. Panzer im Vorgehen über Höhe 232,0.
232.0.
14.40 Uhr. Div. „Das Reich": 13.20 Uhr Lutschki gesäubert. Feind weicht nach Norden aus.
15.00 Uhr. Befehl an „LSSAH": Weiter angreifen auf Lutschki.
15.15. Uhr. Befehl an Div. „Das Reich": Angriff mit Ziel Prochorowka fortsetzen. Ziel für „LSSAH": Brücken bei Petrowka am Pssel.
16.53 Uhr. Tagesmeldung Div. „Das Reich":

6. 7. 1943 –
Bol. Dolshik

Schlechte Wege verzögerten Bereitstellung 09.30 Uhr bis 11.00 Uhr. Art.- und Stuka-Vorbereitung. 11.00 Uhr Angriffsbeginn. 11.55 Uhr K 11 gewonnen und gesäubert. Absicht: Erreichen und Halten der Linie Kalinin–Höhen südwestlich Teterewino.

SS-„D" mit Kfz. in K 40 vorgezogen.

Div.Gef.Std. Nordspitze P 50.

Warm, sonnig.

17.00 Uhr. Tagesmeldung „LSSAH":

Nach Meldeschluß am 5. 7. 1943 wurde noch kämpfend folgende Linie gewonnen: 234,8 (1 km nördl. Kosma-Demjanowka)–Nordrand Kosma-Demjanowka–214,8 (1 km westl. Bykowka)–Höhen nordw. Kamennyj Log–Sadelnoje.
Am 6. 7. 1943 07.30 Uhr trat das verst. 1. Gren.Rgt. „LSSAH" nach Feuer-Zusammenfassung des gesamten Art.Rgts. „LSSAH" und Werfer-Rgts. 55 auf 243,2 zum Angriff an.
Um 09.45 Uhr erfolgte der Einbruch in die tiefausgebaute, verminte und verdrahtete Stellung bei 243,2. In zähem Ringen um jedes Grabenstück wurde bis 13.30 Uhr die Höhe 230,5 genommen.
Um 13.00 Uhr erhielt die Panzer-Gruppe durch den Div.Kdr. persönlich den Befehl zum Durchbruch in Richtung Pssel-Abschnitt.
Um 13.15 Uhr feindl. Panzergegenstoß von 38 Panzern aus Südteil Jakowlewo, der durch die Panzergruppe erfolgreich abgeschlagen wurde. Feindl. Panzer drehen ab, um von Westen her nach Pokrowka hereinzufahren.
Panzer-Rgt. „LSSAH" wird nach Munitionierung erneut zum Durchbruch antreten.
Dem verst. 1. Pz.Gren.Rgt. wurde die gesamte Panzer-Jg.Abt. unterstellt.
Um 15.35 Uhr Angriff in Btl.-Stärke von Westen auf Kosma-Demjanowka.
Verst. Gren.Rgt. 315 trat um 10.00 Uhr zur Säuberung der Ternowyj-Schlucht und der Höhe westl. Sadelnoje an, mit dem Auftrag, sich noch am 6. 7. 1943 in den Besitz von Olchowka zu setzen.
Um 10.00 Uhr von Bykowka angesetzte Aufklärung des 2. Pz.Gren.Rgt. „LSSAH" meldet um 11.00 Uhr in Olchowka noch einzelne Russen, anscheinend ohne Kampfauftrag, Abzugbewegung auf den nach Norden führenden Straßen und Kolonnen auf der Rollbahn Dubrowa-Tscherkaskoje in nördl. Richtung.
Der Feind kämpfte zunächst in seinen Stellungen zäh und verbissen, während er auf freiem Felde als weich anzusprechen ist.
Starker eigener und feindl. Luftwaffeneinsatz. Hervorragende Unterstützung durch eigene Stuka-Verbände.

230,5 (1 km ostw. Jakowlewo)–Schlucht hart ostw. Jakowlewo.

Verst. Gren.Rgt. 315 trat unter den Befehl der 167. ID.

Gefechtsstände: 1. Pz.Gren.Rgt. „LSSAH" 243,2 südostw. Jakowlewo; 2. Pz.Gren.Rgt. Schule Bykowka (südl. Schule).

Panzerlage wird nachgemeldet.
Stu.Gesch. 16, Pak 7,5 Sfl. 23, 7,5 mot. Z 16.

6. 7. 1943 – Bol. Dolshik

Beute bzw. vernichtet:
8 Panzer	*3 3,7 cm Pak*	*23 lMG*
3 eingeb. Flammerw.-Sperren	*1 Zug-KW mit 12,2 cm*	*30 MPi., zahlreiche Gewehre*
25 Geschütze 7,62 lg.	*29 Panzerbüchsen*	*35 Kampfstände*
2 4,7 cm Pak	*11 sMG*	*110 Gefangene*

Division beabsichtigt möglichst noch am 6. 7. 1943 Brückenkopf über den Pssel bei Prochorowka und und Michailowka zu gewinnen, unter Säuberung von Pokrowka und Bol. Majatschki.

Vereinzelte Regenschauer, sonnig und heiter. Straßenzustand: für alle Fahrzeuge befahrbar.

17.00 Uhr. Luftaufklärung: 33 russ. Panzer gehen bei Ssoschenkoff über den Donez.
Auftrag an Div. „Totenkopf": Ein Sperrverband nach Osten ist zu bilden.
Feindl. Brückenkopf muß abgeriegelt, weiteres Vordringen des Feindes verhindert werden.
18.00 Uhr. Tagesmeldung an die Armee:

*Feindbild: Infanteristischer Widerstand schwächer werdend. Geschlossener Einsatz größerer Panzerverbände aus Raum Gostischtschewo–Nowyje Losy in westl. Richtung über den Donez. Weiterer Panzerverband aus nordwestl. Richtung im Raum Jakowlewo im Kampf mit „LSSAH". Beide Panzerverbände offensiv. Mit geschlossenem Auftreten weiterer Panzerverbände ist zu rechnen.
Rege eigene Fliegertätigkeit. Feindl. Fliegertätigkeit hat wieder zugenommen.*

*SS-„T", um 03.45 Uhr angetreten, hat erreicht: mit einer Gruppe Raum westl. Schopino, mit Teilen Raum westl. Ternowka, mit einer weiteren Gruppe Raum südostwärts Ssmorodino.
SS-„DR" um 11.00 Uhr angetreten, 11.55 Uhr Höhe 246,3, um 13.20 Uhr Lutschki genommen, im weiteren Vorstoß nach Norden.
„LSSAH", gleichzeitig mit SS-„DR" antretend, ist noch im Kampf mit feindlichen Panzern im Raum Jakowlewo und mit starken Teilen weiter im Vorstoß nach Norden. Bei Jakowlewo wurden bis jetzt 6 T 34, 7 schwere Pak, mehrere Lkw. und Zugmaschinen mit Geschützen zerstört.*

Rgt. 315 wieder 167. ID unterstellt.

Gefechtsstand SS-„DR" Nordrand Shurawliny-Wald, vorgeschobener Gefechtsstand SS-„T" 224,3 2 km nordwestl. Sagotskott.

*Korps stößt mit Masse nach Nordosten vor und erreicht mit SS-„DR" Prochorowka und bildet mit „LSSAH" Brückenkopf über Pssel westl. Straßenkreuz nördl. Petrowka. SS-„T" Sperrung der Übergänge über den Lipowyj Donez.
Straßenzustand bis auf einzelne Stellen gut. Wetter: einzelne Regenschauer, sonst heiter.*

19.10 Uhr. Div. „Totenkopf" meldet 15 Panzer abgeschossen.
20.30 Uhr. Eintreffen des Pz.-Armee-Befehls Nr. 2, der die Erfolge des 1. Angriffstages feststellt und Aufträge erteilt, die keine wesentlichen Änderungen der Absichten enthalten:

*Panzerarmeebefehl Nr. 2.
In unaufhaltsamen Vorwärtsstürmen hat II. SS-Pz.-Korps die zweite feindliche Stellung zwischen Lutschki (ostnordostwärts Jakowlewo) und Jakowlewo durchbrochen. XXXXVIII. Pz.-Korps ist es gelungen, in die 2. Stellung einzubrechen und kämpft z. Z. im Raum um Dubrowa.*

4. Panzerarmee stößt südlich und über den Pssel-Abschnitt weiter in nordostwärtiger Richtung vor und gewinnt zunächst Höhengelände nördlich Straße Prochorowka, Korteschewka und ostwärts Schipy. Sie beabsichtigt alsdann den Angriff ohne Aufenthalt auf Kursk und ostwärts fortzusetzen.

II. SS-Pz.-Korps verfolgt in sich rechts rückwärts gestaffelt, mit Masse südlich des Pssel-Abschnittes – rechter Flügel über Prochorowka – über Straße Prochorowka, Korteschewka durch und setzt sich in Besitz des Höhengeländes nördlich dieser Straße. Das Korps hält sich bereit, nach Gewinnen dieses Angriffszieles weiter in nördlicher Richtung angreifen zu können. Mit Teilen SS-Pz.Gren.Div. „Totenkopf" säubert das Korps, am 7. 6. frühzeitig antretend, in engem Zusammenwirken mit 168. ID, das Gelände südlich und südwestlich Schopino (1 km südl. Ternowka) vom Feinde und unterstützt damit Nordflügel Armee-Abt. Kempf beim Vorgehen an den Donez bei und nördlich Bhf. Belomestnaja. Sobald es die Lage am Donez bei Schopino nur irgend gestattet, sind die dort stehenden Kräfte des Korps freizumachen und nachzuführen.

6. 7. 1943 – Bol. Dolshik

XXXXVIII. Pz.-Korps setzt den Angriff durch das feindl. Stellungssystem um Gremutsch fort, gewinnt sodann den Pssel-Abschnitt zwischen Olchowakij und Schipy und nimmt das Höhengelände ostw. Schipy in Besitz. Alsdann wird es voraussichtlich Aufgabe des Korps sein, Obojan ostwärts umgehend, in Richtung Kursk und ostwärts durchzustoßen. Das nördl. Pena-Ufer zwischen Luchanino und Rakowo ist durch Aufrollen von Osten zu säubern. Südl. Sawidowska sind bis zur Ablösung durch LII. AK ausreichende Sicherungskräfte zu belassen.

LII. AK greift über die Linie Korowino–Wassiljewka gegen den Pena bei und nordwestlich Sawidowka an und verhindert damit eine Einwirkung des Feindes gegen Flanke und Rücken des XXXXVIII. Pz.-Korps. Es kommt darauf an, daß baldmöglichst stärkere Teile die Kräfte der 3. Pz.Div. südl. des Pena-Abschnittes in Linie 210,3–Nowo Pawlowka ablösen können. Die nach Norden angreifenden Kräfte sind laufend und soweit nur irgend möglich durch Schwächung der Abwehrfront zu verstärken.

Trennungslinien: Zunächst wie bisher. Änderung der Trennungslinie zwischen XXXXVIII. Pz.-Korps und LII. AK wird zeitgerecht befohlen.

Pz.-Armeehauptquartier bleibt vorerst Bhf. Alexandrowka.

22.00 Uhr. Befehl über Verkehrsregelung.
22.45 Uhr. Aufträge an die Divisionen:

Div. „Das Reich" und „LSSAH" haben in unaufhaltsamen Vorwärtsstürmen die feindliche Stellung in ihrer ganzen Tiefe durchbrochen.
SS-„Totenkopf" hat in der rechten Flanke die zäh verteidigte Jerikstellung genommen. Das Korps hat damit als erstes den Feind durchstoßen und die Voraussetzung für die weitere Offensive geschaffen.

Auftrag für „Das Reich" und „LSSAH" für 7. 7. 1943 unverändert.
Nach Erreichen des Angriffszieles voraussichtlich Fortsetzung des Angriffes nach Norden.
Trennungslinie zwischen „Das Reich" und „LSSAH" wie Aufklärungsgrenze bis Mal. Pssinka.

SS-„Totenkopf" greift am 7. 7., so früh wie möglich antretend, mit Schwerpunkt auf linkem Flügel Feind westl. Ssoshenkoff–Nepchajewo an, vernichtet ihn und erreicht und hält die Höhenränder auf dem Westufer des Lipowyj Donez.
Ein weiteres feindl. Vordringen während der Nacht ist mit allen Mitteln zu verhindern. Über Teilunternehmen südl. Schopino folgt Befehl nach Vorschlag der Div.

Es wird unterstellt: II./Werfer-Lehr-Rgt. 1 (21 cm), III./AR 818 (le.FH).
Befehl über Zuführung fernmündl. voraus.
Sumpfbrücke bei Jerik ist nach Fertigstellung als Hauptnachschubstraße zu benutzen.
Nachrichtenverbindung: Draht und Funk.
Div.-Grenzen wie bisher.

Div.-Gefechtsstände sind baldmöglichst zu melden. Korpsgefechtsstand ab 7. 7. 05.00 Uhr Nordwestecke Shurawlinyj-Wald.

23.00 Uhr. Feindlage:

Beim Angriff auf Jerik von S und NO her leistete der Feind harten Widerstand. Auffallend starker Einsatz von Pak; auch Flammenwerfer. Einzelne Feindgruppen wichen nach SO, Richtung Schopino, aus. Feindreste hielten sich noch am Abend am Straßen-Flußkreuz W Schopino. Ternowka feindbesetzt,

6. 7. 1943 –
Bol. Dolshik

Wissloje und Nepchajewo stark feindbesetzt. Heftiger Feindwiderstand bei Wegnahme Wald N Ssmorodino. In den Nachmittagsstunden stießen bei Nowyje Losy und bei Roshdestwenka stärkere feindliche Panzerkräfte über den Donez auf Ssmorodino und Raum südlich davon vor. Stärke der nach Truppenzählung im Raum Nowyje Losy, Krjukowo, Roshdestwenka versammelten Kräfte: 90 Panzer (nach Luftaufklärung T 34), 30 Geschütze, 4 Btl. Infanterie und 50 Lkw. mit Infanterie. Nach VN und Truppenfeststellungen (26. Gde.Pz.-Brigade O Redin) handelt es sich um II. Gde.Pz.-Korps. Es gelang dem Gegner, bis Ssmorodino und Schlucht W Ssoschenkoff vorzudringen. Bei Eingreifen einer Kampfgruppe der Div. „Das Reich" und „Totenkopf" verlor der Feind 11 Panzer. Feind bedrohte am Abend noch rechte Flanke SS-Pz.-Korps.

Feind leistete bei Durchbruch durch 2. Stellung Lutschki–Jakowlewo starken Widerstand, insbesondere mit Pak und Artillerie. Bespannte Feindgruppe setzte sich am Nachmittag aus Lutschki in Richtung Kalinin ab. Eigene Kräfte erreichten Kalinin Südwestrand, in Kalinin noch stärkerer Feind. Angriffsgruppe „LSSAH" stieß nach Durchbruch durch 2. Stellung auf starken Panzerfeind bei Jakowlewo. Sie erreichten ohne wesentlichen Feindwiderstand Südrand Lutschki (nördl.). Dort stellte sich Feind erneut mit Panzern. Linker Flügel bildete Brückenköpfe über Worskla nördlich Sadelnoje und bei Wosnessenskij. Flankierendes Feuer schwerer Inf.-Waffen aus Raum SO Olchowka und vereinzeltes Störungsfeuer auf Bykowka.

Feindliche Luftwaffe bekämpfte mit Bomben- und Tiefangriffen eigene Truppe, ihre Tätigkeit war doch geringer als am Vortage.

Zusatz: Feindlage vor III. Pz.-Korps und XXXXVIII. Pz.-Korps.

a) Korps Raus und III. Pz.-Korps.
Feindliche Gegenangriffe im Raum Besljudowka–Pshawez; O Grafowka dräng Feind nach Westen vor und dehnte seine Gegenangriffe bis auf das Westufer des Donez aus. Weiter nördlich erreichte eigener Angriff gegen zähen Widerstand in 2. feindlicher Abwehrstellung Raum 5 km südlich Jastrebewo, Lage am Brückenkopf Michailowka, bei Staryj Gorod und nördlich davon unverändert.

b) XXXVIII. Pz.-Korps.
Feind leistete S Dubrowa, Luchanino, Kalaschnoje, Alexejewka und N Sawidowka erbitterten Widerstand. Starker Feind NW Korowino, SO Dmitrijewka und bei Bubny. Feind verhinderte Durchbruch durch 2. Stellung.

Feindbild.
Bestätigt in den vermuteten Räumen:
II./151. Gd.SR, III./155. Gd.SR, 52. Gd.SD;
I./124. Gd.AR (nach Beutekarte), 1243. SR, 932. AR, 375. SD.
Neu festgestellt:
1357. le. Flak-Rgt., 26. Flak-Div., unterstellt 6. Gde.-Armee; 48. schw. Gde.Pz.Rgt. (Raum Lutschki-Süd); 26. Gde.Pz.Brg. (1. mot. S-Btl.) bei Redin; 230. Pz.Rgt. (6. Gde.-Armee) Raum S Bykowka (aus Beutekarte); 133. selbst. Pak-Bt. (6. Armee); 1008. Pak-Rgt. (unterstellt 52. Gde.SD) Raum südlich Bykowka.

Gefangenen-Aussagen und Beutepapiere.

a) Gef.-Aussagen.
48. schw. Gde.Pz.Rgt.
Gef. erst vor 2 Tagen zum Rgt. gekommen, Ersatz aus dem fernen Osten. Gef. war Pz.-Werkarbeiter in Stalingrad, später Gorki. Dort eingezogen. Rgt. hat Panzer Typ „Churchill". Rgt. erwartet in nächster Zeit neuen Rohöl-Panzer, Modell „MK 7".

III./156 sollte am 30. 6. aus Raum Beresoff wieder nach Lutschki abrücken, jedoch eingesetzt geblieben, da nach Überläuferaussagen deutscher Angriff bevorstehend.
Gasmasken und Entgiftungsmittel vollzählig vorhanden.
Verpflegung ausreichend. Unzufriedenheit über mangelnden Urlaub und schlechte Organisation Feldpost.

OB Woronesch-Front: Generalleutnant Watjutin.
Neumobilisierte Mannschaften aus Gebiet Kursk, unzuverlässig, viele Fahnenflüchtige. Deutscher Angriff kam russischem zuvor.

6. 7. 1943 –
Bol. Dolshik

1243. SR, 375. SD
Grundsätzlicher Befehl bis zum letzten zu halten. Mit allen Kräften gegen Gonki vorstoßen. Von Absetzen keine Rede. Deutsche Angriffsabsichten durch Überläufer bekannt.

b) Beutepapiere.
Anfall zahlreicher Unterlagen 52. GSD, darunter Befehl über Ablösung 52. GSD durch Teile 51. GSD. Beutekarten bestätigten Einsatz und Gliederung 52. GSD und 230. Pz.Rgt.

VN:
10.10 Uhr unbekannte Einheit an unbekannte Einheit:
„Schicken Sie Panzer zum Angriff W Ternowka."
11.45 Uhr unbekannte Einheit an unbekannte Einheit:
„Im Rayon Ssmofedino Panzer, auch unsere Panzer gingen zum Gegenangriff."

Luftaufklärung.
Luftaufklärung stellte Panzerversammlung Raum Nowyje Losy–Roshdestwenka am Vormittag fest und meldete starke mot.-Kolonne (60 Kfz.) von Schachowo nach Südwesten. Raum SW Prochorowka außer geringen mot.- und Panzerbewegungen nach Nordosten keine bedeutenden Feststellungen. Im Raum zwischen Pokrowka und Ssyrzawo wurde feindlicher Panzerschwerpunkt (Höhe 254,5 und westl. davon) erkannt.
Fernaufklärung ergab am Tage stärkeren mot.-Verkehr auf Straße Korotscha–Belgorod.

Feindverluste, Gefangene und Beute (gemeldet für 5. 7.).

	Gefangene	Panzer	Geschütze	Flugzeuge	Pak	MG	Gewehre	Panz.-Bü.	MPi.	Gr.-Werfer	Salvengesch.
LAH	15	0	1	0	14	30	0	17	0	0	0
DR	500	3	0	13	13	28	300	9	48	0	0
T	37	4	0	4	0	15	0	4	20	2	13
Insges.	552	7	1	17	27	73	300	30	68	2	13

Gesamteindruck.
Feind beabsichtigte eigenen Angriff in seinen in großer Tiefe ausgebauten Stellungen (zahlreiche Panzerhindernisse, umfangreiche Verminungen, bis ins kleinste organisierter infanteristischer Widerstand, vermehrter Einsatz schwerer Waffen) abzuwehren. Nach eigenem Durchbruch durch diese Stellungen nahmen operative Panzerreserven die offensive Verteidigung auf. Sie versuchten, (II. Gde.Pz.Kps.) das Korps in der rechten Flanke anzugreifen, um mit einem Durchstoß nach Westen die weit nach Norden vorgedrungenen eigenen Angriffsspitzen abzuschneiden. Stärkere Panzerkräfte griffen eigene Angriffsspitzen W Jakowlewo und W Lutschki (nördl.) von Westen her an.

24.00 Uhr. Tagesmeldung der Armee:

Beurteilung der Lage: Feind stellte sich in der 2. Stellung erneut zum Kampf, wich dann aber dem Angriff schneller als gestern aus, ohne Gegenangriffe in wesentlicher Stärke zu führen. Die feindl. Artillerie- und Luftwirkung war erheblich schwächer als am Vortage. Armee rechnet nunmehr mit Herankommen operativer Reserven von Osten und Norden. Bisher II. Garde-Pz.-Korps nordostw. Gostitschtschewo festgestellt. Im einzelnen:
II. SS-Pz.-Korps trat 07.00 Uhr aus den am 5. 7. abends gewonnenen Linien zum Angriff an und durchbrach bis zum Nachmittag die 2. Stellung. SS-„Totenkopf" erkämpfte bis Mittag in 3 Gruppen den Übergang über den Bachlauf westlich Schopino, die Höhen dicht westl. Ternowka und Höhen westl. Nepchajewo im beiderseits umfassenden Angriff steht die Div. zur Zeit im Kampf mit stärkerem Panzerfeind im Raum westl. Ssoschenkoff, „Reich" trat mit gep. Gruppe von den Höhen ostw. Kosma Demanowka an, nahm in zügigem Angriff Lutschki und steht in den frühen Abendstunden im Ortskampf um

**6. 7. 1943 –
Bol. Dolshik**

Kalinin. Gep. Gruppe der Div. in Verfolgung des Feindes südl. der Straße Teterewino, Lutschki (nördliches).

„LSSAH" nahm Ortsteil Jakowlewo und bekämpfte Feindpanzer westl. Jakowlewo. Gep. Gruppe der Div. hat Höhe 2 km südwestl. Teterewino erreicht, z. Zt. im Nachstoß auf Höhengelände nördl. Teterewino.

Antreten XXXXVIII. Pz.-Korps wurde wiederum durch aufgeweichte Wege verzögert, so daß der Angriff erst 08.30 Uhr in Fluß kam. Am Spätnachmittag kämpft das Korps in der 2. Stellung. 167. ID seit Mittag wieder unter einheitlicher Führung, nahm im Laufe des Nachmittags in flüssigem Angriff Höhen 2 km südostw. und südl. Olchowka und gewann Schlucht 4 km südwestl. Dmitrijewka. Tritretschnoje wurde gesäubert. In den frühen Abendstunden drang die Div. von Süden in Olchowka und von Westen in Dmitrijewka ein.

11. Pz.Div. brach am Nachmittag in die feindl. Stellung südl. Dubrowa ein, dort zur Zeit schwerer Kampf in der Tiefe des HKF. Pz.Gr.Div. „Großdeutschland" bekämpfte feindl. Panzer südl. Luchanino und stieß sodann dicht nördl. Straße Tscherkasskoje, Dubrowa bis zum Spätnachmittag bis zum Westrand Dubrowa durch. Abschirmung der Nordflanke gegen Feind an und südl. des Pena-Abschnittes durch „Panther"-Rgt. In den Nachmittagsstunden traten Pz.-Grenadiere und Aufkl.Abt. auf Luchanino und Alexejewka zum Angriff an, Ostteil Luchanino genommen. Kleiner Brückenkopf gebildet. 3. Pz.Div. nahm in den Vormittagsstunden Sawidowka, mußte aber vor starkem Feindfeuer bis zur Linie Höhe 3 km nördl. Tscherkasskoje Pawlowna zurückgenommen werden. Div. z. Zt. in Versammlung im Raum Jaoki–Potschinok, um hinter „Großdeutschland" nachgeführt zu werden.

LIII. AK 332. ID wehrte schwache Feindangriffe ab und löste Teile 3. Pz.Div. bei und südl. Korowino ab. 255. ID trat 12.00 Uhr mit rechtem Flügel zum Angriff Richtung Bubny an und nahm in den Nachmittagsstunden Nordrand des Waldes südwestl. Bubny. 2 Feindspähtrupps vor Mitte, ein Spähtrupp vor linkem Flügel der Div. abgewiesen. Vor übriger Korpsfront Ruhe. Lebhafte Bewegungen von 57. ID nach Osten weiterhin beobachtet.

Luftlage: Erheblich geringere Feindfliegertätigkeit als am Vortage.

II. SS-Pz.-Korps: SS-„Totenkopf": 1,3 km westsüdwestl. Schopino–0,8 km nordwestl. Schopino–Höhengelände 1 km westl. Ternowka–2 km westl. Wissloje–4,5 km westl. Ssoschenkoff–Ostrand Wald 2,5 km westl. Nepchajewo–Ostrand Ssmorodino. SS-„Reich": Nordrand Kalinin. „LSSAH": Höhe 2,5 km südwestl. Teterewino–Ostteil Jakowlewo.

XXXXVIII. Pz.-Korps: 167. ID: Ostrand Olchowka–Nordrand Olchowka–Nordrand Dmitrijewka. 11. Pz.Div.: Südwestrand Wald bei Ort 3 km nördl. Olchowka (Dubrowa 1 zu 100000). Pz.Gr.Div. „GD": Westrand Dubrowa–Brückenkopf Luchanino–Südrand Alexejewka. 3. Pz.Div.: Höhe 2,5 km nordwestl. Jaoki–Westrand Potschinok. 332. ID: Westrand Korowino unverändert bis Nowajagorjanka. 255. ID: Nordrand Wald 1 km südwestl. Bubny–Höhenzug südl. davon bis zur alten HKL.

332. ID 6. 7., 12.00 Uhr, LII. AK, Rgt. 315 167. ID wieder unterstellt.

Trennungslinie zwischen XXXXVIII. Pz.-Korps und LII. AK ab 6. 7., 12.00 Uhr, Tschulanowo, Wosschod (LII. AK), Korowino (XXXXVIII. Pz.-Korps) Potschinok, Podimowka (LII. AK).

Gefechtsstand XXXXVIII. Pz.-Korps ab 7. 7.: Waldstück 1 km nördl. Butowo.

a) Keine Meldung.

d) Erfolgsmeldung bereits mit Fernschreiben 19.30 Uhr durchgegeben. Außerdem 12 Panzer amerikanischer Herkunft bei SS-„Totenkopf" abgeschossen.

Absicht: durch Fernschreiben.

Wetter: Örtliche Regenschauer. Straßen und Wege bis auf einzelne Stellen befahrbar.

Wetter: Klar, sonnig, trocken, warm.
II. SS-Pz.-Korps tritt am 7. 7. 1943, 06.00 Uhr, mit Div. „Das Reich" und „LSSAH" nach Stukavorbereitung zum weiteren Vorstoß nach Nordosten und Norden durch die zweite feindl. Stellung, mit Div. „Totenkopf", um 04.30 Uhr antretend, zum Angriff gegen die am Abend des 6. 7. im Raum Roshdestwenka, Höhe ostw. Ssmorodino, Nepchajewo, über den Donez vorgedrungenen starken feindl. Panzerkräfte an. Um 10.30 Uhr ist die starke Flankenbedrohung des Korps durch den Angriff der Div. „Totenkopf" beseitigt, der Gegner in den Flußgrund und auf das Ostufer des Lipowyj Donez zurückgeworfen und das Höhengelände 2 km westl. des Flusses auf breiter Front erreicht.

Div. „Das Reich" gewinnt in den frühen Morgenstunden im Gegenstoß die während der Nacht verlorengegangene Orschaft Petrowskij und gliedert sich mit der Pz.AA und dem Rgt. „Der Führer" in der Linie Netschajewka, Höhe 210,7, ostw. Lutschki (Ost), Kalinin tief zum Schutz der rechten Flanke. Mit Panzerkräften wehrt die Div. starke Gegenangriffe von Verbänden bis zu 30 Feindpanzern aus Jasnaja Poljana und von Nordwesten kommende Panzerverbände gleicher Stärke gegen linke Flanke Pz.Rgt. „LSSAH" nordwestl. Teterewino mit einer weiteren Pz.Abt. ab. Kämpfe in bezeichnetem Raum sind noch im Gange.

„LSSAH" stößt gegen 09.00 Uhr bei 258,2 entlang der Rollbahn nach Prochorowka auf starken Panzergraben und wehrt in Zusammenarbeit mit Panzern der Div. „Das Reich" starken feindl. Panzerangriff gegen seine Front und aus der Nordwestflanke ab. Um 08.50 Uhr hat die Div. starken feindl. Panzereinbruch eines aus 30 Feindpanzern bestehenden Verbandes aus Nordwesten gegen Lutschki abgewehrt und steht den ganzen Tag über in heftigen Abwehrkämpfen gegen Feindpanzer aus gleicher Richtung, die besonders durch gute Zusammenarbeit mit der Luftwaffe erfolgreich sind. Mit weiteren Teilen nimmt die Div. den Ort Pokrowka, dessen West- und Nordwestrand um 10.00 Uhr in eigener Hand ist. Gegen von Nordwesten aus Richtung Obojan herangeführten Panzerverbände in Stärke von 30 und 60 Feindpanzern besteht die Div. auch dort harte Abwehrkämpfe, die durch die Luftwaffe gut unterstützt werden.

Das Hauptkennzeichen des Tages ist das Halten mit allen Verbänden zum Aufschließen und zur Abwehr starker beiderseitiger Flankenangriffe.

Einzelheiten:
00.13 Uhr. Panzerarmeebefehl Nr. 3: Doppelseitige Umfassung des südl. der Pena gestellten Panzerfeindes durch II. SS-Pz.-Korps und XXXXVIII. Pz.-Korps für den 8. 7. 1943. Aufgabe des II. SS-Pz.-Korps ist es dabei, das V. russ. (Stalingrad) Pz.-Korps von seinen rückwärtigen Verbindungen abzuschneiden und nach Westen zu drängen.
Befehl über Ablösung Div. „Totenkopf" durch 167. ID am 8. und Nacht. 8./9. 7. 1943 mit linke Grenze: Netschajewka.

Panzerarmeebefehl Nr. 3.

1) Russische 1. Pz.-Armee mit bisher festgestellten V. und VI. Garde-Pz.-Korps im Angriff von Nord nach Süd beiderseits Straße Obojan, Jakowlewo. II. Garde-Pz.-Korps hat 7. 7. über den Lipowij Donez nach Westen angegriffen und wurde über den Abschnitt nach Osten geworfen. Anscheinend versucht der Feind, mit V. und VI. Pz.-Korps Ausweichbewegungen seiner übrigen Kräfte nach Nordosten zu decken.

2) 4. Pz.-Armee schlägt den südlich und südostw. der Pena zum Angriff gestellten Panzerfeind durch doppelseitige Umfassung.

3) II. SS-Pz.-Korps setzt am 8. 7. den Angriff so fort, daß es das V. (russ. Stalingrad) Pz.-Korps von seinen rückwärtigen Verbindungen abschneidet und nach Westen abdrängt.

4) XXXXVIII. Pz.-Korps durchbricht 8. 7. mit Masse Feind bei und ostw. Ssyrzewo und verhindert durch Angriff in nördl. Richtung ein Ausweichen des Feindes in Richtung Obojan. Mit 3. Pz.Div. sind Feindstellungen beiderseits des Bachabschnittes Luchanino aufzurollen und sodann ostw. Beresowka nach Norden vorzustoßen. Ein Drittel 167. ID (südl. Pokrowka) bleibt unterstellt.

7. 7. 1943 –
Shurawlinij
Wald NW

7. 7. 1943 –
Shurawlinij
Wald NW

5) *167. ID (ohne ein Drittel) überschreitet 8. 7. mit Tagesanbruch Worskla mit je einer Gruppe bei Wesselyj und Worskla. Sie löst SS-Pz.Gren.Div. „Totenkopf" am Lipowyj Donez im Laufe des 8. 7. und Nacht 8./9. 7. ab.*

Entgegen aller bisher gegebenen Befehle leitet II. Pz.-Korps Ablösungsbewegungen. Hierzu wird 167. ID (ohne ein Drittel) sofort II. SS-Pz.-Korps unterstellt. Nach erfolgter Ablösung tritt die Div. unter den unmittelbaren Befehl der Pz.-Armee.

6) LII. AK schützt mit Masse Westflanke der Panzerarmee an der allgemeinen Linie Höhen südwestl. Ssawidowka–Ssetnoje–Nowo Iwanowka–234,3 (1 km südostw. Dmitrijewka)–235,6 (westl. Bubny)–215,0 (ostw. Papadina Wald). Rechter Flügel der Abwehrfront ist nach Norden in Richtung Papadina Wald vorzudrücken. Durch rege Spähtrupptätigkeit ist das Verhalten des Feindes vor der Abwehrfront zu klären. Masse 332. ID ist so bereitzustellen, daß sie am 9. 7. bei Sawidowka den Übergang über den Pena-Abschnitt erzwingt und das Höhengelände nördl. Sawidowka in Besitz nimmt.

7) Trennungslinien:

a) zwischen Armee-Abt. Kempf und 167. ID: Bolchowez (AA Kempf)–Schopino (167. ID);

b) zwischen 167. ID und II. SS-Pz.-Korps nach erfolgter Ablösung durch 167. ID: Netschajewka (167.)–Nordrand Wald 1 km südl. 246,3 (3 km ostsüdostw. Jakowlewo);

c) zwischen XXXXVIII. Pz.-Korps und LII. AK: Sybino–Gorzowka (LII.)–Tscherkasskoje–Alexejewka–Beresowka (XXXXVIII.)–Kruglik (LII.).

8) Verkehrsregelung durch Feldgend.Abt. 521 der Pz.-Armee ab 8. 7., 06.00 Uhr auf den Wegen Gaiworon, Tomarowka, Tomaroka, Butowo, Sseretnoje, Motschschonoje, Butowo.

9) Nachrichtenverbindungen wie bisher. Für 167. ID durch Sonderbefehl.

10) Pz.-Armee-Hauptquartier: Bhf. Alexandrowka.

00.35 Uhr. Div. „Das Reich" meldet neuen Div.Gef.-Stand ab 04.00 Uhr Nordspitze des Waldes südl. 246,3.
05.00 Uhr. Neuer Korpsgefechtsstand: Nordostecke Shurawlinyj-Wald. Zunächst nur durch Chef besetzt. Im Laufe des Vormittags Stellungswechsel der Führungsstaffel.
06.00 Uhr. Morgenmeldung an die Armee:

Nacht verlief im allgemeinen ruhig. Feindlicher Vorstoß im Raum Ssoschenkow–Nepchajewo nach Westen in der Nacht durch SS-„T" abgeriegelt.
SS-„T" angreift Feind auf Westufer Lipowyj Donez. Panzergruppen SS-„DR" und „LSSAH" im Raume um Teterewino werden von Süden und Südwesten angegriffen. Vormarschstraße für „LSSAH" im Raum Jablotschki durch feindl. Kräfte gesperrt. „LSSAH" greift seit dem Morgengrauen Jakowlewo an. Während der Nacht lebhafte feindliche Fliegertätigkeit.
Korpsgefechtsstand ab 7. 7. 1943, 05.00 Uhr, Nordostecke Shurawliny Wald.

06.10 Uhr. Div. „Das Reich": Pz.Rgt. steht in Kalinin und Teterewino (nördl.) in Panzergefecht. Feindpanzer von Norden auf Netschajewka. Starke Bombenangriffe auf Lutschki.
07.35 Uhr. Morgenmeldung Div. „Das Reich":

Division sicherte in der Linie Netschajewka–Kalinin und bei Höhe 232,0. 03.30 Uhr Panzergruppe auf Teterewino angetreten. Verbindung mit linken Nachbarn hergestellt.

Starke Feindfliegertätigkeit. Abwurf zahlreicher Spreng- und Phosphorbomben, besonders im Raum Lutschki.

6.7.4.3.9. Feindpanzer durch Pz.Rgt. abgeschossen. Ein eigener Totalausfall. Ritterkreuzträger Ustuf. Worthmann gefallen.

Div.-Gefechtsstand Nordspitze K 40 SS-Pz.Gren.Div. „Das Reich".

03.30 Uhr gegen Teterewino angetreten.
09.20 Uhr. Div. „Das Reich": Südl. Jasnaja–Poljana 35 T 34, westl. Höhe 258,2 (nördl. Teterewino) 30 T 34 festgestellt. Pz.Abt. Tychsen wird dagegen angesetzt. 9 T 34 im Vorgehen auf Lutschki (südl.). Stuka dringend erforderlich. Vor Bereinigung der Lage Angriff nicht möglich.
11.30 Uhr. Div. „Totenkopf": Höhen westl. des Donez besetzt.
11.50 Uhr. Morgenmeldung der Armee.

7. 7. 1943 –
Shurawlinij
Wald NW

II. SS-Pz.-Korps: SS-„Totenkopf" hat Feindeinbruch westl. Ssoschenkoff abgeriegelt, dabei 11 Panzer abgeschossen. SS-„Reich" und „LSSAH" im Kampf mit starkem Panzerfeind vom Süd und Südwest im Raum von Teterewino–Kalinin. Nachschubstraße „LSSAH" zur Zeit bei Jablotschki unterbrochen. Nach bisher vorliegenden Meldungen wurden durch II. SS-Pz.-Korps am 6. 7. 70 Panzer abgeschossen. XXXXVIII. Pz.-Korps: 167. ID bei Säuberung des feindl. Stellungssystems südostw. Triretschnoje. 11. Pz.Div. trat 03.00 Uhr zum Angriff an und nahm Höhengelände 1,5 km ostw. Dubrowa. Bei Pz.Gren.Div. „Großdeutschland" keine besonderen Kampfhandlungen. Starkes Panzergeräusch nördl. Luchanino. 3. Pz.Div. trat im Morgengrauen an und steht mit gep. Gruppe 3 km nordostw. Jaoki. III. AK: Teile 332. ID lösten Teile 3. Pz.Div. im Raum Potschinok ab. Rechter Flügel 255. ID zur Inbestiznahme des Höhengeländes nördl. Wald, südwestl. Bubny angetreten. 10 Spähtrupps im Abschnitt der 255. und 57. ID abgewiesen. Geringes eigenes und feindl. Störungsfeuer im gesamten Abschnitt. In den frühen Morgenstunden Bewegung eines Feind-Rgts. von Nordwesten nach Dmitrijewka. Im Abschnitt 57. ID hält lebhafter Verkehr, dabei 5 Panzer, nach Osten an.

Luftlage: Rege feindl. Fliegertätigkeit bei II. SS-Pz.-Korps und XXXXVIII. Pz.-Korps.

13.35 Uhr. Spruch KG: Pz.Rgt. 2 Sicherung gegen Nordwesten. Bereitet Wegnahme Jasnaja Poljana mit Art. und Werfern vor, Zeitpunkt noch nicht abzusehen. Pz.Rgt. 1 sichert anscheinend ostwärts Teterewino.
15.30 Uhr. Befehl der Armee über Einsatz der 167. ID im Abschnitt der Div. „Totenkopf":

167. ID übernimmt den Schutz der Ostflanke der Panzerarmee am Lipowyj Donez im Abschnitt Schopino (einschl.) Nepchajewo (einschl.).
Die Div. ist nach Abschluß ihres derzeitigen Auftrags im Laufe des 7. 7. abends zu versammeln. Sie überschreitet am 8. 7. mit Tagesanbruch den Worskla-Abschnitt mit je einer Gruppe bei Wesselyj, Worskla und Pogorelowka, um im Laufe des 8. 7. und in der Nacht vom 8. zum 9. 7. die am Lipowyj Donez eingesetzten Teile der SS-„Totenkopf"-Div. abzulösen.
167. ID tritt mit Überschreiten des Worskla-Abschnittes unter unmittelbaren Befehl des Pz.AOK 4.

16.30 Uhr. Le. Art.Abt. III/818, bisher bei Div. „Totenkopf", wird zusammen mit Pi.Btl. 627 Div. „Das Reich" unterstellt.
17.45 Uhr:

Generalkommando II. SS-Panzerkorps an Div. „Das Reich" und „Totenkopf":
Neue rechte Grenze für SS-„DR" (zu SS-„T") ab 8. 7., 02.00 Uhr, Straße Ssmorodino–Roshdestwenka. Straße frei SS-„T".
Zur Übernahme des neuen Abschnittes wird SS-„DR" zugeführt und unterstellt: Sperrverband unter Führung Kdr. Pi.Btl. 627.
Gliederung: Pi.Btl. 627, III. AR 818 (auf Zusammenarbeit angewiesen), 6 7,5 cm Pak, 1 s.Gran.-Werfer-Zug, von SS-„DR" dem Sperrverband zu unterstellen.
Kdr. Pi.Btl. 627 und III./818 melden sich im Laufe des Nachmittags bei Gefechtsstand SS-„DR" (fernmündl. voraus) und sind noch bei Helligkeit einzuweisen.
Ablösung der eingesetzten Teile SS-„T" und Übernahme des Abschnittes bis 8. 7. 02.00 Uhr.

18.05 Uhr: Jasnaja Poljana durch Panzer erreicht. Vorgehen auf Iwanowskij–Wysselok. Ostwärts Eisenbahn anscheinend starke Abwehr. Feindbild unklar.

7. 7. 1943 –
Shurawlinij
Wald NW

Tagesmeldungen.
19.00 Uhr. Div. „Totenkopf":

Div. ist nach Angriff in ostwärtiger Richtung auf den Höhen westl. des Lip. Donez zur Verteidigung übergegangen. Rgt. „E" mit rechtem Flügel in Anlehnung 168. ID entlang Rollbahn bis Westrand Schopino–500 m SW 192,6 (westl. Ternowka–Südrand Dolshik Schlucht). Rgt. „T" über 209,5–Ostrand Wald westl. Ssoschenkoff–Höhen westl. Nepschajewo–Höhen süd- und nordwestl. Rostschestwenka. Feindlage s. Ic-Meldung.

Luftlage: Starke eigene, rege feindl. Fliegertätigkeit.
73 Einflüge mit 178 Maschinen. Abschuß einer LA 66 durch 3,7 cm Flak.

Div.Gef.-Stand südl. Dorf Shurawliny. „T" 1 km ssostw. Ssmorodino. Pz.Rgt. Windmühle bei Ssmorodino. AR Ortsmitte Shurawliny.

Sonnig, klar.

Zusatz zur Tagesmeldung (fernm. am 8. 7. 1943, früh).
22.00 Uhr griff Feind nach starker Artillerie-Vorbereitung mit starken Kräften die Höhenstellung im rechten Abschnitt vor Rgt. „E" an. Angriff wurde abgewiesen.

19.00 Uhr. Div. „Das Reich" Tagesmeldung:

AA und verst. SS-„DF" sicherten in der Linie Netschajewka–Kalinin nach Osten.
Die Pz.-Gruppe trat um 03.30 Uhr auf Teterewino an, mit dem Auftrag, T. zu nehmen und nach Osten und Norden zu sichern.
Um 06.33 Uhr hatte die Masse des Pz.Rgt. Teterewino ohne stärkeren Feindwiderstand erreicht. Seit 05.40 Uhr führte der Feind laufend Panzerverstärkungen in den Raum Jasnaja Poljana und bekämpfte von Osten die Stellungen des Rgt. „DF" mit 3 Pz.-Zügen und von Norden aus Jasnaja Poljana mit Panzern. Ein Pz.-Zug wurde durch Stuka-Angriff vernichtet.
Um 10.30 Uhr wurde das Pz.Rgt. bei Teterewino von einer feindl. Panzergruppe von etwa 30 Panzern von Westen angegriffen. Nach hartem Kampf wich der Feind gegen 12.00 Uhr nach Norden aus. Während des Gefechtes schirmte die Pz.-Gruppe „LSSAH" nach Osten und Norden ab. Die Erfolgsmeldungen stehen noch aus.
Um 13.45 Uhr griffen Stuka-Verbände die Panzeransammlungen im Raume Jasnaja Poljana an. Der Feind wich mit etwa 20 Panzern nach Osten aus. Lage zur Zeit ungeklärt.
Um 14.00 Uhr trat die AA unter Feuerunterstützung der II./Pz.AR „DR" aus Netschajewka auf Höhennase 1 km SW Teterewino an und warf nach kurzem Kampf schwächeren Gegner.
Gegen 16.00 Uhr stellte sich die Pz.-Gruppe zum Angriff von SW und Norden gegen Panzerfeind bei Jasnaja Poljana bereit.
Während des ganzen Tages sehr rege eigene und feindliche Fliegertätigkeit. Die Luftwaffe unterstützte die eigene Truppe besonders bei den Panzerangriffen durch wirkungsvolle Bombenangriffe.

SS-„D" im Raum K 40 zur Verfügung der Division.

Div.Gef.St. ab 05.00 Uhr Nordrand K 40.

Sonnig, trocken, warm, Straßen und Wege gut.

20.15 Uhr. Armeebefehl über Absicht am 8. 7.:
Umfassung des festgestellten Panzerfeindes im Zusammenwirken II. SS-Pz.-Korps und XXXXVIII. Pz.-Korps.

4. Pz.-Armee schlägt den südlich der Pena zum Kampf gestellten Pz.-Feind durch doppelseitige Umfassung.
Hierzu setzt II. SS-Pz.-Korps Angriff am 8. 7. so fort, daß es das V. russ. (Stalingrad) Pz.-Korps von seinen rückwärtigen Verbindungen abschneidet und nach Westen abdrängt.

Aufgabe des XXXXVIII. Pz.-Korps ist es, am 8. 7., mit Masse den Feind bei und hart ostw. Ssyrzewo zu durchbrechen und durch Angriff in nördlicher Richtung ein Ausweichen des Gegners (russ. V. und VI. Pz.-Korps) in Richtung Obojan zu verhindern. Mit 3. Pz.Div. sind die Feindstellungen nördl. des Bachabschnittes beiderseits Luchanino aufzurollen.

7. 7. 1943 – Shurawlinij Wald NW

21.00 Uhr. Vororientierung an „LSSAH" und Div. „Das Reich" über Änderung der Absichten für 8. 7. 1943:

II. SS-Pz.-Korps dreht unter Abschirmung nach Nordosten mit starken Teilen „DR", mindestens gepanzerter Gruppe, und „LSSAH" nach Nordwesten und Westen ein und vernichtet im Zusammenwirken mit XXXXVIII. Pz.-Korps, welches nach Osten eindreht, Feind südl. Pssel.
Genaue Weisungen folgen.

21.50 Uhr. Div. „Das Reich": Feind bei Iwanowskij-Wysselok verstärkt sich laufend.
22.40 Uhr. Tagesmeldung an die Armee:

II. SS-Pz.-Korps hielt bei geringem Geländegewinn nach Nordosten und Norden die bisher erreichten Räume gegen feindl. Frontal- und Flankenangriffe mit starken Panzerverbänden aus Osten, Nordosten, Norden und Nordwesten und warf den in den Abendstunden des Vortages über den Donez in die Ostflanke vorgestoßenen Panzerfeind in das Doneztal zurück.
Es richtete sich mit SS-„T" im Anschluß an 168. ID auf Höhen 2 km westl. des Lipowyj Donez und Div. SS-„DR" in Linie Petrowskyj-Kalinin zur vorübergehenden Abwehr ein und nahm mit „LSSAH"-Pz.Gren.Div. gegen 10.00 Uhr die Orte Jakowlewo und Pokrowka.
Entlang der Rollbahn nach Prochorowka vorstoßende Panzerkräfte „LSSAH" und „Das Reich" noch im Kampf mit feindl. Panzerverband aus Norden und Nordosten im Raum westl. Iwanowskij-Wysselok.
Feindeindruck: Gegner setzt sich nach Luftaufklärung mit stärkeren Kräften, vermutlich Infanterie, ab. Er führt die Abwehr offensiv durch zahlreiche Vorstöße, Flankenangriffe und Gegenangriffe seiner starken, aus Raum Prochorowka und Obojan herangeführten Panzerverbände.
Luftlage: Zahlreiche feindl. Bombenangriffe und Tiefangriffe einzelner Feindflugzeuge mit Bordwaffen. Starke eigene Luftunterstützung.
SS-Pz.Gren.Div. „Totenkopf": Höhengelände 500 m ostw. Straße Blishne Iwanowskij, Schopino, 1 m ostw. Brücke Schopino, 1 km ostw. Höhe 198,3, Höhengelände 2 bis 3 km westl. des Lipowyj Donez bis in Höhe Roshdestwenka.
SS-Pz.Gren.Div. „Das Reich": Petrowskyj, 210,7, ostw. Lutschki, Höhengelände hart ostw. Shabatschewskyj, Kalinin, Nord- und Nordostrand des Waldstückes nordostw. Oserowskij, mit Panzerkräften in Gegend 224,5. Einzelheiten liegen noch nicht fest, da Kämpfe andauern.
„LSSAH"-Pz.Gren.Div.: Raum westl. Iwanowski-Wysselok-Lutschki-Jablotschkij (einschl.)-Roshdestwenka (ausschl.)-Pokrowka (einschl.).
Gen.Kdo. II. SS-Pz.-Korps: Mitte Nordrand Shurawlinyj Wald. SS-Pz.Gren.Div. „Das Reich": Nordrand Wald 2,5 km nordwestl. Ssmorodino.
„LSSAH"-Pz.Gren.Div.: Westecke des gleichen Waldes an Rollbahn Belgorod, Kursk.
Sonnig, trocken, warm. Straßen für alle Fahrzeuge befahrbar.

23.00 Uhr. Luftaufklärungsergebnisse über Feindverkehr vor 4. Pz.-Armee. (130 Panzer festgestellt):

Luftaufklärung am 7. 7. meldet starken Verkehr auf den Straßen: Korotscha, Belgorod 90 Kfz. Richtung NO, 60 Kfz. Richtung SW. Skorodnoje, Prochorowka, Obojan 400 Kfz. Richtung O, 150 Kfz. Richtung W. Auf Straßen 6 km w. Prochorowka 100 Kfz. Richtung NO. Obojan, Jakowlewo und Roll-

7. 7. 1943 –
Shurawlinij
Wald NW

bahnlinie westlich davon wurden insgesamt 110 Panzer erkannt, dazu 30 Panzer im Anmarsch aus Richtung N. Im Raum 18 km ostw. Belgorod 20 Panzer. Eisenbahnaufklärung vom 6. 7. ergab nur sehr geringe Teilergebnisse.

23.40 Uhr. Tagesmeldung der Armee.
23.50 Uhr Aufträge für den 8. 7.:

II. SS-Pz.-Korps greift am 8. 7. 1943 mit Div. „LSSAH" und gp. Gruppe sowie Pz.AA „Das Reich", unter Abschirmung nach Nordosten, Feind in der Nordflanke des Korps südl. des Pssel durch Eindrehen nach Nordwesten – mit Schwerpunkt rechts – an und vernichtet ihn im Zusammenwirken mit XXXXVIII. Pz.-Korps, welches unter Sicherung auf seinem rechten Flügel in Linie Pokrowka–Gremutschij mit Schwerpunkt aus dem Raum Ssyrzewo nach Norden vorstößt.

Trennungslinie zwischen „DR" rechts und „LSSAH" links: Weg von Schule Teterewino bis Gresnoje („DR") – Weg von Mal. Majatschki nach Nordteil Ssolotino bis Straßengabel 3 km nördl. Nowosselowka („LSSAH").

Kampfgruppe „Das Reich": Gliederung: Pz.Rgt., III. AR 2, III./„DF", Pz.AA, versammelt sich nach Ablösung der zur Sicherung eingesetzten Teile durch Rgt. „D" im Raume Teterewino bis 06.00 Uhr. II./Pz.Rgt. 2 ist südl. der Rollbahn heranzuziehen. Die Kampfgruppe stößt entlang Weg Teterewino, Pkt. 224,5, Mitte Gresnoje, Pkt. 224,5, Mitte Kotschetowka, Pkt. 235,9 bis Straßengabel 3 km nördl. Nowosselowka vor, und stellt Verbindung mit XXXXVIII. Pz.-Korps her.
Aufklärung mit Schwerpunkt in rechter Flanke bis zum Pssell-Abschnitt.

„LSSAH" stößt, nach Versammlung der Angriffskräfte bis 06.00 Uhr mit Schwerpunkt auf dem rechten Flügel ihres Streifens bis Straße Belgorod, Obojan durch und stellt nördlich Nowosselowka Verbindung mit XXXXVIII. Pz.-Korps her.
Teile sind aus dem Raum Lutschki aus Westrichtung nach Süden eindrehend zur Wegnahme Bol. Majatschki anzusetzen.

Es kommt für beide Div. darauf an, unter Zusammenhalten der Kräfte, insbesondere der Panzer, den Feind im befohlenen Raum zu schlagen.

Nach Durchführung des Auftrages werden die Angriffsgruppen wieder in den Ausgangsraum herangezogen.

Luftwaffe wird durch Aufklärung und Angriffsverbände den Vorstoß unterstützen.

Sorgfältige Sicherstellung der Nachrichtenverbindung ist von ausschlaggebender Bedeutung. Häufig kurze Funkmeldung! Ende der Bereitstellung ist dem Gen.Kdo. zu melden. Antreten wird befohlen.

Nachrichtenverbindung zu den Div. unverändert.

Korpsgef.-Stand unverändert.

Gen. Kdo. II. SS-Pz.-Korps, Ia

23.50 Uhr:

1) Auftrag für SS-„T" für 8. 7. unverändert.
II. SS-Pz.-Korps wird unter Abschirmung nach Nordosten mit zwei starken Angriffsgruppen in nordwestl. Richtung südl. des Pssellabschnittes vorstoßen, um im Zusammenwirken mit dem von Süden kommenden XXXXVIII. Pz.-Korps die in diesem Raum befindlichen feindl. Kräfte zu schlagen.

2) Ablösung des rechten Flügels „DR" und linken Flügel SS-„T" gemäß Fernschreiben.

3) Unternehmen auf Naht zu 168. ID entfällt.

4) Nachrichtenverbindung und Korpsgef.-Stand wie bisher.

Über Verlauf des Tages siehe Lagenkarte.

Feindlage am 7. 7. 1943 Generalkommando Ic:

Am 6. 7. bei Ssmorodino nach Westen vorstoßende feindliche Panzerkräfte zogen sich bei eigenem Gegenangriff im Laufe des Abends 6. 7. nach den Orten Ssoschenkoff und Nepchajewo zurück. Südlich davon noch stärkerer Panzerfeind in Ternowka und Wissloje. Feind führte in den Morgenstunden Panzerangriffe gegen Petrowskij, Netschajewka und Lutschki (Süd); Teterewino (Süd) stark feindbesetzt. Panzerangriffe richteten sich gegen eigene Spitzen in Kalinin und bei Lutschki (Nord), gegen letzteres auch von Südosten her. Belenichino und Jasnaja Poljana stark feindbesetzt, dabei zahlreiche Panzer. Auf Eisenbahnstrecke Gostitschewo–Prochorowka setzte Gegner mehrere Panzerzüge ein.

Mal. Majatschki stark feindbesetzt, dabei Panzer. In den Vormittagsstunden führte der Feind vom Westen 60 Panzer gegen Pokrowka heran; sie zogen sich zurück, da eigener rechter Nachbar sich in ihrer Flanke näherte. Bei eigener Panzerspitze westlich Iwanowski Wisselok Gegenangriffe feindl. Panzer aus nördlicher und nordostw. Richtung.

Feindliche Luftwaffe bekämpfte in zahlreichen Angriffen mit Bomben und Bordwaffen eigene Truppe.

Gefangenenaussagen und Beutepapiere.

a) Gef.-Aussagen.

57. selbst. Gd.-Pak-Abt. soll dem Arko 1. Pz.-Armee unterstehen. Auf Zusammenarbeit mit 52. GSD angewiesen. Arko 1. Pz.-Armee soll gleichfalls 79. Gd.-Pak-Rgt. mitunterstehen.

Auftrag: Deutscher Angriff aufzuhalten.

Gasmaskenausstattung vollzählig. Verpflegung teiweise amerikanische Konserven.

52. GSD, I./155. GSR

Versorgungslager 6. Gd.-Armee 500 m westl. Belenichino, Abhang an der südl. Waldgrenze B-Lager, im Walde 6 km SW Prochorowka Munitionslager.

1873. Flieger-Rgt.

Stationiert Flugplatz Urasowo (S Waluiki). Rgt. traf 4. 7. von Kuibyschew kommend in Urasowo ein, 42 Maschinen Typ Il 2, Flugplatz Urasowo insgesamt 90 Maschinen.

26. (Gde.?) Pz.Brg. 1. mot. S-Btl.

Brig. lag im Raum Korotscha in Ruhe. 1. mot. S-Btl. 5. 7. 15.00 Uhr alarmiert, mot.-Marsch nach Raum Petropawlowka, dort 24.00 Uhr. Anschließend 4stündiger Fußmarsch nach Raum O Redin, dort zur Ruhe übergegangen. Es war bekannt, daß deutsche Kräfte die Befestigungslinien durchbrochen hatten, daher Abriegelungsauftrag für 1. mot. Schtz.Btl., 26. (Gde.?) Pz.Brg.

Am Morgen 6. 7. O Redin vorstoßende eigene Kräfte stießen auf das in Ruhe befindliche Btl. und zersprengten es.

Zusammensetzung: 50 Prozent Russen, 50 Prozent Usbeken. Durchschnittsalter 30 Jahre.

Ersatzzuführungen vom 230. E-Rgt. aus Budjenny (SO Nowi Oskol). Letzter Ersatz Anfang Juni, Stärke 40 Mann, 5 Frauen.

Btl. mit 3-t-Lkw ausgerüstet. Gliederung der Sch.Kp. 3 Züge und 1 s.MG-Zug.

Gasmaken und Gasschutzmittel vollständig.

Die beiden Pz.Btle. der Brg. ebenfalls am 5. 7. aus Raum Korotschi abmarschiert.

b) Beutepapiere.

Auswertung Beutekarte bei Papieren Stab 22. Gde.Pz.Brg. erbrachte Klarstellung der feindl. Panzer- und Infanterieverbände im Raum S Kursk. Stand der Einzeichnungen etwa Anfang Juni 1943. Seit dieser Zeit sind Veränderungen in der Lage nur innerhalb der Verbände, Div. usw. vorgenommen worden; größere Zuführungen in diesen Raum haben nicht stattgefunden. Damit bedeutet diese Karte das bisher wertvollste Beutestück.

VN.

Feststellung zahlreicher neuer, noch ungedeuteter Verkehre, Spruchinhalte belanglos. Keine wesentlichen Aufklärungsergebnisse über Feind im Angriffsstreifen des Korps.

Luftaufklärung.

Gefechtsluftaufklärung: Panzerzüge auf Bahnstrecke Gostitschewo–Prochorowka, Panzer bei Jasnaja Poljana, rückläufige Bewegungen auf Straße Teterewino (Nord)–Prochorowka, Panzer N und in Gresnoje.

7. 7. 1943 –
Shurawlinij
Wald NW

7. 7. 1943 –
Shurawlinij
Wald NW

Feindverluste, Gefangene und Beute.

	„LSSAH"	„Das Reich"	„Totenkopf"	Total
Gefangene	244	400	965	1609
Überläufer	13	0	2	15
Panzer	41	26	23	90
Flugzeuge	12	13	3	28
Pak	23	42	18	83
Panzerbüchsen	33	87	20	140
MG	0	33	24	57

Gesamteindruck.
Feind scheint sich – nach Luftaufklärung – mit stärkeren Teilen, vor allem Infanterie, aus den durch den Angriff des Korps gefährdeten Räumen nach NO, Richtung Prochorowka und nach Norden, Richtung Obojan abzusetzen. Er hat im Raum Marino und südlich und nördlich des Pssel bei Obojan starke Panzer- und mot. Kräfte als operative Reserven versammelt, die die Abwehr offensiv führen. Seine Gegenangriffe zeigten am 7. 7. weniger System als der am 6. 7. versuchte Panzerdurchstoß von Ssmorodino nach Westen und von Jakowlewo nach Osten. Sie richteten sich gegen die eigenen Angriffsspitzen, die frontal, in Flanke und im Rücken gefaßt wurden. Dabei verlor der Feind zahlreiche Panzer.

Werner Ostendorff,
hier als SS-Standartenführer, Chef des Stabes des II. SS-Panzerkorps;
verwundet als Generalmajor der Waffen-SS und Divisionskommandeur
Division „Das Reich", und am 1.5.1945 verstorben.

SS-Gruppenführer und Generalleutnant der Waffen-SS Walter Krüger, Kommandeur der 2. SS-Panzergrenadierdivision „Das Reich", im Gespräch mit SS-Hauptscharführer Kloskowski von der schweren Panzerabteilung „Das Reich" (Ritterkreuz am 17. Juli 1943)

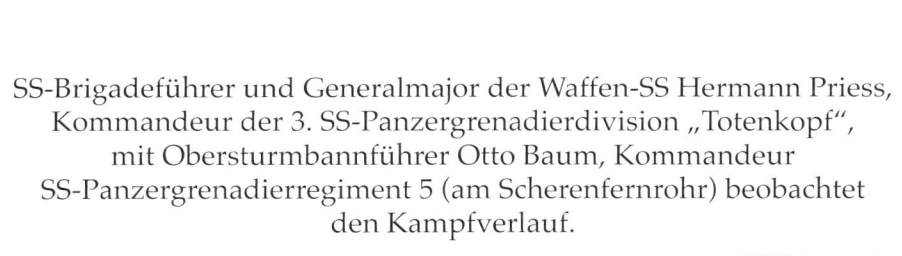

SS-Brigadeführer und Generalmajor der Waffen-SS Hermann Priess, Kommandeur der 3. SS-Panzergrenadierdivision „Totenkopf", mit Obersturmbannführer Otto Baum, Kommandeur SS-Panzergrenadierregiment 5 (am Scherenfernrohr) beobachtet den Kampfverlauf.

SS-Brigadeführer und Generalmajor der Waffen-SS Theodor Wisch, Kommandeur der 1. SS-Panzergrenadierdivision „Leibstandarte"

Die Panzergrenadiere der Waffen-SS im Urteil der Historiker und Militärschriftsteller: „Inbegriff soldatischer Standhaftigkeit ohne Beispiel" (Höhne S. 487)

Verlauf des 7.VII.43

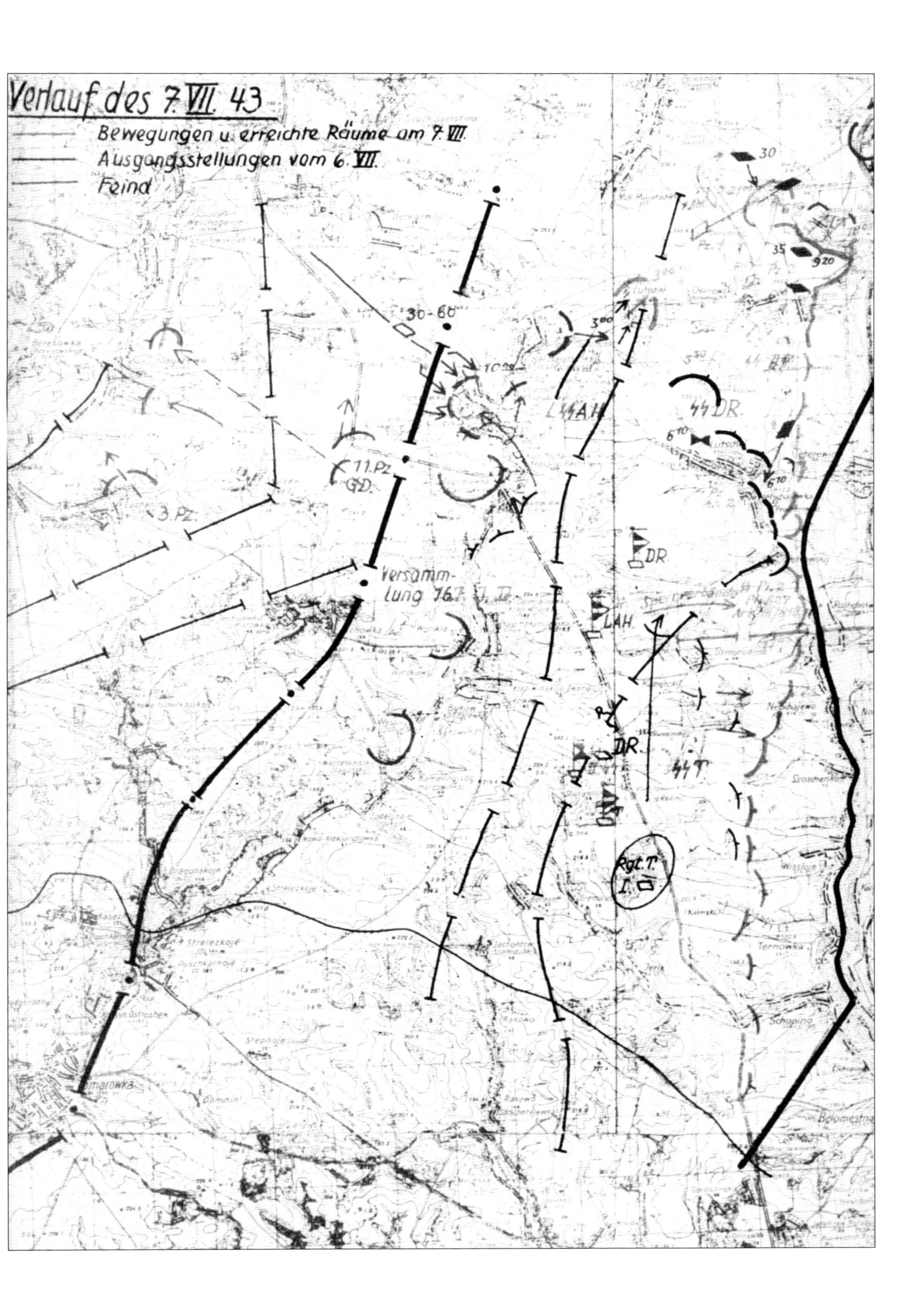

- Bewegungen u. erreichte Räume am 7.VII.
- Ausgangsstellungen vom 6.VII.
- Feind

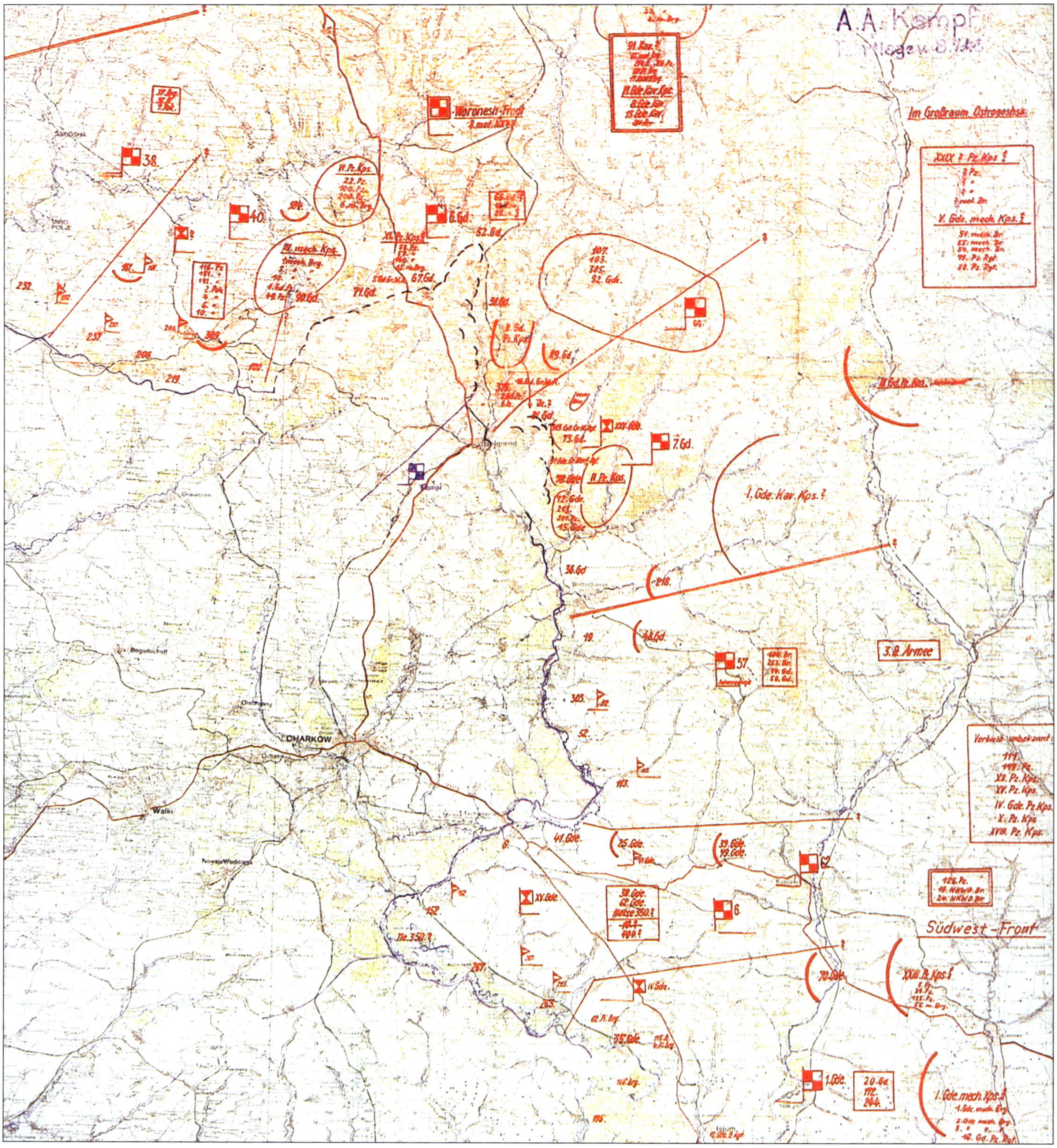
A.A. Kempf
Woronesh-Front
Im Großraum Ostrogoshsk
Südwest-Front
3. Pz. Armee
CHARKOW
I. Gde. Kav. Kps. ?
II. Pz. Kps.
VI. Pz. Kps.
III. mech. Kps.
XXIII. Pz. Kps. ?
I. Gde. mech. Kps. ?
Verbleib unbekannt:

Wetter: Trocken, teilweise bewölkt, warm. Straßen- und Wegezustand gut.	8. 7. 1943 –
In der gemäß Armee-Befehl vom Vorabend geänderten Angriffsrichtung (NW) stießen, um	Shurawlinij
08.00 Uhr antretend, die verstärkten Panzer-Rgter. der Div. „Das Reich" und „LSSAH" über	Wald NW
Gresnoje, südl. Mal. Majatschki gegen den Ssajotinka-Abschnitt vor und entrissen dem Gegner im schweren Panzer- und Infanteriegefecht den Ort Wesselyj. Die Kämpfe im Raum Kotschetowka–Wesselyj ziehen sich über den ganzen Tag hin.	

Gleichzeitig erreicht die Pz.AA 2, als nördl. Flankenschutz eingesetzt, mit Aufklärungsteilen zum ersten Mal den südl. Pssel-Bogen und nimmt die Orte Prochorowka und Krassny Oktjabr in die Hand.

Mit neuherangeführten Panzerverbänden, deren erste Teile schon am Abend des 6. 7. und in den frühen Morgenstunden des 8. 7. im Sicherungsabschnitt der Div. „Totenkopf" zu kritischen Lagen führten, beginnt der Gegner gegen Mittag mit bisher noch nicht dagewesener Wucht in ununterbrochener Folge seine Panzer-Massenangriffe gegen die Ost- und Nordostfront der Div. „Das Reich" sowie mit von Nordwesten kommenden Panzerkräften gegen die Stützpunkte der „LSSAH" und zwingt so das Korps zu hartem Abwehrkampf, der mit Einsatz der letzten Reserven geführt werden muß.

In der Zeit zwischen 13.00 und 18.00 Uhr liegt der Schwerpunkt der Feindangriffe auf dem Abschnitt der Division „Das Reich" zwischen den Höhen nordostwärts Lutschki (Süd) und dem Nordwestflügel Teterewino. Einbrüche bis zu 20 Panzern, auch in Art.-Stellungen südl. Kalinin und hart westl. Teterewino, bei „LSSAH" hart westl. Lutschki, führen zu harten Nahkämpfen, bei denen sich die Grenadiere in der Vernichtung von Panzern mit Nahkampfmitteln besonders auszeichneten. Fast ein Drittel der vernichteten Feindpanzer werden durch Infanterie außer Gefecht gesetzt.

Durch gute Zusammenarbeit mit der Luftwaffe mit Sturzkampf- und Schlachtfliegern sowie Panzerjägern wird aus dem Tag ein voller Abwehrerfolg und bringt Abschußzahlen, die das bisher übliche Maß weit überschreiten. Bis zum Abend des 8. 7. hat sich die Panzerabschußzahl von 212 am Abend des Vortages auf 502 erhöht. Für die mit den beiden Pz.Rgtern. in erfolgreichen Panzergefechten stehenden Divisionen „Das Reich" und „LSSAH" erscheint ein weiterer Vorstoß über den Bachabschnitt bei Kotschetowka nach Nordwesten angesichts der Feindlage und Lage beim linken Nachbarn zur Vereinigung mit diesem am 8. 7. nicht mehr möglich.

Besonders starke, von Prochorowka zunächst über den Pssel nach Westen, von dort aus dem südl. Pssel-Bogen auf Teterewino marschierende Panzer- und mot.-Verbände mit etwa 100 Panzern erfordern sofort neben der bereits angesetzten Luftwaffe Gegenmaßnahmen. Durch Abdrehung des Pz.Rgts. der Div. „Das Reich" erfolgt Stoß in Flanke und Rücken des Feindes. Auch die vorgestoßene gep. Gruppe der „LSSAH" wird, da die Verbindung zu ihr sowie Versorgung und Nachschub durch feindl. Panzergegner dauernd unterbrochen wird, in den Sicherungsbereich der Div. zurückbefohlen.

Der Flankenstoß des Pz.Rgts. der Div. „Das Reich" wird zu einem vollen Erfolg und führt in den Abend- und Nachtstunden zur Vernichtung einer weiteren Zahl von Feindpanzern.

Die zwischen II. SS-Pz.-Korps und XXXXVIII. Pz.-Korps frei gewordene 167. ID (ohne Rgt. 339) marschiert auf Befehl Pz.AOK 4 vom 7. 7. vom westl. Worskla-Ufer an die Ostflanke des Korps, um durch Ablösung der Div. „Totenkopf" in der Nacht vom 8. bis 9. 7. neue Kräfte zur Wiederholung und Fortführung des Angriffs nach Nordwesten mit dem Ziel Verbindungaufnahme zu 11. Pz.Div. frei zu machen.

Damit liegt zunächst nach gelungenem Durchbruch durch die 2. Stellung die Operation fest und macht harte Abwehrkämpfe zur Vernichtung der feindl. operativen Reserven erforderlich.

Einzelheiten:
02.15 Uhr. Ablösung von Teilen Div. „Totenkopf" am linken Abschnitt durch Pi.Btl. 627 (Sperrverband).
04.55 Uhr. Morgenmeldung Div. „Das Reich":

8. 7. 1943 –	Nacht ruhig. Ablösung AA durch Sperrverband Enseling (Pi.Btl. Div. „Das Reich", Pi.Btl. 627,
Shurawlinij	le. Art.Abt. III/818).
Wald NW	Starke feindl. Fliegertätigkeit.

05.00 Uhr. Angriff I./Pz.Rgt. „LSSAH" gegen Bol. Majatschki.
07.10 Uhr. Bol. Majatschki genommen.
07.15 Uhr. Befehl an „LSSAH" und Div. „Das Reich": Angriffsbeginn um 08.00 Uhr.
07.55 Uhr. Morgenmeldung an die Armee:

Nach Eintritt der Dunkelheit stellten sich 5 feindl. Panzer und Inf. in unbekannter Stärke am rechten Flügel bei Rgt. „T" bereit, die sich bei Hellwerden ohne anzugreifen zurückzogen.

Bereitstellung der gep. Gruppen „LSSAH" und „DR" im Raum um Teterewino und südl. davon unter Abschirmen mit Teilkräften nach NO noch nicht beendet. Nach Beendigung Vorstoß nach NO gem. Armeebefehl.

Während der Nacht rege feindl. Fliegertätigkeit mit Bombenwurf.

22.00 Uhr. Der Feind griff nach starker Artillerievorbereitung mit starken Kräften die Höhenstellung im rechten Abschnitt vor Rgt. „Eicke" an. Angriff wurde abgewiesen.

08.10 Uhr. Morgenmeldung der Armee:

II. SS-Pz.-Korps:
Außer Angriff gegen Höhenstellung westl. Wissloje, der abgewiesen wurde, ruhiger Verlauf der Nacht. Gepanzerte Gruppe „Reich" und „LSSAH" in Versammlung im Raum Teterewino.

XXXXVIII. Pz.-Korps: Ruhiger Verlauf der Nacht.
Gepanzerte Gruppen 11. Pz.Div. und Pz.Gren.Div. „Großdeutschland" sind planmäßig nach Norden angetreten. Von 3. Pz.Div. noch keine Meldung.

LII. AK:
Rege feindl. Spähtrupptätigkeit vor gesamtem Abschnitt. Mot. Verkehr, dabei auch Panzer, sowie kleinere Inf.-Marschkolonnen aus Raum Dmitrijewka nach Norden und vor Front 57. ID aus Raum Wjasowoj Ilek–Penkowka nach Nordosten.

Luftlage:
Sehr rege feindl. Fliegertätigkeit im gesamten Abschnitt.

08.15 Uhr. Div. „Das Reich" im Raum um Höhe 224,5.
08.30 Uhr. Div. „Das Reich", 08.40 Uhr „LSSAH": Meldung, daß um 08.00 Uhr nach Nordwesten angetreten wurde. AA der Div. „Das Reich" sichert den Vorstoß durch Aufklärung in der rechten Flanke gegen den Pssel.
09.20 Uhr. Panzergruppe „LSSAH" im Raum südostw. Wesselyj im Kampf mit feindl. Panzern.
Zu gleicher Zeit neue Panzerbedrohung aus dem Raum nordostwärts Teterewino. Stugesch.Abt. wird dagegen angesetzt.
11.00 Uhr. Div. „Das Reich": Nach hartem Panzerkampf Höhe 239,6 (ostw. Wesselyj) genommen.
11.00 Uhr. „LSSAH": Einbruch feindl. Panzer in Jablotschkij.
12.30 Uhr. Div. „Das Reich". Starke Pz.-Bereitstellung im Wald ostw. Jasnaja Poljana erkannt. Bei Kalinin durchgebrochene Panzer (7 davon abgeschossen) stehen im Raum Oserowskij. Andere Panzer bei Teterewino gemeldet.
12.45 Uhr. Div. „Totenkopf" meldet 40 Feindpanzer im Angriff durch die Schlucht von Wyssloje und Ternowka nach Westen. Pz.Rgt., bei Gonki versammelt, erhielt sofort Befehl zu Gegenangriff.
12.50 Uhr. Div. „Totenkopf": Feindl. Panzer- und Infanteriebereitstellungen im Wald südostw. Wyssloje festgestellt. Wird durch Artillerie bekämpft.

13.00 Uhr. VIII. Flieger-Korps: Zuerst Stukagruppe, dann Pz.-Jägereinsatz bei Div. „Das Reich".
13.15 Uhr. Div. „Das Reich": Schwerpunkte des feindl. Angriffs bei Teterewino (N)–Kalinin–Netschajewka. Aufklärung am Pssel meldet lange Feindkolonne von Prochorowka kommend.
13.30 Uhr. 3. Pz.-Angriff bei Kalinin durch Rgt. „Deutschland" abgeschlagen.
13.40 Uhr. Div. „Totenkopf": Vorübergehende Infanterie und einzelne Kfz. Aus Waldstück 2 km südostw. Gostischtschewo auf Waldkomplex ostw. Ternowka beobachtet.

8. 7. 1943 –
Shurawlinij
Wald NW

13.45 Uhr. Armee-Aufträge für II. SS-Pz.-Korps und XXXXVIII. Pz.-Korps für 9. 7.:

Aufträge: II. SS-Pz.-Korps vernichtet Panzerfeind zwischen dem Bachabschnitt beiderseits Gresnoje und dem Ssalotinka-Abschnitt. Es hält sich sodann bereit, südl. des Pssel-Abschnitts mit rechtem Flügel über Prochorowka vorgehend, das Höhengelände ostw. Obojan umfassend zu nehmen.
XXXXVIII. Pz.-Korps stößt nördlich des Ssalotinka-Abschnittes bis zum Pssel im Abschnitt Ilinskij–Schippy unter Abdeckung der Nordflanke vor, um ein Entkommen des vor II. SS-Pz.-Korps stehenden Feindes in Richtung Obojan zu verhindern. Übergang über den Pssel ist vorzubereiten.

Der Oberbefehlshaber der 4. Pz.-Armee

13.46 Uhr. Funkspruch Div. „Das Reich":
Pz.-Gruppe in hartem Pz.-Kampf auf Höhe Kotschetowka. AA 12.00 Uhr Nordteil Prochorowka und Höhen bei Krassnyj Oktjabr im Besitz. Aufklärung nach Nordosten angesetzt.
14.00 Uhr. Div. „Totenkopf": Pz.Rgt. ohne 1 Abt. 1200 m ostw. Höhe 209,5 (2 km südwestl. Wissloje) im Kampf mit Feindpanzern und ein auf Tomarowka zurückgehendes Feind-Btl. Stugesch.Abt. geht über 209,5 nach Norden gegen die Schlucht westl. Wissloje, dort Feind-Btl. Wenige Feindpanzer 2 km nordostw. Gonki.
14.25 Uhr. Luftaufklärung: Teterewino geräumt, brennende Panzer, eigene Infanterie 1 km südwestl. davon.
14.30 Uhr. Spruch KG: 1 Rgt. „LSSAH" anscheinend nördl. Bol. Majatschki. Höhe 252,5 (4 km nördl. Jablotschki) feindfrei.
14.45 Uhr. Div. „Das Reich": 25 feindl. Panzer im Kampf mit Rgt. „Deutschland" südwestl. Wesselyj.
15.00 Uhr. Durch Luftaufklärung nördl. Jasnaja Poljana 22 Panzer festgestellt.
15.15 Uhr. Befehl über Sicherstellung von T 34 KWK-Munition für Div. „Das Reich".
15.25 Uhr. Vom Chef sofortiger Gegenangriff bei Teterewino befohlen zur Wiederinbesitznahme der Ortschaft.
15.30 Uhr. Div. „Das Reich": 40 Panzer mit Infanterie aus Gegend Teterewino in breiter Front im Angriff nach Westen. Bei Teterewino Feindangriff zurückgeschlagen. Im Raum Iwanowskij Wysselok–Jasnaja Poljana keine Feindbewegungen.
16.00 Uhr. Div. „Das Reich": Aus Gegend Ssabatschewski 3 Feind-Btl. im Angriff Richtung Lutschki (südl.). Bei Teterewino neuer Angriff zu erwarten.
16.45 Uhr. Befehl an Div. „Totenkopf": Div. setzt sofort nördl. Pz.Abt. sowie die AA bis in den Raum Lutschki (südl.) in Marsch. Kommandeure beschleunigt voraus, Meldung Gefechtsstand Div. „Das Reich". Als Korpsreserve auf Zusammenarbeit mit Div. „Das Reich" angewiesen. Einsatz erfolgt nur auf Befehl des Korps. Örtliche Bereitstellung kann Div.Kdr. „Das Reich" veranlassen.
16.45 Uhr. Stuka werden auf Panzer nördl. Teterewino angesetzt.
17.00 Uhr. Auftrag für „LSSAH": Gegner bei Wessely ist zu vernichten, dann zurückgehen auf HKL bei Lutschki (Nord).
Befehl an Div. „Das Reich": Pz.Rgt. macht vor Kotschetowka kehrt, um Panzer nördl. Teterewino zu schlagen. Verbindung mit XXXXVIII. Pz.-Korps nicht möglich.
17.15 Uhr. Orientierung XXXXVIII. Pz.-Korps.
17.30 Uhr. VIII. Flieger-Korps: 4 Stukagruppen, 2 Kampfgruppen und Pz.-Jäger gegen Panzer nördl. Teterewino angesetzt.

8. 7. 1943 – Shurawlinij Wald NW

17.15 Uhr. Tagesmeldung Div. „Totenkopf":

11.45 Uhr Feindangriff mit 30 bis 40 Panzern und schwachen Teilen Infanterie durch die Schlucht von Wyssloje und Ternowka nach Westen. Pz.Rgt., Stugesch.Abt., II. Btl. Rgt. „E" mit Unterstützung des Art.Rgt. traten um 12.10 Uhr zum Gegenangriff an. 16.15 Uhr eine Feind-Kp. mit 6 Panzern im Angriff von Wyssloje in Richtung Westen. Die Kämpfe sind noch im Gange.
Eigene Artillerie bekämpfte feindl. Bereitstellungen 2 km ostw. und in Wyssloje, Ternowka und unterstützte die Infanterie bei der Abwehr und im Gegenangriff. 2 Feindpanzer bisher abgeschossen.
Luftlage: Rege feindliche, starke eigene Fliegertätigkeit. Feindeinflüge wurden von SS-Flak-Abt. 3 bekämpft.

Im Laufe der Nacht wurde linker Flügel III. Btl. SS-Pz.Gren.Rgt. „T" durch Pi.Btl. 627 abgelöst. Beendigung der Ablösung 02.15 Uhr. Aufhebung Unterstellungsverhältnis II. Werfer-Lehr-Rgt. 1. Abteilung wurde zu Div. „DR" in Marsch gesetzt.

Pz. VI 5, Pz. IV l 28, Pz. IV k 7, Pz. III l 52, Bef.Pz. 7, Stugesch. 13, Pak unverändert.

Gem. Korpsbefehl.

Heiter bis bedeckt. Straßen gut befahrbar.

17.45 Uhr. Tagesmeldung „LSSAH":

Am 8. 7. 1943, 05.00 Uhr, trat verstärktes I. Pz.Rgt. 1 aus Prokrowka zum Angriff auf Bol. Majatschki an. 07.10 Uhr war Bol. Majatschki im Kampf gegen schwächeren Feind genommen. Um 08.00 Uhr trat die Panzergruppe aus dem Raume Teterewino zum Vorstoß nach Nordw. an. Die Masse steht seit 09.20 Uhr im Raum südostw. Wesselyj im Panzergefecht, während aus ostwärtiger Richtung auf Wesselyj angesetzte Teile seit 12.05 Uhr 1 km ostwärts Wesselyj im Kampf stehen.
Gegen neue Panzerbedrohung aus dem Raum nordöstl. Teterewino wird Sturmgesch.Abt. „LSSAH" mit verstärktem 2. Pz.Gren.Rgt. nach Lutschki zugeführt.
Folgende Panzereinbrüche wurden im Laufe des Tages bereinigt: 06.00 Uhr 9 T 34 Nordwestrand Prokrowka (1 Abschuß), 11.30 Uhr 4 T 34 Ostrand Lutschki (4 Abschüsse), 11.30 Uhr 4 T 34 Nordwestrand Prokrowka, 12.00 Uhr 4 T 34 Nordrand Bol. Majatschki (4 Abschüsse).
Feind: Stützpunkt Wesselyj stark ausgebaut, mit Sicherungen auf 239,6 und 227,4.
Feindeindruck: Feind versucht durch neuherangeführte Kräfte in Stoßrichtung südwestl. bei Teterewino in die tiefe Flanke der nunmehr nach Nordwesten angetretenen Panzergruppen zu stoßen.
Luftlage: Rege eigene und feindl. Fliegertätigkeit. Bombenabwürfe über gesamter Division.

1 km ostwärts und südlich Wesselyj.
Masse der Div. hält Waldrand ostwärts Lutschki–Nordrand Lutschki–1 km nördl. Bol. Majatschki–249,3.

Stugesch.Abt. „LSSAH" dem 2. Pz.Gren.Rgt. nach Lutschki zugeführt.

Abschuß von 19 Panzern und 5 Flugzeugen.

Halten der erreichten Räume. Wegnahme von Wesselyj, möglichst noch am 8. 7.

Teilweise bewölkt, warm.

17.50 Uhr. Div. „Das Reich": Feindl. Panzer bei II./Rgt. „Deutschland" eingebrochen. III./Rgt. „Deutschland" zum Gegenstoß angetreten. Ostw. Teterewino (Süd) 30 Panzer abgewiesen, die in Richtung Süd abdrehen.
18.00 Uhr. Div. „Totenkopf" wird gewarnt.

18.00 Uhr. Tagesmeldung Div. „Das Reich":

Für den in den frühen Morgenstunden eingegangenen Auftrag für 8. 7. wird Pz.Rgt. 07.00 Uhr der Sicherungslinie durch Rgt. „D" abgelöst. Pz.Rgt. mit unterstelltem III./„DF" (gp.), III.(Sfl.)/AR, 1 3,7-cm-Flak-Bttr. ist 07.30 Uhr im Raum Teterewino versammelt.

Pz.AA, in den frühen Morgenstunden durch Pz.Btl. in der Sicherungslinie abgelöst, trifft mit Anfang erst 09.15 Uhr im Versammlungsraum ein. Die Abteilung wird mit Pz.Rgt. auf Zusammenarbeit angewiesen.

08.00 Uhr Antreten der Pz.-Gruppe. 08.15 Uhr 224,5, 3 km NW Teterewino erreicht. Nach hartem Panzerkampf ist 11.00 Uhr Höhe 239,6, O Wesselyj genommen. Seit 13.20 Uhr steht die Pz.-Gruppe im harten Panzerkampf auf Höhe 224,5 O Koschetowka. Kämpfe dauern an.

AA sichert den Vorstoß durch Aufklärung in der rechten Flanke. 10.30 Uhr wird Feindkolonne von 150 bis 200 Kfz., davon Masse Panzer, im Marsch aus SO Richtung nach N über Michailowka, den Pssel auf Pkt. 226,6 gemeldet. Die in der Linie an der Bahn Nepchajewo, Lutschki, Kalinin, Jasnaja, Poljana, Teterewino zur Sicherung eingesetzten Regimenter „D" und „DF" und Sperrgruppe Enseling melden am frühen Morgen Panzeransammlungen bei Teterewino und Iwanowka.

11.25 Uhr erster Pz.-Angriff auf Kalinin. 7 Panzer werden abgeschossen, 5 Panzer gelingt der Durchbruch ins Hinterland. Feind versucht durch laufende Wiederholung seiner Angriffe bei Kalinin, Teterewino (N) einen Erfolg herbeizuführen. Alle Vorstöße werden in harten Kämpfen von Pz.Jg., Stugesch. und Artillerie abgewiesen.

15.20 Uhr beginnt feindl. Panzerangriff bei Teterewino-Süd. Nördlich davon versucht der Gegner durch Infanterieangriff einen Erfolg zu erreichen. Er wird überall in erbitterten Kämpfen abgewiesen. Der Gegner unterstützte seine Angriffe mit starken Fliegerkräften. Die eigene Luftwaffe war an anderen Abschnitten stark gebunden und konnte nur zeitweise die schwer kämpfende Infanterie unterstützen. Die feindl. Verluste an Panzern sind hoch. 16.45 Uhr erhält Panzer-Gruppe Funkbefehl, kehrt zu machen und den inzwischen mit sehr starken Kräften aus Prochorowka nach Süden angetretenen Gegner anzugreifen und zu vernichten.

Panzerlage z. Z. nicht bekannt.

Nach Zurücknahme Pz.Rgt. Halten der erreichten Linie.

Warm, zeitweilig leicht bewölkt, Straße staubig.

8. 7. 1943 – Shurawlinij Wald NW

18.00 Uhr. Tagesmeldung 167. ID: Division rückt in die befohlenen Räume.
18.30 Uhr. „LSSAH": Während Pz.-Gefechte bei Wesselyj Entdecken einer Pakfront. 2 „Tiger" wurden abgeschossen.
20.00 Uhr. Div. „Totenkopf": Feindl. Artillerie westl. Ternowka und Wyssloje in Stellung. Bereitstellung starker Infanteriekräfte. Nach Überläuferaussagen für 24.00 Uhr Angriff geplant.
20.00 Uhr. Div. „Das Reich": Nach bisheriger Zählung 100 Panzer abgeschossen. Lage im großen ist stabilisiert. SS-Pz.AA und Stugesch.Abt. Div. „Totenkopf" bei Div. „Das Reich" eingetroffen.
Ostw. Teterewino (Süd) neue Feindbereitstellungen erkannt.
20.15 Uhr. Div. „Totenkopf" meldet neuen Gef.-Stand ab 9. 7., 05.00 Uhr: Punkt 232,0, 2 km nördl. von Lutschki.
20.20 Uhr:

Panzerarmeebefehl Nr. 4.

1) Feindliche 1. Pz.-Armee ist am 8. 7. konzentrisch mit II. und V. Garde-Pz.-Korps von Osten, mit III. mot. Mech. Korps von Norden, mit VI. Pz.-Korps von Westen und Norden zum Angriff angetreten. Dank der vorbildlichen Haltung der Truppe ist es gelungen, den Angriff des II. Garde-Pz.-Korps abzuwehren, Abwehr des V. Garde-Pz.-Korps noch im Gange. III. mot. Mech. Korps kann als angeschlagen gelten.

2. 4. Pz.-Armee vernichtet am 9. 7. unter Abschirmung der Ostflanke Feind im Raum nordostw. Beregowoj und bereitet nördliche Umfassung VI. Garde-Pz.-Korps auf dem Westufer der Pena vor.

8. 7. 1943 –
Shurawlinij
Wald NW

3) II. SS-Pz.-Korps vernichtet Feind im Raum nordostw. Beregowoj und gewinnt beiderseits Kotschetowka das Ostufer des Ssalotinka. Hierzu sind alle am 9. 7. verfügbaren Kräfte heranzuziehen. Gegen aus Richtung Prochorowka angreifenden Panzerfeind bleibt das Korps am 9. 7. in Abwehr. Es hält sich sodann bereit, am 10. 7. in Richtung Prochorowka anzutreten. Sturmgeschütz-Abt. der SS-Pz.Gren.-Div. „Totenkopf" bleibt 167. ID unterstellt.

4) XXXXVIII. Pz.-Korps stößt mit starkem rechten Flügel beiderseits der Straße Jakowlewo, Obojan nach Norden vor, wirft gegenüberstehenden Panzerfeind auf den Pssel zurück und gewinnt den Höhenrücken zwischen Kotschetowka und nördl. Nowosselowka. Es hält sich bereit, sodann das auf dem Westufer der Pena stehende VI. Garde-Pz.Korps durch Umfassung zu zerschlagen. Vorgehen über die Pena nach Osten ist zu verhindern.

5) LII. AK bekämpft mit starker Art.-Gruppe Feind bei und südl. Beresowka. Es trifft alle Vorbereitungen zum Angriff über die Pena im Abschnitt Alexejewka–Sawidowka so, daß es auf Befehl der Pz.-Armee nach Wirksamwerden des umfassenden Angriffs des XXXXVIII. Pz.-Korps antreten kann.

6) Trennungslinien:
a) Zwischen II. SS-Pz.-Korps und XXXXVIII. Pz.-Korps: Bis Pokrowka wie bisher, dann Beregowoj–Ssuch–Solotino (II. SS)–Nordrand der Ortschaften am Ssalotinka-Abschnitt.

b) Zwischen XXXXVIII. Pz.-Korps und LII. AK: Bis Tscherkasskoje wie bisher, da NNOstrand Alexejewka-West an Westrand–Beresowka.

7) Nachrichtenverbindungen wie bisher.

8) Pz.-Armee-Hauptquartier Bhf. Alexandrowka.

20.30 Uhr. Div. „Totenkopf" soll trotz der veränderten Lage durch 167. ID abgelöst werden. Ablösung wird durchgeführt..
20.30 Uhr. Tagesmeldung an die Armee:

Der Feind trat sowohl von NO, N und NW als auch in der tiefen rechten Flanke im Laufe des 8. 7. mit starken Panzerverbänden auf. Seine Absicht dürfte sein, in die Flanke des Korps zu stoßen und die nach Norden vorgestoßenen Panzergruppen abzuschneiden. Mit Fortführung weiterer starker Panzerangriffe aus denselben Richtungen muß gerechnet werden.
SS-„T" und Abwehrgruppe „DR" hielten ihre Stellung auf dem Westufer Lipowyj Donez. Ein um 13.00 Uhr mit etwa 30 Panzern und Infanterie aus dem Raum Ternowka–Wyssloje in westlicher Richtung geführter Angriff wurde abgeschlagen. Der Feind führte ferner im Raum Petrowskij–Ssabatschewskij mehrfache starke Angriffe mit zahlreichen Panzern und z. T. aufgesessener Infanterie. Durchgebrochener Panzerfeind konnte mit Masse vernichtet werden. Der Feind führte außerdem mit starken Panzerkräften, aus NO und N kommend, auf Teterewino heftige Angriffe, die bisher abgeschlagen wurden. Ein Teil der Panzer brach durch. Die Kämpfe sind noch im Gange.
Panzergruppe SS-„DR" und „LSSAH" traten um 08.00 Uhr aus dem Raum Teterewino in nordw. Richtung an und erreichten nach mehreren harten Gefechten mit zahlreichen Feindpanzern und Truppen aller Waffen um 13.45 Uhr Höhe 224,5 ostw. Kotschetowka–Wesselyj.

„LSSAH" wehrte mit Grenadieren die gegen die Sicherungslinie auf linkem Flügel geführten Angriffe kleiner Panzerverbände ab und vernichtete die meisten.
Ein erheblicher Teil der vernichteten Panzer wurde durch Panzervernichtungstrupps hinter der Stellung vernichtet.

Stellung SS-„T" und SS-„DR" unverändert. Panzergruppen SS-„DR" und „LSSAH" wie oben angegeben.

Eine Pz.Abt. SS-„T" und Pz.AA SS-„T" werden als Korpsreserven in den Raum westl. Lutschki (nördl.) geführt. 167. ID Gen.Kdo. unterstellt.

Absicht für 9. 7.: Halten der Ostfront durch Div. „DR". Angriff Div. „T" nach Norden zur Bildung Brückenkopf über Pssel im Raum Krassny Olchjabre.

Anschließend Stoß nach NNW zur Verbindungsaufnahme mit 11. Pz.Div. Vorstoß der Grenadiere „LSSAH" links von SS-„T" zur Säuberung des Raumes nördl. Linie Bol. Majatschki–Krassnaja Poljana.

Trocken, teilweise bewölkt, warm. Straßen- und Wegezustand gut.

8. 7. 1943 – Shurawlinij Wald NW

21.00 Uhr. Div. „Das Reich":
Pz.Rgt. ist zurück, zur Bereinigung bei Rgt. „Deutschland" eingesetzt. AA noch nicht zurück.
23.00 Uhr. Korps-Befehl für den Angriff am 9. 7. 1943 :

1. *II. SS-Pz.-Korps vernichtet 9. 7. 1943 Feind südl. des Pssel, westl. der Linie Teterewino–Koslowka und stellt Verbindung mit 11. Pz.Div. westl. Kotschetowka her.*
Durch Brückenkopfbildung über Pssel im Abschnitt Koslowka–Krassnyj Oktjabr ist die Voraussetzung für einen späteren Vorstoß auf breiter Front nach Nordosten zu schaffen.
Rechter Flügel des Korps hält die jetzige Linie, welche als HKL aufzubauen ist.

2. *Aufträge:*
SS-„DR" hält die jetzige Linie. Panzer sind, soweit sie nicht als Eingreifreserven benötigt werden, zur Instandsetzung herauszuziehen.
SS-„T" stellt sich nach Ablösung im bereits fernschriftl. befohlenen Raum so bereit, daß sie aus Linie Teterewino–Pkt. 255,9 in WNW-Richtung mit Schwerpunkt rechts vorstößt und westl. Kotschetowka Verbindung mit 11. Pz.Div. aufnimmt.
Es kommt darauf an, die in diesem Raum befindlichen Feindkräfte zu vernichten.
Mit einem Gren.Rgt. stößt sie über linken Flügel „Das Reich" nach Norden vor, sichert Nordostflanke der Division und gewinnt einen Brückenkopf über den Pssel im Raum Koslowka–Krassnyj Oktjabre.
Schwerpunkt der Aufklärung in rechter Flanke der Division.
III./W-Rgt. 55 wird SS-„T" unterstellt und durch Kdr.Nb.Tr. 3 zugeführt.
Sturmgesch.Abt./SS-„T" und Korps-Werfer-Abt. bleiben zunächst 167. ID unterstellt und werden baldmöglichst nachgeführt.
„LSSAH" schiebt in die Lücke zwischen linken Flügel SS-„DR" (1 km südwestl. Teterewino) und bisherigen rechten Flügel „LSSAH" Kräfte ein, um bis Angriffsbeginn die Lücke zu sichern. Pz.Rgt. ist ebenfalls hinter die HKL zurückzuziehen, Panzer sind instandzusetzen.
Mit einem Gren.Rgt. stößt die Division aus dem Raum nördl. Lutschki bis Ssuch Ssolotino einschl. vor, mit rechtem Flügel südl. nachstehender Trennungslinie zu SS-„T" und säubert das Gelände nördl. der Sicherungslinie „LSSAH" und 11. Pz.Div. vom Feinde.
Nach Antreten SS-„T" ist unter Einziehen der Sicherung eine Eingreifgruppe mit Fahrzeugen im Raum um Lutschki bereitzustellen. Führer der Gruppe muß durch Draht und Funk vom Div.-Stab erreichbar sein.

3. *Trennungslinie SS-„T" rechts, „LSSAH" links:*
Pkt. 255,9 (SS-„T") Südrand Schlucht 1 km südl. Mal. Majatschki–Schule Ssuch Ssolotino (SS-„T").

4. *Antreten für SS-„T" und „LSSAH" wird befohlen. Voraussichtlich 09.00 Uhr.*

5. *Luftwaffe wird durch Aufklärungs- und Kampfverbände SS-„T" und „LSSAH" unterstützen und nötigenfalls vor die rechte Flanke SS-„DR" wirken.*

6. *Nachrichtenverbindung zu allen drei Div. Draht und Funk.*

7. *Korpsgefechtsstand unverändert. Gef.-Stand SS-„T" Oserowzkij.*

gez. Hausser

Nachtrag:
1. *Neue Trennungslinie II. SS-Pz.-Korps rechts, XXXXVIII. Pz.-Korps links bis Pokrowka wie bisher, dann Beregowoj-Ssuch Ssolotino (II. SS-Pz.-Korps)–Nordrand der Ortschaften am Ssalotinka-Abschnitt.*

2. *Eingreifgruppe „LSSAH" in Stärke von 1 Btl. Übrige Teile des Rgts. verbleiben in der Sicherungslinie.*

8. 7. 1943 – Shurawlinij Wald NW

Feindlage:

Panzerkorps Ic
Feindlage 8. 7. 1943, Stand 19.00 Uhr.

Feindverhalten.
Panzer- und Infanteriebereitstellungen im Walde O Kalinin. 20 bis 30 Feindpanzer gingen im Raum W Ternowka und W Wissloje gegen eigene Sicherungen an Rollbahn Belgorod–Kursk vor. Bei Angriff eigener Panzer eiliger Rückzug Richtung Flußufer Lipowyj Donez. Stärkere Infanteriebereitstellungen O Nowyje Losy und Roshdestwenka. Bereitstellungen O Petrowskij und Panzerbereitstellung Wald O Jasnaja Poljana. S Kalinin brachen 20 Feindpanzer ein. Am Vormittag 3 starke mit Panzern unterstützte Angriffe gegen Ostrand Kalinin. Weiterer Einbruch W Teterewino (Nord) durch nach Süden vorstoßende Feindpanzer. Aus nordwestl. Richtung vorgehende Panzer brachen in Lutschki (Nord) ein. Erdbeobachtung stellte eine starke Panzer- und mot. Kolonne (etwa 250 Kfz., 60 bis 80 Panzer) aus Prochorowka über Michailowka in westl. Richtung fest. Im Abschnitt zwischen Gresnoje und Ssalotinka (Fluß) kämpfen 40 bis 50 feindliche Panzer. Kotschetowka starker Panzerfeind. Etwa 60 Feindpanzer der beobachteten Kolonne überschritten in den späten Nachmittagsstunden den Pssel nach Süden und zwangen zur Zurücknahme der bis Prochorowka vorgedrungenen eigenen Teile. Aus Richtung Prochorowka (Ost) führte der Gegner einen stärkeren Panzerverband (70 Panzer) in Richtung Teterewino (Nord) heran. Die große Zahl der im Raume NO und N Teterewino neu aufgetretenen Feindpanzer machte die Zurücknahme sämtlicher nördlich der Linie Teterewino (Nord)–Lutschki (Nord) stehenden Kräfte nötig. Gehaltene Linie: O Kalinin. O Jasnaja Poljana, Nordostrand Teterewino (Nord), Gelände 2 km NW Teterewino, NW Höhe 255,9, 1 km NW Lutschki (Nord), 1 km NW Bol. Majatschki, Höhe 249,3.
Lufttätigkeit: Starke feindl. Lufttätigkeit an Front und im Hintergelände mit Bombenwürfen und Bordwaffenangriffen.

Gefangenenaussagen und Beutepapiere.

a) Gefangenenaussagen.
25. Gd.Pz.Brg. (1 Gefangener).
Pro Zug 6 Panzer, operiert mit aufgesessener Infanterie.

6. Gd.mot.S-Brg. (1 Sergeant).
Im Raum Kursk zur Auffrischung. Brigade hat keine mot. Fahrzeuge. Alles wird im Fußmarsch zurückgelegt. Stimmung schlecht, da keine Belehrung mehr durch Politruks. Alle Politruks sollen im Hinterland zusammengezogen sein.

142. mot. AR (1 Gefangener).
Rgt. vollmotorisiert durch Zugmaschine (Stalinez-Trecker). 152 mm Haubitzen.

25. Gd.Pz.Brg. (1 Gefangener).
Brg. am 5. 7. nachm. von Popowka (Raum Koroscha) abgerückt. Bei Ssashnoje über Eisenbahn. Bei Roshdestwenka über Donez. Angriff auf Ssmorodino aus NO mit aufgesessener Infanterie.

22. Gd.Pz.Brg. Stab lag im Wäldchen O Kalinin.

1696. Flak-Rgt. (1 Oberleutnant).

V. Gd.Pz.-Korps. Artum. 20. 6. Raum Setniza (NO Prochorowka). Gliederung V. Gd.Pz.-Korps: 20.,

21. Gd.Pz.Brg., 6. mot.mech.Brg. Korps ist ausgerüstet mit „Churchill", T 34 und KW.

3. mot.Brg. zur Verstärkung der 21. Gd.Pz.Brg. herangezogen.

b) Beutepapiere.
Beutekarte (Planspielkarte 6. 6. 1943) zeigt V. Gd.Pz.-Korps im Angriff W Ssumy, Stoßrichtung Schtepowka–Jekatjerinowka–Gadiatsch–Petrifka–Popowka. Südlich von V. Gd.Pz.-Korps greift 69. Armee, nördlich 10. Armee in südwestl. Richtung an.

Entwicklung der Lage am 8.VII.

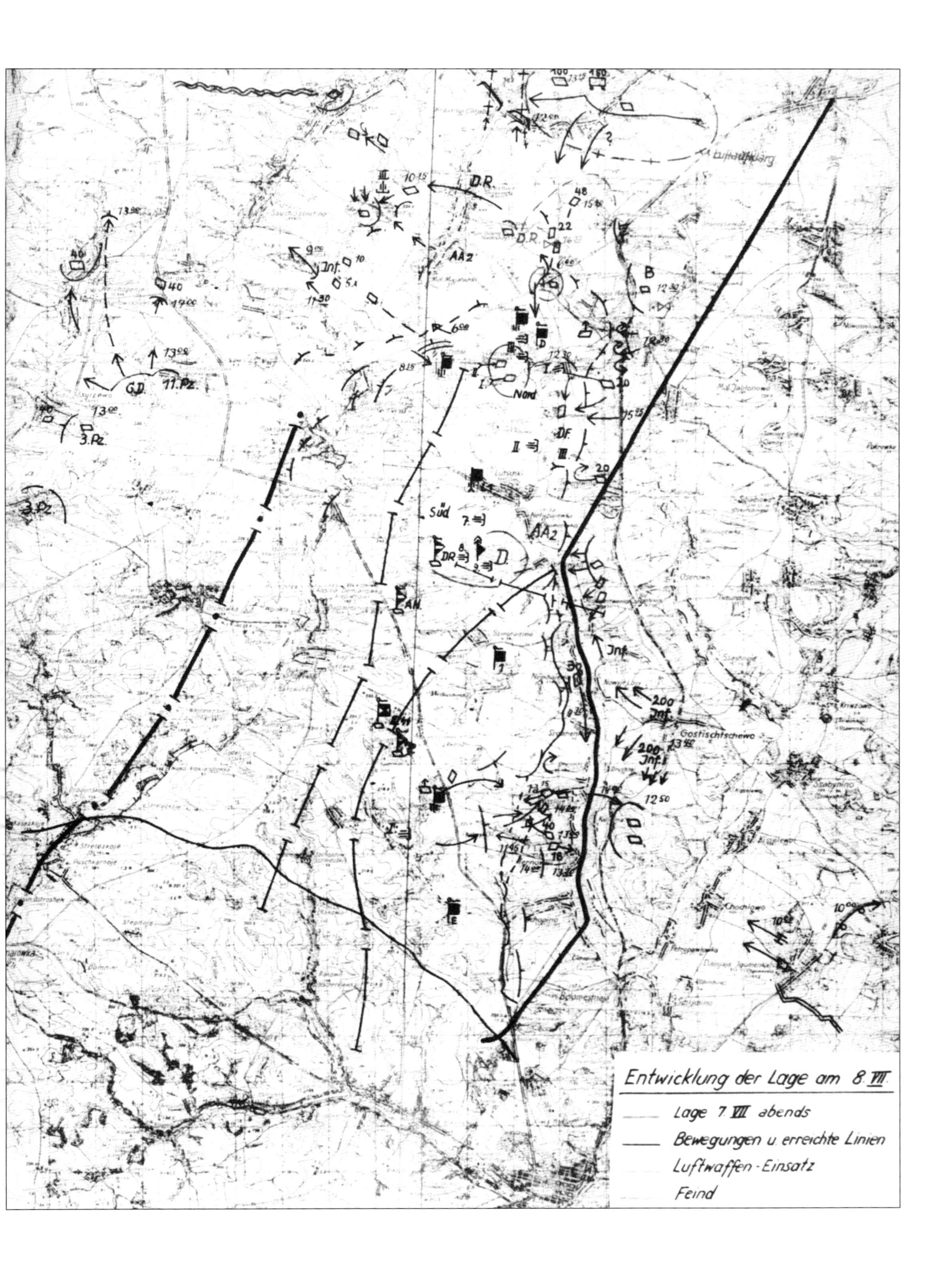

― Lage 7.VII abends
― Bewegungen u. erreichte Linien
― Luftwaffen-Einsatz
― Feind

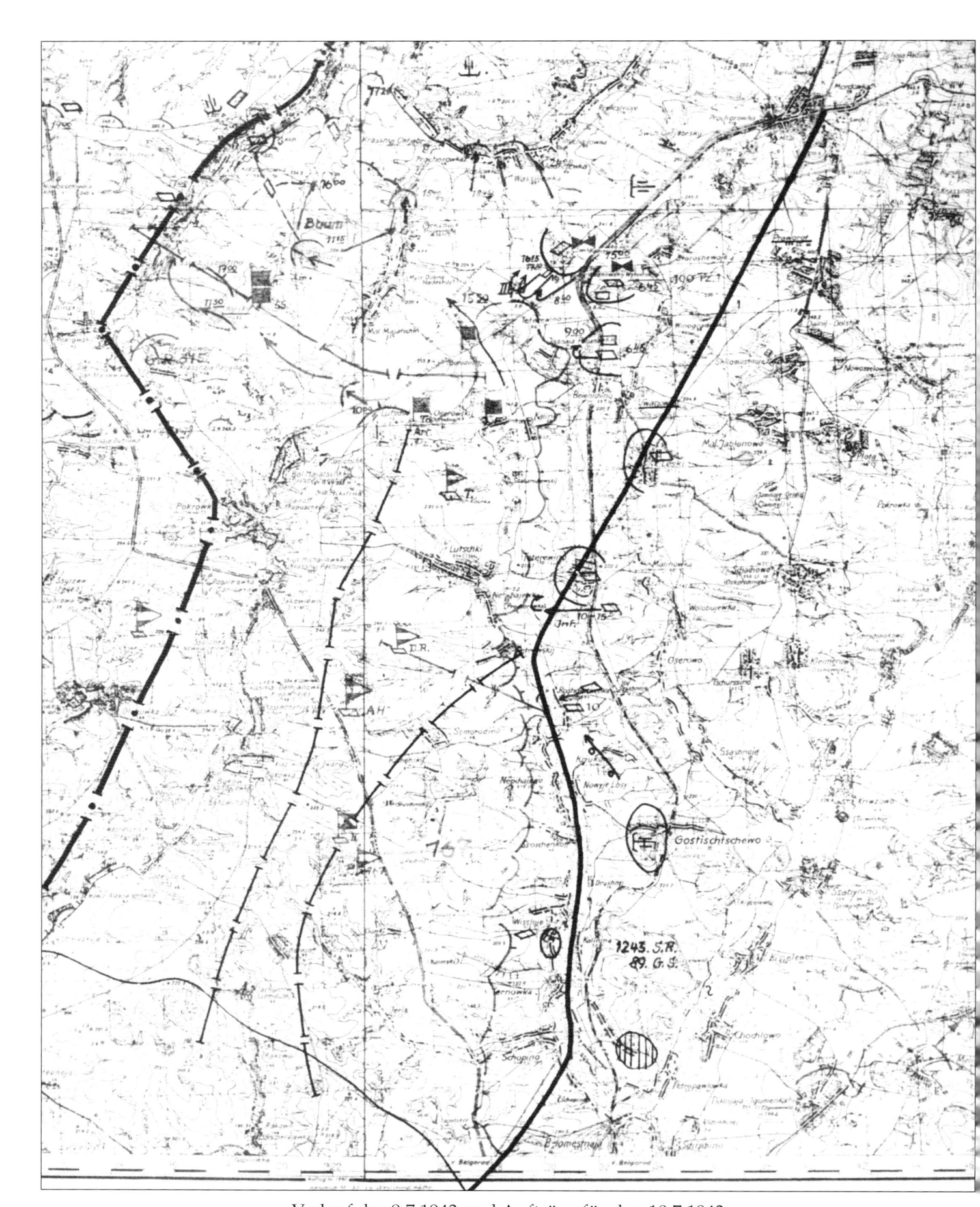

Verlauf des 9.7.1943 und Aufträge für den 10.7.1943

VN.
Feststellung zweier noch ungedeuteter Verkehre mit geringem Spruchabsatz.
Aufklärungsergebnisse: Räume NO Belgorod und NW Olchowka. Aus Spruchabsatz Netz Raum NO Olchowka geht hervor, daß Gegner sich mit Teilen auf Westufer Pena-Fluß abgesetzt hat.
Auftrag: Deutsche Kräfte nicht über den Fluß vordringen lassen. Aus Raum NO Belgorod wird gemeldet, daß deutsche Panzer Ort Melichowo genommen haben. Niemand sei da, um sie aufzuhalten.

8. 7. 1943 –
Shurawlinij
Wald NW

Luftaufklärung.
Gefechtsaufklärung erkannte Feindbewegungen im Raum Dalnaja–Igumenka und Bereitstellungen im Waldgebiet O Ternowka. Aufgeklärt wurden Feindansammlungen aller Waffen in der rechten Flanke des Korps und die Feindtätigkeit, vorwiegend Panzerbewegungen, im Raum Gresnoje–Kotschetowka. Es entstand der Eindruck, daß Feindbewegungen W Dalnaja–Igumenka Reaktion auf Vorgehen des rechten Nachbars sind. Nach NW marschierende mot. Kolonnen auf Straße Belgorod–Kursk wurden als Absetzbewegungen feindlicher Infanteriekräfte gedeutet.

Feindverluste, Gefangene und Beute.

	„LSSAH"	„Das Reich"	„Totenkopf"	Total
Gefangene	142	324	33	499
Überläufer	–	–	11	11
Flugzeuge	–	–	1	1
Panzer	82	35	4	121
Pak	–	17	1	18
Panzerbüchsen	–	16	3	19
MG	–	11	6	17
Geschütze	–	1	2	3
Granatwerfer	–	10	5	15
MPi.	–	54	–	54
Gewehre	–	94	89	183
LFW	–	7	–	7
Lkw.	–	6	14	20
Kräder	–	4	–	4
Flak	–	–	1	1

Gesamteindruck.
Gegner versuchte durch Panzerangriffe an mehreren Stellen die tiefe rechte Flanke des Korps einzudrücken. Feindpanzer stießen S Kalinin nach Westen und bei Lutschki (Nord) nach Südosten vor, um eigene Teile im Raum Teterewino (Nord)–Gresnoje abzuschneiden. Vor den eigenen Angriffsspitzen im Norden stellten sich größere Panzerverbände zum Kampf. In den Abendstunden Angriffe starker Panzerverbände N und NO Teterewino. Weitere Heranführung operativer Panzerreserven wahrscheinlich.

Tagesmeldung der Armee:

Tagesmeldung vom 8. 7. 1943.
Beurteilung der Lage: 1. Pz.-Armee ist am 8. 7. konzentrisch mit II. und V. Garde-Pz.-Korps von Osten, mit III. mot. mech. Korps von Norden, mit VI. Garde-Pz.-Korps von Westen und Norden zum Angriff angetreten, der auf der gesamten Armeefront zu schweren Panzerschlachten führte. Es ist gelungen, den Angriff des II. Garde-Pz.-Korps abzuwehren. Abwehr des V. Garde-Pz.-Korps noch im Gange. III. mot. mech. Korps kann durch den umfassenden Angriff beider Korps als angeschlagen gelten. Der Feind führte auch heute den Kampf in der Hauptsache mit Panzern und schweren Waffen. Nach bisherigen Meldungen wurden bei Abwehr der Panzerangriffe an der Ostfront der Armee durch II. SS-Pz.-Korps 100 Panzer abgeschossen. In der Panzerschlacht des XXXXVIII. Pz.-Korps um Ssyrzewo und Werchopenje wurden bisher 95 Panzer abgeschossen. Abschußzahlen der Panzerschlacht nordostwärts Beregowoj stehen noch aus. LII. AK schoß 3 Feindpanzer ab.

8. 7. 1943 –
Shurawlinij
Wald NW

Im einzelnen:
II. SS-Pz.-Korps wies in harten Kämpfen gegen seine Ostflanke geführte Angriffe ab. Eigener Panzervorstoß nach Nordwesten hatte vollen Erfolg, mußte aber in den Abendstunden abgebrochen werden. SS-„Totenkopf" warf mit 30 Panzern westl. Wissloje angreifenden Feind unter hohen Verlusten für den Gegner über den Donez zurück. Pionier-Sperrverband steht zur Zeit in hartem Kampf mit Panzerfeind bei Petrowskij. Während des ganzen Tages stand SS-„Das Reich" in schwerem Abwehrkampf in Linie ostw. Lutschki–Teterewino gegen von Osten, Nordosten und Norden in immer neuen Wellen angreifende Panzer. Alle Angriffe wurden bisher bei schweren feindl. Panzerverlusten abgewiesen. Gep. Stoßgruppen „Das Reich" und „LSSAH" nahmen im Angriff nach Nordwesten nach hartem Panzerkampf auf Wesselyj und Höhe 3 km nördl. davon. Da neuer Gegner den Pssel bei Koslowka nach Süden überschreitet und gleichzeitig schwere Angriffe gegen den Raum um Tetrewino geführt werden, müssen Panzerstoßgruppen in diesen Raum zurückgenommen werden.
167. ID ohne 1 Rgt. löst seit 18.00 Uhr „Totenkopf" ab. Angriff bei XXXXVIII. Pz.-Korps gewinnt gegen stärksten feindl. Widerstand und dauernde Angriffe feindl. Panzerverbände nur langsam an Boden. Teile 167. ID schirmen Angriffskeil des Korps auf Höhengelände 2 km nördl. Porowka nach Nordosten ab. 11. Pz.Div. trat in den Mittagsstunden nach Norden an, nahm Höhe 3 km nördl. Gremutschij und steht seit den frühen Nachmittagsstunden in heftigem Kampf gegen aus Pokrowskij angreifenden Feind mit 40 bis 50 Panzern. Masse Pz.Gren.Div. „Großdeutschland" setzte Angriff nach Norden fort und brach in Werchopenje ein, dort schwerer Panzerkampf. Angriff leidet durch Flankierung von den Höhen westl. der Pena. 3. Pz.Div. gelang es, im Angriff nach Nordwesten gegen sich zäh wehrenden Gegner in den frühen Abendstunden in Ssyrzewo einzubrechen. Harter Kampf dauert dort noch an.
LII. AK: Mehrere Angriffe des Gegners in Btl.-Stärke gegen Stellungen der 332. ID bei Ssetnoje abgewiesen. Angriffe in bis zu Btl.-Stärke wurden vor rechtem Flügel 255. ID in Gegend Bubny abgewehrt. Sonst vor gesamter Korpsfront ruhiges Feindverhalten.
Luftlage: Sehr rege feindl. Fliegertätigkeit bei II. SS-Pz.-Korps und XXXXVIII. Pz.-Korps.

Vordere Linie: II. SS-Pz.-Korps: Bis Kalinin unverändert. Jasnaja Poljana, dann unverändert bis Nordwestrand Bol. Maljatschki.
XXXXVIII. Pz.-Korps: Gren.Rgt. 339: Höhengelände 2 km nordwestl. Pokrowka. 1. Pz.Div.: Höhengelände ostw. Höhe 3,5 km nordwestl. Pokrowka–1 km südl. Pokrowskije. Pz.Gren.Div. „GD": Südteil Werchopenje. 3. Pz.Div.: Südostteil Ssyrzewo, dann wie bisher.
LII. AK: Unverändert.

Trennungslinien:
a) Zwischen II. SS-Pz.-Korps und XXXXVIII. Pz.-Korps: Bis Pokrowka wie bisher, dann Beregowoj-Ssuch.-Ssolotino (II. SS-Pz.-Korps)–Nordrand der Ortschaften am Ssalotinka-Abschnitt.

b) Zwischen XXXXVIII. Pz.-Korps und LII. AK: Bis Tscherkasskoje wie bisher, dann Ostrand Alexejewka–Westrand Beresowka.

Wetter: Sonnig, in den Nachmittagsstunden einzelne Niederschläge. Straßen und Wege für alle Fahrzeuge gut befahrbar.

Pz.AOK 4, Ia

Wetter: Trocken, teilweise bewölkt, örtliche Gewitter.
Bei Abwehr wesentlich schwächerer Feindangriffe als am 8. 7. in der Ostflanke des Korps durch Div. „Das Reich" und Sicherung in der bisherigen Linie durch „LSSAH" wird gesamte SS-Pz.Gren.Div. „Totenkopf" nach vollzogener Ablösung während der Nacht zur Bereitstellung im Raum um Teterewino–Lutschki geführt, um in den frühen Morgenstunden im gemeinsamen Vorgehen mit Masse „LSSAH" den Angriff des Vortages in nordwestlicher Richtung mit gleichem Ziel wiederholen zu können.
Durch verspätete Ablösung treten erst um 10.00 Uhr je 1 verstärktes Rgt. mit Panzer-Abt. der beiden Divisionen (Div. „Totenkopf" rechts, „LSSAH" links) gleichlaufend aus dem Raume Teterewino–Lutschki nach Nordwesten an. Sie überwinden bzw. umgehen den Grasnoje-Mal. Majatschki-Abschnitt und haben bereits am späten Vormittag die Orte Wesselyj und Rylskij gewonnen, ohne dabei auf stärkeren Feind zu stoßen. Das Rgt. Baum (SS-„T") tritt darauf mit 2 Btl.-Gruppen nach Nordosten und Norden weiter an, während verstärkte Panzer-Abt. in ein Gefecht mit 40 Feindpanzern bei 224,5 eintritt und nach dessen Abschluß (Abschuß von 14 und Beute von einem feindl. Panzerkampfwagen) entlang des Ostufers des Ssajotinkabaches zur Säuberung der langgestreckten Ortschaft eindreht. Nach Wegnahme von Rylskij säubert die Gruppe der „LSSAH" Südteil von Ssuch. Ssolotino und verhindert mit Front nach Nordosten ein Ausweichen feindl. Kräfte nach Südwesten.
Die sehr verspätet (15.50 Uhr) angetretene rechte Rgt.-Gruppe „Totenkopf" stößt nach Erreichen des Pssel-Abschnittes und Wegnahme der Ortschaften Wassiljewka und Koslowka auf sehr starken Feindwiderstand mit zahlreicher Artillerie und entschließt sich, erst bei Dunkelheit den eigentlichen Auftrag, Brückenkopfbildung über den Pssel, auszuführen. Somit schützen am Abend des 9. 7. Div. „Das Reich" die Ostflanke, Div. „Totenkopf" die Nord- und Nordwestflanke und Teile „LSSAH" die tiefe Südwestflanke des Korps.
Die ursprüngliche Absicht des Korps erscheint auch im Armee-Befehl für den 10. 7. und plant nach Brückenkopfbildung über den Pssel die Fortsetzung des Angriffs nach Nordosten, entlang der Rollbahn nach Prochorowka, und beiderseits des Pssel Richtung Petrowka.

9. 7. 1943 –
Shurawlinij
Wald NW

Einzelheiten:
Im Verlauf der Nacht wird Lücke zwischen linkem Flügel Div. „Das Reich" (nördl. Teterewino) und rechtem Flügel „LSSAH" (nördl. Lutschki) durch „LSSAH" geschlossen.
02.30 Uhr. Angriff gegen Höhe 209,5 abgewiesen, Stugesch.Abt. 3, ab 03.00 Uhr, 167. ID unterstellt, Unterstellungsverhältnis Korps-Werfer-Abt. unter Division „Totenkopf" aufgehoben.
02.50 Uhr. Div. „Totenkopf".
Linker Flügel Div. Ablösung durchgeführt. Auf rechtem Flügel Verzögerung, wahrscheinlich bis 05.00 Uhr.
04.20 Uhr. Flivo. Aufkl.:
30 Panzer nördl. Teterewino festgestellt, die bei Ankunft des Aufklärers sich einnebelten.

05.00 Uhr. Pz.Gren.Div. „Das Reich":

Nacht ruhig. Aufklärung meldet: Ausbesserung der Brücke bei 42 B. Panzergeräusche ostwärts K 47. AA 03.30 Uhr Wald 1,5 km SW K 17. Pz.Rgt. Raum K 17.
Fliegertätigkeit geringer als in der Vornacht. 03.10 Uhr Schlachtfliegerangriff Raum „DF".

05.00 Uhr. Morgenmeldung „LSSAH": Nacht ohne besondere Vorkommnisse.
05.00 Uhr. Div. „Totenkopf":
Befehl an 167. ID übergeben.
05.15 Uhr. Div. „Totenkopf":
Neuer Gefechtsstand Waldspitze hart ostw. Höhe 232,0.

9. 7. 1943 – Shurawlinij Wald NW

06.00 Uhr. Morgenmeldung an die Armee:

1. Im Abschnitt SS-„T" griff der Feind um 02.30 Uhr mit 15 Panzern und Begleitinfanterie Höhe 209,5 an. Angriff wurde abgewiesen.
Nachtverlauf bei „LSSAH" ruhig. SS-„DR" steht Meldung noch aus.
Pz.Rgt. „DR" und „LSSAH" hinter Sicherungslinie zurückgezogen.
Mit Fortsetzung der starken feindl. Panzerangriffe in der rechten Flanke als auch von NO und O muß gerechnet werden.

2. Ablösung SS-„T" durch verspätetes Eintreffen 167. ID verzögert. 167. ID hat 05.00 Uhr Befehl übernommen.
Absicht: Halten der bisherigen Stellung. Vernichtung feindl. Kräfte südl. des Pssel westl. der Linie Koslowka–Teterewino.
Brückenkopfbildung über Pssel im Abschnitt Koslowka–Krassnyj–Oktjabr.
Antreten Teile SS-„T" und „LSSAH" voraussichtlich 09.00 Uhr.

06.55 Uhr. Div. „Totenkopf":
SW Lutschki Art.-Beschuß. Umgehung verzögert Ausgangsstellung.
07.30 Uhr. Div. „Totenkopf":
AA meldet Gresnoje stark feindbesetzt.
07.55 Uhr. Div. „Totenkopf":
Eigene HKL. 2 km NO Teterewino. Feind greift an mit Infanterie und 30 Panzern aus Waldstück hart westl. Swch. Komssomolez.
08.25 Uhr. Div. „Totenkopf":
Ssolotino stark feindbesetzt. Wird von eigenen Truppen WH angegriffen.
10.00 Uhr. „LSSAH":
Tritt mit einer Kampfgruppe zum Angriff gegen Ssuch. Ssolotino an.
10.00 Uhr. Div. „Totenkopf":
Tritt mit Kampfgruppe Baum zum Angriff in Richtung Kotschetowka an.
12.10 Uhr. An „LSSAH":
Kampfkräftige Aufklärung ist auf Ssolotino anzusetzen.
12.15 Uhr. Div. „Das Reich":
Gefahr in der Ostflanke bei Trennungslinie 167. ID–Div. „Das Reich".
12.17 Uhr. An 167. ID:
Straße Ssmorodino–Donezbrücke–Roshdestwenka gehört zum Abschnitt 167. ID.
12.20 Uhr. „LSSAH":
Rylskij feindfrei, ohne Widerstand besetzt. Ssolotino wird feindfrei gemeldet. Übergang über Sjotinka gesprengt. Linie 1 km nördl. Rylskij–Ssuch. Ssolotino erreicht.
12.20 Uhr. Div. „Totenkopf":
Gruppe Baum hat 12.15 Uhr Wessely genommen. Pz.-Gefecht bei Kotschetowka und Höhe 224,5. Gruppe Becker tritt voraussichtlich 13.30 Uhr von Oserowski aus nach N an.
12.30 Uhr. Fernmdl. durch KG:
Gruppe Baum hat, zunächst nach NW, dann in nördl. Richtung vorgehend, Gresnoje gegen schwachen Feindwiderstand genommen. Ostw. keine Aufklärung. Gruppe Becker wird in etwa 1 Stunde antreten.
12.34 Uhr. Div. „Totenkopf":
Vorderste Teile 11.15 Uhr in Wessely.
12.36 Uhr. Div. „Totenkopf":
11.50 Uhr Spähtrupp Verbindung mit 11. Pz.Div. 1 km südwestl. Ssuch. Ssolotino. 12.50 Uhr. Jäger-Meldung: 70 feindl. Panzer, von W gegen Gresnoje vorgehend, im Kampf mit eigenen Panzern. Starke Pz.-Bereitstellung bei Eisenbahnknie NO Teterewino.
13.45 Uhr. Flivo-Meldung: Feind vor Nordabschnitt baut ab.
15.00 Uhr. Div. „Das Reich":
Im Waldstück ostw. Eisenbahnlinie ca. 100 Panzer in Bereitstellung erkannt, dabei 1 Btl. Infan-

terie. Im Wäldchen 2 km südl. ca. 25 Panzer. Feind führt aus SO Verstärkung nach Roshdestwenka heran.
15.30 Uhr. Eisenbahnlinie von Stukas und Kampffliegern bombardiert.
Fernaufklärung meldet Heranführung neuer Kräfte aus dem Osten.
15.50 Uhr. Gruppe Becker, SS-„T", zum Angriff Richtung Krassnij Oktjabr angetreten mit Auftrag, dort Brückenkopf über den Pssel zu bilden.
16.25 Uhr. Orientierung III. Pz.-Korps.
17.27 Uhr. Div. „Totenkopf":
Gruppe Becker 15.50 Uhr angetreten. Panzerspitze Baum 16.40 Uhr in Schlucht 2 km ostw. nördl. Kch. Kotschetowka.
17.35 Uhr. Tagesmeldung „LSSAH".

9. 7. 1943 –
Shurawlinij
Wald NW

Tagesmeldung vom 9. 7. 1943, fernmündl. 17.35 Uhr.
Am 8. 7. 1943, 19.30 Uhr, erhielt das 2. Pz.Gren.Rgt. den Befehl, die Lücke zwischen linkem Flügel nördl. Lutschki zu schließen.
Am 9. 7. 1943, 02.00 Uhr, war die Lücke geschlossen.
Am 9. 7. 1943, 08.00 Uhr, stellte sich die Angriffsgruppe des verst. Pz.Gren.Rgt. 1 „LSSAH" in den beiden nördl. Ausläufern von Bol. Majatschkij zum Vorstoß auf Ssuch. Ssolotino bereit. Um 10.00 Uhr antretend, hat um 11.00 Uhr ohne nennenswerten Feindwiderstand die Linie 1 km nördl. Rylskij–Ssuch. Ssolotino gewonnen. Angesetzte Aufklärung ergab, Südteil Ssolotino feindfrei. Übergang Ssalotinka gesprengt. Um 15.00 Uhr Panzeransammlung in Gegend Ssuch. Ssolotino. Sonst an der ganzen Front Ruhe.
Schwächere feindliche, starke eigene Lufttätigkeit.

Erreichte Linien und Räume:
Golaja-Schlucht 1 km nordwestl. Teterewino, hart nördl. der Straße Teterewino, Bol. Majatschkij–Nordrand Bol. Majatschkij–Punkt 249,3.

Gefechtsstand Pz.Gren.Rgt. 1 und Werfer-Rgt. 55 Rylskij.

Vorstoß auf Prochorowka.

Vormittag sonnig, nachmittags trübe, regnerisch.

17.45 Uhr. Tagesmeldung Div. „Totenkopf":

Tagesmeldung vom 9. 7. 1943, fernmündl. 17.45 Uhr.
05.00 Uhr alter Abschnitt verantwortlich an 167. ID übergeben. Im neuen Bereitstellungsraum trafen ein: Kampfgruppe Baum (verst. Gren.Rgt. „T" 08.10 Uhr), Kampfgruppe Becker (verst. Gren.Rgt. „E" 14.25 Uhr).
Angriff Kampfgruppe Baum 10.10 Uhr Richtung Kotschetowka.
Angriff Kampfgruppe Becker 15.50 Uhr Richtung Wassiljewka–Krassnyj Oktjabr.
Erreichte Linie wie mündlich von Ia an O1 durchgegeben.
Bisher abgeschossen 14, erbeutet 1 Panzer. 2 Batteriestellungen vernichtet.
Luftlage: Starke eigene, rege feindl. Fliegertätigkeit.

III./Nebelwerfer-Rgt. 55 seit Angriffsbeginn der Division unterstellt. 06.00 Uhr 500 m nördl. Punkt 232. Rgt.Gef.-Stand „T" Wald 400 m ostw. Lutschki Nord. Rgt.Gef.-Stand „E" Oserowskij. Rgt.Gef.-Stand Pz.Rgt. und Art.Rgt. wie „T".

Heiter bis bedeckt. Straßen trocken.

18.00 Uhr. Tagesmeldung Div. „Das Reich":

Ia-Tagesmeldung.
An der Notbrücke Roshdestwenka arbeitete der Gegner unter Feuerschutz von Panzern und Artillerie. An der Brücke wurden Inf.-Ansammlungen beobachtet. Gegner fühlte in der Balka nördl. Straße

9. 7. 1943 –	*Ssmorodino–Roshdestwenka im Abschnitt Pi.Btl. 627 vor. Er wurde durch zusammengefaßtes Feuer al-*
Shurawlinij	*ler Waffen abgewiesen. Artillerie bekämpfte mit Störungsfeuer die Arbeiten an der Brücke.*
Wald NW	*In den frühen Nachmittagsstunden führte der Gegner von Südosten Verstärkungen mit Lkw. nach Roshdestwenka.*

11.25 Uhr wurde ein feindl. Panzerangriff von 10 bis 15 Panzern mit Infanterie bei BW südl. Teterewino abgeschlagen. Die feindl. Infanterie hatte erhebliche Verluste.

Seit 06.45 Uhr versammelte der Gegner vor dem Abschnitt Rgt. „DF" in den Balkas ostw. Kalinin und vor dem Abschnitt Rgt. „D" bei Iwanowskij Wysselok und Swch. Komssomolez stärkere Panzerkräfte und Infanterie.

09.00 Uhr Panzervorstoß gegen die Stellungen I./SS-„DF" ostw. Kalinin. Der Vorstoß wurde abgewiesen.

08.40 Uhr griff Gegner mit Panzern und Infanterie die Stellungen III./SS-„D" entlang der Straße Iwanowskij Wysselok–Teterewino an. Unter dem zusammengefaßten Feuer aller Waffen – besonders der Artillerie – wurde der Angriff abgeschlagen. Der Feind wich zurück.

Aus dem Abschnitt SS-„D" wurden größere Panzer-Ansammlungen während des ganzen Tages im Wald hart ostw. Iwanowskij Wysselok erkannt.

Um 14.00 Uhr wurden in kurzer Zeit 50 Panzer gezählt. Damit sind im Verlaufe des Tages etwa 100 Panzer in diesen Wald gefahren. Infanterie in Stärke eines Btls. wurde dort ebenfalls erkannt. Im Waldstück 2 km südl. des Waldes ostw. Iwanowskij Wysselok wurde von SS-„D" eine Versammlung von 25 Panzern beobachtet.

Die feindliche Fliegertätigkeit war geringer als an den Vortagen.

07.35 Uhr Tieffliegerangriff von 25 Maschinen auf Gef.St. SS-„DF" südl. Kalinin.

09.00 Uhr Tieffliegerangriff auf die AA von 30 Maschinen im Raume südl. Oserowskij.

Pz.Rgt. als Eingreifreserve im Raume Oserowskij. Auftrag: Panzerinstandsetzung. Einsatzmöglichkeiten des Rgts. nach Süden, Osten und Norden sind gewährleistet.

13.50 Uhr erhielt AA den Befehl, als Eingreifreserve in den Wald K 40 Nordostteil zu verlegen.

Halten der erreichten Linie.

Sonnig, drückend warm, Straßen und Wege gut.

Nachmeldung zur Tagesmeldung vom 9. 7., 16.15 Uhr, Feindangriff mit Inf. auf Stellungen III./SS-„D". 17.15 Uhr Panzerangriff mit 16 Panzer auf III./SS-„D". Alle Angriffe wurden abgewiesen.

18.00 Uhr. An Div. „Totenkopf" und 167. ID:
1½ Korps-Werfer-Abt. wird aus dem Abschnitt 167. ID herausgezogen und Div. „Totenkopf" unterstellt. Sie ist sofort in Marsch zu setzen nach (nördl.) Lutschki. Ab 04.00 Uhr ist auch Stugesch.Abt. wieder Div. „Totenkopf" zuzuführen.

18.30 Uhr. Tagesmeldung an die Armee:

Feind in der Ost- und Nordostflanke hat sich heute, anscheinend auf Grund der gestrigen erheblichen Verluste, verhältnismäßig ruhig verhalten. Schwächere Vorstöße wurden aus nordöstlicher Richtung auf Teterewino geführt. Im Raum Gresnoje–Prochorowka–Kotschetowka–Ssuch. Ssolotino führte der Feind den Kampf offensiv mit stärkeren Panzerkräften.

Rege eigene Fliegertätigkeit. Die feindl. Fliegertätigkeit war schwächer als am Vortage.

Ost- und Nordostfront wie bisher.

Angriffsgruppe SS-„T" erreichte um 10.15 Uhr Wesselyj und steht seit 11.30 Uhr im Panzerkampf ostw. Kotschetowka. Angriffsgruppe „LSSAH" erreichte um 11.00 Uhr Rylskij und stieß auf Ssuch. Ssolotino vor. Südteil Ssuch. Ssolotino vom Feind gesäubert.

Gefechtsstand SS-„T" Wald 500 m nördl. Höhe 232.

Vorstoß mit 2 Angriffsgruppen in nordostw. Richtung.

18.50 Uhr. Div. „Totenkopf":
Gruppe Becker in Koslowka eingebrochen.
19.00 Uhr. Flivo.-Meldung:
8 Battrn. nördl. Pssel. Eigene Truppe steht 2,5 bis 3 km südl. Ilinskij.
20.30 Uhr. Von Armee:

9. 7. 1943 –
Shurawlinij
Wald NW

Panzerarmeebefehl Nr. 5.
1) Feind hat am 9. 7. die Ostflanke der Pz.-Armee nicht angegriffen. Vor der Front des II. SS-Pz.-Korps und XXXXVIII. Pz.-Korps weicht er kämpfend nach Norden aus. Das Westufer der Pena versucht er zu halten. Ausweichbewegungen aus Raum Rakowo in nördlicher Richtung wurden am Nachmittag 9. 7. festgestellt. Vor der Westfront des LII. AK hat Feind seine Angriffe eingestellt. Wosschod wurde wiedergenommen. Neuer mot. Feind aus Richtung Nowyj und Staryj Oskol nach Westen in Anmarsch.

2) 4. Pz.-Armee verbreitert am 10. 7. durch Vorstoß nach Nordosten und Umfassung des Feindes im Pena-Bogen den Angriffskeil und schafft sich damit die Voraussetzung zum weiteren Vorstoß nach Nordosten.

3) 167. ID hält bisherige Stellungen. Sturmgeschütz-Abt. der SS-Pz.Gren.Div. „T" wird ab 10. 7., 04.00 Uhr, SS-Pz.Gren.Div. „T" wieder unterstellt.

4) II. SS-Pz.-Korps schlägt Feind südwestl. Prochorowka und drängt ihn nach Osten ab. Es gewinnt sodann die Höhen beiderseits des Pssel nordwestl. Prochorowka.

5) XXXXVIII. Pz.-Korps vernichtet unter Abdeckung gegen Obojan VI. Garde-Pz.-Korps auf dem Westufer der Pena. Es setzt hierzu die Umfassungsbewegung aus Gegend Nowosselowka in südwestl. Richtung fort. Aufklärung gegen den Pssel im Abschnitt Ilinskij–Schipy ist vorzutreiben. Ein Drittel 167. ID. verbleibt zur Verfügung der Pz.-Armee im bisherigen Raum. Zuführung an den Nordflügel der 167. ID ist am 11. 7. beabsichtigt.

6) LII. AK hält bisherige Stellungen und hält sich bereit, auf Befehl der Pz.-Armee über den Pena im Abschnitt Alexejewka–Sawidowka anzutreten. Jede Möglichkeit, schon am 10. 7. den Übergang zu vollziehen, ist auszunutzen.

7) Nachrichtenverbindungen wie bisher.

8) Pz.-Armeehauptquartier: Bhf. Alexandrowka.

Feindlage:

Generalkommando II. SS-Panzerkorps Ic:
Feindlage 9. 7. 1943, Stand 19.00 Uhr.

Feindverhalten.
Gegner griff aus ostwärtiger Richtung eigene Sicherungen O Netschajewka und O Jasnaja Poljana mit schwächeren Infanterie- und Panzerkräften an. Er führte gegen Teterewino (Nord) insgesamt 3 Angriffe, davon einen mit Panzerunterstützung. Bereitstellungen, Panzer und Infanterie, wurden NW Belenichino und ONO Iwanowski–Wysselok erkannt. Insgesamt werden im Raum Straßenknie SW Prochorowka (Bahn) etwa 80 bis 100 Panzer vermutet. Sie stehen verteilt im Raum, eine Anzahl von ihnen in einer Riegelstellung beiderseits Straße Prochorowka (Bahn)–Eisenbahnknie. Im Raum Gresnoje nur schwacher Feind bis zum Pssel; O Kotschetowka (Höhe 224,5) bekämpfte feindliche Panzergruppe, Stärke 20 bis 30 Panzer, eigenen Vorstoß Richtung Kotschetowka. Rylskij wurde gegen schwachen Feind genommen; bei Eindringen in den Südteil Ssuch. Ssolotino geringer Widerstand.

Gefangenenaussagen und Beutepapiere.
Feldpostnummer der 26. Pz.Brg.: 31 616.
Kdr. der 26. Pz.Brg.: Oberst Piskaroff.
Marschweg: Urasow, Sidorowka; Waluiki, Beshrilka bis Wald Ssoshnoje; Wolokonowka; Stara Iwanowka. Tankstellen in Ssajurenowo und Ssolonowka.

9. 7. 1943 – Shurawlinij Wald NW	63. Pz.Rgt. 63. und 64. Pz.Rgt. und ein unbekanntes mot. Btl. sollen zusammen die 242. Pz.Brg. bilden, die angeblich zum III. mech. Korps gehören soll. Der Brigade sollen noch kleinere Pz.-Einheiten beigegeben sein. (Angaben unter Vorbehalt, nur . . . .) Brg.Kdr.: Oberstleutnant Sakalow. Kdr. III. mech. Korps: Generalmajor Tschernejenko. OB 1. Pz.-Armee: Generalmajor Katokoff. Im Regiment 44 Panzer, T 34 und kleinere. Ausbildung kurzfristig. Deutsche und rumänische Kriegsgefangene arbeiten auf Flugplatz Kursk. Bei Beginn der deutschen Luftangriffe nach Kursk gebracht. 735. Flg.-Sturm-Rgt., 266. Flg.Div. der 2. Luftarmee. Flugplatz Nowy Oskol, Flugzeugtypen des Rgt. „IL 2". Rgt.Kdr.: Major Wolodin. *Luftaufklärung.* *Operative Luftaufklärung* meldet 11.00 Uhr mot. Kolonne von Osten nach Tschernjanka (100 Fahrzeuge), 05.00 Uhr Kolonne von Stary Oskol nach Skorodnoje (220 mot., 36 Panzer), starken mot. Verkehr aus Obojan, Richtung Kursk. Raum Miropolje–Ssumy 05.00 bis 11.00 Uhr lebhaftere Bewegungen. Straße Fatesh–Dmitrjewka zwischen 07.30 Uhr und 10.00 Uhr 2 mot. Kolonnen (100 Kfz. und 150 Kfz.) Richtung Ost, von Fatesh nach Norden 50 mot. 10.00 Uhr. *Eisenbahnaufklärung* stellte 30 Truppentransportzüge von Sloboda nach Woronesh fest. Weiterer Lauf Richtung Kursk zu vermuten. *Gefechtsaufklärung* erkannte Infanterie- und Panzerbereitstellungen Raum Straßenknie SW Prochorowka (Bahn) und südl. davon. Bewegungen Panzerfeind O Kotschetowka wurden aufgeklärt, Panzer und leichte Battr. W Kotschetowka erkannt. Im Pssel-Bogen N Wassiljewka 7 feuernde Feindbattr. (Geschütze?) festgestellt. *Gesamteindruck.* Feind in rechter Flanke S Eisenbahnknie durch hohe Panzerverluste am Vortage geschwächt; Feind am Eisenbahnknie stärker an Panzern, jedoch nach schweren Schlägen am 8. 7. 1943 führungsmäßig noch unter Schockwirkung. Panzerfeind am Ssalotinka-Abschnitt (Teile III. mech. Korps) in hinhaltendem Kampf ohne ausreichende Infanterie-Kräfte. Es wird nach vorläufigen Truppenfeststellungen vermutet, daß die Panzerverbände durch Unterstellung ursprünglich selbständiger Panzereinheiten höhere Panzerzahl aufweisen als nach Kriegsgliederung anzunehmen. Nach Luftaufklärung Heranführung weiterer operativer Panzer- und mot. Reserven in den Raum Prochorowka (Bahn). Ein Teil der gemeldeten Kräfte kann vordringendem rechten Nachbar entgegengeworfen werden. Eisenbahnaufklärung deutet auf Zuführung weiterer Kräfte von anderen Frontabschnitten. Eindruck, daß Gegner dem deutschen Stoß von Süden und von Norden durch Flanken-Operationen von Osten her zu begegnen sucht. Abziehen von Infanterieverbänden aus fester Front W Kursk wahrscheinlich, aber noch nicht sicher. Falls in Durchführung, Absicht Bildung von Abwehrfronten Verlauf O nach W zu vermuten. *Generalkommando II. SS-Panzerkorps, Ic*

„Tiger" am zweiten Tag der Schlacht im Angriff

Panzer-Grenadiere der „Leibstandarte" im Angriff. Im Mittelgrund russischer „T 34"

Jochen Peiper befehligte in der Schlacht das Schützenpanzerwagen-Bataillon des 2. Regiments „Leibstandarte". Er war Träger der Schwerter zum Eichenlaub des Ritterkreuzes. Am 14. Juli 1976 wurde er in Frankreich ermordet.

Panzer-Grenadiere der Waffen-SS im Bereitstellungsraum…

…und in Stellung

Immer wieder sofort eingraben, wenn es nicht weitergeht.

Gefangenen- und Beutezahlen bis einschließlich 7. 7. 1943

Beute	„LSSAH"	„Das Reich"	„Totenkopf"	Gesamt
Gefangene	259	900	1033	2192
Überläufer	13	–	13	26
Flugzeuge	12	26	8	46
Panzer	123	29	31	183
Pak	37	55	19	111
Panzerbüchsen	50	96	27	173
MG	30	61	45	136
Flammenwerfer	3	–	60	63
Geschütze	1	8	5	14
MPi.	–	177	62	239
Geanatwerfer	–	6	7	13
Lkw.	–	10	14	24
Pkw.	–	8	–	8
Kräder	–	1	–	1
Gewehre	–	365	89	454
Salvengeschütze	–	–	27	27
Amp.W.	–	–	6	6
Flak	–	–	1	1

9. 7. 1943 – Shurawlinij Wald NW

22.00 Uhr. Aufträge an die Divisionen für 10. 7. 1943:

1) *Feind vor II. SS-Pz.-Korps, am 8. 7. stark angeschlagen, führt Abwehrkämpfe mit Panzern offensiv. Stärkerer Panzerfeind noch südostw. Obojan. mit Heranführung neuer feindl. Panzer- und mot. Reserven in den Raum Prochorowka und westlich ist zu rechnen.*

2) *II. SS-Pz.-Korps stößt am 10. 7. nach Umgruppierung seiner Kräfte unter Abschirmung beider Flanken nach Nordosten bis zur Linie Prochorowka–Höhengelände 5 km ostwärts Hartaschewka vor und vernichtet den Gegner in diesem Raum.*

3) *Aufträge:*
SS-„DR" bleibt mit rechtem Flügel in der jetzigen Front stehen und gruppiert so um, daß Rgt. „D" rechts hinter „LSSAH" gestaffelt vorstoßen und die rechte Flanke „LSSAH" abschirmen kann. Soweit in der Flanke keine stärkeren Feindkräfte festgestellt werden, ist die Sicherungslinie stützpunktartig zu besetzen.
„LSSAH" stößt nach Bereitstellung aus dem Raum südwestl. Teterewino unter Zusammenfassung der Panzerkräfte entlang der Rollbahn nach NO vor und nimmt Prochorowka.
SS-„Totenkopf" bildet während der Nacht Brückenkopf im befohlenen Raum, stellt Übergang über den Pssel für Panzer her und stößt im Psseltal und nördl. davon nach NO vor und nimmt Beregewoje und Höhengelände nordwestl. davon.
Panzer sind geschlossen auf dem Höhengelände nördl. des Pssel vorzuführen.
Sicherung der linken Flanke entlang des Südostufers des Ssalotinka–Pssel–Olschanka.
Anschluß an 11. Pz.Div., welche westl. des Ssalotinka nach Norden sichert, ist sicherzustellen. Die Flanke ist, wenn keine stärkeren feindl. Kräfte auftreten, nur stützpunktartig zu sichern.

4) *Aufklärung: Im Raum Iwanowka–Pragorot–Krassnoje–Janek–Togerelowka (Orte einschl.)–Nishne Gussynka–Südufer ... seimizo–Chizttschew (einschl.)– ... Olschanka (einschl.) Ortschaften hart westl. Olschanka– ... Krasany–Oktjabr.*
Trennungslinie: SS-„DR" rechts, „LSSAH" links:
Wald westl. Iwanowakij Wyselok–Storoshewoje–Laski–(f. „LSSAH") Chlamoff–Prianstaschnoje (SS-„DR");
Trennungslinie: „LSSAH" rechts, SS-„T" links: Ortschaften am Ostufer Pssel (SS-„T") bis ... Bereka. Olschanka (SS-„T").

9. 7. 1943 –
Shurawlinij
Wald NW

Es kommt darauf an, die Heranführung kampfkräftiger feindlicher Verstärkung frühzeitig festzustellen.

5) Luftwaffe wird bei gutem Wetter die Angriffsspitzen „LSSAH" und SS-„DR" durch Gefechts-Luftaufklärung und Kampfverbände unterstützen.

6) Pi.Rgt.Kdr. 680 führt noch bei Helligkeit Brückenkolonne bis Lutschki vor (fernmdl. voraus). Die Brüko ist im Einvernehmen zwischen SS-„T" und Pi.Rgt.Kdr. 680 sprungweise der Angriffsgruppe SS-„T" nachzuführen, um rechtzeitigen Flußübergang sicherzustellen.

7) 3 Battr. Korps-Werfer-Abt. werden SS-„T" unterstellt.
Die Batterien werden noch heute nacht durch Kdr.Nb.Tr. 3 nach Lutschki in Marsch gesetzt. Kdr. Korps-Werfer-Abt. voraus zum Gefechtsstand SS-„DR".

8) Verkehrsregelung bis zur Linie Kalinin–Lutschki (Orte einschl.) durch II. SS-Pz.-Korps ab 10. 7., 04.00 Uhr.

9) Angriffsbeginn
für „LSSAH" 06.00 Uhr,
SS-„T" meldet während der Nacht Verlauf der Brückenkopfbildung.

10) Nachrichtenverbindungen Draht und Funk.
Vom Funk ist bei Störungen der Fe.-Verbindungen mehr Gebrauch zu machen.

11) Korpsgefechtsstand wie bisher.

gez. Hausser

Tagesmeldung der Armee:

1) Beurteilung der Lage:
Die Panzerschlacht südl. des Pssel hielt auch heute an. II. Garde-Pz.-Korps auf Ostufer des Lipowyj Donez hat Angriffe gegen Ostflanke der Panzerarmee eingestellt und scheint sich mit Masse gegen die Angriffsspitzen der Armee-Abt. Kempf zu wenden. Teile V. Garde-Pz.-Korps und II. Pz.-Korps im Raum südl. Prochorowka müssen als angeschlagen gelten, da keinerlei Angriffe mehr erfolgten. III. mot. mech. Korps muß, bedingt durch den konzentrischen Angriff beider Panzerkorps, ebenfalls als stark angeschlagen angesprochen werden. VI. Garde-Pz.-Korps auf dem Westufer des Pena steht in einer taktisch ungünstigen Lage und wird vom Norden umfassend angegriffen. Ausweichbewegungen von einem verst. Inf.Rgt. aus dem Raum um Beresowka nach Norden sind einwandfrei festgestellt. Mit weiteren Angriffen stärkerer Infanteriekräfte mit vereinzelten Panzern aus dem Raum Dmitrijewka nach Südosten wird gerechnet.

Im einzelnen:
167. ID: Zweimaliger Vorstoß in Kp.-Stärke bei Roshdestwenka wurde im Gegenstoß abgewiesen, sonst ruhiger Verlauf des Tages. Feind schießt mit Fernkampfartillerie auf Rollbahn Belgorod, Obojan.
II. SS-Pz.-Korps: Unter dem Eindruck seiner Verluste am Vortage im wesentlichen ruhiges Feindverhalten an Ostflanke des Korps. Vorstoß nach Nordwesten traf bisher nur auf schwächeren Feindwiderstand. SS-„Reich" außer Abwehr eines Panzervorstoßes mit Infanterie bei Petrowskij ruhiges Feindverhalten. SS-„Totenkopf" trat mit Panzergrenadieren 10.00 Uhr nach Nordwesten an, säuberte Westteil Gresnoje vom Feinde und nahm Höhe 8 km nordwestl. Teterewino. Gepanzerte Gruppe, über Wesselyj nach Nordwesten vorgehend, nahm Höhengelände 2 km ostw. Kotschetowka, dort zur Zeit Kampf mit feindlichen Panzern, Antreten von Teilen der Div. nach Norden erst 15.00 Uhr, weitere Meldungen fehlen. Teile „LSSAH", 10.00 Uhr aus dem Raum Lutschki antretend, nahmen Rilskyj und drangen in den Südteil Ssuch. Ssolotino ein. Panzer zur Zeit bei Säuberung des Nordteiles.
XXXXVIII. Pz.-Korps:
Vorstoß des Korps nach Norden und Eindrehen von Teilen nach Südwesten in flüssigem Fortschreiten. Gren.Rgt. 339 der 167. ID nahm gegen schwachen Feind in den Morgenstunden Krassnaja Poljana und Beregowoje. 11. Pz.Div. nahm Pokrowskij und in weiterem zügigem Vorgehen Höhe 9 km nördl. davon. Pz.Gren.Div. „Großdeutschland" säuberte Ostteil Werchopanje vom Feinde, nahm Nowosse-

lowka und drehte mit Masse nach Südwesten ein, um westlich der Pena nach Norden ausweichenden Gegner zu schlagen und zu vernichten. 3. Pz.Div. nahm Ssyrzewo und Höhengelände südl. davon. Lage bei LII. Pz.-Korps vorerst entspannt. Feind setzte seine Angriffe bisher nicht fort.

332. ID: Nach den heftigen Angriffen in den frühen Morgenstunden ruhiger Verlauf des Tages. Wosschod wurde wieder genommen. Feind sprengte Brücke bei Sawidowka. An rechtem Flügel 255. ID ging nach starkem Feindangriff Wald 1 km südwestl. Bubny verloren. Gefechtsvorposten der Div. in Trefilowka mußten gegenüber nachdrängendem Feind auf HKL zurückgenommen werden.
Sonst an gesamter Korpsfront ruhiger Tagesverlauf.
Luftlage: Rege feindl. Fliegertätigkeit, jedoch geringer als am Vortage.

9. 7. 1943 –
Shurawlinij
Wald NW

2) Vordere Linie: (1:100 000)
167. ID: unverändert.
II. SS-Pz.-Korps: SS-„DR" unverändert.
SS-„T": Teile aus Raum Teterewino im Angriff nach Norden, Teile Westteil Gresnoje–Höhe 227,8–Höhe 224,5.
„LSSAH": Teile in Sicherungslinie 1 km nordwestl. Straße Teterewino, Bol. Majatsch–Höhe 249,3.
XXXXVIII. Pz.-Korps: Rgt. 339: Nordostrand Krassnaja Poljana–Beregewoje.
11. Pz.Div.: Höhe 244,8.
Pz.Gren.Div. „Großdeutschland": Nordwestl. Nowosselowka – Teile im Angriff nach Südwesten–Westrand Werchopenje (Ostufer der Pena).
3. Pz.Div.: Westrand Ssyrzewo–Höhengelände südl. davon– Westrand Luchanino.
LII. AK: 332. ID: 210,7, dann unverändert bis Nordwestrand Krassnyj Botschinok–Nord- und Westrand Wald 2 km nordwestl. Korowino–dann unverändert.
255. ID: Bubny–Ost- und Südostrand Wald 1 km südwestl. Bubny–unverändert bis Südrand Trefilowka–dann wie bisher.

3) 167. ID (ohne 1 Rgt.) 4. Pz.-Armee unmittelbar unterstellt.

4) Gen.-Marsch-Kp. VII/57/19 am 3. 7. 1943 bei 57. ID eingetroffen. Stärke: 1 Offz., 20 Uffz., 102 Mannschaften.

5) Gefechtsstand XXXXVIII. Pz.-Korps: Wald 2 km nördl. Olchowka.

Absicht: Gem. Fernschreiben.

Wetter: Sonnig, sehr warm, nachmittags einzelne Gewitterregen. Straßenzustand etwas verschlechtert.

Pz.AOK 4, Ia

15-cm-Werfer feuern (Werfer-Abt.)

| 10. 7. 1943 – | Wetter: Bedeckt, örtliche Gewitterregen. Straßen aufgeweicht, schlecht befahrbar.
| Shurawlinij | Um die Voraussetzungen für die Fortsetzung des Angriffes nach Nordosten gegen die Linie
| Wald NW | Prochorowka–Beregowoje, die Brückenkopfbildung über den Pssel, frühzeitig zu schaffen, setzt Div. „Totenkopf" um Mitternacht mit Stoßtrupps zur Wegnahme der Höhe 226,6 an. Vor den stark besetzten und ausgebauten Stellungen der beherrschenden Höhe 226,6 und durch das schwere Feuer von mindestens 7 feindl. Batterien aus dem Raum südostw. Wesselyj muß der Angriff eingestellt werden. Er wird auf Befehl des Korps, für Antretezeit 10.00 Uhr, nach eingehender Bereitstellung (2 Rgter. in vorderer Linie, das gesamte Art.Rgt. und eineinhalb Werfer-Abteilung) als Divisionsangriff vorbereitet. Einzelheiten für die Unterstützung durch Luftwaffe werden noch in der Nacht mit VIII. Flieger-Korps geregelt. Einsatz mit Schwerpunkt der Sturzkampfkräfte auf Feindstellungen um den Höhenkomplex, Schlachtflieger gegen Sumpfstellungen am Nordwestausläufer des Pssel-Bogens hart nordwestl. Kljutschi sowie Kampf- und Sturzkampfkräfte gegen die Art.-Stellungen südostw. Wesselyj.

Zur Zersplitterung des feindl. Art.-Feuers wird der „LSSAH" gleiche Antretezeit befohlen. Die in den frühen Morgenstunden einsetzende schlechte Wetterlage mit Regen und tiefer Wolkendecke läßt nach den ersten Einsätzen keine weitere Luftwaffenunterstützung zu. Das Korps entschließt sich, Angriff trotzdem durchzuführen und tritt um 10.00 Uhr mit einer Rgts.-Gruppe der „LSSAH", gefolgt von SS-Pz.Rgt. 1, aus dem Raum um und südwestl. Teterewino in Richtung Prochorowka und der Div. „Totenkopf" über den Pssel zum Angriff an. Der Angriff „LSSAH" gewinnt verhältnismäßig langsam Boden, da die Angriffsverbände sehr stark unter Flankenfeuer vom Nordufer des Pssel und aus Südosten aus dem Raum Winogradowka zu leiden haben. Ihm folgt nach Überschreiten der Eisenbahn-Straßen-Gabel das für rechten Flankenschutz vorgesehene verst. Rgt. „Deutschland".

Die schwerste Aufgabe des Tages, Bildung des Brückenkopfes über den Pssel, scheint auch nach neuem Aufmarsch sowie Art.-Vorbereitung zunächst nicht zu gelingen. Bereits über den Fluß gegangene schwächere eigene Kräfte werden zurückgeworfen und erst nach gründlichster Ausnutzung sämtlicher Geländemöglichkeiten bahnt sich in den Nachmittagsstunden ein geringer Erfolg am rechten Flügel der Div. an, dem bald darauf auch am linken Flügel ein Vorstoß mit schwachen Teilen folgt, die sich beide zum Einbruch in die ersten Stellungen des Gegners weiter entwickeln.

Nach Aufbesserung der Wetterlage am Nachmittag kann endlich durch die moralische Wirkung des Erscheinens von Sturzkampfkräften der Gegner zum Weichen gezwungen und somit das erste Ziel erreicht werden. Der Ausbau des Brückenkopfes dehnt sich noch bis in die Dunkelheit aus und endet in der Linie Brücke 1 km hart nordwestl. Michailowka (ausschl.)– Höhe 226,6–Kljutschi (einschl.).

Am Spätvormittag ist durch „LSSAH" die Eisenbahn beiderseits Iwanowskij–Wysselok überschritten. In weiteren harten Gefechten, vor allem gegen starke feindl. Gegenstöße mit Unterstützung von Panzern aus dem Raume Storoshewoje und Wald nördlich davon, schieben sich die Angriffsspitzen nach Nordosten vorwärts und haben in der Abenddämmerung die südwestl. Spitze des Waldes nördl. Storoshewoje gewonnen sowie die Höhe 241,6 dem Gegner entrissen. Durch die AA „LSSAH" wird die Front nach Westen verlängert und die Verbindung zum rechten Flügel der Div. „Totenkopf" für die Nacht sichergestellt.

Das nach den ersten Angriffsbewegungen der „LSSAH" angetretene Rgt. „Deutschland" überschreitet bereits gleichzeitig mit „LSSAH" aus dem Raum Jasnaja Poljana mit linkem Flügel die Bahnlinie nach Nordosten und wirft sich im weiteren Verlauf des Tages, mit Masse die Bahn im gleichen Raum überschreitend, dem aus Richtung Iwanowka–Winogrodowka zu Flankenstößen ansetzenden, starken Feindkräften entgegen.

Es gelingt, die vordersten Teile stellenweise bis eineinhalb Kilometer nach Osten, Richtung Winogradowka vorzuschieben. Der linke Flügel „Der Führer" schließt sich dem Angriff an und treibt die vorderen Teile bis an die Bahnlinie hart westlich Belenichino vor. Gegen Abend laufen die ersten Vorbereitungen zur Ablösung des rechten Flügels der Div. „Das Reich", im Abschnitt bis hart nördl. Kalinin, durch das Gren.Rgt. 331 der 167. ID an. Außerdem ist bei Kirche Kotschetowka, am linken Korpsflügel, durch die den Angriff der Div. „Totenkopf"

nach Norden abschirmende SS-Pz.AA 3 seit Mittag Verbindung zur 11. Pz.Div., welche in der Linie 227,0, 235,9–248,3–Straßengabel 232,8 steht, hergestellt.
Damit ist die Voraussetzung für weiteren Vorstoß in der bisherigen Richtung (NO) geschaffen, so daß in der Nacht mit dem Pssel-Übergang durch Div. „Totenkopf" begonnen werden kann.

10. 7. 1943 –
Shurawlinij
Wald NW

Einzelheiten:
02.15 Uhr von Div. „Totenkopf" an Chef:
Nächtliche Brückenkopfbildung wegen starker Abwehr, besonders Artillerie, nicht gelungen. 7 fdl. Batterien.
02.30 Uhr an Div. „Totenkopf" durch Chef:
1. Angriff nach planmäßiger Bereitstellung 10.00 Uhr auf breiter Front. Rgt. Becker rechts, Rgt. Baum links im Raum Koslowka–Krassnij Oktjabr.
2. Unterstützung ganzes Art.Rgt. und 1,5 Werfer-Abt. wird vorbereitet. Art.-Flieger ist ab Hellwerden über Ziel.
3. Luftunterstützung und Vorbereitung des Angriffs durch Stuka ist sichergestellt.
4. „LSSAH" greift auch um 10.00 Uhr an, um Art.-Abwehr zu zersplittern.

04.40 Uhr. Morgenmeldung Div. „Das Reich":

Vor gesamter Front des Div.-Abschnittes im wesentlichen Ruhe.

24.00 Uhr stellt Aufkl. SS-„D" hart südlich Belenichino Feld- und Granatwerferstellungen fest.
01.15 Uhr meldete Aufklärung des Rgts. „D" die Bereitstellung von 40 Panzern 2 km ostw. Krassnaja Poljana. II. Pz.Abt. wurde gegen diesen Gegner bereitgestellt.
Gegen vergangene Nächte geringere fdl. Fliegertätigkeit. Einzelne Maschinen warfen Bomben aus niedriger Höhe ohne Schaden.
Der Gewitterregen weichte die Straßen und Wege derart auf, daß sie für Räderteile schwer befahrbar sind.

04.45 Uhr. Morgenmeldung Div. „Totenkopf":

Am 9. 7., 18.45 Uhr, Koslowka durch Gren.Rgt. „E" genommen. Besetzung der Höhe 226,6 infolge starken Abwehrfeuers und schwieriger Gelände- und Wegeverhältnisse nicht gelungen. Planmäßig vorbereiteter Angriff am T-Tage 37.00 Uhr klar. Lebhafte fdl. Fliegertätigkeit, zahlreiche Bombenabwürfe. Geringe eigene Fliegertätigkeit.

04.50 Uhr. Morgenmeldung „LSSAH": Ohne besondere Vorkommnisse.
05.15 Uhr. Morgenmeldung an die Armee:

Morgenmeldung vom 10. 7. 1943.
Am 9. 7., 18.45 Uhr, Koslowka durch 1 Gren.Rgt. SS-„T" genommen. Handstreich-Unternehmen zur Brückenkopfbildung (Wegnahme der Höhe 226,6) an starker Abwehr, besonders Artillerie, und Geländeschwierigkeiten gescheitert. Korps greift 10.00 Uhr nach Art.-, Nebel- und Stukavorbereitung mit SS-Pz.Gren.Div. „T" erneut an. Auf gleichen Zeitpunkt Antreten „LSSAH" auf Prochorowka verschoben. Gegen 01.15 Uhr starke feindl. Panzer-Bereitstellungen 2 km westl. Krasnaja Poljana.

Luftlage: Gegen vergangene Nacht geringere feindl. Fliegertätigkeit. Vereinzelte Bombenwürfe.

Durch starken Gewitterregen aufgeweichte Straßen behindern mot. Bewegungen stark.

08.45 Uhr. VIII. Flieger-Korps meldet Wetterschwierigkeiten. Start voraussichtlich nicht möglich. 09.15 Uhr von 167. ID:
Vor gesamter Front rückläufige Bewegungen nach N und NO festgestellt.

| 10. 7. 1943 – | 09.30 Uhr an 167. ID und Div. „Totenkopf":
| Shurawlinij | Verbliebene Teile der Korps-Werfer-Abt. werden gleichfalls vom Abschnitt 167. ID herange-
| Wald NW | zogen und Div. „Totenkopf" nach Lutschki (Nord) zugeführt.

09.55 Uhr an „LSSAH" und Div. „Totenkopf":
Luftwaffe kann nicht unterstützen. Trotzdem ist auf Befehl des KG anzutreten.
09.55 Uhr. Befehl an 167. ID, die Halbwerferabteilung nach nördl. Lutschki sofort in Marsch zu setzen, Führer Voraus zum Gefechtsstand Div. „Totenkopf".
10.00 Uhr an Div. „Das Reich":
Abschnitt 167. ID wird auf Armeebefehl bis Nordrand Kalinin ausgedehnt, Pi. 627 wird vorübergehend 167. ID unterstellt. III./AR 818 wird nach Ablösung Div. „Das Reich" wieder unterstellt.
10.50 Uhr von Div. „Das Reich":
Etwa um 10.00 Uhr bei Rgt. „Deutschland" Angriff in Kp.-Stärke abgewiesen.
11.00 Uhr vom VIII. Flieger-Korps:
Unterstützung noch immer unmöglich.
11.00 Uhr von Div. „Totenkopf":
Brückenkopf bei Wäldchen hart südostw. Kljutschi gebildet. Nördl. Koslowka im Bachgrund harter Widerstand.

11.25 Uhr. Morgenmeldung der Armee von 07.50 Uhr:

Bei 167. ID ruhiger Verlauf der Nacht. Art.- und Granatwerfer-Störungsfeuer auf vordere Linie und Straße Belgorod, Obojan.
II. SS-Pz.-Korps:
Bei SS-„DR" keine besonderen Kampfhandlungen. Panzerbereitstellung ostw. Jassnaja Poljana erkannt. Pz.Gren.Rgt. „Totenkopf" gelang es, noch in den gestrigen Abendstunden Ort 1 km westl. Wassiljewka und Höhen 2 km südl. Olchowskij zu nehmen.
Bei „LSSAH" Bereitstellung zum Angriff nach Nordosten.
XXXXVIII. Pz.-Korps:
11. Pz.Div. bei Abwehr heftiger Angriffe mit Panzern gegen Stellungen ostw. und westl. Straßengabel 8 km nördl. Pokrowskij. Gep. Gruppe Pz.Gren.Rgt. „Großdeutschland" stieß auf Panzerfeind auf Höhengelände 2 km nordnordwestl. Werchopenje, Kampf noch im Gange.
Bei 3. Pz.Div. Abwehr mehrerer Angriffe in Kp.-Stärke bei Ssyrzew. Von XXXXVIII. Pz.-Korps wurden am 9. 7. 101 Panzer abgeschossen.
LII. AK:
Bei 332. ID wurde nordwestl. Korowino Angriff in Btl.-Stärke abgewiesen. Bei 255. ID Abwehr zweier feindl. Stoßtrupps südwestl. Bubny. Lebhafte feindl. Spähtrupptätigkeit im gesamten Abschnitt. Artillerie zerschlug Bereitstellung nordwestl. Potschinok.
Luftlage: Geringere feindl. Fliegertätigkeit als am Vortage, bei II. SS-Pz.-Korps sehr lebhafte Feindfliegertätigkeit bei XXXXVIII. Pz.-Korps.
Straßenzustand durch anhaltenden Regen erheblich verschlechtert.

11.25 Uhr von Div. „Totenkopf":
Bei starkem feindl. Art.- und Gr.W-Feuer geht Angriff nur langsam vorwärts. Fluß nicht überschritten. AA Div. „Totenkopf" hat um 10.00 Uhr in Kotschetowka Anschluß an 11. Pz.Div. gefunden.
11.25 Uhr von Armee:
Befehl über Ablösung des Pi.-Sperrverbandes Div. „Das Reich".

An Div. „Das Reich", nachr. 167. ID:

1) 167. ID übernimmt bis zum 11. 7. vormittags den Lipowyj Donez-Abschnitt nach Norden verlängernd bis Nordrand Kalinin.
2) Neue Trennungslinie zwischen 167. ID rechts und SS-„DR" links: Nordrand Kalinin–Nordrand Lutschki (südwestl. Teterewino).

3) Pi.Btl. 627 wird mit dem Zeitpunkt der Ablösung der 167. ID vorübergehend unterstellt.

4) III. AR 818 wird mit Beendigung der Ablösung wieder SS-„DR" unterstellt.

5) SS-„DR" ist für Ablösung verantwortlich. Vorkommandos 167. ID treffen im Laufe des 10. 7. bei SS-„DR" ein.

6) Beendigung der Ablösung und Befehlsübernahme durch 167. ID bis 11. 7., 10.00 Uhr.

7) Erfolgte Ablösung ist durch SS-„DR" an Gen.Kdo. zu melden.

10. 7. 1943 – Shurawlinij Wald NW

11.45 Uhr von „LSSAH":
Rechte Kampfgruppe hat 11.30 Uhr Bahndamm an Eisenbahnlinie erreicht. Bei linker Gruppe starkes Flankenfeuer aus Gegend Prelestnoje–Poleshajew.
Neuer Gefechtsstand in Lutschki (nördl.).
Vorschlag Chef (d. Gen.-Stabes) an „LSSAH": Wenn linke Gruppe nicht vorwärts kommt, diese hinter rechter Gruppe nachziehen. War von „LSSAH" bereits in Erwägung gezogen worden.
13.00 Uhr von Div. „Totenkopf":
Die Meldung von 11.00 Uhr wird widerrufen. Eigene Teile stehen noch nicht am jenseitigen Pssel-Ufer.
13.50 Uhr. Spruch von KG (Kommandierender General):
Rechter Flügel 2./„LSSAH" hat Bahnlinie beiderseits Iwanowskij–Wysselok überschritten. Linker Flügel im Vorgehen gegen Höhe 241,6. Infanterie-Widerstand nicht stark. Anscheinend greifen Feindpanzer aus Wald südl. Swch. Stalinsk an.
14.45 Uhr. Lageorientierung durch O1 an O1 Armee (1. Ordonnanzoffizier).
15.03 Uhr von „LSSAH":
14.20 Uhr Höhe 241,6 genommen. Starke Flankierungen von N und S.
15.30 Uhr. Spruch von KG:
Div. „Totenkopf" noch diesseits des Abschnittes, starkes frontales und flankierendes Art.- und Gr.W-Feuer. Stukaunterstützung dringend erforderlich, Erfolg sonst heute zweifelhaft.
16.15 Uhr von Div. „Totenkopf":
15.15 Uhr, linker Flügel Gruppe Becker Bach überschritten. 15.42 Uhr, Einbruch in vorderste Stellung.
16.30 Uhr an Pi.Rgt. Stab 680:
Flugplatz Gresnoje ist am 11. 7. zu entminen.
17.00 bis 17.10 Uhr. 2 Stukagruppen vor „LSSAH".
17.10 Uhr. Tagesmeldung Div. „Totenkopf":

1. Gren.Rgt. „E" hat 15.15 Uhr den Pssel nördlich Prochorowka überschritten und ist um 15.45 Uhr mit Art.-Unterstützung in die ersten feindl. Stellungen eingedrungen.

Korps-Werfer-Abt., Stugesch.Abt. 3, Brüko I 86 der Division unterstellt.

Gefechtsstand: Rgt. „E" Punkt 217,9, Rgt. „T" Nordwestrand Gresnoje, Art.Rgt. Wesselyj.

Regen, stark bewölkt, zunehmende Aufheiterung, Straßen aufgeweicht.

17.50 Uhr: Tagesmeldung „LSSAH" Pz.Gren.Div. vom 10. 7. 1943.

10. 7. 1943, 10.45 Uhr, trat das verst. 2. Pz.Gren.Rgt. „LSSAH" mit Unterstützung des gesamten AR und Werfer-Rgt. 55 (ohne III. Abt. zusammen mit Stugesch.Abt. und Tiger-Kp. zum Angriff gegen die Linie Eisenbahnknie Iwanowskij Wysselok–Waldstück südwestl. Kolch. Komssomolez an.
11.30 Uhr war durch Angriffsgruppe die Eisenbahn überschritten und um 11.45 Uhr der Südteil des Waldstückes südwestl. Komssomolez durchstoßen.
Um 13.00 Uhr hatten beide Angriffsgruppen, auf gleicher Höhe vorgehend, folgende Linie im Angriff ge-

10. 7. 1943 –
Shurawlinij
Wald NW

nommen: Südwestspitze des Waldes Distr. Sslojewoje–241,6. Die zum Schutz der linken Flanke eingesetzte AA (verst.) war um 11.30 Uhr im Angriff gegen den Nordwestrand der Höhe 241,6. Der gut eingegrabene Feind wehrte sich zunächst erbittert, wurde jedoch nach Wegnahme der Stellungen sofort weich. Zahlreiche Russen liefen über.
Ab 13.00 Uhr behinderten zahlreiche Panzer aus Hinterhangstellungen und vom Nordwestrand des Waldes Distr. Sslojewoje das weitere Vordringen des Angriffs.
Pz.Rgt. „LSSAH" zur Verfügung der Div. im Raum 4 km südwestl. Teterewino.
Div.Gef.-Stand ab 10. 7., 12.00 Uhr, Nordrand des Waldes südl. Lutschki.
1. Pz.Gren.Rgt. Rylski, 2. Pz.Gren.Rgt. Teterewino, Werfer-Rgt. 55 Teterewino, AR „LSSAH" 3 km südwestl. Teterewino.
Fortsetzung des Angriffes auf Prochorowka.
Bis 14.00 Uhr vereinzelte starke Schauer, die die Bewegung der Div. beeinträchtigten. Ab 15.00 Uhr aufklarend.

17.50 Uhr: Tagesmeldung Div. „Das Reich":

Ia-Tagesmeldung.
Vor dem gesamten Abschnitt der Div. lebhafter Feindverkehr, Panzer- und Infanterievorstöße. Besonders im Raum südl. und nördl. Belenichino war der Feindverkehr sehr rege. Lebhaftes Art.-Feuer und Pz.-Feuer besonders auf dem nördl. Abschnitt der Division.
Der Gegner fühlte wiederholt mit Panzer gegen die Stellungen des Rgts. „DF" vor, ging aber wieder auf die Eisenbahnlinie zurück.
Im Abschnitt SS-„D" griff Gegner um 10.00 Uhr mit einer Kp. die Stellungen nördl. Kalinin an. Unter dem zusammengefaßten Feuer wurde der Angriff abgeschlagen.
Zur gleichen Zeit führte der Gegner einen schwächeren Panzervorstoß aus Belenichino auf Kalinin. I./SS-„D" stieß daraufhin mit linkem Flügel in die Lomipolos-Schlucht hart ostw. Jasnaja Poljana vor. 13.45 Uhr trat III./SS-„D" hinter dem rechten Angriffsflügel der Gruppe Krass zum Angriff auf das Eisenbahnknie an und erreichte dieses bei Iwanowskij Wysselok.
Im weiteren Verlauf des Angriffs wird das Btl. nach Südosten stoßen.
Feindliche Fliegertätigkeit gering. Vereinzelte Bombenwürfe in den Abschnitten der Regimenter. Nahbomberangriffe auf Vormarschstraße südl. Lutschki und Lutschki selber.

18.00 Uhr von Div. „Das Reich":
III./Rgt. „Deutschland" bei BW an Eisenbahnlinie. Aufklärung drang nicht durch, da entlang der Eisenbahnlinie sehr starke Pak- und Panzerabwehr.
18.00 Uhr von Div. „Totenkopf":
Gruppe Becker hat nach hartem Kampf bis 17.00 Uhr, ca. 800 m Raum nördl. des Baches gewonnen. Geht gegen 226,6 vor.
Gruppe Baum im Vorgehen über den Bach in den Wald bei Kljutschi. Russe läuft vor Stukas.
1 Kp. AA sperrt 1,5 km südl. Wesselyj nach Norden. Aufklärung gegen Wesslyj angesetzt.
19.00 Uhr. Anruf Armee:
Für 11. 7. kein neuer Befehl. Alter Auftrag läuft weiter.
19.15 Uhr von Div. „Totenkopf":
Höhe 226,6 in eigener Hand.

19.25 Uhr. Tagesmeldung an Armee:

Tagesmeldung vom 10. 7. 1943.
Feind leistet in der Nordost- und Nordfront hartnäckigen Widerstand und bedroht durch Heranführung von Panzern und mot. Infanterie in den Raum Leski–Winogradowka–Belenichinow die rechte Flanke des Korps. Schwache eigene Fliegertätigkeit. Feindl. Luftwaffe griff rege in die Kämpfe ein.

Karte: 1:600000

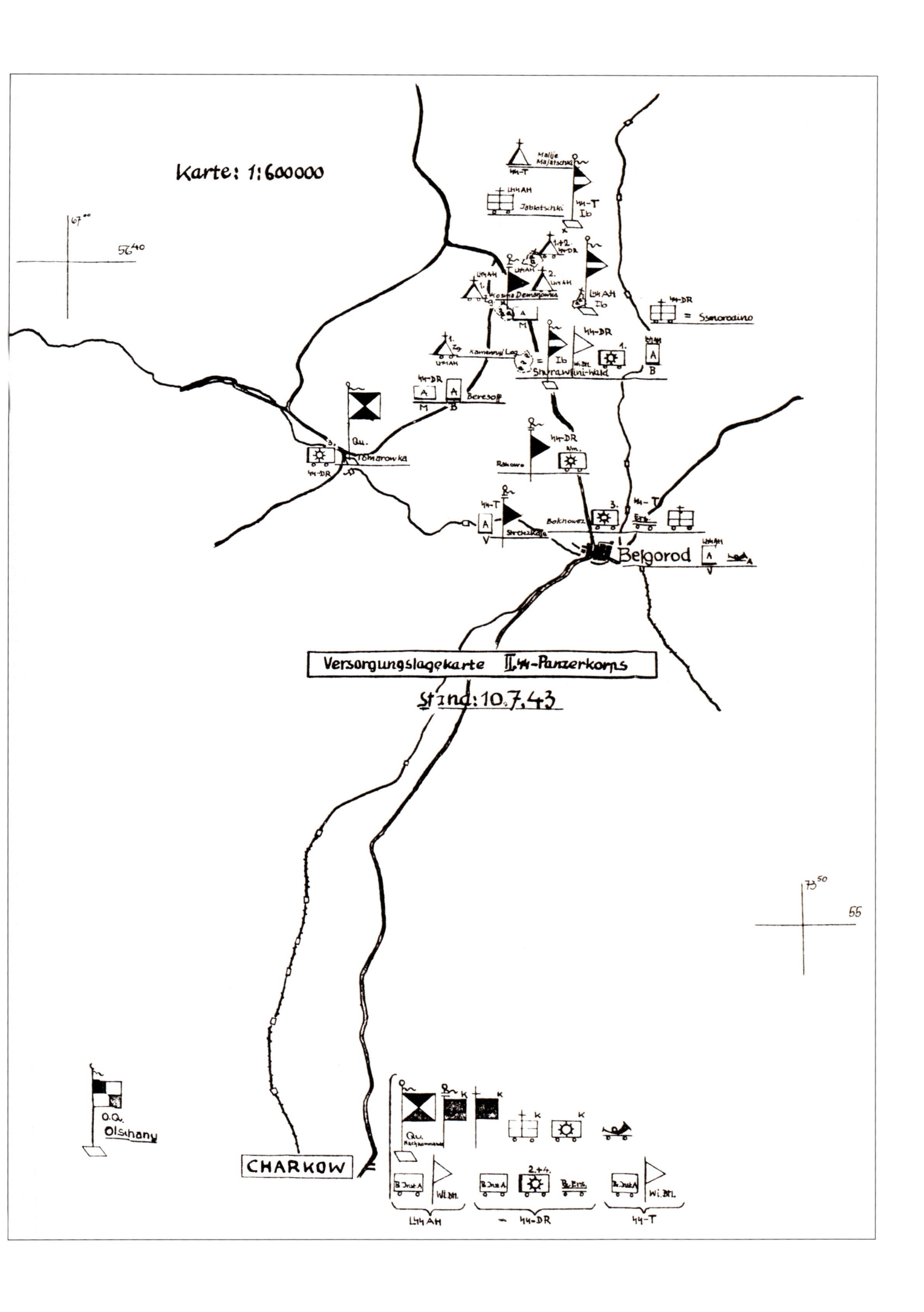

Versorgungslagekarte II.SS-Panzerkorps
Stand: 10.7.43

O.Q. Olschany

CHARKOW

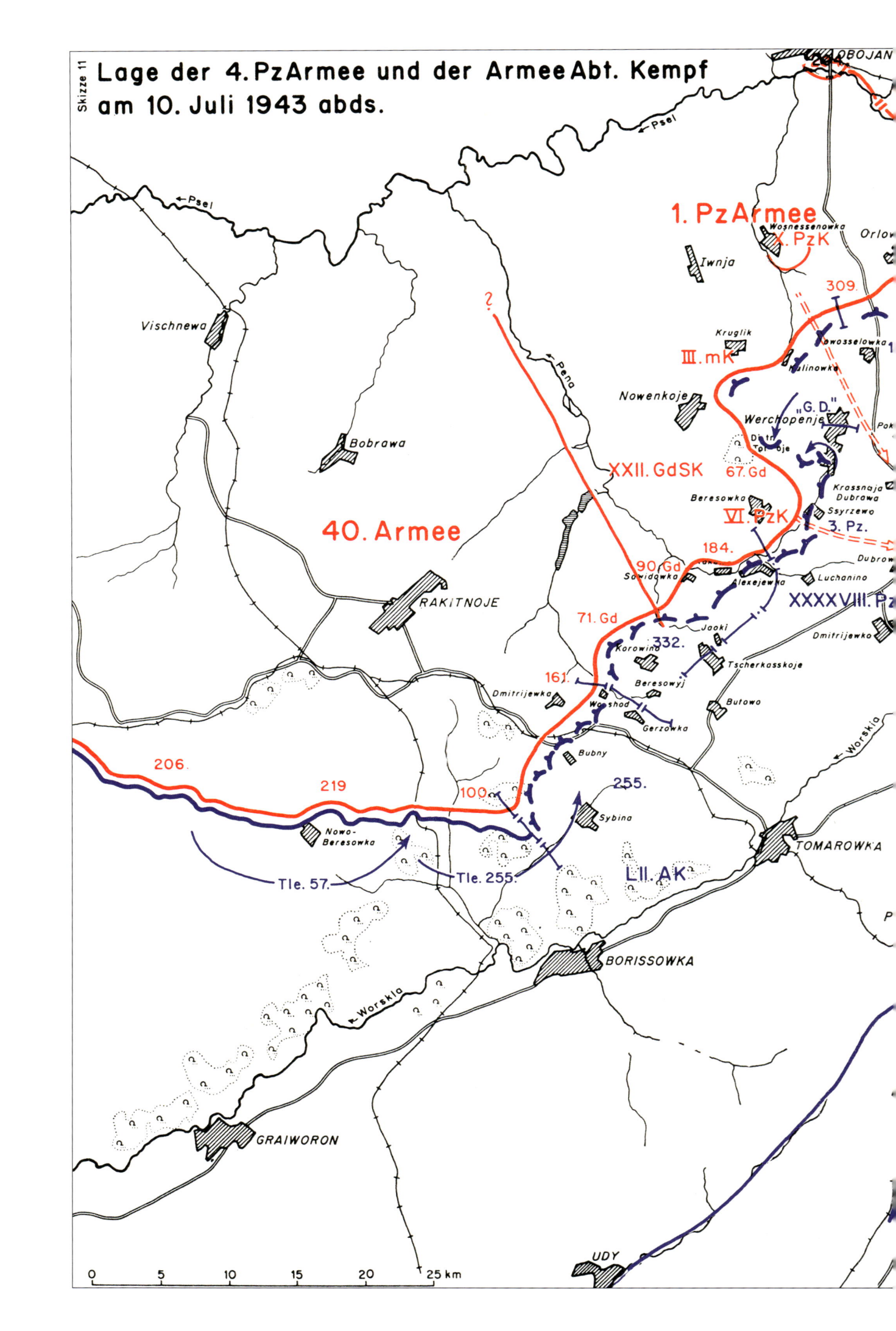

Lage der 4. PzArmee und der Armee Abt. Kempf am 10. Juli 1943 abds.

Skizze 11

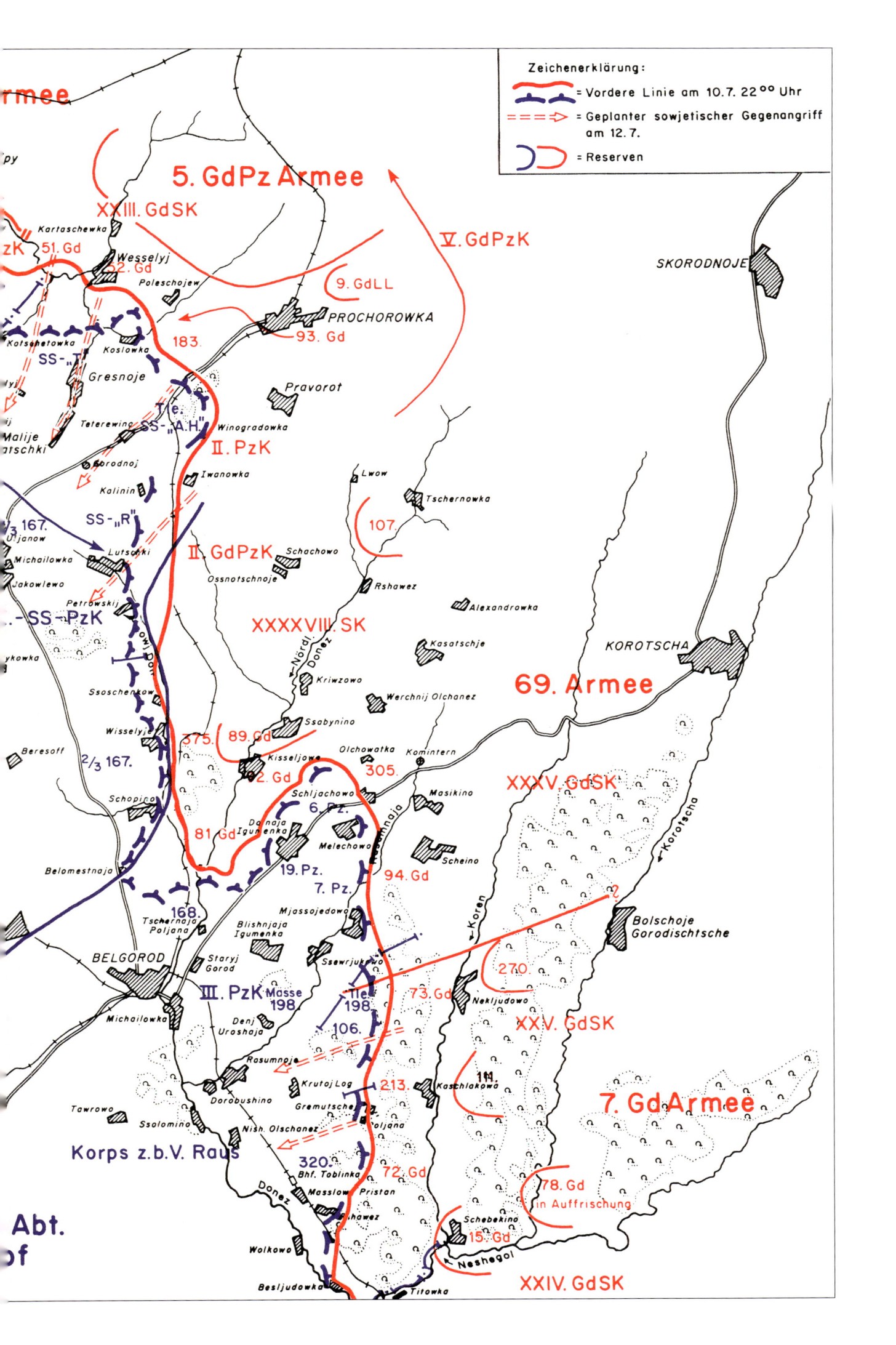

Zeichenerklärung:
- = Vordere Linie am 10.7. 22:00 Uhr
- ===> = Geplanter sowjetischer Gegenangriff am 12.7.
- ⊃ = Reserven

Verlauf des 11.VII.43

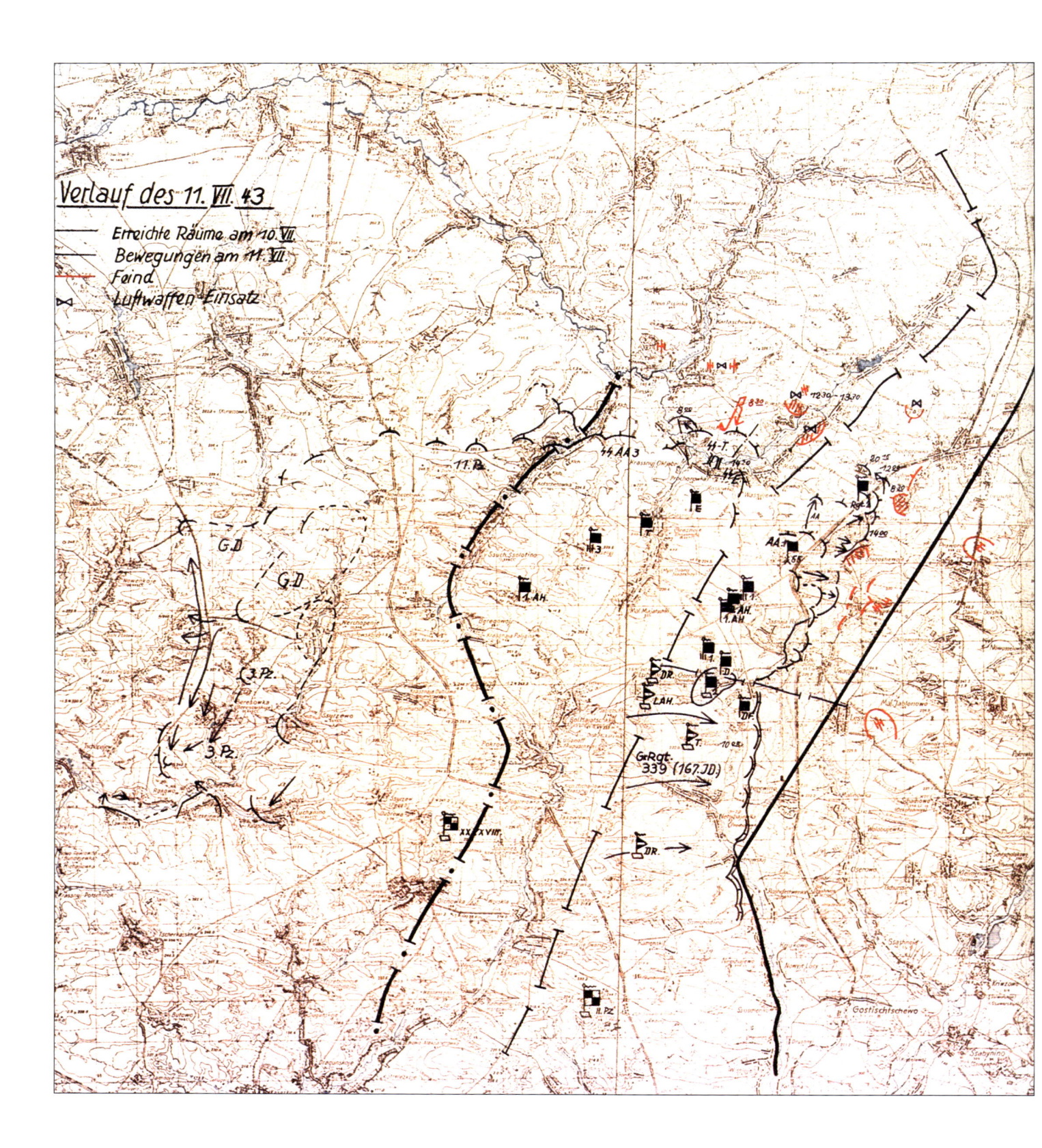

— Erreichte Räume am 10.VII.
— Bewegungen am 11.VII.
— Feind
— Luftwaffen-Einsatz

„LSSAH" griff um 10.00 Uhr aus dem Raume Tetercwino in nordostwärtiger Richtung antretend an und erreichte um 11.30 Uhr Eisenbahnknie nordostwärts Teterewino. Um 14.20 Uhr war das Eisenbahnknie in nordostwärtiger Richtung überschritten und die Höhe 241,6 trotz heftiger feindl. Gegenangriffe, vor allem mit Panzern, aus Swch. Stalinsk heraus, genommen. Starkes flankierendes Artilleriefeuer vom Nordufer des Pssel verlangsamte das Vordringen der „LSSAH". Rgt. „D" hat ebenfalls das Eisenbahnknie südl. Iwanowskij–Wysselok überschritten und dreht nach Südosten ein. SS-„T"-Div. trat ebenfalls um 10.00 Uhr an, konnte aber infolge starken feindl. Artillerie- und Granatwerfer-Feuers den Pssel nicht überschreiten. Um 15.15 Uhr stieß die Kampfgruppe Becker mit Teilen über den Pssel nördl. Koslowka vor und drang 15.40 Uhr in die erste feindl. Stellung ein. Der Angriff wird mit Stuka-Unterstützung fortgesetzt.

Fortsetzung des Angriffs wie für 10. 7. 1943 vorgesehen.

Bewölkt, teilweise Regen. Straßenzustand mäßig, teilweise schlecht.

10. 7. 1943 – Shurawlinij Wald NW

Gen.Kdo. II. SS-Pz.-Korps, Ia

20.00 Uhr an die Divisionen:

Aufträge für 11. 7. 1943.
1) Aufträge für die Divisionen wie für 10. 7. 1943.

2) Angriffsbeginn 04.15 Uhr. Mit Stuka-Unterstützung, vor allem für „LSSAH" und SS-„T" ist bei gutem Wetter zu rechnen. Frühzeitige Angabe der Ziele ist notwendig.

3) Zwischen „LSSAH" und SS-„T" ist Verbindung aufzunehmen, um ein Hineinstoßen feindlicher Kräfte während der Nacht zu verhindern.

4) Nachrichtenverbindungen und Korpsgefechtsstand unverändert.

20.30 Uhr. Tagesmeldung der Armee:

Beurteilung der Lage: Vor Südflügel der eigenen Ostflanke beginnt Feind sich infolge des zunehmenden Druckes durch das III. Pz.-Korps nach Norden und Nordosten abzusetzen. Vor Angriffsspitzen des II. SS-Pz.-Korps südwestl. Prochorowka leistet der Feind mit neu herangeführten Kräften, dabei Panzern, hartnäckigen Widerstand. Auf Nordufer des Pssel verteidigt sich der Gegner mit Infanterie unter Einsatz starker Artillerie und schwerer Waffen. Vor eigener Umfassungsbewegung des XXXXVIII. Pz.-Korps scheint Masse VI. Garde-Pz.-Korps nach Norden und Nordwesten ausgewichen zu sein. Umfassungsflügel stieß auf Westufer Pena auf Infanterie und Panzer.

Vor dem LII. AK allgemein ruhiges Feindverhalten. Angriffsabsichten nicht erkennbar.
Im einzelnen: Feind setzt sich vor Front 167. ID nach Osten über den Lipowyj Donez ab. Div. nahm im Nachstoß Schopino, Ternowka und Wissloje. Rgt. 339 auf dem Marsch zur Ablösung von rechten Flügel von SS-„Das Reich".

II. SS-Pz.-Korps: In langsamen fortschreitenden Angriff nach Nordosten. Panzergrenadiere der SS-„Reich" traten in den Nachmittagsstunden aus Raum Jassnaja Poljana–Teterewino zum Nachstoß gegenüber sich nach Nordosten absetzenden Feind an, drehten nach Südosten ein, um feindl. Verstärkungen, dabei Panzer, im Raum Leski–Iwanowka–Winigradowka zu schlagen.
„LSSAH" trat 10. 7. früh zum Angriff zur Gewinnung des Höhengeländes nordwestl. Prochorowka an. Teile stehen z. Z. im Kampf gegen sich hartnäckig mit Panzern wehrenden Gegner im Südwestteil des Waldes nördl. Storoshewoje. Gep. Gruppe nahm Höhe 5 km nordostw. Teterewino. Teilen SS-„Totenkopf" gelang im starken feindl. Artl.- und Granatwerferfeuer in den Nachmittagsstunden Brückenkopfbildung 1 km nordwestl. Wassiljewka, Höhe 2 km nordwestl. Wassiljewka wurde genommen. Übergang über den Pssel bei Krassnij Oktjabr im Gange. Teile haben Verbindung mit 11. Pz.-Div. bei Kotschetowka.

XXXXVIII. Pz.-Korps: steht unter Abschirmung seiner Nordflanke im Angriff zur Vernichtung des

10. 7. 1943 –
Shurawlinij
Wald NW

westl. und nördl. des Pena stehenden Feindes. 11. Pz.Div. hat Sicherungslinie Kotschetowka–nördl. Wegegabel 6 km westl. Kotschetowka–Höhe 4 km südwestl. davon gegen schwächeren Feind erkämpft. Pz.Gren.Div. „Großdeutschland" unter Abschirmung seiner rechten Flanke gegen Feind bei Kalinowka hat mit Teilen nach Kampf mit Panzerfeind Straße 4 km westl. Werchopenje überschritten.

Teile 3. Pz.Div. auf dem linken Flügel „GD" vorgehend haben im Vorstoß nach Süden Höhengelände 3 km nordostw. Beresowka genommen. Teile bei der Säuberung von Werchopenje.

Bei LII. AK weiterhin ruhiges Feindverhalten. Vor rechtem Flügel 332. ID räumte Feind Alexejewka. Aufkl.Abt. der Div. besetzte den Ort. Angriffe gegen Stellungen nordwestl. Korowino und bei 255. ID südwestl. Bubny wurden abgewiesen.

Luftlage: Wegen Schlechtwetterlage geringere beiderseitige Fliegertätigkeit.

Vordere Linie: 167. ID: Ostrand Schopino–Ostrand Ternowka–Ostrand Wissloje, dann wie bisher bis Jassnaja Poljana–Angriffsgruppe 2 km südsüdostw. Iwanowskij Wysselok.
II. SS-Pz.-Korps: „LSSAH": Südwestteil Wald nördl. Storoshewoje–Höhe 241,6. SS-„Totenkopf": Höhengelände 1 km südl. Wassiljewka–Brückenkopf Kosslowka (Höhe 226,6)–Krassnyj Oktjabr–Kotschetowka.
XXXXVIII. Pz.-Korps: 11. Pz.Div.: 227,0–235,9–248,3–500 m südl. 244,8–232,8. „GD": 1 km südostw. Kalinowka–4,5 km west. Nordteil Werchopenje–1 km nordostw. 258,5. 3. Pz.Div.: Höhengelände 3 km nordostw. Beresowka, dann unverändert.

LII. AK: unverändert bis auf Nordrand–Alexejewka.

Absicht durch Fernschreiben.

Wetter: Zahlreiche Niederschläge, warm. Straßenzustand verschlechtert.

Feindlage: Generalkommando II. SS-Panzerkorps Ic:

Feindlage 10. 7. 1943, Stand 19.00 Uhr.

Feindverhalten.
O und SO Teterewino Panzeransammlungen. Schwacher Panzervorstoß auf Kalinin in den Morgenstunden abgewiesen. Von Leski nach Belenichino 40 Panzer und Lkw. mit aufgesessener Infanterie und Geschützen fahrend erkannt. Aus Richtung Winogradowka Kolonne 100 Kfz. mit Infanterie und Panzern nach Westen fahrend festgestellt.
Feind vor Angriffsspitzen südlich und nördlich Eisenbahn W Storoshewoje und O 241,6 leistete hartnäckigen Widerstand. Panzergegenstöße in die rechte Flanke bei Höhe 241,6 und starkes flankierendes Artilleriefeuer aus nördlicher Richtung. Erreicht: Raum 2 km südostw. Eisenbahnknie und Höhe 241,6. Nächtliche Brückenkopfbildung über Pssel bei Koslowka infolge starken Feindwiderstands mißglückt. Feind mit starker Infanterie, Artillerie (8 Batterien, Schwerpunkt Wessely) und Panzern verhinderte auch im Laufe des Vormittags des Fußfassen am nörldlichen Flußufer. Um 15.15 Uhr gelang trotz heftigen Widerstands der Vorstoß über den Fluß nördlich Koslowka, kurz darauf erfolgte Einbruch in die erste feindliche Stellung. Am Abend war ein Brückenkopf von O Kljutschi über Höhe 226,6 gebildet. Truppenfeststellungen aus dem Psselbogen weisen auf Zuführung starker Reserven hin. (Siehe Ziffer 3.)
Am Vormittag schwache feindliche Fliegertätigkeit, bei Besserung der Wetterverhältnisse am Nachmittag wieder zunehmend.

Gefangenenaussagen und Beutepapiere.
a) Gefangenenaussagen.
Kdr. des Schtz.mot.Btl. der Brigade: Major Nestorow.
mot.Schtz.Btl. der Brg.: FPN 35781.
Dem Schtz.Btl. wurde bekannt gegeben, daß mit dem Eintreffen einer Pz.-Armee aus Richtung Gostitschewo gerechnet wird. Bis zum Eintreffen dieser neuen Kräfte sollte die Front am Lipowy Donez auf jeden Fall gehalten werden, um einen Gegenstoß zu ermöglichen.

Stellungen sollten auf jeden Fall gehalten werden, da am 7. 7. eine Pz.-Armee aus dem Raum Gostitschewo heranrücken sollte.

538. Pak-Rgt.:
Das Rgt. wurde im Oktober 1942 im Raum Kolowna bei Moskau aufgestellt und setzt sich aus 5 Batterien zu je 4 4,5 cm Pak zusammen. Das Rgt. ist motorisiert und verfügt über leichte amerikanische Kfz. mit Allradantrieb. 2 Battr. dem 155. GSR, 52. GSD unterstellt.
Rgt.Kdr.: Major Barkowski.
XXXI. Pz.-Korps soll zur 1. Pz.-Armee gehören. Das Korps soll am 5. 7. aus Raum 60 km SW Obojan nach Raum Krasnaja Poljana verlegt worden sein.
Kdr. der 242. Pz.Brg., Oberstleutnant Sokolow, soll als zukünftige Aufgabe der 1. Pz.-Armee bezeichnet haben: Vorstoß auf Charkow–Kiew–Biala–Zerkiew.

VN:
Gestern gemeldetes Netz Raum Pokrowskij wieder im Verkehr. Spruchinhalt betraf Westufer Pena, Räume Werchopenja, Kalinowka, Kruglik, Bogdanowka, Nowosselowka. Tastverkehr am Spätnachmittag Raum Iwanowskij Wisselok 19.02 Uhr: Am Rande Teterewino–Jasnaja Poljana W Höhe 220,3 verteidigt sich der Feind mit etwa 1 Btl. Infanterie und 50 Panzern und 6läufigen Granatwerfern. 16.30 Uhr führt Gegner im Abschnitt Jasnaja Poljana und W Höhe 220,3 Schanzarbeiten durch, hat ein Minenfeld gelegt und ein Drahthindernis errichtet. Nach bestätigten Angaben sind nach Storoshewoje 23 feindl. Panzer vorgestoßen. Feuerkampf westl. Jasnaja Poljana.
16.45 Uhr ist eine MG-Kp. nach Koslowka durchgebrochen.
19.23 Uhr. Gegner hat in Stärke eines Inf.Rgt. und 50 Panzern die Verteidigung unserer Einheiten durchbrochen. Er hat das Staatsgut Komssomolez besetzt und hat weiteren Erfolg.
SS-„DR" meldet aufgefangenen Funkspruch auf Welle 2990 K.Hz. III. 15.30 Uhr von 10. 7. 1943: Funkstelle Korps an Krau:
Der Feind drang heute früh in Richtung Prochorowka und Koslowka vor. Um 13.00 Uhr ist die Lage folgende: „Wir haben den Kolchos Konsomolez und Hof Iwankowka geräumt. Der Kampf geht weiter. Feind besaß 15 leichte Panzer, von welchen 6 vernichtet wurden. Die Panzerkampfwagen beschossen uns mit chem. Kampfmitteln. Schätzungsweise 5 Panzer haben die Eisenbahnlinie überschritten und gehen in Richtung Wedogradowka (Winogradowka?) vor."

Luftaufklärung.
Gefechtsaufklärung: O und NO Roshdestwenka wurde geringe Anzahl von Panzern festgestellt. Starker mot. Verkehr von Osten nach Iwanowka, dabei 8 Panzer nach Westen. Im Raum beiderseits Eisenbahn O Knie wurden insgesamt 40 Panzer erkannt.
Operative Luftaufklärung: Ohne besondere Ergebnisse. Meldung vom Vortage über 30 Truppen-Transportzüge bei Woronesh zurückgezogen.

Feindverluste, Gefangen und Beute.

	„LSSAH"	„Das Reich"	„Totenkopf"	Total
Gefangene	60	–	2	62
Panzerabschüsse	–	–	20	20
Panzerbeute	17	–	–	17
Flugzeuge	–	2	–	2
Geschütze	–	8	3	11
Pak	26	10	1	37
Gewehre	–	65	–	65
Flammenwerfer	–	–	60	60
Panzerbüchsen	1	–	–	1
MPi.	–	129	42	171
Granatwerfer	–	6	–	6
Salvengeschütze	–	–	14	14
LKW	–	10	–	10
Kräder	–	1	–	1
PKW	–	8	–	8

10. 7. 1943 –
Shurawlinij
Wald NW

10. 7. 1943 – *Gesamteindruck.*
Shurawlinij *Feind bedroht rechte Flanke des Korps im Raume Belenichino–Jasnaja Poljana. Zuführung in diesen*
Wald NW *Abschnitt am 10. 7. nach Luftaufklärung anzunehmen. NO Eisenbahnknie noch stärkerer Feind, dabei etwa 40 Panzer (169. Pz.Brg., II. Pz.-Korps).*

Im Psselbogen neuer Gegner, vermutlich Teile 5. Garde-Armee (X. mot. Korps), bisher im Raum Ostrogoshk angenommen: Gegner zieht operative Reserven aus frontfernen Räumen heran.

Mit Auftreten von weiteren 1 bis 2 Panzer- oder mot. Korps vor Angriffsgruppe des Korps muß gerechnet werden.

Truppenfeststellungen am linken Flügel ergaben, daß außer III. mech. und VI. Pz.-Korps auch XXXI. Pz.-Korps der 1. Pz.-Armee im Raume SO Obojan eingesetzt ist. Damit sind folgende operative Reserven sicher: II. Gd.Pz.-Korps, V. Gd.Pz.-Korps, II. Pz.-Korps, III. mech. Korps, XXXI. Pz.-Korps, VI. Pz.-Korps, noch unsicher X. mot. Korps (Pssel-Bogen).

Gen.Kdo. Ic

Grenadier mit Schießbecher (für Gewehrgranate) auf Karabiner 98 k

Sowjetische Artillerie nimmt unsere Panzer unter Feuer.

Wetter: Starke Regenfälle, gegen Abend abnehmende Bewölkung und Wetteraufbesserung, zunehmender Wind.

Der für die Nacht zum 11. 7. 1943 vorgesehene Flußübergang durch Div. „Totenkopf" zur Fortsetzung des Angriffes aus dem Brückenkopf in den frühen Morgenstunden wird durch Nichteintreffen des Brückengeräts, das sich während der Nacht, vor feindl. Art.-Feuer ausweichend, in einer Balka festfuhr und erst am späten Morgen an der erkundeten Brückenstelle eintraf, verzögert. Dadurch muß das Antreten verschoben werden, bis der Brückenbau beendet ist.

Der rechte Korpsflügel (Angriffsgruppe „LSSAH" mit Flankenschutz durch Div. „Das Reich") setzt in der am Vortage eingeschlagenen Richtung den Angriff fort und liegt gegen 08.30 Uhr vor starken Feindstellungen mit einem Panzergraben an der Höhe 252,2 3,5 km südwestl. Prochorowka fest. Durch rechte Umfassung wird 12.00 Uhr die Höhe genommen und zum Angriff gegen Swch. Oktjabrskij, die sehr stark befestigt ist, angetreten. Sie wird nach hartem Kampf um 20.15 Uhr genommen.

Das der Angriffsgruppe nachgeführte 1. Pz.Gren.Rgt. „LSSAH" stößt mit Teilen von der am 10. 7. erreichten südwestl. Waldspitze nach Osten gegen Storoshewoje vor und nach Nordosten in den Wald hinein. Um 17.00 Uhr wird Südwesthälfte des Waldes in eigener Hand gemeldet. Die weiteren Säuberungskämpfe ziehen sich bis in die Abenddämmerung.

Nach Meldung der Div. um 22.30 Uhr ist der Südost- und Ostrand des Waldes erreicht, und die Swch. Stalinsk genommen. Ein Angriff gegen Storoshewoje wurde durch starkes Art.-Feuer aus den Räumen Leski, Winogradowka und Praworot abgewiesen.

Die mit Teilkräften den Flankenschutz weiter südl. führende Div. „Das Reich" erzielt hart ostw. des Eisenbahnbogens örtl. Geländegewinn und bringt den Wald und die Schlucht sowie die birnenförmige Höhe südostw. Iwanowskij Wysseolok voll in ihren Besitz.

Obwohl 14.20 Uhr 2 Brücken über den Pssel nördl. Bogorodizkoje fertiggestellt sind, ist ein Antreten nach Meldung der Div. „Totenkopf" am 11. 7. aus dem Brückenkopf nicht mehr möglich. Der Regen hat Straßen und Gelände sowie vor allen Dingen die an sich schon sehr feuchten Uferstreifen derartig aufgeweicht, daß selbst Panzer sich stellenweise festfahren und somit eine Bewegung von schweren Waffen auf das stark ansteigende Ostufer ausgeschlossen ist.

Hinzu kommt, daß auf Grund der Wetterlage die Unterstützung durch die Luftwaffe nicht möglich wird.

Diese Umstände zwingen dazu, den Zeitpunkt des Angriffs auf den 12. 7. zu verschieben. Nach Beurteilung der Feindlage wird das aber als der späteste Zeitpunkt angesehen, wenn das Unternehmen auf dem Nordufer überhaupt noch Erfolg versprechen soll. Nach Ansicht des Korps wird bei weiterem Zögern der relativ kleine Brückenkopf gegen die schon im Laufe des 11. 7. wiederholt abgewiesenen Feindangriffe, deren Zunahme und Verstärkung erwartet wird, nicht mehr zu halten sein. Für die erfolgreiche Fortführung des weiteren Angriffes ist aber sowohl die Ausschaltung der feindl. Flankierung vom beherrschenden Westufer des Pssel als auch ein Freischlagen der rechten Korpsflanke notwendig.

Dieser Beurteilung der Lage tragen die Entschlüsse des Korps für den 12. 7. Rechnung.

Einzelheiten:
03.00 Uhr von Div. „Totenkopf":
Brücke über den Pssel erst gegen 07.00 Uhr fertig. Div. kann also um 04.15 Uhr nicht antreten.
05.00 Uhr. Morgenmeldungen:
Div. „Totenkopf": 03.20 Uhr Angriff in Kp.-Stärke gegen Brückenkopf abgewiesen. Rege Fliegertätigkeit.
„LSSAH": Bereitstellung verzögert durch schlechte Wegeverhältnisse.
Div. „Das Reich": Ohne besondere Vorkommnisse.
06.17 Uhr von Div. „Totenkopf":
Russische Infanterie im rechten Abschnitt des Brückenkopfes bis auf Handgranatenwurfweite

11. 7. 1943 –
Shurawlinij
Wald NW

11. 7. 1943 –	vor den eigenen Stellungen. Weiterer Gegner in etwa Rgts.-Stärke im Anrücken aus Richtung
Shurawlinij	Wesselyj.
Wald NW	06.25 Uhr von „LSSAH":

Im schweren Feuer von Höhe 252,4, Prelestnoje und Petrowka (Art.) liegt eigener Anriff fest. Pz.-Gegenstöße aus Wald 10 km südwestl. Prochorowka. Südl. Swch. Oktjabrskij Panzergraben festgestellt.
07.00 Uhr von Div. „Totenkopf":
Feindl. Angriff im Brückenkopf abgewiesen.
07.50 Uhr von Div. „Totenkopf":
Angriff aus dem Brückenkopf um 08.00 Uhr noch nicht möglich, da Brückenbau noch nicht begonnen.
09.00 Uhr an „LSSAH":
Vor „LSSAH" konzentrierter Stukaeinsatz.

09.28 Uhr von Div. „Totenkopf":

08.30 Uhr Inf.-Angriff mit Panzern, Stärke unbekannt, von Nordosten auf Mitte Rgt. „T". Baracken 800 m nordwestlich Kljutschj in eigener Hand.
Großer Mangel an Art.-Munition. Wegezustand sehr schlecht.

10.00 Uhr von „LSSAH":
Um 09.00 Uhr wurde Panzergraben überschritten.
10.47 Uhr von Div. „Das Reich":
10.13 Uhr Ablösung durch Teile 167. ID beendet.

10.50 Uhr. Morgenmeldung von Armee:

Außer Abwehr eines Feindspähtrupps in Zugstärke vor linkem Flügel 167. ID ruhiger Verlauf der Nacht.
Erfolgreiche eigene Spähtrupptätigkeit.
II. SS-Pz.-Korps: Bei SS-„Reich" Ablösung durch Teile 167. ID noch im Gange. In und nördl. Ort 1 km westnordwestl. Iwanowka harter Kampf.
Bei „LSSAH" keine besonderen Kampfhandlungen. Angriffe mit Panzern in Btl.- und Kp.-Stärke gegen Brückenkopf SS-„Totenkopf" nordwestl. Wassiljewka bei Abschuß von 2 Panzern abgewiesen.
XXXXVIII. Pz.-Korps: Teile 11. Pz.Div. besetzten Höhe 2,5 km nördl. Kotschetowka. Abwehr eines Feindvorstoßes südl. Höhe 3 km nördl. Nowosselowka, 3 Panzer abgeschossen. Feind greift zur Zeit Wald 5 km westl. Werchobenje vorderste Teile Pz.Gren.Div. „Großdeutschland" an.
Bei 3. Pz.Div. keine besonderen Kampfhandlungen.
LII. AK: 332. ID nahm in den Abendstunden gegen zähen Feindwiderstand Sawidowka. Angriff aus Wald nordwestl. Korowino abgewiesen.
255. ID nahm Wald 1,5 km südwestl. Bubny wieder.
Bei 57. ID Feindstoßtrupp ostw. Terebreno abgewehrt.

Luftlage: Rege feindl. Fliegertätigkeit bei SS-Pz.-Korps, geringe bei XXXXVIII. Pz.-Korps.

11.00 Uhr von „LSSAH":
Zum Sturm gegen Höhe 252,2 angetreten. Schwerstes Art.-Feuer flankierend aus Prelestnoje. 1 Btl. auf Wald nördl. Storoshewoje angesetzt.
11.10 Uhr. Lageorientierung an die Armee.
11.15 Uhr an Div. „Totenkopf":
In Tomarowka sind 1000 Schuß le.FH-Mun. abzuholen.
Von Div. „Totenkopf":
Brücke wird erst am späten Nachmittag fertig (18.00 bis 19.00 Uhr).
11.30 Uhr an Div. „Das Reich":
Höhen südl. und südostw. Storoshewoje sind von Div. „Das Reich" zu nehmen.

11.40 Uhr an VIII. Flieger-Korps: 11. 7. 1943 –
Es wird um Unterstützung gegen flankierende Feindartillerie in Poleshajew und Prelestnoje   Shurawlinij
gebeten. 2 Kampffliegergruppen werden angesetzt.   Wald NW
13.25 Uhr. Div. „Totenkopf" mit Teilen im Nordteil Wassiljewka eingedrungen.
14.10 Uhr. Höhe 252,2 durch „LSSAH" genommen.
14.40 Uhr feindl. Panzergegenstoß auf Wassiljewka abgewiesen.
14.52 Uhr. Spruch von KG:
2 Brücken westl. Bogorodizkoje fertig. Eine davon für „Tiger".
15.10 Uhr von Div. „Totenkopf":
Ab 14.00 Uhr Brücke fertig, Pz.Abt. hat Auftrag anzutreten.
15.45 Uhr an VIII. Flieger-Korps:
Fliegerunterstützung ab jetzt vorwiegend bei Div. „Totenkopf":
16.15 Uhr von Div. „Totenkopf":
Schwierige Wegeverhältnisse machen Antreten aus dem Brückenkopf erst am nächsten Tag
möglich.
16.40 bis 17.00 Uhr Tagesmeldungen der Divisionen:

„LSSAH":

Am 11. 7. 1943, 04.50 Uhr, trat verstärktes 2. Pz.Gren.Rgt. „LSSAH" unter Abschirmung gegen das Waldstück 1,5 km südwestl. Jamki zum Angriff auf Prochorowka an. 08.50 Uhr wurde der Panzergraben hart südl. Swch. Oktjabrskij überschritten und um 10.30 Uhr zum Sturm auf den Nordwestteil der Höhe 252,2 hart südostw. der Swch. angetreten. Bis 14.10 Uhr tobte der wechselvolle Kampf um diese Höhe, welche 14.10 Uhr unter Einsatz des 2. Pz.Rgt. „LSSAH" und des 3.(gp.)–2. Pz.Gren.Rgt. „LSSAH" genommen wurde. Entscheidend beeinträchtigt wurde gesamter Angriff durch Flankierungen aus Jamki und von den Höhen nördlich des Pssel. Der Angriff auf Prochorowka wird am 11. 7. 1943 infolge des Nachhängens beider Nachbarn nicht weiter fortgesetzt. Frontalangriff auf Prochorowka wegen stärkster Pak- und Artillerieabwehr am Südostrand und von der überragenden Höhe 252,4 nur unter Verlusten möglich. Vorschlag: Nach Wegnahme von 252,4 durch linken Nachbarn Angriff nach Stuka- und Artillerievorbereitung auf Prochorowka. Zur Ausschaltung der unmittelbaren Flankierungen wurde um 12.15 Uhr 1. Pz.Gren.Rgt. „LSSAH" durch den Wald nördlich Storoshewoje angesetzt, während die Masse noch am 11. 7. 1943 245,8 Swch. Stalinsk wegnehmen soll. Verstärkte AA „LSSAH" seit 10. 7. zum Schutz der Nordflanke der Div. südlich Andrejewka im Abwehrkampf. Lebhafte feindl. Fliegertätigkeit, vor allem Schlachtfliegerangriffe. Mäßige eigene Luftwaffenunterstützung. Eigene Bomben auf SPW-Btl. verursachten Verluste.

Erreichte Linien: Bis 16.30 Uhr Westteil Storoshewoje und des Waldes nördlich davon–Verlauf der Straße bis 500 m nordwestl. 252,2–Nord- und Ostrand Swch. Oktjabrskij.

2. Pz.Rgt. dem verstärkten 2. Pz.Gren.Rgt. unterstellt.

Gefechtsstände: Div.-Gefechtsstand unverändert.
Verst. 1. Pz.Gren.Rgt. „LSSAH" Teterewino. Verst. 2. Pz.Gren.Rgt. „LSSAH" südl. Swch. Oktjabrskij. Art.Rgt. „LSSAH" Teterewino. W-Rgt. 55 Swch. Komssomolez.

Absichten am kommenden Tage: Angriff auf Prochorowka unter stärkster Stukavorbereitung und nach Wegnahme von 252,4 durch linken Nachbar.

Starke Regengüsse, die Kampfhandlungen entscheidend beeinträchtigen. Sehr schlechte Straßen. Vernichtet bzw. erbeutet (Nachmeldung zum 10. 7. 1943): T 34, 11 Panzerbüchsen, 3 s.MG, 5 l.MG.

„Das Reich":

Ablösung Rgt. „DF" 08.00 Uhr beendet.
10.00 Uhr Befehlsübernahme durch 167. ID im Abschnitt südl. Kalinin.
Rgt. „D" und „DF" schirmten rechte Flanke „LSSAH" nach Südosten und Osten ab in der Linie Nordostrand Kalinin–Ostrand Jasnaja Poljana–Osthang Höhe 243,6 (an der Rollbahn 500 m nordostwärts Teterewino)–B.W. 1 km südl. Iwanowskij Wysselok–Höhe 229,3.

11. 7. 1943 –
Shurawlinij
Wald NW

13.00 Uhr Feindangriff nach Nordwesten aus der Mulde nordostwärts Winogradowka wurde im Gegenangriff durch II./SS-„D" abgewiesen.
Feind unterstützt von Panzern leistet weiterhin zähen Widerstand. Höhe 2 km nordostwärts Winogradowka und Südrand Storoshewoje feindbesetzt.
Fliegertätigkeit gering.
Rgt. „D" schoß im Raum nördl. Teterewino (Nord) eine Lagg 3 und bei Iwanowskij eine IL 2 ab.
Panzer-Rgt. als Eingreifgruppe im Raum Oserowskij.
Div.Gef.St. verlegt 16.00 Uhr in Südwestecke Wald 2,5 km nördl. Gross-Lutschki.
Bewölkt, leichter Regen, ab Mittag aufheiternd. Straßen und Wege aufgeweicht.

„Totenkopf":

Während der Nacht Division in Abwehrstellung am Nordostrand Kosslowka–Höhe 226,6—Barakken nordwestl. Kljutschi–Nordwestrand Kotschetowka.
04.15 Uhr Angriff in Btl.-Stärke, 08.30 Uhr in Rgt.-Stärke mit Panzerunterstützung auf Baracken abgeschlagen.
13.25 Uhr Rgt. „E" von Norden in Wassiljewka eingedrungen.
14.20 Uhr „Tiger"-Brücke über den Pssel fertiggestellt.
14.40 Uhr Gegenstoß feindl. Panzer auf Wassiljewka abgewiesen.
14.45 Uhr Befehl zum Antreten der gep. Gruppe in den Brücken.
Luftlage: Rege eigene und feindl. Fliegertätigkeit.

Starke Regenfälle. Straßen stark aufgeweicht, für Räder- und Kettenfahrzeuge kaum befahrbar.

17.30 Uhr. Tagesmeldung an die Armee:

Tagesmeldung vom 11. 7. 1943.
Feind leistet dem eigenen Angriff bei SS-„D" sowie den Angriffsspitzen „LSSAH" heftigen Widerstand. Er scheint sich laufend zu verstärken, vor allem nördlich des durch SS-„T" gebildeten Brückenkopfes.
Eigene Fliegertätigkeit durch schlechtes Wetter gehemmt. Die feindliche Lufttätigkeit war rege.
SS-„DR" schirmt mit SS-„D" Südostflanke „LSSAH" ab und konnte bei Iwanowskij-Wysselok über die Eisenbahn in den Wald vordringen, stieß aber auf heftige Gegenwehr und feindliche Gegenangriffe aus dem Raum Winogradowka, die von Panzern unterstützt wurden.
„LSSAH" zur Zeit im Vorgehen mit einer Kampfgruppe durch den Wald nördl. Storoshewoje. Nördl. der Rollbahn vorgehende Kampfgruppe nahm trotz heftigen Widerstandes und starker feindlicher Flankierungen aus dem Raum Prelestnoje–Poleshajew um 14.00 Uhr Swch. Oktjabriskij.
SS-„T" konnte zum Angriff aus dem Brückenkopf noch nicht antreten, da die Brücke über den Pssel erst 14.40 Uhr fertig gestellt wurde. Infolge der sehr schlechten Wegeverhältnisse können die Panzer erst während des Abends über den Pssel vorgezogen werden, so daß SS-„T" erst am 12. 7. zum Angriff in nordostw. Richtung antreten kann.

Übernahme des Frontabschnittes SS-„DR" bis Nordrand Kalinin durch 167. ID um 08.00 Uhr beendet.

Div.-Gefechtsstand SS-„DR" ab 16.00 Uhr Nordwestecke Wald 2,5 km nördl. Groß-Lutschki.

Erreichen der Ziele, wie für 11. 7. vorgesehen.

Wetter: meistens bewölkt, teilweise heftige Regenschauer. Straßen an der Front in sehr schlechtem Zustand.

Generalkommando II. SS-Pz.-Korps, Ia

Leichte Panzerspähwagen mit Entfernungsmesser

Panzergrenadiere der 3. SS-Panzergrenadierdivision „Totenkopf" halten neben einem Truppenverbandplatz.

Grenadiere im Feuerkampf

Die Divisionen des SS-Panzerkorps im Angriff

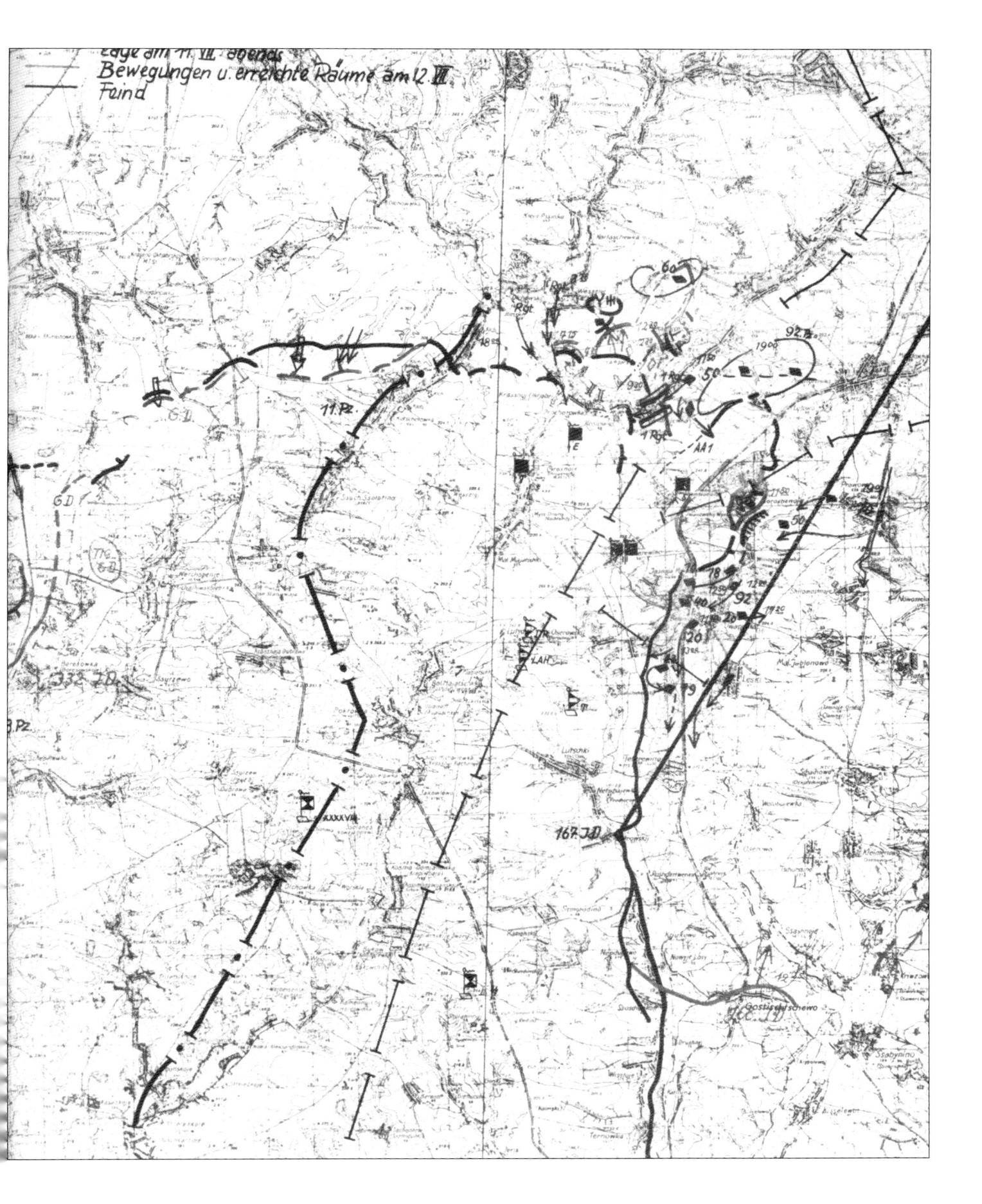

Lage am 11.VII. abends
Bewegungen u. erreichte Räume am 12.VII.
Feind

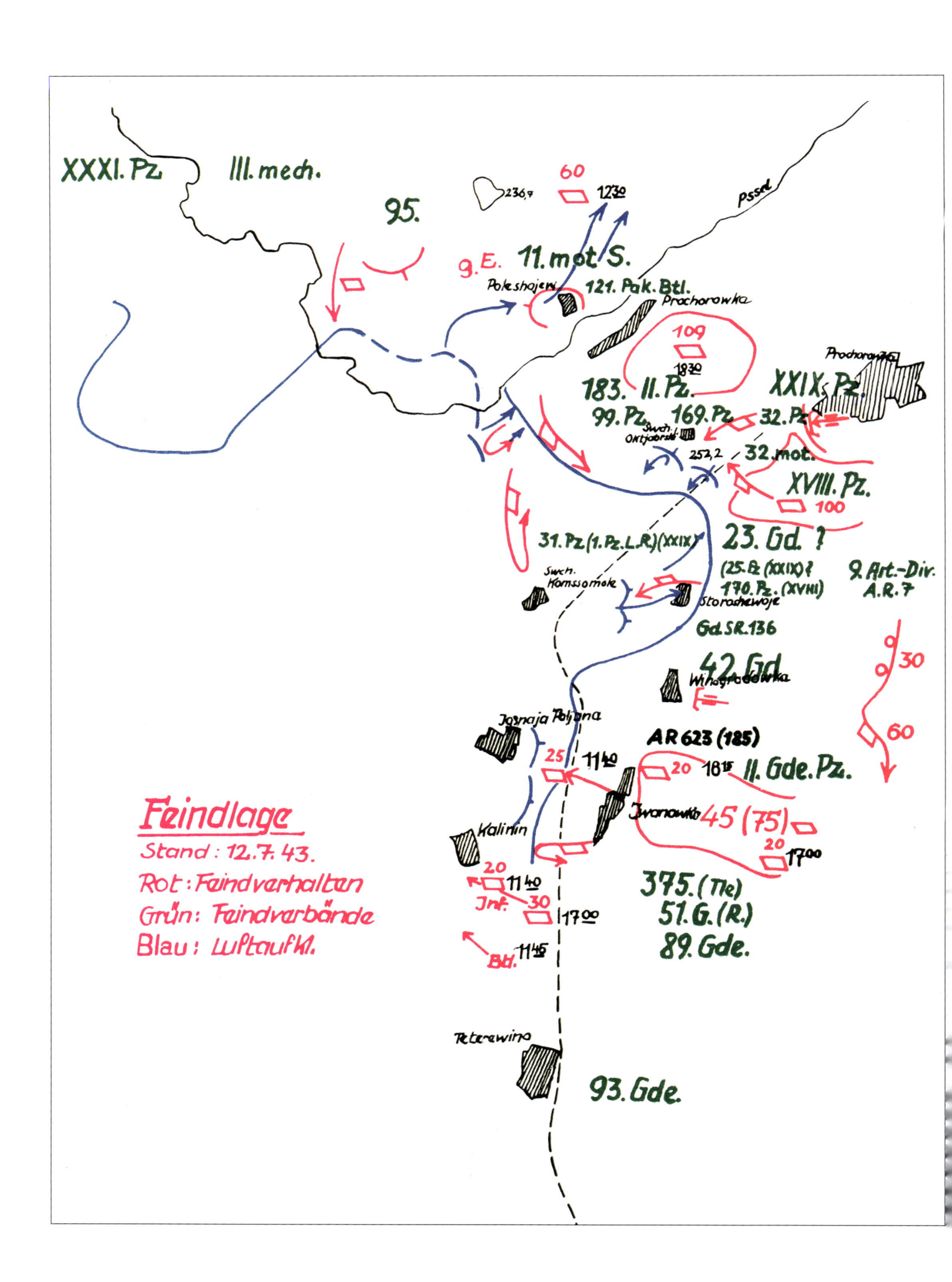

Feindlage
Stand: 12.7.43.
Rot: Feindverhalten
Grün: Feindverbände
Blau: Luftaufkl.

XXXI. Pz.   III. mech.
95.
g.E.   11. mot. S.
121. Pak. Btl.
Pokrshajewi   Prochorowka
109
183. II. Pz.
99. Pz.   169. Pz.   32. Pz.   XXIX. Pz.
Swch. Oktjabrski   252,2
32. mot.
XVIII. Pz.
100
31. Pz (1.Pz.L.R.)(XXIX)   23. Gd. ?
(25. Bz (XXIX) ?
170. Pz. (XVIII)
Swch. Komssomok   Storoshewoje   9. Art.-Div.
A.R. 7
Gd.SR.136
42. Gd.
Winogradowka
Josnaja Poljana
AR 623 (185)
25   11⁴⁰   20   16¹⁵   11. Gde. Pz.
Kalinin   Iwanowka   45 (75)
20   17⁰⁰
20   11⁴⁰   375. (Tle)
Inf.   30   51. G. (R.)
17⁰⁰   89. Gde.
Btl.   11⁴⁵
Teterewino
93. Gde.

20.50 Uhr. Von Div. „Das Reich":
Neuer Gefechtsstand ab 17.45 Uhr Nordrand Wald hart ostw. Lutschki-Nord.
20.55 Uhr. Panzer-Armee-Befehl Nr. 6:
Der OB, Generaloberst Hoth, spricht Führung und Truppe seine höchste Anerkennung aus:

11. 7. 1943 –
Shurawlinij
Wald NW

Schwacher Feind noch auf Ostufer des Lipowyj Donez. Vor II. SS-Pz.-Korps hält Feind mit starker Artillerie die Höhen nördl. Leski, beiderseits Winogradowka, beiderseits Jamki und nordwest. Prochorowka. Seine Versuche, den Brückenkopf nördl. des Pssel einzudrücken, scheiterten.

Neuer Feind (X. Pz.-Korps) vor XXXXVIII. Pz.-Korps.

Feind an der Pena entscheidend geschlagen, geht seiner Vernichtung entgegen.

Vor LII. AK bis auf schwächere Angriffe in Btl.-Stärke westl. Bubny ruhiges Feindverhalten.

Seit 5. 7. haben die Pz.-Korps der 4. Pz.-Armee über 1000 Panzer abgeschossen. Ich spreche Führung und Truppe meine höchste Anerkennung aus.

4. Pz.-Armee erweitert Angriffsfront in seiner Ostflanke und wirft den Feind südl. Obojan über den Pssel nach Osten zurück.

167. ID unterstützt den Angriff des II. SS-Pz.-Korps gegen Praworot durch Niederhalten des Feindes bei Leski und ostwärts. Sobald Angriff des II. SS-Pz.-Korps wirksam wird, stößt die Div. mit Nordflügel dem weichenden Feind auf die Höhen ostw. Teterewino nach.

II. SS-Pz.-Korps schlägt Feind südl. Prochorowka und schafft damit die Voraussetzungen zum weiteren Vorgehen über Prochorowka.

XXXXVIII. Pz.-Korps wirft X. Pz.-Korps über den Pssel südostw. Obojan. Es geht hierzu mit starkem linken Flügel gegen das Höhengelände um Wosnessenowka vor, dreht dann nach Nordosten ein. Alsdann bleibt es Aufgabe des Korps, den planmäßigen Angriff über den Pssel vorzubereiten.

LII. AK säubert Gelände um Tschapajew und schützt mit gesamter 332. ID Westflanke XXXXVIII. Pz.-Korps. Es stellt sich hierzu in Gegend westl. Beresowka so bereit, daß es nach Osten angreifenden Feind in die Flanke fallen kann. Die bisherigen Stellungen sind zu halten.

Trennungslinie zwischen XXXXVIII. Pz.-Korps und LII. AK: Alexejewka (LII.)–Verlauf der Pena bis Nordrand Werchopenje–Nowenkoje (LII.).

Nachrichtenverbindungen wie bisher.

Pz.-Armee-Hauptquartier: Bhf. Alexandrowka.

Pz. AOK 4

Auftrag II. SS-Pz.-Korps für 12. 7.:
II. SS-Pz.-Korps schlägt Feind südl. Prochorowka und schafft damit die Voraussetzungen zum weiteren Vordringen über Prochorowka.
22.50 Uhr. Aufträge an die Divisionen:

„LSSAH":

Div. „Das Reich" greift nach Wegnahme Storoshewoje und Wald nördl. davon durch „LSSAH" und nach Bereitstellung im Raum Storoshewoje Höhen nordostw. Winogradowka an, rollt die feindl. Stellungen in Linie Winogradowka–Iwanowka auf und hält neue Linie Iwanowka–Höhenrücken südwestl. Praworot–Höhen 2 km ostw. Storoshewoje ausschl.

SS-„T" greift nach Hellwerden antretend aus dem Brückenkopf nach Nordosten an und erreicht zunächst Straße Prochorowka–Kartaschewka. Mit Teilen säubert sie die Ortschaften im Psseltale vom Feinde.

„LSSAH" nimmt auf rechtem Flügel Storoshewoje Wald nördl. davon, Swch. Stalinsk und Jamki und verlegt vordere Linie nach Höhe 2 km ostw. Storoshewoje–Jamki. Anschluß an Eisenbahn bei Pkt. 252,2.

Die Div. stellt sich darauf ein, nach Ausschaltung der feindl. Flankenwirkung am Pssel durch „T"-Div. zusammen mit Teilen dieser Div., Prochorowka und Höhe 254,4 zu nehmen.

11. 7. 1943 –
Shurawlinij
Wald NW

Art.-Flieger wird mit Hellwerden über der Front sein. Ziele für Luftangriffe sind frühzeitig zu melden. Korps-Gefechtsstand und Nachr.-Verbindungen wie bisher.

Div. „Das Reich": Auf rechtem Flügel erreichte Linie halten. Winogradowka und Iwanowka nehmen. HKL auf Höhenrücken südwestl. Praworot vorverlegen.

Div. „Totenkopf":

„LSSAH" hält mit linkem Flügel erreichte Linie. SS-„T" greift so frühzeitig wie möglich, nach Hellwerden antretend, unter Zusammenfassung der Panzer auf Höhenrücken nach Nordosten an und erreicht zunächst Straße Prochorowka–Kartaschewka.
Mit Teilen ist das Psseltal von Südwesten und – nach Erreichen des ersten Angriffzieles – durch Eindrehen von Nordosten zu nehmen. Die linke Flanke ist durch Teilkräfte zu sichern.
Die Div. stellt sich darauf ein, später den Ort Wesselyj und die Schlucht ostwärts davon zu nehmen, um die Sicherungen an den Olschanka-Abschnitt vorzuschieben.
Luftwaffe wird mit Schwerpunkt in den Morgenstunden „T"-Div. unterstützen. Art.-Flieger ist mit Hellwerden über der Front.

Feindlage:

Generalkommando Ic
Feindlage 11. 7. 1943, Stand: 19.00 Uhr.

Feindverhalten.
Feind in Stellungen am Bahndamm O Jasnaja Poljana, an Westrändern der Waldstücke S Winogradowka. Luftaufklärung erkannte beiderseits Höhe NO Winogradowka 6 Feindbatterien. Bei eigenem Vorstoß über Eisenbahn bei Iwanowski-Wysselok heftige feindliche Abwehr und Gegenangriffe mit Panzern. Vorstoß nördlich davon erreichte bei erheblichem Feindwiderstand das stark ausgebaute Storoshewoje. Nördlich Straße und Eisenbahn nach Prochorowka stieß eigener Anriff auf harten Widerstand, der stärker artilleristisch als infanteristisch war. Eigenes Vordringen besonders behindert durch Flankierung mit Artillerie und schweren Waffen aus Gegend Praworot, Gegend Petrowka und Beregowoje. Die bereits erreichte Swch. Oktjabrskij wurde daher wieder aufgegeben. Feind im Psselbogen versuchte 08.30 Uhr N Kljutschi mit Infanterie und 5 Panzern angreifend, den eigenen Brückenkopf einzudrücken. Trotzdem gelang eine Erweiterung nach Westen. Ortschaften SO und O des Brückenkopfes stark feindbesetzt. Zuführung von Infanterie und Artillerie in den Raum N und NO Brückenkopf. Nach Truppenfeststellungen bei linkem Nachbar Feind nördlich Brückenkopf in Stärke einer mot. S-Brg. (11. mot. S-Brg., X. Pz.-Korps, 178., 183. und 186. Pz.Brg. vor XXXXVIII. Pz.-Korps).

Gefangenenaussagen und Beutepapiere.
a) Gefangenenaussagen.
11. mot. S-Brg. 2 Gefangene aus dem Psselbogen N Koslowka sagen aus: 11. mot. S-Brg. gehöre zum X. mot. Korps, welches zur 5. Gd.-Armee gehöre.
Stabsbatterie Arko 1. Pz.-Armee.
Arko: Generalmajor Aljetzki.
Stabsbatterie gehörte bis Auflösung der 29. Armee im März 1943 dieser an. Nach Auflösung zur 1. Pz.-Armee.
Ausrüstung der Nachrichtenzüge der Stabsbatterie: 24 Fernsprechapparate, 3 Vermittlungen, 1 mot. Funkstelle, 2 tragbare Funkstellen, 106 Mann Mannschaftsbestand.

100. Pz.Brg.
Brg.Kdr.: Oberst Iwanow.
Neues Jagdflugzeug „Lawotschnik" ähnlich Me 109 mit größerer Geschwindigkeit. Neue panzerbrechende Granaten, verschießbar aus allen Kalibern, eine Durchschlagskraft bei 500 m / 130 mm (Podkalibriny snarjad). Angeblich soll ein Befehl Stalins bestehen, laut dem die Panzerkampfwagen für einen Marsch bis 1000 km vorzubereiten seien. Es sei beabsichtigt, einen schmalen Durchbruch bis zur Reichs-

grenze zu erkämpfen, um das rückwärtige Gebiet aufrollen zu können. Die deutsche Operation sei diesem Vorhaben zuvorgekommen.

11. 7. 1943 – Shurawlinij Wald NW

VN.
Ein im Raum Krassny Oktjabr beobachtetes Netz meldet:
16.30 Uhr „Swch. Komsomolez feindbesetzt."
16.30 Uhr: „Dem Feinde Fluß Pena überlassen. Ich ging zum Gegenangriff über in Richtung Grassnoje–Krassny Oktjabr. Auf dem Swch. Komsomolez ist der Feind und auf... 130 Panzer und 2 Btle. Infanterie gingen in Richtung Fluß Peka–Krassny Oktjabr."
Ferner wird aus dem Raum Winogradowka Artl.- und Granatwerferfeuer auf die Station Belenichino und Iwanowka gemeldet. Auf Winogradowka und Storoshewoje ist das Feuer sehr stark.

Luftaufklärung.
a) Gefechtsluftaufklärung erkannte Feindbatterien O Iwanowskij–Wysselok, eine geringe Zahl von Panzern W Prochorowka und stärkeren Versorgungsverkehr im Psselbogen.
b) Taktische Luftaufklärung stellte starke mot. Zuführungen in den Raum S Obojan fest.

Feindverluste, Gefangene und Beute.

	„LSSAH"	„Das Reich"	„Totenkopf"	Total
Gefangene	60	175	10	245
Überläufer	43	68	3	114
Flugzeuge	–	1	–	1
Panzer	–	97	2	99
Pak	–	26	–	26
Panzerbüchsen	–	2	–	2
MG	–	29	–	29
Flammenwerfer	–	1	–	1
LKW	–	15	–	15
Traktoren	–	1	–	1
MPi.	–	17	–	17
Gewehre	–	29	–	29
Granatwerfer	–	5	–	5

Gesamteindruck
Feindverstärkung im Raum Prochorowka wahrscheinlich. Das im Psselbogen zu vermutende X. Pz.-Korps nur mit 1. mot. S-Brg. vorhanden, da sämtliche 3 Panzerbrigaden des Korps westl. Straße Belgorod–Kursk festgestellt wurden. Starke Zuführungen in den Raum Obojan deuten auf Feindabsicht hin, den Angriff des linken Nachbar S Obojan zum Stehen zu bringen. Stoß in die linke Flanke des Korps zeichnet sich noch nicht ab.

Generalkommando II. SS-Pz.-Korps, Ic

12. 7. 1943 – Shurawlinij Wald NW	Wetter: Bewölkt, zum Teil starke Regenschauer. Schlechte Wegeverhältnisse. In den frühen Morgenstunden versucht Gegner der Absicht des Korps, mit Div. „Totenkopf" auf dem Nordwestufer des Pssel nach Nordosten vorzustoßen, durch Gegenangriffe zuvorzukommen. Sie beginnen in der linken Flanke der Div. aus den Ortschaften Wesselyj–Ilinskij in Btl.- und Rgt.-Stärke und werden darauf auch von Nordosten im Psseltal gegen die rechte Flanke der Division bei Wassiljewka in Stärke von 2 Rgtern., laufend unterstützt von 40 bis 50 Panzern, geführt. Die Absicht des Gegners, durch Zerschlagen der auf dem Südufer verbliebenen Kräfte der Division, die übergesetzte Masse ihrer Kampfkraft abzuschneiden und einzuschließen, wird durch harte, erfolgreiche Abwehrkämpfe vereitelt, und im Nachstoß aus der rechten Divisionsflanke dem Gegner die Ortschaft Wassiljewka entrissen. Teilen der feindl. Panzer gelingt durch Abdrehen aus dem Psseltal nach Süden das Durchbrechen der dünnen Flankensicherungen der „LSSAH" und Vorstoß bis zu den Art.-Stellungen, wo jedoch die Masse der feindl. Panzer im Nahkampf und im direkten Beschuß der Artillerie vernichtet wird. Während des ganzen Tages hat die Division starke Angriffe mit bis 40 Panzern von Norden, von mit Panzern unterstützten Infanteriekräften in Stärke mehrerer Rgter. von Nordosten und starke Infanterie- und Panzerangriffe von Osten abzuwehren. Sie führen zu örtlichen Einbrüchen, die aber stets mit der Vernichtung des eingebrochenen Feindes enden. Im Nachstoß gegen abgewiesenen Feindangriff mit Panzern aus dem Raum Storoshewoje nimmt Div. „Das Reich" mit linkem Flügel nach hartem Kampf den Ort und verstärkt damit den Schutz der rechten Korpsflanke. Sie hat gleichfalls mehrere starke Angriffe des Feindes zu bestehen, die ebenfalls unter Panzerverlusten für den Feind abgewiesen werden. Während durch starke Feindangriffe in rechter Flanke und Front weitere eigene Vorstöße in Richtung Prochorowka zurückgestellt werden müssen, tritt Div. „Totenkopf" trotz starker gefährdender Flankierungen mit gepanzerter Gruppe auf dem Nordufer des Pssel nach Norden zum Angriff an und gewinnt bis zur Abenddämmerung die Höhe hart westl. des Ortes Poleshajew unter Überwindung zweier starker Pakfronten und im Kampf mit in die Flanken stoßendem und in der Front angreifendem feindl. Panzerverband. In den Abendstunden werden trotz hoher feindlicher Menschen- und Panzerverluste (Abschuß nach vorläufiger Meldung von 244 Panzern) Neuzuführungen und starke Panzerbereitstellungen zwischen Prochorowka und Petrowka sowie in der Ostflanke beobachtet. Ihr Angriff wird am 13. 7. erwartet. Trotz dieser Bedrohung der verhältnismäßig schwach besetzten Nahtstelle zwischen „LSSAH" und Div. „Totenkopf" beabsichtigt das Korps, diesen starken Feind durch westliche Umfassung am 13. 7. zu schlagen. Einzelheiten: Ab 03.15 Uhr feindl. Angriff, im Grund von Wesselyj nach S in Btl.-Stärke ohne Panzer. In Wassiljewka bis Ortsmitte in hartem Häuserkampf vorgedrungen. Panzer der „LSSAH" stehen im Feuerkampf mit den aus Petrowka nach SW vorgehenden Feindpanzern. 05.00 Uhr. Morgenmeldungen: „LSSAH": Verbindung zur Div. „Totenkopf" vorhanden. Zahlreiche Panzergeräusche vor der Front. Rege feindl. Fliegertätigkeit. Div. „Das Reich": Ruhiger Verlauf der Nacht. Rgt. „Deutschland" wird bereitgestellt, um dem Angriff „LSSAH" am rechten Flügel folgen zu können. Div. „Totenkopf": Starkes Art.- und Inf.-Störungsfeuer, rege feindl. Fliegertätigkeit. 06.00 Uhr. Vor „LSSAH" feindl. Angriff in Rgt.-Stärke über die Linie Prochorowka–Petrowka abgewiesen. 07.34 Uhr von Div. „Totenkopf": 06.30 Uhr langsames Durchfressen durch flankierende Stellungen bei Baracken (westl. Kljutschi). Sehr starkes Art.- und Salvengeschützfeuer. Antreten nach NO noch nicht festzulegen. 07.40 Uhr von Div. „Totenkopf": 07.05 Uhr 3 km ostw. Petrowka sehr starke Infanterie. 08.22 Uhr: Von Div. „Totenkopf": 2 Feind-Rgter. und etwa 40 Panzer von NO 07.45 Uhr kommend in Michailowka und Höhen südostw. beobachtet.

08.25 Uhr von Div. „Totenkopf":
07.40 Uhr greift ein Feindbtl. im Pssel-Grund von N an.
09.00 Uhr von Div. „Totenkopf":
Letzte Teile um 09.00 Uhr über den Brückenkopf gezogen. Mit der am Vortag übergesetzten Panzer-Abteilung wurde um 04.00 Uhr gegen Baracken angetreten, um 07.15 Uhr Baracken genommen. (1:50000)
09.10 Uhr von VIII. Flieger-Korps:
Auf die von Petrowka nach SW vorgehende Feindgruppe sind 2 Stukagruppen angesetzt.
09.55 Uhr von Div. „Totenkopf":
Von Michailowka greift Feind mit Panzerunterstützung nach W an.
Um 09.30 Uhr ist gepanzerte Gruppe über Höhe 226,6 in NO-Richtung zum Angriff angetreten.
10.00 Uhr von „LSSAH":
An allen Fronten Feindangriffe. (09.15 Uhr 40 Panzer Jamki gegen Swch. Stalinsk, 35 Panzer aus Prochorowka längs der Straße nach SW, 40 Panzer aus Petrowka gegen Swch. Oktjabrskij, stärkste Art.-Unterstützung.)
11.10 Uhr von Div. „Totenkopf":
Feindangriff über Rgts.-Stärke aus Wassiljewka in SW-Richtung. Weitere Anriffe südl. Wesselyj und Ilinski.
Luftaufklärung meldet Zuführung weiterer Feindkräfte, vor allem Infanterie, in den Raum südl. Obojan.
11.15 Uhr an Div. „Totenkopf":
Es ist zu versuchen, bei Michailowka den Pssel zu überschreiten und Gegner südl. des Flusses im Rücken zu fassen.
11.30 Uhr von „LSSAH":
Örtlicher Feindeinbruch bei Höhe 252,2.
11.45 Uhr von Div. „Das Reich":
Feindangriff gegen Kalinin und westl. Storoshewoje. Es ist geplant, Storoshewoje nach Abschlagen des Angriffs im Nachstoß zu nehmen.
13.15 Uhr von „LSSAH":
Einbruch bereinigt, sämtliche Infanterieangriffe abgewehrt.
13.30 Uhr Anruf KG:
Nach Funkspruch von Rgt. „Deutschland" Panzer in Teterewino. Nach Luftmeldung ist rechter Flügel Div. „Totenkopf" bei Petrowka ins Tal vorgestoßen. (Hat sich nicht bestätigt.) Zahl der gemeldeten Panzer wahrscheinlich übertrieben.
14.30 Uhr von Div. „Das Reich":
Feindangriffe gegen Jasnaja Poljana mit etwa 70 Panzern. 12.05 Uhr Angriff mit 40 Panzern gegen Kalinin. Die Angriffe wurden abgeschlagen, ein Einbruch bereinigt.
15.00 Uhr. von Div. „Totenkopf":
In Wassiljewka zum Angriff nach O angetreten.
15.15 Uhr von Div. „Totenkopf":
Im Angriff um 14.55 Uhr im Westteil Andrejewka eingedrungen.
15.30 Uhr. 167. ID bittet um Luftaufklärung vor ihrem Abschnitt.
16.45 Uhr Flivo.-Meldung:
Eigene Truppen am NO-Rand von Andrejewka.
17.00 Uhr von Div. „Das Reich":
Storoshewoje genommen. Verbindung mit „LSSAH" hergestellt.
17.25 Uhr von Div. „Totenkopf":
Ca. 700 Mann im Angriff von Ilinski nach Süden, ohne Panzer.
17.53 Uhr von Div. „Das Reich":
AA meldet 17.00 Uhr Feind bei Petrowskij (167. ID) in Btl.-Stärke mit Panzern eingebrochen.

12. 7. 1943 – Shurawlinij Wald NW

12. 7. 1943 –
Shurawlinij
Wald NW

18.00 Uhr. Tagesmeldung „LSSAH":

Nach auffallend ruhiger Nacht Angriff in Rgts.-Stärke 06.00 Uhr über die Linie Prochorowka–Petrowka, der im zusammengefaßten Art.-Feuer vor der HKL liegen blieb. Um 09.15 Uhr Panzerangriff mit 40 Panzern aus Jamki gegen Swch. Stalinsk, aus Prochorowka mit 35 Panzern beiderseits der Straße Prochorowka, Petrewino, mit 40 Panzern aus Petrowka auf Wegeeinmündung 1 km sso. Swch. Oktabrskij. Die Panzerangriffe erfolgten mit stärkster Art.-Unterstützung und wurden mit hoher Fahrt gefahren. Ein geringer örtlicher Einbruch bei 252,2 wurde im gepanzerten Gegenstoß bis 11.15 Uhr restlos bereinigt.

Nach bisherigen Meldungen wurden an dieser Stelle allein über 40 Panzer zum Teil im Nahkampf vernichtet. Nach Abwehr des massierten Panzerangriffes erfolgten während des ganzen Tages kleinere Panzervorstöße, die nur hart ostw. Storoshewoje zu einem geringen Einbruch führten. Auch dort ist seit 13.30 Uhr die Lage wieder hergestellt.

Um 14.10 Uhr erfolgte ein Infanterie-Angriff über die Linie Jamki–Ostrand Straßenknie–1 km westl. Prochorowka mit starker Art.-Unterstützung und Begleitpanzern, die sich jedoch weit hinter den feindl. Angriffsspitzen zurückhielten. Auch dieser Angriff blieb vor der HKL im zusammengefaßten Art.-Feuer liegen.

Weitere Bereitstellungen von 60 Panzern in der Schlucht hart ostw. Petrowka und ostw. Andrejewka sowie von Infanteriekräften 1 km nordwestl. Swch. Oktabrskij werden seit 16.00 Uhr durch Art. bekämpft.

Feindeindruck: Der Feind hat unzweifelhaft die Absicht, die vorgeprellte Anriffspitze der „LSSAH" auf dem wichtigen Straßenknotenpunkt Prochorowka durch umfassenden Angriff weit überlegener Panzer- und Infanteriekräfte zu zerschlagen, und weiter in die tiefe Flanke der Panzerarmee zu stoßen.

Westteil Storoshewoje und des Wäldchens nördl. davon–Verlauf der Straße bis 500 m nordostw. 252,2, Nord- und Ostrand Swch. Oktabrskij.

Halten der erreichten Linie bis zum Herankommen der beiden Nachbarn.

Starke Regengüsse, die die Kampfhandlungen entscheidend beeinflussen.

18.00 Uhr. Tagesmeldung Div. „Das Reich":
Im Divisionsabschnitt während des ganzen Tages heftige Angriffe mit Panzern und Infanterie. Angriffe wurden im Zusammenwirken aller Waffen abgeschlagen, zum Teil dauern die Kämpfe noch an. Örtliche Einbrüche, auch auf linkem Flügel 167. ID, wurden und werden im Gegenangriff bereinigt.
11.40 Uhr Feindangriff mit Panzern und Infanterie gegen II./„D". Nachdem Angriff abgeschlagen, steht Btl. seit 12.55 Uhr im Angriff auf Storoshewoje. 9 Panzer wurden bisher abgeschossen.
13.40 Uhr. II./„D" Südteil Storoshewoje genommen und Waldstück südlich davon.
12.00 Uhr. Feindangriff mit etwa 70 Panzern und Infanterie auf I./„DF" im Raum Jasnaja Poljana. 13.50 Uhr wurde Angriff abgeschlagen.
12.05 Uhr. Feind griff mit 40 Panzern aus Belenichino linken Flügel II./„DF" hart nördlich Kalinin und mit 10 Panzern rechten Flügel an. Dem Gegner gelang ein Einbruch, der im Gegenstoß bereinigt wurde.
15.40 Uhr meldet Pz.Rgt.: 2 feindliche Panzerangriffe beiderseits Kalinin zerschlagen, 21 Feindpanzer und 1 Martinbomber abgeschossen.
16.00 Uhr meldet „D": 15.05 Uhr II./„D" im Angriff im Nordteil Storoshewoje nach Osten. 1 IL 2 abgeschossen.
Mit Meldeschluß sind die Kämpfe teilweise noch im Gange. Die Division rechnet mit weiteren feindlichen Panzerangriffen im Abschnitt Kalinin–Storoshewoje.
Von Sturmgesch.Abt. und Flak-Abt. liegen noch keine Erfolgsmeldungen vor.
Der Feind greift z. Z. mit stärkeren Infanteriekräften die Front der 167. ID an, mit der bei Kalinin dauernd Verbindung besteht.
Feindliche Fliegertätigkeit sehr rege.
07.10 Uhr griffen 34 Bomber den Raum nördlich Lutschki-Nord mit Bomben an.
14.10 Uhr Angriff mehrerer Bomber mit Bomben und Bordwaffen auf Rollbahn bei Lutschki-Nord.

	12. 7. 1943 – Shurawlinij Wald NW

Je nach Entwicklung der Lage Abwehr feindlicher Panzerangriffe oder Vorstoß auf die Höhen südwestlich Praworot.

Bewölkt, trübe und kühl. Vereinzelte Regenschauer, Straßen leicht aufgeweicht.
Nachtrag: Storoshewoje 16.00 Uhr genommen; Verbindung mit „LSSAH" vorhanden.

18.00 Uhr. Tagesmeldung Div. „Totenkopf":

03.30 Uhr und 07.30 Uhr Angriffe auf Baracken abgewiesen.
09.50 bis 11.00 Uhr Angriffe auf Wassiljewka abgewiesen.
15.15 Uhr Angriff von Illinskije auf Kotschetowka. Abwehr noch im Gange.
09.50 Uhr zum Angriff in nordostw. Richtung angetreten.
14.45 Uhr im Angriff Westrand Andrejewka gewonnen.
Luftlage: Beiderseits rege Tätigkeit, Bombenwürfe, Bordwaffenbeschuß.
11. 7. 1943, 06.15 Uhr, Abschuß 1 IL 2 durch Flak-Abt. 3.

Westrand Andrejewka–228,3–Baracken–Nordrand Krassny–Oktjabr–Nordostrand Kotschetowka.

Gef.-Stand: Pz.Rgt. und Pz.Gren.Rgt. „T": Nordrand Wäldchen südostw. Kljutschi.

Panzer-, Pak- und Sturmgeschützlage noch nicht zu übersehen.

Gefangene 238, 27 Panzer abgeschossen.

Fortführung des Angriffs.

Bedeckt, vereinzelte Regenschauer, Straßen- und Geländezustand schlecht.

18.45 Uhr von „LSSAH":
Lange Panzer-Kolonnen von Praworot nach S fahrend beobachtet, auch starke Infanteriekolonnen festgestellt.
18.45 Uhr von Ia Armee fernmdl. an O1 Auftrag für 13. 7. 1943: Mit Schwerpunkt am linken Flügel, aus dem Brückenkopf antretend, umfassenden Angriff von N gegen Prochorowka fortsetzen.

Durch FS um 20.45 Uhr:

An II. SS-Pz.-Korps.
1. Absicht der Pz.-Armee ist es, am 13. 7. den Kampf um die Erweiterung der Flanken unter Festhalten der in Front gewonnenen Linien fortzusetzen.
2. II. SS-Pz.-Korps versammelt, sofort beginnend, Masse auf nördl. Pssel-Ufer und setzt umfassenden Angriff gegen die im Raum um Prochorowka stehenden Panzer-Verbände fort. Angriff bei und nördlich Belenichino nach Osten ist erst fortzusetzen, wenn Umfassung wirksam wird.
Der Oberbefehlshaber, gez. Hoth

19.00 Uhr von Flivo:
Im Raum Petrowka wurden 100 Panzer festgestellt.

19.50 Uhr. Tagesmeldung an Armee:
Feind führt seit den frühen Morgenstunden mit neu herangeführten Panzer- und Infanterieverbänden äußerst heftige Angriffe gegen die Stellungen der „LSSAH" und SS-„T", zweifellos mit der Absicht, die vorgeschobenen Teile „LSSAH" abzuschneiden und den Brückenkopf der SS-„T" einzudrücken. Mehrere gelungene Einbrüche wurden im Gegenstoß bereinigt. Die Angriffe halten zur Zeit noch an. Bisher wurden 120 feindliche Panzer abgeschossen. Neue starke Panzer- und Infanteriebereitstellungen im Raum ostw. Petrowka, ostw. Andrejewka und etwa 2 km nordwestl. Poleshajew sind erkannt.
Rege feindliche Fliegertätigkeit.

12. 7. 1943 –	*Wegen des schlechten Wetters konnte die eigene Luftwaffe nur mit schwachen Teilen in den Erdkampf*
Shurawlinij	*eingreifen.*
Wald NW	

SS-„DR" kämpft zur Zeit noch in der alten HKL, ist auf dem Nordostflügel zum Gegenstoß angetreten und hat um 15.15 Uhr Storoshewoje genommen. Alte HKL bei „LSSAH" und SS-„T" in eigener Hand. Gepanzerte Gruppe SS-„T" zur Zeit noch im heftigen Panzerkampf etwa 1 km nordwestl. Poleshajew.

Gefechtsstand SS-„DR" Nordrand Wald hart ostw. Klein-Lutschki.

Bewölkt, Regenschauer. Straßen- und Wegezustand im Frontgebiet infolge der Regenfälle schlecht.

21.10 Uhr:

Auf Befehl Heeresgruppe Süd wird in der Nacht 13./14. 7. 1943 XXIV. Pz.-Korps aus dem Raum um Charkow in den Raum um Belgorod verlegt. SS-Pz.Gre.,Div. „Wiking" in den Raum Belgorod (ausschl.)–Bolchowez (5 km nordwestl. Belgorod)–Bolchowez (6 km südwestl. Belgorod)–Repnoje. 23. Pz.Div. in den Raum Blishnij–Bo. Dolshik–Orlowka–Bessenowka-Almashoff. Die in diesem Raum noch befindlichen Versorgungstruppen des II. SS-Pz.-Korps haben soweit zusammenzurücken bzw. zu räumen, daß keinerlei Unterkunftsschwierigkeiten entstehen.

Pz.AOK 4

22.00 Uhr:

An	„LSSAH"	IIa
	„Das Reich"	Flivo-Aufklärung
	„Totenkopf"	Flivo-Operation
	VIII. Fliegerkorps	Kdr. Nebeltruppen 3
	Ic	Pionier-Rgt.-Stab 680

Der Oberbefehlshaber der Heeresgruppe Süd, Generalfeldmarschall v. Manstein, hat den Divisionen des II. SS-Pz.-Korps Dank und Anerkennung für die überragenden Erfolge und vorbildliche Haltung in den Kämpfen ausgesprochen.

II. SS-Pz.-Korps vernichtet im Zusammenwirken zwischen „LSSAH" und SS-„T" den auf dem Ost- und Westufer des Pssel vorgestoßenen Feind im Raume südostw. und südwestl. Petrowka und hält die von den äußeren Flügeln erreichte Linie gegen feindliche Flankenangriffe.

Aufträge für 14. 7. 1943:

SS-„DR" baut die bisher erreichte Linie zur HKl aus. Bildung stärkerer Reserven.

Division stellt sich darauf ein, nötigenfalls Sturmgeschütze der 167. ID vorübergehend für Gegenstöße zu unterstellen.

„LSSAH" hält erreichte Linie, die auf rechtem Flügel und in der Front zur HKL auszubauen ist. Division hält sich bereit, bei Wirksamwerden des Angriffs der „T"-Division von Nordosten Feind in der linken Flanke im Zusammenwirken mit der „T"-Division zu vernichten.

SS-„T" setzt mit rechtem Flügel Angriff im Psseltal nach Nordosten fort und stößt mit möglichst starken Kräften (mindestens mit gesamter gepanzerter Gruppe) auf Höhenrücken nördl. Pssel bis Straße Beregowoje, Kartaschewka vor, erkämpft Übergang über den Pssel nach Südosten und vernichtet Feind südostw. und südwestl. Petrowka im Zusammenwirken mit „LSSAH".
Linke Flanke ist in jetziger Linie zu sichern. Enge Verbindung zur 11. Pz.-Division.

Neue Trennungslinie für Kampf und Aufklärung: SS-„DR" rechts, „LSSAH" links: Nordrand Iwanowskij Wysselok–Nordrand Storoshewoje–Südrand Jamki, dann wie bisher.

Ziele für Luftwaffe sind frühzeitig zu melden.

In den letzten Tagen sind häufig deutsche Aufklärer (He 126) von Flak-Einheiten der Divisionen

Sturmgeschütze der Division
„Das Reich" rollen vor.

Panzergrenadier
im Deckungsloch

Sturmgeschütze unterstützen
den Angriff der Grenadiere.

SS-Panzer-grenadiere gegen Panzer der russischen 5. Garde-panzerarmee

Sperrfeuer russischer Artillerie auf unsere angreifenden Panzer vom Panzerregiment 3 („Totenkopf"-Division)

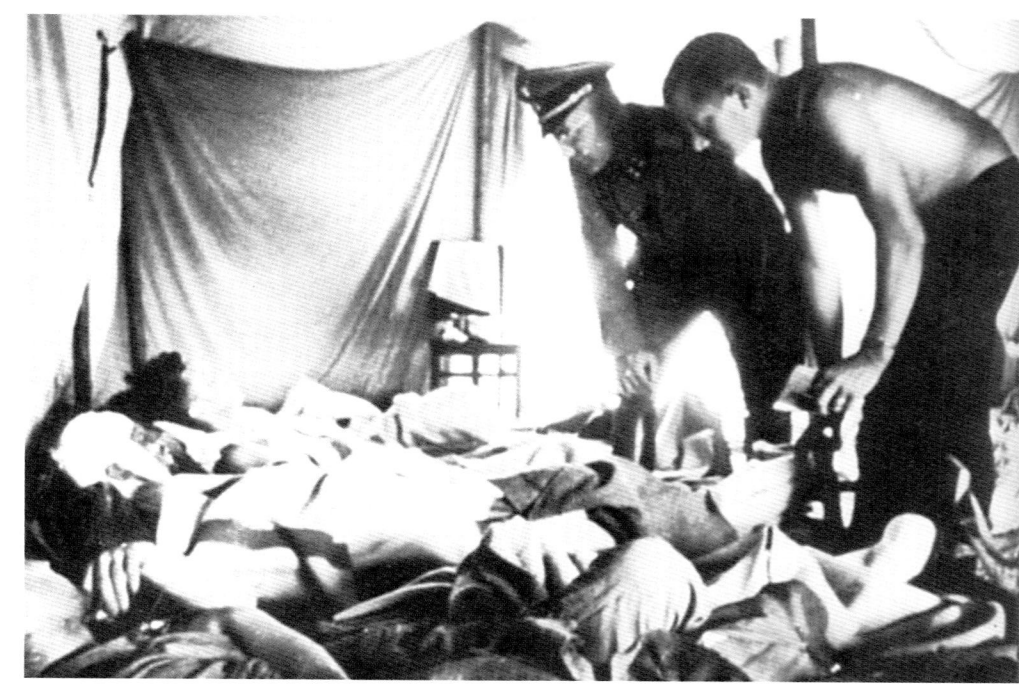

SS-Sturmbannführer Dr. Ebersam auf dem Hauptverbandplatz der „Totenkopf"-Division

Blick in einen Schützenpanzerwagen, seitlich voraus Panzer III (PK Zschäkel)

Gepanzerte Gruppen der Divisionen stehen zum Durchstoß bereit.

3-Tonner (SPW) Kanonenwagen mit 7,5-cm-Kanone rollt in die Bereitstellung (PK Weill).

Vormarsch 3. SS-Panzergrenadierdivision, Seitensicherung
durch Panzerjäger auf Selbstfahrlafette

Mit Panzerunterstützung (PK Altstadt)

Leichtes Infanteriegeschütz (PK King)

beschossen und zum Teil erheblich beschädigt worden. Die markante Form dieses Flugzeuges muß jedem Flak-Artilleristen bekannt sein. Ähnliche russische Maschinen gibt es nicht. Die Flak-Einheiten sind umgehend schärfstens zu belehren.

12. 7. 1943 – Shurawlinij Wald NW

Nachrichtenverbindungen zu den Divisionen Draht und Funk. Korpsgefechtsstand wie bisher.

Generalkommando II. SS-Pz.-Korps, Ia

22.45 Uhr von Div. „Totenkopf":
Straße Prochorowka–Kartaschewka von Pz.-Gruppe erreicht, wird über Nacht gesperrt. Verbindung nach links getrennt durch russischen Einbruch in Kotschetowka.

Feindlage:

Generalkommando II. SS-Pz.-Korps Ic
Feindlage 12. 7. 1943, Stand: 21.00 Uhr.

Feindverhalten.
Der Gegner griff am Morgen Kalinin mit Infanterie und 25 Panzern an. Gegen Jasnaja Poljana führte er einen Angriff mit 30 bis 40 Panzern, gegen Waldstück O Iwanowski–Wysselok mit 18 bis 20 Panzern, gegen Sicherungen W Storoshewoje mit Infanterie und Panzern.
Panzerangriffe aus Gegend Jamki gegen Höhe 252,2 und SW Prochorowka gegen Angriffsgruppen beiderseits Straße nach Prochorowka. W Prochorowka trat Feind mit Infanterie und 96 Panzern nach Südwesten gegen eigene Sicherungen an. Die Angriffe führten teilweise zu Einbrüchen, die unter hohen Panzerverlusten des Gegners bereinigt wurden.
Starker Feind, 2 Regimenter mit etwa 40 Panzern, griff, durch Prelestnoje, Michailowka, Andrejewka vorgehend, eigene Teile O Wassiljewka an und drang, nach Süden abdrehend, bis in Gegend N Swch. Komssomolez vor. Lage wieder hergestellt. Feindabsicht, durch Angriff von Storoshewoje Richtung Eisenbahnknie und von Norden Richtung Swch. Komssomolez eigene nach NO vorgestoßene Kräfte abzuschneiden, erkennbar.
Im Psselbogen griff der Feind am Morgen gegen eigene HKL W Kljutschi aus Norden mit starken Infanteriekräften ergebnislos an. Er wiederholte den Angriff mit Panzerunterstützung und wurde erneut abgewiesen. Der eigene Angriff wurde gegen starken Feindwiderstand bei Aussparung des Ortes Poleshajew bis Straße Prochorowka–Kartaschewka vorgetragen.
Nach Luftaufklärung sind im Raum O Iwanowka etwa 45 Panzer anzunehmen (Erdbeobachtung 75 Panzer); SO Prochorowka stellte die Truppe gegen 100 Panzer fest. Luftaufklärung meldet insgesamt 109 Panzer zwischen Prochorowka und Petrowka. An Straße Prochorowka–Kartaschewka ist nach Luftaufklärung mit etwa 60 Panzern zu rechnen.

Gefangenenaussagen und Beutepapiere.
32. Pz.Brg., XXIX. Pz.-Korps (Oberleutnant).
XXIX. Pz.-Korps zur 5. Gd.Pz.-Armee gehörend, ab 5. 7. 1943 aus Ostrogoshk nach Ssergejewka abgerückt. Dort 7. 7. 1943 (?) eingetroffen. 12. 7. 1943, 01.30 Uhr, in Prochorowka eingetroffen.
Auftrag: Mit 32. Pz.Brg. rechts der Bahn, 25. Pz.Brg. links der Bahn, 31. Pz.Brg., 53. mot. S-Brg., dahinter gestaffelt, in südwestl. Richtung anzugreifen.
Ersatz aus Gorki und Iwanow. Altersklasse der Jahrgänge: 1925–26 und Genesende. Zusammensetzung: 10 Prozent Turkvölker, 90 Prozent Russen und Ukrainer. Brigaden haben Sollstärke erreicht.
140. S-Btl., 14. Pak-Brg.
Gliederung: 2 Pz.Bü.-Kompanien, 1 MPi.Kp., 1 Schtz.Kp. Durchschnittsstärke der Kompanien: 70 Mann.
Kriegsschule Moskau vor 5 Tagen aufgelöst. Kriegsschüler als Sergeant zur Truppe.
136. Gd.SR, 42. Gd.SD. Gefangener gibt an, daß 5. Gd.Pz.-Armee die ehemalige 66. Armee sein soll.

12. 7. 1943 –
Shurawlinij
Wald NW

24. Pz.Brg.: Gefangener behauptet, der 24. Pz.Brg., XII. Pz.-Korps, 3. Armee anzugehören und bei Jamtschik (Jamki?) gefangen zu sein.

Aus Raum Swch. Komssomolez meldet der Feind seine Vorstöße in Richtung Storoshewoje am Morgen, seinen Vorstoß auf Stalinsk und auf Swch. Komssomolez. Er berichtet über deutsche Bereitstellungen bei Höhe 241,6 und bei Iwanowski-Wysselok. Am Spätnachmittag wurden deutsche Truppenbewegungen auf Winogradowka aus Iwanowskij-Wysselok und Teterewino gemeldet. Er meldet, daß Storoshewoje besetzt und der Erfolg des Gegners in Richtung Shilomostnoje erweitert wird.

Aus dem Raum Rshawez wird die Einnahme von Kasatschje und Wypolsowka durch deutsche Verbände und der Vormarsch des Gegners über den Ssewernyj Donez, Rydinka, Schipy auf Pokrowka berichtet.

Sprüche aus Raum Beresowka verzeichnen die Wiederbesetzung von Beresowka, Rakowo und Tschapajew. Die Verbände werden zu größerer Aktivität und zu weiterem Vorgehen aufgefordert.

Nachtluftaufklärung 11. 7./12. 7. erkannte zuführende Bewegungen aus dem Raum Stary Oskol, insgesamt etwa 130 Kfz. Von Korotscha 25 Kfz. nach Prochorowka und aus dem Raume Kursk 120 Kfz. Richtung Süd. Im Raum Miropolje–Szudsha starke Bewegungen von 335 Kfz., Hauptrichtung NO. Aus Raum N Kruglik 60 Kfz. Richtung Obojan, Raum Belgorod, Wolokonowka, Tschernjanka, Korotscha nur geringe Einzelbewegungen.

Gefechtsaufklärung am 12. 7. überwachte Raum ostwärts Eisenbahnstrecke Teterewino (Süd)–Pokrowka (siehe Ziffer 1). Sie erkannte Panzeransammlungen des Feindes W und NW Prochorowka und an Straße Prochorowka–Kartaschewka.

Feindverluste, Gefangene und Beute.

	„LSSAH"	„Das Reich"	„Totenkopf"	Total
Gefangene	253	47	9	309
Überläufer	–	41	6	47
Flugzeuge	1	4	–	5
Panzer	57	7	8	72
Pak	19	1	2	22
Panzerbüchsen	51	17	–	68
MG	–	13	1	14
Geschütze	–	7	–	7
MPi.	–	38	5	43
Gewehre	–	210	–	210
Granatwerfer	–	2	1	3
Kräder	–	4	–	4
Panzerspähwagen	–	1	–	1

Gesamteindruck.
Gegner beabsichtigt, eigenen Angriff mit allen Mitteln südlich des Pssel zum Stehen zu bringen. Er versucht, eigene Angriffsgruppen SW Prochorowka von ihren Verbindungen durch flankierende Angriffe zu trennen und die eigenen Kräfte nördlich des Psselbogens durch Gegenangriffe zurückzuschlagen. Er hat in den Raum W Prochorowka und nördl. des Psselbogens erhebliche Infanterie und Panzerverstärkungen herangeführt, die die Verteidigung angriffsweise führen.

Durch Luftaufklärung wurden weitere Zuführungen erkannt; S Obojan beiderseits der Straße Belgorod–Kursk sollen herangeführte Reserven die Wegnahme von Obojan verhindern. Die starken Bewegungen aus Raum Miropolje–Ssudsha deuten auf Abtransport der dort verfügbaren frontnahen Reserven zunächst nach dem Pssel-Abschnitt.

Die Heranführung der 5. Gd.Pz.-Armee läßt vermuten, daß die frontnahen Reserven N Belgorod erschöpft sind. Es ist anzunehmen, daß auch Kräfte (frontnahe Reserven) aus dem Abschnitt benachbarter Heeresgruppen abgezogen und im Raum von Kursk eingesetzt werden.

II. SS-Pz.-Korps kämpft gegen Feind in Stärke von 3 sowjet. Pz.-Korps und 3 bis 4 Schützendivisionen.

Gen.Kdo. Ic

Tagesmeldung der Armee: 12. 7. 1943 – Shurawlinij Wald NW

Beurteilung der Lage: Feind hat am 12. 7. mindestens mit Teilen von 9. Panzer- und mot. Mech.-Korps und mehreren Schützen-Divisionen einheitlich die 4. Panzerarmee auf ihrer gesamten Front angegriffen. Schwerpunkt der feindl. Angriffe gegen die beiden Flanken bei und nördlich Kalinin, westl. Prochorowka sowie westl. Werchopemje. Hierzu hat der Feind am heutigen Tage 2 Panzerkorps im Raum Prochorowka neu eingesetzt (XVIII. und XXIX.) und das X. Panzerkorps anscheinend in Gegend Nowenkoje verschoben. Alle Versuche des Feindes, die Flanken der Panzerarmee einzudrücken, wurden in schweren Abwehrkämpfen vereitelt. Teilangriffe gegen Nordflügel 167. ID, Brückenkopf der SS-Div. „Totenkopf", Nordfront XXXXVIII. Pz.-Korps und LII. AK südlich der Pena wurden abgewiesen bzw. sind Gegenstöße gegen örtliche Einbrüche noch im Gange.

Im einzelnen: Rechter Flügel 167. ID nach Überschreiten des Lipowyj Donez in Anlehnung an linken Flügel 168. ID im Angriff nach Norden. Vorstöße feindl. Infanterie aus Nepchaj und westl. Teterewino (südliches) sowie mit Panzern unterstützter Angriff gegen linken Flügel der Div. unter hohen Verlusten für den Gegner abgewiesen. Ort 2,5 km nordwestl. Roshdestwenka (Petrowkij 1:100 000) ging gegen starken Feind verloren, Maßnahmen zur Wiederinbesitznahme eingeleitet. II. SS-Pz.-Korps stand während des ganzen Tages in Abwehr heftigster, von zahlreichen Panzern mit aufgesessener Infanterie vorgetragener Angriffe. Das Korps schoß dabei am 12. 7. bisher 120 Panzer ab. SS-„Reich" wies Angriffe gegen Stellung an Eisenbahn ostw. Jasnaja Poljana ab und nahm mit linkem Flügel gegen zähen Feindwiderstand Storoshenoje. Der Feind griff die Stellungen der „LSSAH" bei Swch. 3 km westsüdwestl. Prochorowka und Höhe südostw. davon mit zahlreichen Panzern an. In hartem Kampf wurden örtliche Einbrüche bereinigt und der Feind zurückgeworfen.

Den Brückenkopf SS-„Totenkopf" bei Bogorodizkoje versuchte der Feind mit starken Kräften einzudrücken. Gegenstöße nach Nordosten und Nordwesten hatten vollen Erfolg. Gep. Gruppe zur Zeit noch im Panzerkampf auf Höhen 1 km westl. Poleshaje, Fesselungsangriffe gegen linken Flügel südl. Olchowskij scheiterten. In den Raum um Höhe 4 km westl. Werchopenje, der durch die Umgruppierung bedingt, nur schwach gesichert war, stieß Feind überraschend mit Panzern vor. 11. Pz.Div. wies einzelne Angriffe vor rechtem Flügel und Mitte der Div. ab. Gep. Gruppe 3. Pz.Div. zur Zeit im Kampf mit durchgebrochenem Panzerfeind 4 km westl. Werchopenje. Pz.Rgt. „Großdeutschland" im Kampf in Gegend Waldrand 2 km westl. Werchopenje.

Rechten Flügel LII. AK griff Feind auf 20 km Breite mit Infanterie und Panzern an. Kämpfe dort noch im Gange. Stellungen der 332. ID bei Tschapajew überrollte Feind mit 14 Panzern, Maßnahmen zu deren Vernichtung eingeleitet. Mit Panzern vorgetragene Angriffe gegen Sawidowka sowie gegen Wald westl. Korowino wurden abgewehrt. Vorübergehend in Michailowka und Potschinok eingebrochener Feind wurde geworfen und Orte in Gegenstoß wiedergenommen. Feind griff Stellungen 255. ID südwestl. Bubny an, alle Angriffe wurden abgeschlagen. Bei 57. ID ruhiger Tagesverlauf.

Luftlage: Durch Wetterlage bedingt geringe beiderseitige Fliegertätigkeit.

Vordere Linie: 167. ID: 1 km südwestl. Gostistschewo-Ssoschenkoff (einschl.)–dann unverändert.

II. SS-Pz.-Korps: SS-„Reich": Nordostecke Kalinin-Südostecke Wald Jasnaja Poljana–bis B.W. (südl.) Storoshewoje (einschl.). „LSSAH": unverändert. „Totenkopf": unverändert bis auf gep. Gruppe auf Höhe 1 km westl. Poleshajew.

XXXXVIII. Pz.-Korps: 11. Pz.Div.: unverändert bis 1 km westl. HF.

Teile „GD": 1 km südwestl. 243,0–1,5 km westl. Werchopenja–332. ID: 237,6–Westrand Beresowka–1,5 Nordrand Wald ostw. Tschapajew–Tschapajew (einschl.).

LII. AK: unverändert.

332. ID mit allen nördl. des Pena stehenden Teilen XXXXVIII. Pz.-Korps unterstellt.

Trennungslinie zwischen XXXXVIII. Pz.-Korps und LII. AK Alexejewka (LII. AK), Verlauf des Pena bis Melowoje (XXXXVIII. Pz.-Korps).

Absicht: Gem. Fernschreiben.

Wetter: Bewölkt, einzelne Regenschauer. Straßenzustand bei II. SS-Pz.-Korps schlecht, bei XXXXVIII. Pz.-Korps für alle Fahrzeuge befahrbar.

12. 7. 1943 – Besonderes: Zu Mittag Besuch Generalfeldmarschall v. Manstein.
Shurawlinij
Wald NW   Befehl über Meldewesen:

Ich habe Veranlassung, auf folgende Grundsätze des Meldewesens während des Einsatzes hinzuweisen:

1) Für die Meldeerstattung sind die Kommandeure verantwortlich. Nach ihrer Weisung geben die Adjutanten die Meldungen auf dem schnellsten, nicht auf dem bequemsten Wege an die vorgesetzten Dienststellen.

2) Neue taktische Ereignisse sind sofort zu melden. Unabhängig davon ist, auch ohne daß besonders wesentliche Ereignisse eintreten, Standort und Lage häufig zu melden. Alle Führer im Stabe unterstützen den Kommandeur, besonders in gespannten Lagen, dahin, daß das Melden nicht vergessen wird.

3) Auf jedem Gefechtsstand muß sich entweder der Kommandeur oder Adjutant oder mindestens ein taktisch geschulter, über die Lage orientierter Ordonnanzoffizier befinden, welcher Meldungen und Befehle weitergibt und klare Auskunft geben kann.
Ich verbiete, daß sich alle taktischen Führer vom Gefechtsstand entfernen und nur der Arzt, technische Führer oder Verwaltungsführer anwesend ist, dann hört jede Führung auf.
Der Kommandeur muß bei Abwesenheit vom Gefechtsstand eine sichere und schnelle Meldeverbindung zum Stabe haben. Nötigenfalls fährt der Funktrupp (Gegenstelle zur vorgesetzten Dienststelle) mit dem Kommandeur mit. Dies hat sich besonders bewährt. Der Funktrupp darf dann aber nicht einsam ins Gelände gestellt werden, ohne die Möglichkeit zu haben, empfangene Sprüche weiterzugeben.
Ist eine Nachrichtenverbindung unterbrochen, so ist sofort ein anderes Nachrichtenmittel zu verwenden. Bei Störung aller technischen Nachrichtenverbindungen ist schriftliche Meldung durch Melder oder bei wichtigen Meldungen ein Ordonnanzoffizier im Kfz. zu entsenden. Es ist falsch, die Wiederherstellung der Fernsprech- oder Funkverbindung abzuwarten, auch dann, wenn der Nachrichtenführer zusagt, die Verbindung in kürzester Zeit wiederherzustellen. Dies tritt dann in gespannten Lagen gerade nicht ein. Abwarten ist immer falsch; ein Führer muß handeln!

4) Die Truppennachrichtenmittel und die von der Division hergestellten Nachrichtenverbindungen zur Truppe müssen noch mehr ausgenutzt werden.
Jeder Führer muß zur Befehls- und Meldeübermittlung sowie zur Verbindungaufnahme mit anderen Waffen oder Nachbarn alle Möglichkeiten, wie Fernsprech- und Funkstellen anderer Truppen, Verbindungsoffiziere usw. ausnutzen. Die Notwendigkeit dieses dauernden Fühlungsuchens sowie die Aussprache mit allen anderen Dienststellen und Truppen als Voraussetzung einer straffen Führung ist von vielen Führern noch nicht erkannt. Sie muß aber Allgemeingut werden.

5) Nur wenn diese Grundsätze beherzigt werden, ist eine wendige Führung von Panzertruppen möglich. Sonst werden notwendige Maßnahmen zu spät getroffen und Erfolge nicht ausgenutzt, sofern nicht sogar Rückschläge dadurch eintreten.
Dieser Befehl ist allen Kompanieführern bekanntzugeben.

Hausser

An Divisionen und Korpstruppen:
Straße Belgorod, Kursk, vor allem Gegend Krapiwinskije Dwory, in der kommenden Woche, besonders in der Zeit vom 17. bis 19. 7., durch russische Minen und geballte Ladungen mit elektro-chemischen Langzeitzündern gefährdet. Gesamten Verkehr in dem genannten Zeitraum neben Straße verlegen.

Wetter: Trübe, starke Regenschauer, die die Versorgung der kämpfenden Truppe erheblich beeinträchtigen.

In den Abendstunden des 12. 7. stößt die gepanzerte Gruppe der Div. „Totenkopf" trotz starker feindl. Flankenbedrohung und im Kampf mit feindl. Panzerkräften bis an die Straße Beregowoje, Kartaschewka vor und sperrt diese. In den frühen Morgenstunden des 13. 7. müssen diese Teile jedoch wegen einsetzender starker feindlicher Gegenangriffe von Norden in den erweiterten Brückenkopf zurückgenommen werden, um die Panzerkräfte als bewegliche Reserve zur Verfügung zu haben.

Das Korps hat am 13. 7. seine Stellungen gegen feindl. Gegenangriffe mit Schwerpunkt auf linkem Flügel zu verteidigen. Die Absicht des Gegners, den Brückenkopf nördl. Prochorowka zu zerschlagen, ist klar erkennbar. Neuartig gegenüber den Vortagen ist das Hereinwerfen starker Infanteriekräfte beim Feind, die er rücksichtslos gegen unsere Linien anrennen läßt, während die in nicht mehr so großer Zahl auftretenden Feindpanzer, etwas zurückgehalten, den Angriff der Infanterie unterstützen.

Nach feindl. Aufklärungsvorstößen in den frühen Morgenstunden hat „LSSAH" einen aus Prochorowka rittlings der Straße geführten, von Panzern unterstützten Rgt.-Angriff des Feindes abzuwehren. Die mit Morgengrauen beginnenden starken Feindangriffe aus den Balkas ostw. Wesselyj von der Höhe nordostw. und aus dem Orte steigern sich während des Tages bis zu Rgts.-Angriffen mit Unterstützung von 30 Panzern. Der letzte Angriff führt gegen 17.00 Uhr zu einem Einbruch in unsere Stellungen, der um 18.15 Uhr abgewehrt ist.

Auf Grund der Feindlage auf dem linken Flügel wird die ursprüngliche Absicht, entlang des Pssel-Nordufers zum umfassenden Angriff gegen Prochorowka anzusetzen, aufgegeben und der Korpsschwerpunkt auf den rechten Flügel verlegt. Div. „Das Reich" erhält Befehl, durch Angriff zunächst über Iwanowka in ostw. Richtung und dann entlang des Höhenzuges nach Nordosten vorzustoßen und Praworot anzugreifen. Durch ein vorbereitendes örtliches Unternehmen des linken Flügels der Division zur Schaffung günstiger Ausgangsstellungen für den Angriff wird hart nördl. Iwanowka bis an den Bachgrund vorgestoßen und das Waldstück hart nordwestlich des Ortes genommen.

Aus diesem Raum soll am 14. 7. frühzeitig mit gleichem Ziel weiter angetreten werden.

13. 7. 1943 –
Shurawlinij
Wald NW

Einzelheiten:
05.00 Uhr. Übereinstimmend melden die Divisionen ruhigen Verlauf der Nacht. Rege feindl. Fliegertätigkeit.

06.00 Uhr. Morgenmeldung an die Armee:

1. Die Nacht verlief in allgemeinen ruhig. Feindliche Fliegertätigkeit in der Nacht mit Bombenwürfen.
2. Absichten wie gemeldet. Sonst keine Vorkommnisse.

08.00 Uhr. Flivo-Meldung:
Durch Luftaufklärung wurden insgesamt ca. 120 Feindpanzer festgestellt. Schwerpunkt im Psselabschnitt bei Petrowka.
08.30 Uhr von Div. „Das Reich":
Feindangriff in Btl.-Stärke erzielte örtlichen Einbruch bei Jasnaja Poljana, der im Gegenstoß bereinigt wurde.

08.45 Uhr. Morgenmeldung von der Armee:

167. ID: Nach Wiederinbesitznahme von Petrowkij in den Abendstunden des 12. 7. gelang Feind erneuter Einbruch in Ostteil des Ortes, sonst keine besonderen Kampfhandlungen.
II. SS-Pz.-Korps: Bei SS-„Das Reich" und „LSSAH" ruhiger Verlauf der Nacht. SS-„Totenkopf" gelang noch in den späten Abendstunden Erweiterung des Brückenkopfes Bogoroditzkoje und Vorstoß bis an die Straße Prochorowka, Kartaschewka. Wassiljewka und Andrejewka wurden genommen.

13. 7. 1943 – *XXXXVIII. Pz.-Korps: Bei 11. und 3. Pz.Div. Verlauf der Nacht ruhig. Kampf gepanzerter Gruppe*
Shurawlinij *der Pz.Gren.Div. „Großdeutschland" um Höhe 4,5 km westl. Werchopenje hält an. Gegen Beresowka*
Wald NW *vorgetragene Angriffe wurden von 332. ID abgeschlagen. Wechselvolle Kämpfe mit feindl. Infanterie im*
Raum Rakowo–Tschapajew.

LII. AK: Angriff in Batl.-Stärke gegen Sawidowka sowie bei 57. ID. 10 Feindspähtrupps abgewiesen.

Luftlage: Insgesamt 150 Feindeinflüge. Schwerpunkt bei „LSSAH".

Pz.AOK 4, Ia

09.15 Uhr von Div. „Das Reich":
Vereinzelte feindl. Angriffe dienen anscheinend zur Verschleierung einer allgemeinen Absetzbewegung nach NO, die durch Augenbeobachtung festgestellt wurde.

10.00 Uhr von Div. „Totenkopf":
Pz.-Gruppe wurde von der Straße Prochorowka–Kartaschewka wieder hinter Höhe 226,6 zurückgezogen. Bei russ. Angriff von Wesselyj nach S längs des Bachgrundes mit Pz.-Unterstützung erfolgte örtlicher Einbruch.

10.55 Uhr. Angriff in Rgts.-Stärke vom Ostteil Wesselyj nach Süden.

11.00 Uhr von Div. „Totenkopf":
Einbruch bereinigt. Eigener Angriff auf Andrejewka 200 m vor Ostrand.
Stugesch.Abt. wurde zur Verstärkung der AA zum linken Flügel geführt. Aus Ilinskij dauernd Angriffe mit starker Art.- und Salvengeschützunterstützung. Feindl. Einbruch im Bachgrund von Kotschetowka.

11.15 Uhr. Nach Orientierung der Armee über Lage und auf Vorschlag Chef fernmündl. durch Chef des Stabes der Armee an Chef des Stabes II. SS-Pz.-Korps folgender Armeebefehl: Unter Zurückstellung der Schwerpunktbildung links greift II. SS-Pz.-Korps mit möglichst starken Kräften Feind vor rechtem Flügel an, rollt feindl. Stellungen vor Div. „Das Reich" auf und nimmt das Höhengelände SW Praworot und den Ort Praworot.
Der Befehl wird sofort an die Divisionen weitergegeben.

11.23 Uhr von Div. „Totenkopf":
11. Pz.Div. ist im Ssajotinkaabschnitt zum Gegenstoß angetreten.

12.15 Uhr von „LSSAH":
Dauernd unbedeutende Feindangriffe.

12.35 Uhr. Funkspruch an Div. „Das Reich":
(Leitung gestört.) Wann ist Angriffsbeginn beabsichtigt?

13.15 Uhr fernmdl. von Div. „Das Reich":
Antreten voraussichtlich 14.30 Uhr. Es wird gebeten, daß 167. ID mit linkem Flügel bis zum Bahndamm 2 km südl. Belenichino mit vorgeht, und um Luftaufklärung vor gesamten Abschnitt.
Für 14.00 Uhr wird bei VIII. Flieger-Korps Unterstützung angefordert. Stukaeinsatz ist wegen schlechtem Wetter nicht möglich, Schlachtflieger werden zugesagt.

13.50 Uhr von Div. „Totenkopf":
Neuer Gefechtsstand Div. „Totenkopf", ab 15.30 Uhr Nordostecke Mal. Majatschki.

13.15 Uhr von Div. „Totenkopf":
Sehr starker Fahrzeugverkehr von Prochorowka nach Petrowka und Beregowoje.

13.25 Uhr an 167. ID:
Bitte um gemeinsames Antreten mit Div. „Das Reich" bis zum Bahndamm.
167. ID sagt zu und will alles Nähere mit Div. „Das Reich" vereinbaren.

13.50 Uhr von „LSSAH":
Ab 12.00 Uhr Angriff aus Prochorowka längs der Rollbahn mit je einem Rgt. rechts und links der Straße. Glatt abgewiesen.

14.00 Uhr von 167. ID:
Keine Verbindung mit Div. „Das Reich". Daraufhin Funkspruch an Div. „Das Reich":
Rechter Nachbar schließt sich an, wann Unterstützung durch schw. Waffen und einige Sturmgeschütze möglich. Rückantwort.

15.00 Uhr von Div. „Das Reich":
Erneute Bewegungen nach N und NO werden festgestellt.

15.50 Uhr von Div. „Das Reich·":
Wegen Geländeschwierigkeiten wird erst ein Vorangriff geführt, um Gelände bis zum Bahndamm als günstiges Ausgangsgelände zu gewinnen.

16.00 Uhr von VIII. Flieger-Korps:
1 Geschwader Kampfflugzeuge fliegt bewaffnete Aufklärung im Raum südl. Prochorowka, um Rückzugsbewegungen des Gegners zu stören.
III. Pz.-Korps meldet Rückzugsbewegungen vor gesamtem Korpsabschnitt.

16.15 Uhr von Div. „Totenkopf":
Seit 15.45 Uhr Feindangriff in Rgt.-Stärke aus Wesselyj gegen Höhe 226,6.
Aufgefangener Funkspruch (russ.):
Brückenkopf auf alle Fälle eindrücken.

17.25 Uhr von Div. „Totenkopf":
Angriff von 15.45 Uhr erzielte örtlichen Einbruch nordwestl. Höhe 226,6. Dringend Hilfe erbeten. Starke feindl. Infanterie.

17.00 Uhr. Tagesmeldungen:

13. 7. 1943 –
Shurawlinij
Wald NW

„LSSAH":

Nach ruhig verlaufener Nacht erfolgte um 05.30 Uhr ein Aufklärungsangriff in Stärke von 2 Kpn. entlang der Straße Prochorowka–Teterewino. Diesem folgte um 12.30 Uhr ein Angriff in Rgt.-Stärke, mit starker Art.- und Schlachtflieger-Unterstützung, der um 12.40 Uhr im zusammengefaßten Feuer des AR „LSSAH" und der schweren Inf.-Waffen zusammenbrach.
Der vom Korps befohlene Panzerangriff wurde um 10.30 Uhr abgebrochen, da der Feind auf dem Nordhang (Hinterhang) erhöhend hart südl. Klch. Oktjabrskij eine breite Panzer- und Pakfront gebaut hatte, die den Kamm der Höhe vollkommen beherrschte. Eine Umgehung war infolge des durchschnittenen Geländes nicht möglich.
Feindeindruck: Der Feind gräbt sich in der Linie Jamki–Westrand Kolch. Oktjabrskij–Südrand ein und vermint das Gelände hart ostwärts von Kolch. Oktjabrskij. Er verfügt über sehr starke leichte und mittlere Art., die teilweise mit schwerer Art. durchsetzt ist. Zahlreiche Salvengeschütze sind aufgetreten. Die nunmehr aufgetretene Infanterie ist wesentlich härter als die bisher gegenübergestandenen Kräfte.
Luftlage: Rege feindl. Kampf- und Schlachtfliegertätigkeit. Schwache eigene Luftwaffen-Unterstützung.

Ostrand Storoshewoje–Ostrand des Waldes nördl. davon–Südost- und Nordrand 252,2–bis 1,5 km nördl. der Höhe 241,6 (2 km nördl. Iwanowskij Wysselok).

Halten der erreichten Linie.

Trübe, starke Regenschauer, die die Versorgung der kämpfenden Truppe erheblich beeinträchtigen.

Div. „Das Reich":

Im Abschnitt der Div. rege eigene Aufklärungstätigkeit. Art.-Störungsfeuer schw. Kalibers auf dem gesamten Abschnitt und ins Hintergelände.
07.00 Uhr griff Gegener II./„DF" mit Infanterie und 7 Panzern an. Der Angriff wurde abgeschlagen.

13. 7. 1943 – Shurawlinij Wald NW	*Durch Beobachtung wurden rückläufige Bewegungen des Gegners nach Nordosten festgestellt, die von Panzern gedeckt wurden. Im Raum Praworot wurden Feindbewegungen nach NO erkannt.* *Auf Grund der Feindlage entschloß sich die Div. mit der gepanzerten Gruppe dem Gegner über Belenichino–Iwanowka nachzustoßen, um das Höhengelände südwestlich Praworot zu erreichen.* *Der geplante Angriff mußte wegen Geländeschwierigkeiten geändert werden.* *Neuer Ansatz:* *I./„DF" rollt Feindstellungen entlang der Bahn aus Gegend BW südlich Iwanoswkij–Wysselok bis hart nördlich Belenichno auf.* *III./„D" schwenkt mit Drehpunkt linkem Flügel bis zum Osthang der Höhe westlich Winogradowka und nimmt Anschluß an I./„DF".* *Nach Wegnahme dieses für den Pz.-Ansatz notwendigen Gelände nach Erkundung Panzervorstoß über Winogradowka auf die Höhen südwestlich Praworot.* *Feindliche Fliegertätigkeit rege. Mehrere Angriffe mit Bomben und Bordwaffen im Raum hart nördlich Lutschki-Nord.* *Vorstoß der gepanzerten Gruppe zur Wegnahme des Höhengeländes um Praworot.* *Trübe, bewölkt und kühl, nachmittags Regenschauer. Straßen durch Regen leicht aufgeweicht.* *1 versprengter Russe mit Gewehr und Tornister beschoß 03.15 Uhr die Posten bei der Führungsstaffel. Er entkam. Es wird angenommen, daß es sich um ein Bandenmitglied (Funkgerät?) handelt.*

Div. „Totenkopf":

Während des ganzen Vormittags laufend Angriffe russischer Infanterie und Panzer vorwiegend im Abschnitt Rgt. „Totenkopf".
Im Abschnitt Rgt. „E" 09.45 Uhr Angriff 8 feindl. Panzer. 10.45 Uhr Angriff in Btl.-Stärke.
Luftlage: Rege eigene und feindl. Tätigkeit.
Nachmeldung: 2 Abschüsse von IL 2 am 12. 7. 1943.
Div.Gef.-Stand ab 16.00 Uhr Nordwestrand Mal. Majatschki.
Verteidigung in alter Linie.
2 Kp. der Pz.Jg.Abt. gelang es innerhalb 20 Min. 38 Panzer abzuschießen.
Bedeckt, vereinzelte Regenschauer; Straßen teilweise stark aufgeweicht.

17.30 Uhr an VIII. Flieger-Korps:
Zur Unterstützung Div. „Totenkopf" dringend von Div. „Das Reich" Kampfflugzeuge für den Brückenkopf abzweigen. Dies wird veranlaßt.
18.00 Uhr. Orientierung an 167. ID.
18.15 Uhr. Von VIII. Flieger-Korps:
Luftaufklärung bestätigt nicht die beobachteten Absetzbewegungen.
18.45 Uhr von Div. „Totenkopf":
Einbruch bereinigt. Alte HKL besetzt. Eigene Luftwaffe bis jetzt noch nicht eingegriffen.

19.00 Uhr. Tagesmeldung an die Armee:

Feind versuchte mit starken Infanterieverbänden, die von zahlreichen Panzern begleitet waren, sowohl die Front der „LSSAH", vor allem aber den Brückenkopf der SS-„T"-Division mit Unterstützung zahlreicher Panzer einzudrücken. Auffällig ist das Auftreten vermehrter Infanterie gegenüber der ersten Woche.
Rege feindliche Fliegertätigkeit. Die Tätigkeit der eigenen Luftwaffe ist durch das schlechte Wetter gehemmt.
Rechter Flügel SS-„DR" in der bisherigen Stellung; linker Flügel im Einschwenken nach Südosten als Vorbereitung des Angriffs nach Osten. Stellungsverlauf der „LSSAH" unverändert der SS-„T"-Division Höhe hart westl. Nordostausläufer von Poleshajew–Südostausläufer der von Wesselyj nach Osten führenden Balka–Südostrand der von Wesselyj nach Südosten laufenden Balka–Häusergruppe 700 m

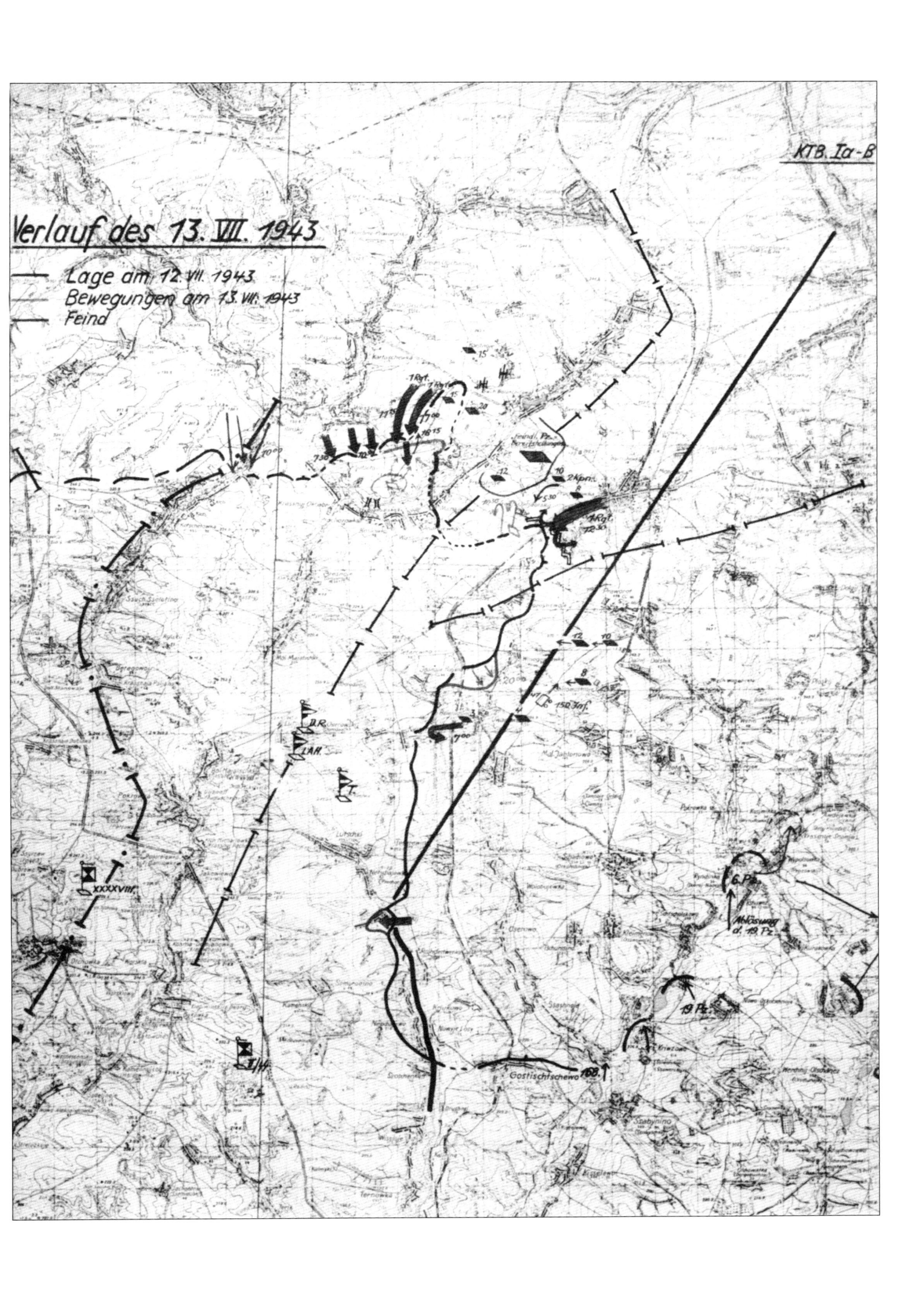

Verlauf des 13. VII. 1943

— Lage am 12. VII. 1943
— Bewegungen am 13. VII. 1943
— Feind

KTB. Ia-B

größere Pz. Ansamml.
teilweise im Kampf nachm.
im Kampf 15.00
11. Pz.
3. Pz.
Prochorowka
starke Pz. Kräfte (ca 100-150) nachmittags
teilw. durch Stuka angegriffen
Rakitnoje
Tomarowka
Krjukowo
Chotmysk
Borissowka
Belgorod
Graiworon
Schebekino
Woltschansk
Murom
Ternowaja
Bogoduchoff
Dergatschi
Tscherkasskaja
Olschanny
CHARKOW
Ljubotin
Ossnowa
Tschugujew
Petschenegi
Walki
V+U5
U5

Russische Artillerie
zwingt in Deckung

Unsere 15-cm-Werfer
im Schwerpunkt

Befehls-Panzer zwischen abgeschossenen Kampfwagen der Roten Armee
aus amerikanischer Pacht- und Leihlieferung

SS-Panzerregiment 3 der „Totenkopf"-Division
schießt in der Bereitstellung russischen Schlachtflieger ab.

nordostw. Kljutschi–von dort wie bisher. Zur Zeit örtlicher Einbruch mit Infanterie und Panzern im rechten Abschnitt SS-„T".
Gefechtsstand SS-„T" ab 13. 7. 1943, 16.00 Uhr, Nordwestrand Mal. Majatschki.
Der SS-Untersturmführer Hans Mennel, Zugführer 6./SS-Pz.Rgt. „Das Reich", schoß mit seinem Panzer VI an der Spitze seines Zuges durch schnelles, entschlußfreudiges Zupacken und über seine Aufträge hinausgehend, am 7. 7. im Raume Kalinin–Teterewino–Lutschki 8, am 8. 7. bei Gresnoje 10 und am 12. 7. im Abschnitt Kalinin–Jasnaja Poljana 6 Feindpanzer ab und trug dadurch entscheidend zur Bereinigung feindlicher Panzereinbrüche bei.
Bewölkt, zeitweise Regen. Straßenzustand infolge Regen schlecht.

13. 7. 1943 –
Shurawlinij
Wald NW

19.30 Uhr von Div. „Das Reich":
Wäldchen 1,5 km nördl. Iwanowka genommen. Feind: Hauptsächlich Infanterie, wenig Panzer. Alle Wege versumpft. Für nächsten Tag dieselbe Absicht. Um 04.00 Uhr Antreten beabsichtigt.

21.00 Uhr. Auftrag der Armee für 14. 7.:

II. SS-Pz.-Korps setzt am 14. 7. mit Tagesanbruch mit SS-Div. „Reich" den heute begonnenen Angriff über Linie Iwanowka–Winogradowka fort, gewinnt die Straße bei Praworot, dreht alsdann nach Norden ein und greift den Feind im Raum Prochorowka in seiner Flanke an.
Die Mitte des II. SS-Pz.-Korps hat sich diesem Angriff, sobald es die Lage gestattet, anzuschließen. Im übrigen hält das Korps seine Stellungen.
167. ID hält sich bereit, auf Befehl der Pz.-Armee mit dem Nordflügel sich dem Angriff des II. SS-Pz.-Korps anzuschließen.

Der Oberbefehlshaber, gez. Hoth

22.00 Uhr. Aufträge an die Divisionen:

Aufträge für 14. 7. 1943:
1. SS-„DR" setzt den am 13. 7. 1943 begonnenen Angriff über die Linie Iwanowka–Winogradowka fort, nimmt die feindlichen Stellungen auf dem Ostufer dieses Abschnittes und tritt nach Vorziehen des Panzer-Regiments zum Angriff auf Praworot an. Erstes Angriffsziel Praworot. Division stellt sich darauf ein, wenn möglich in einem Zuge weiter auf Prochorowka durchzustoßen und es überraschend zu nehmen. 167. ID ist über Art des Angriffs gegen Iwanowka zu orientieren, damit sie sich mit linkem Flügel anschließen kann.
2. „LSSAH" hält zunächst jetzige Linie und stellt sich darauf ein, mit rechtem Flügel über Jamki auf Prochorowka vorzustoßen, sobald der Angriff der Division „DR" über Praworot auf Prochorowka wirksam wird.
3. SS-„T" hält ihre jetzige Stellung gegen jeden Angriff.
4. Es sind am 13. 7. im Raume des Korps insgesamt 3 Aufklärer (He 126) durch eigenen Beschuß beschädigt worden. VIII. Flieger-Korps lehnt bei nochmaliger Beschießung der Aufklärer einen weiteren Einsatz ab. Dieses ist der Truppe umgehend bekanntzugeben. Verstöße sind als Ungehorsam zu bestrafen.
5. Nachrichtenverbindungen Draht und Funk, Korpsgefechtsstand wie bisher.

Generalkommando II. SS-Pz.-Korps, Ia

Besonderes: Unterstellungen je eines Kommandos mit Rampengerät von der Brückenkolonne J 840 wird aufgehoben.

Feindlage 13. 7. 1943, Stand: 21.00 Uhr.
Feindverhalten.
Feind setzte sich vor der Front im Abschnitt Kalinin–Jasnaja Poljana ab und ging bis Osthang Bahndamm zurück. Panzervorstoß S Belenichino mit 4 Panzern zum Decken der Absetzbewegungen wurde abgewiesen. Infanterie-Vorstoß aus Richtung O Winogradowka auf Storoshewoje ebenfalls abgewiesen.

13. 7. 1943 – Shurawlinij Wald NW	*Starkes Art.-Feuer mit größeren Kalibern (12,2) bei Kalinin und auf Raum hart N Jasnaja Poljana sowie auf Rollbahn und Waldstücke W Rollbahn.* *Erdbeobachtung stellte gegen Mittag Feindbewegungen und dichte Kolonnen auf Straße Schachowo–Praworot und Belenichino–Praworot Richtung Nord fest. Gegen Abend Ansammlung von 15 bis 20 Panzern Raum Leski–Iwanowka erkannt. Bereitstellung eines Btl. im Raum W Schachowo.* *Beiderseits der Rollbahn und hart NW Swch. Oktjabrski hat Gegner eine starke Pak- und Panzerfront aufgebaut. Ein mit starken Inf.-Kräften beiderseits der Rollbahn aus Prochorowka geführter Angriff unterstützt durch starkes Art.-Feuer, wurde um 13.00 Uhr abgeschlagen. In der Schlucht W Prochorowka und Pssel Ansammlung von 60 Panzern erkannt.* *Der Gegner richtete starke Angriffe mit Panzerunterstützung aus Raum Prelestnoje nach Nordwesten auf rechten Flügel des Psselbrückenkopfes sowie mit 15 Panzern aus Richtung Höhe 236,7 auf Raum N Andrejewka. Dabei gelang ihm vorübergehend ein Einbruch in den Brückenkopf. Desgleichen führte der Feind aus dem Raum Wessely starke Angriffe gegen Westteil des Psselbrückenkopfes unter Einsatz von 60 Panzern und 2 Schützenregimentern.* *Nach Luftaufklärung sind im Abschnitt zwischen Pssel und Straße nach Prochorowka etwa 160 Panzer, im Psselbogen selbst etwa 90 Panzer anzunehmen.* *Erdbeobachtung erkannte lange Kolonnen auf Straße Prochorowka–Kartaschewka Richtung Nordwesten.*

Gefangenenaussagen.

Gefangener gibt an, daß 5. Gd.-Armee die ehemalige 66. Armee sein soll.

22. (Stalingrader) Gd.Pz.Brg. (Unterleutnant).

Brigadekommandeur: Oberst Koschelew.

KG: Generalleutnant Krawtschenko.

Gliederung: (mot. S-Btl., 22. Gd.Pz.Brg.): 2 Schützen-Kompanien, 1 Panzerbegleit-Kompanie, ausgerüstet mit MPi.

FPN. Brigadestab: 59 801 N.

KG XXXI. Pz.-Korps: Generalmajor Kriwoschejew (? da Wechsel).

An Eisenbahn Moskau–Gorki bei Kosterowshije (30 km vor Wladimir) Panzerlager. Dort Lehrbrigade. In Noginsk finden ständig Neuaufstellungen statt. Das Lager befindet sich im Walde bei Dorf Molsino. Große Brennstoff- und Munitionsläger 1 km SO Rjabkobi–Dwory (50 bis 60 km S Obojan). Zum Walde Flugplatz Obojan, dort NW des Ortes Trubesch. Die Übungsflugzeuge sollen zum Teil auf der Straße und dem großen Platz im Ort landen.

11. mot. Brg. (I. mot. S-Btl.).

Brg.Kdr.: Oberst Borotkin.

Am 8. 7. erhielt das I. mot. S-Btl. den Befehl, in den Raum von Prelestnoje–Michailowka zu rücken, um N Prochorowka Verteidigungsstellung zu beziehen, da hier ein deutscher Panzerdurchbruch erwartet wurde.

VN.

Aus dem Raum Komssomolez meldet der Feind deutsche Truppenbewegungen in Storoshewoje und Staatsgut Stalinsk, starkes Artillerie- und Granatwerferfeuer aus Jasnaja Poljana und heftigen Kampf in Raum NW Stalinskij. Der Raum Winogradowka wird feindfrei gemeldet.

Raum O Straßenknie SW Prochorowka:

07.19 Uhr: Etwa 1 Btl. Inf. und 14 Panzer im Staatsgut Stalinsk. Bereiten Sie sich zur Abwehr vor.

07.21 Uhr: 10 Panzer und etwa 1 Btl. Infanterie in Storoshewoje.

07.25 Uhr: Der Gegner führt gegen unsere Kampfordnung starkes Art.- und Granatwerferfeuer von Jasnaja Poljana. Die „Tiger" führen den Kampf. O Jasnaja Poljana starke Befestigungen des Feindes. In der rechten Flanke durchbrochene Stelle, in der linken Flanke ist niemand. An der Stelle des Zwischenraumes sind keine Kämpfe. Links ist Verbindung hergestellt.

07.30 Uhr: Der Feind geht in Stärke bis zu 2 Btl. Inf. und 14 Panzern auf Storoshewoje und den Sowchos Stalinsk.

09.15 Uhr: Der Raum Winogradowka ist feindfrei. Wir beschäftigen uns mit Befestigungsbau.
09.18 Uhr: Im Bezirk Staatsgut Stalinsk 14 Panzer und ungefähr 1 Btl. Infanterie. In Storoshewoje 10 Panzer und ungefähr 2 Btl. Infanterie.
10.53 Uhr: Bis 30 Panzer des Gegners gehen zum Angriff bei Storoshewoje auf Praworot. Führe Kampf.
17.10 Uhr: 1 km W Storoshewoje 14 Feindpanzer. Im Walde S Stalinsk 12 Feindpanzer. Von Süden längs der Eisenbahn bis zum südlichen Wald aus Storoshewoje befindet sich Infanterie, ungefähr in Kp.-Stärke auf dem Marsch.
Raum Psselbrückenkopf.
11.00 Uhr: Auf Höhe 226,6 sind 40 Panzer zusammengezogen. Ich bitte um Art.-Feuer.
11.35 Uhr: SW Höhe 226,6 hat sich der Gegner konzentriert. W dieser Höhe, wie mir ein Offz. sagte, befinden sich 20 „Tiger"-Panzer. Die Einheit befindet sich NW dieser Höhe. Wir unterstützen die Inf., die die Höhe angreift.
Antwort: Euch werden 3 Batterien geschickt.
13.23 Uhr: Wieviel große Panzer sind da und wo befinden sie sich augenblicklich?
Antwort: Ungefähr 20 große Panzer sind auf der Höhe 226,6 auf ihren ostwärtigen und südlichen Abhängen. Unsere Panzer führen das Feuer gegen sie.

Luftaufklärung.
a) Nachtluftaufklärung 12. 7./13. 7. erkannte am Abend des 12. 7. W Prochorowka 120 Panzer sowie eine größere zuführende Bewegung von Bahnhof Kriwzowo (13 km O Obojan), 200 Kfz. Richtung Süden, auf Straße Stary Oskol–Prochorowka wurden 40 Kfz. in westl. Richtung festgestellt.
b) Gefechtsaufklärung überwachte am 13. 7. Raum ostw. Eisenbahnstrecke Teterewino (Süd)–Prochorowka–Kartaschewka. Sie erkannte Panzeransammlungen des Feindes O Belenichino, N und NW Prochorowka sowie im Psselbogen NO Wessely. (Vergleiche Ziffer 1 – Feindverhalten –).

Feindverluste, Gefangene und Beute.

	„LSSAH"	„Das Reich"	„Totenkopf"	Total
Gefangene	644	31	293	968
Überläufer	156	15	20	191
Flugzeuge	4	8	2	14
Panzer	185	3	61	249
Pak	38	1	5	44
Panzerbüchsen	52	15	9	76
MG	20	24	25	69
Geschütze	9	5	–	14
LKW	–	1	–	1
Traktoren	–	1	–	1
Beutepanzer	1	–	–	1
Panzerspähwagen	1	–	–	1
Granatwerfer	2	58	2	62
Gewehre	10	305	121	436
MPi.	–	156	61	217

Gesamteindruck.
Gegner versucht, eigenen Angriff in Linie Prochorowka–Psselbogen zum Stehen zu bringen. SW Prochorowka verhielt sich der Feind nach den im Vortage erlittenen hohen Verlusten ruhig. Nördlich des eigenen Brückenkopfes im Psselbogen trifft er nach den bisher erfolglosen Angriffen weitere Vorbereitungen zu größeren Angriffen. Mit schweren Kämpfen im Brückenkopf ist daher zu rechnen.
Ob der Feind seine ursprünglich im Raum SW Prochorowka stehenden Panzer auf den gesamten Kampfabschnitt zwischen Prochorowka und Wessely verteilt hat oder ob nördl. des Brückenkopfes ein neuer Panzergroßverband eingetroffen ist, ist noch unklar. Die neu festgestellte 24. Pz.Brg. und die durch Luftaufklärung erkannte Panzerzahl deuten auf Anwesenheit eines weiteren Pz.-Korps (V. Pz.-Korps?).

Generalkommando II. SS-Pz.-Korps, Ic

13. 7. 1943 –
Shurawlinij
Wald NW

13. 7. 1943 – Shurawlinij Wald NW

Tagesmeldung der Armee vom 13. 7. 1943:

Beurteilung der Lage: Feind hat seine Angriffe gegen die Ostflanke der Pz.-Armee heute nicht wiederholt. Von der Erdbeobachtung festgestellte Ausweichbewegungen aus dem Raum Leski nach Norden und Nordosten wurden aus der Luft nicht bestätigt. Gegen die Nordfront hat der Feind heute nur starke infanteristische Angriffe geführt. Es ist möglich, daß die bisher bei Prochorowka festgestellten Panzerkräfte in den Raum ostw. Kartaschewka verschoben sind, wo Luftaufklärung neu etwa 80 Panzer feststellte.

Mit Fortsetzung der starken Angriffe gegen den Brückenkopf unter vermehrtem Einsatz von Panzern wird daher gerechnet. Die Nordfront griff der Feind im wesentlichen nur mit Infanterie an, einheitliche Führung dieser Angriffe ist nicht zu erkennen gewesen. Bei Orlowka 60 bis 70 Panzer. In der Westflanke weiter starke Feindkräfte mit Panzern, hier ist mit einem bevorstehenden Angriff zu rechnen. Über das Feindverhalten vor der Front der auf 60 km Breite stehenden 57. ID hat die Pz.-Armee kein klares Bild. Auch schwächeren Feindangriffen sind die hier stehenden Kräfte nicht gewachsen.

Im einzelnen: 167. ID nahm gegen schwächeren Feindwiderstand gesamtes Westufer des Lipowyj Donez in Besitz. Der in Petrowskij eingebrochene Feind wurde geworfen. Der Ort ist fest in eigener Hand. Rechter Flügel der Div. hat Anschluß an linken Flügel. 168. ID.
Umgruppierung II. SS-Pz.-Korps war wegen grundloser Wege und schlechter Übergangsverhältnisse über den Pssel bei Bogorodiznoje nicht möglich. Das Korps stand während des Tages in Abwehr starker Inf.-Angriffe, unterstützt von einzelnen Panzern. Bei SS-„Reich" Abwehr eines feindlichen Angriffs vor rechtem Flügel. Die Div. trat 14.30 Uhr zum Angriff nach Osten an und hat bei Einbruch der Dunkelheit den Bachgrund in Linie Iwanowka–Winogradowka gewonnen und die dort befindlichen feindl. Stellungen durchbrochen. „LSSAH" wies mehrere Angriffe bis zu Rgts.-Stärke an Straße Prochorowka–Teterewino ab. Verbleib der am Morgen gemeldeten 60 Feindpanzer ungeklärt. Wachsendem Feinddruck wich vorgestoßene Gruppe SS-„Totenkopf" auf Höhen nordwestl. Poleshajew aus. Nach Südwesten und Süden aus Wesselyj ebenso wie aus Olchowskij nach Süden geführte Angriffe wurden abgeschlagen. Feind setzte seinen Angriff an der Einbruchstelle bei XXXXVIII. Pz.-Korps bis auf Inf.-Vorstoß in den Nachmittagsstunden heute nicht fort. Abwehr von Angriffen in Rgt.-Stärke vor rechtem und linkem Flügel bei 11. Pz.Div. Zur Zeit läuft auf breiter Front ein Angriff ostw. der Straße Obojan, Nowasselowka. Bei 3. Pz.Div. und Pz.Gr.Div. „Großdeutschland" ruhiger Tagesverlauf. Gepanzerte Gruppen im Vorgehen in Bereitstellungsräume nordostw. und südw. Beresowka. In die Stellungen 332. ID bei Höhe 1,5 km nördl. Beresowka drang Feind mit einzelnen Panzern ein, eigene Truppe wich auf Nordrand Beresowka aus. In den Nachmittagsstunden Angriff des Feindes aus Gegend Wald 2 km nordwestl. Beresowka wurde im Verein mit dem aus der Flanke angreifenden Pz.Rgt. der 3. Pz.Div. abgewiesen und Höhe 1,5 km nördl. Beresowka wiedergewonnen. Feind in Stärke von 2 Rgtrn. wurde zerschlagen, zahlreiche Gefangene eingebracht.

Bei III. AK im allgemeinen ruhiges Feindverhalten. Bei 255. ID Abwehr eines Feindangriffes in Btl.-Stärke gegen Stellungen an Wald nordostw. Bubny. Feindvorstoß bei Trefilowka von 57. ID zurückgeschlagen. Geringe Feindfliegertätigkeit.

Vordere Linie (1 zu 100 000): 167. ID: Ostrand Wissloje–Sicherung Drushnyj–Brückenkopf Ssoschenkoff–Nowyjelosy Westufer Lipowyj Donez bis Petrowskij. Dann unverändert.
II. SS-Pz.-Korps: SS-„Reich": Angriffsgruppe Bachgrund zwischen Iwanowka und Winogradowka–Storoshewoje. „LSSAH" unverändert.

„Totenkopf": Andrejewka–Nordwestrand Pleshajew–500 m nördl. Poleshajew–nördl. w. von Poleshajew–1 km westnordwestl. davon–1 km nordwestl. Klutschi–1 km südl. Klsch.–1 km südwestl. Ilinskij.

XXXXVIII. Pz.-Korps: 11. Pz.Div. unverändert. „GD": 232,8–1 km südostw. Kalinowka–Schlucht Kubasowskij. 3. Pz.Div.: Höhenlinie 220–243,0–Höhenlinie 255–Nordwestrand Waldstücke 1,5 km westl. Werchopenje–Westrand dieser Waldstücke–237,6. 332. ID: 500 m nordwestl. Beresowka–Südostecke Wald 1 km südostw. Krassnijusliw–Nordwestrand Wald 1 km ostw. Tschapajew–Westrand Rakowo.

LII. AK: Unverändert.

Marschbtl. 120, Stärke 50 Uffz., 793 Mannschaften, in Tachtalowo eingetroffen. Marschbtl. 122, Stärke 58 Uffz., 838 Mannschaften, in Shuki eingetroffen.

Absicht durch Fernschreiben.

Der Untersturmführer Hans Mennel, Zugführer 6. SS-Pz.Rgt. „Reich" schoß mit seinem Panzer VI an der Spitze seines Zuges durch schnelles entschlußfreudiges Zupacken und über seine Aufträge hinausgehend, am 7. 7. im Raum Kalinin–Teterewino–Lutschi 8, am 8. 7. bei Gresnoje 10 und am 12. 7. im Abschnitt Kalinin–Jasnaja Poljana 6 Feindpanzer ab und trug dadurch entscheidend zur Bereinigung feindl. Panzereinbrüche bei. Um Nennung Wehrmachtbericht wird gebeten.

Wetter: Bewölkt, zeitweise Regen. Straßenzustand bei II. SS-Pz.-Korps schlecht, bei XXXXVIII. und LII. AK für alle Fahrzeuge befahrbar.

Pz.AOK 4, Ia

13. 7. 1943 – Shurawlinij Wald NW

Ernst Häussler, Kommandeur II./"T", Georg Bochmann, Kommandeur Kradschützen-Rgt. „Thule", und Karl Ullrich, Kommandeur III./„E" der 3. SS-Pz.Gren.Div. „Totenkopf, beobachten den Übergang über den Psell.

14. 7. 1943 – Shurawlinij Wald NW

Wetter: Heiter, trocken. Straßenzustand gebessert.
Nach geringer feindl. Spähtrupptätigkeit insbesondere im Abschnitt der „LSSAH", sonst aber ruhigem Verlauf der Nacht, tritt das Korps um 04.00 Uhr mit Div. „Das Reich" zum Angriff aus dem Raum südl. und ostw. Jasnaja Poljana über Belenichino nach Osten an, um das Höhengelände südwestlich Praworot zu gewinnen. Nach sehr harten Häuserkämpfen, die sich von 07.00 Uhr bis zum Mittag hinziehen, fällt die Ortschaft, und das verst. Pz.Rgt. kann nach neuer Art.-Feuerzusammenfassung gegen feindl. Flankierungen um 17.00 Uhr erneut antreten.
In schnellem Stoß wird 17.15 Uhr Iwanowka, um 18.25 Uhr die Höhe 234,9 genommen und der Angriff nach Nordosten fortgesetzt, wo sich 2,5 km westl. Shilomostnoje ein Gefecht mit feindl. Panzerkräften bis in die Dunkelheit hinzieht. Die Division setzt den Angriff während der Nacht fort, um möglichst schnell das Ziel Praworot zu gewinnen.
Außer während des Tages stärker werdendem Art.- und Granatwerfer-Störungsfeuer bei „LSSAH" und bei Div. „Totenkopf" unternimmt der Feind nur Aufklärungsvorstöße, die im Psseltal südl. Wesselyj bis zur Stärke eines Btls. geführt werden. Laufende Verstärkung des Gegners in dem Raum um Wesselyj und Prelestnoje mit Panzeransammlungen bis zu 150 Fahrzeugen deuten schon klar auf die Absicht des Gegners, den Brückenkopf der Div. „Totenkopf" zu zerschlagen, hin. Die immer stärkere Befestigung des Ortes Prochorowka nach Südwesten und Süden spricht ebenfalls für die gleiche Absicht des Feindes.

Einzelheiten:
Bis 04.50 Uhr Morgenmeldungen der Divisionen:
„LSSAH": Durch feindl. Angriffe bis Kp.-Stärke abtasten der eigenen Front. Starke feindl. Fliegertätigkeit.
Div. „Das Reich": Erreichte Linie wurde ausgebaut. Aufklärung: Feind vor gesamten Div.-Abschnitt in Feldstellungen mit Panzer. Rege feindl. Fliegertätigkeit.
Um 03.55 Uhr beginnt eigener Angriff auf Belenichino.

Div. „Totenkopf":

In den späten Nachmittagsstunden wiederholt starkes feindl. Art.-Feuer auf den Stellungen und sehr lebhaftes Störungsfeuer im Hintergelände.
16.05 Uhr Feindangriff in Rgt.-Stärke aus Ostteil Wessely nach Süden und in Btl.-Stärke nach Osten durch zusammengefaßtes Art.-Feuer zum Stehen gebracht.
24 Feindpanzer südl. Prelestnoje durch Art.-Feuer zum Abdrehen nach Norden gezwungen.
22.15 Uhr feindl. Bereitstellung in mindestens Btl.-Stärke südl. Wessely zerschlagen. Starke Panzergeräusche westl. 209,3 festgestellt. 5 Feindeinflüge mit insgesamt 5 Maschinen durch eigene Flak bekämpft.

05.15 Uhr Morgenmeldung an die Armee:

Verlauf der Nacht:
Im Abschnitt SS-„DR" ohne bes. Vorkommnisse. Feind tastete Front der „LSSAH" in kleinen Angriffsunternehmen bis zu Kp.-Stärke ab.
22.15 Uhr wurde eine feindl. Bereitstellung in mindestens Btl.-Stärke südl. Wessely durch SS-„T" zerschlagen.
Seit 04.00 Uhr greift SS-„DR" Belenichino an, um dann auf das Höhengelände südwestl. Praworot weiter vorzustoßen.
Im Abschnitt SS-„DR" und „LSSAH" rege feindl. Fliegertätigkeit.

Generalkommando II. SS-Pz.-Korps, Ia
08.00 Uhr von Div. „Das Reich":
Angriffsspitzen um 07.00 Uhr in Belenichino eingedrungen.

08.30 Uhr. 167. ID erbittet Luftunterstützung zur Bereinigung eines Einbruches bei Nepchajewo.
Chef: Abziehen von Fliegerkräften nicht möglich, da sonst Verzettelung. Es genügt, wenn Gegner gebunden wird, es ist nicht nötig, ihn wieder hinauszuwerfen.
08.40 Uhr. Pi.Rgt.-Stab 680 meldet den Bau einer 60-t-Brücke über den Pssel mit Behelfsgerät. Fertigstellung voraussichtlich am Abend.
09.00 Uhr. Orientierung der Armee:
Aufklärung stellt Verstärkung von Infanterie und Panzern vor dem Brückenkopf fest. Bei Div. „Das Reich" in Belenichino nur langsames Vorwärtskommen. Starke Verminung.
10.00 Uhr. 3 Stukagruppen sind für Stukaleit zu Div. „Das Reich" unterwegs.
10.50 Uhr von Div. „Totenkopf":
Vor der Front wurden 138 Panzer festgestellt. Stuka erbeten.
11.55 Uhr von Flivo.:
Absetzbewegungen des Gegners von Schachowo nach N festgestellt. Panzer vor Ostflanke des Korps setzen sich gleichfalls ab.
12.00 Uhr von Ic:
Gegner vor Brückenkopf Div. „Totenkopf" wird auf 1 Pz.-Korps und 1,5 Schützendivisionen geschätzt.
12.05 Uhr von Div. „Das Reich":
Belenichino um 11.30 Uhr genommen. Ia persönlich nach vorne, um Ansatz der Panzer zu erkunden.
12.35 Uhr von Div. „Das Reich":
Rechter Flügel Div. „Das Reich" an BW 2 km südl. Belenichino. Bitte um Anschlußnahme durch 167. ID. Div. tritt weiter an auf Iwanowka.
12.45 Uhr. Anfrage:
167. ID hat Anschlußnahme am Bahndamm bei Belenichino für linken Flügel befohlen.
12.50 Uhr. Von Div. „Totenkopf":
Um 12.30 Uhr Angriff in Btl.-Stärke aus Wesselyj nach Süden gegen Baracken (ohne Panzer).
13.00 Uhr. Orientierung der Armee:
Lage am Brückenkopf scheint bedrohlich.
14.00 Uhr. Morgenmeldung der Armee:

167. ID: Abwehr mehrerer feindl. Spähtrupps vor rechtem Flügel. Im übrigen außer starker Art.-Tätigkeit keine Kampfhandlungen des Gegners.
Bei II. SS-Pz.-Korps im allgemeinen ruhiger Verlauf der Nacht. Mehrere Aufklärungsvorstöße des Gegners bei „LSSAH" und SS-„T" abgewiesen. SS-„R" seit 04.00 Uhr im Angriff auf Belenichino.
Bei XXXXVIII. Pz.-Korps: Bei geringem feindl. Art.-Störungsfeuer ruhiger Verlauf der Nacht. Pz.-Gren.Div. „Großdeutschland" trat um 04.00 Uhr zum Angriff gegen Höhe 233,3 (5 km westnordwestl. Beresowka) an.
Bei 3. Pz.Div. seit 04.00 Uhr Säuberung des Waldstückes hart ostw. 237,6 (1,5 km nördl. Beresowka) im Gange.
Bei 332. ID arbeitete sich der Gegner an eigene Stellungen heran und sickerte in den Westteil des Wäldchens ostw. Tschapajew ein.
LII. AK: Bei 255. ID und 57. ID Abwehr mehrerer feindl. Spähtrupps. Westlich der Gniliza griff der Gegner in Kp.-Stärke an. Vorübergehender Einbruch wurde durch sofortigen Gegenstoß bereinigt.
Luftlage: Rege feindl. Fliegertätigkeit mit Schwerpunkt bei II. SS-Pz.-Korps.
Verlegung Pz.-Armee-Hauptquartier abgeschlossen.
                    Pz.AOK 4, Ia

14.45 Uhr von Div. „Totenkopf":
Angriff abgewiesen, völlige Ruhe.
Von „LSSAH": Völlige Ruhe.

14. 7. 1943 –
Shurawlinij
Wald NW

14. 7. 1943 –	Von Div. „Das Reich": Starkes Flankenfeuer aus Leski. Um 13.00 Uhr ist Panzergruppe nach
Shurawlinij	Osten angetreten.
Wald NW	

16.16 Uhr. Funkspruch an III. Pz.-Korps:
Eigene Panzer im Vorstoß 234,9. Wo Angriffsspitzen?
16.30 Uhr von „LSSAH":
Gegner in Jamki wird durch Panzer verstärkt. Schweres feindl. Granatwerferfeuer.
17.05 Uhr, seit taktischer Zeit 13.30 Uhr erste Meldung von Div. „Das Reich":
Um 17.00 Uhr sind die Panzer angetreten. Vorher wurden sie nur in die Ausgangsstellung geführt.
17.20 Uhr. Beurteilung der Lage durch Ia:
Vor Div. „Das Reich" scheint sich der Feind unter Zurücklassung starker Infanterie-Sicherungen und schwacher Panzergruppen nach NO abzusetzen. Vor „LSSAH" Ausbau der Feldstellungen beiderseits der Rollbahn, artilleristische Verstärkung. Vor Div. „Totenkopf" starke Panzer- und Infanterie-Bereitstellungen. Mit heftigem Angriff gegen den Brückenkopf muß gerechnet werden.
17.20 Uhr. Antwort von III. Pz.-Korps:
7. Pz.Div. angreift voraussichtlich 18.00 bis 19.00 Uhr Schachowo.
17.40 Uhr. Von Div. „Das Reich":
17.15 Uhr Iwanowka genommen.
Signalspruch an KG von Chef des Stabes:
Bitte Div. „Das Reich" Fortsetzung Angriff während Nacht befohlen. (Der Auftrag wurde an die Division erteilt.)
17.45 Uhr Tagesmeldungen:

Div. „Totenkopf":

Im gesamten Abschnitt Art.- und Infanterie-Störungsfeuer.
12.25 Uhr Feindangriff in Btl.-Stärke auf III./„T".
13.25 Uhr Angriff durch Art. und schwere Inf.-Waffen zerschlagen. 13.00 Uhr griffen He 111 Panzeransammlungen nordostwärts Wessely an, Stukaangriff auf Balka und Wälder ostw. Wessely. Vereinzelte Einflüge feindl. Jäger.

Heiter und trocken, Straßen trocken.

Div. „LSSAH":

Nach vereinzelten Aufklärungsunternehmungen des Gegners in der Nacht und in den frühen Morgenstunden setzte um 10.00 Uhr erneut schweres Art.- und Granatwerferstörungsfeuer auf die Stellungen ein, welches den ganzen Tag über anhält. Ein Aufklärungsvorstoß von 2 Kpn. aus Michailowka gegen die Stellungen AA „LSSAH" blieb im Art.-Feuer liegen.
Eigene Aufklärung ergab erneute Panzerbereitstellungen in Jamki, weiterer Ausbau der feindl. Feldstellungen beiderseits der Rollbahn und südl. Klch. Oktjabrskij sowie stärkere Massierungen von Inf.-Kräften in Michailowka. Ein Feuerüberfall des ges. Art.Rgt. „LSSAH" auf Michailowka bewirkte ein vorübergehendes Auflösen der Massierungen.
Hinter die Lücke zwischen linken Flügel der AA und rechten Flügel SS-Pz.Gren.Rgt. „Totenkopf" wurde ein Nahtkommando (1 Pi.Kp.) gelegt.
Rege eigene Lufttätigkeit, vor allem bei Div. „DR", vereinzelte feindl. Kampffliegertätigkeit.
Nach Wirksamwerden des Angriffs „DR" auf Praworot eigener Angriff auf Jamki.
Wetter völlig klar.

Div. „Das Reich":

Nach kurzer Feuervorbereitung des Artillerie- und Nebelwerfer-Regimentes trat um 04.00 Uhr Rgt. „DF" mit I./ und III./Btl. zum Angriff von Norden auf Belenichino und von Westen gegen den Ei-

senbahndamm an. Nach Brechen zähen feindlichen Widerstandes und Überwinden ausgedehnter Minnenfelder gelang es, in den Nordteil Belenichino um 07.00 Uhr einzudringen. Im Ort wurde in hartnäckigen Kämpfen dem Gegner Haus um Haus abgerungen, 12 Panzer im Nahkampf vernichtet. 11.30 Uhr war Belenichino genommen.

14. 7. 1943 – Shurawlinij Wald NW

Die Artillerie unterstützte die Infanterie durch wirkungsvolle Feuerüberfälle.

Im Angriff von Westen wurde die Eisenbahn bei Pkt. 220,3 erreicht. Der rechte Nachbar schloß sich dem Angriff gegen die Eisenbahn an.

12.45 Uhr stand das Pz.Rgt. mit vordersten Teilen am Ostrand Belenichino, um nach Ausschaltung des feindl. Flankenfeuers aus Leski durch die Artillerie über Iwanowka auf Höhe 234,9 vorzustoßen und das Höhengelände in Besitz zu nehmen.

Rgt. „D" hielt Stellungen im bisherigen Abschnitt. Die Luftwaffe erleichterte durch unermüdliche Angriffe der Sturzkampfflieger den Kampf der Grenadiere. Über dem Kampfraum starke feindl. Jagdabwehr.

Panzerlage: Pz. III lg. 41, Pz. IV 25, Pz. VI 4, T 34 12, Bef.Pz. 8; Stugesch. 25; Paklage: 5 cm 27, 7,5 cm mot. Z 15, 7,5 cm Sfl. 3, 7,62 cm Sfl. 9.

Wegnahme der Höhen SW Praworot und von Praworot.

Sonnig, heiter, trocken, Straßen trocknen ab.

18.00 Uhr. Tagesmeldung an die Armee:

Feind verteidigte sich auf den Höhenrändern Iwanowka–Winogradowka nach wie vor mit starken Infanteriekräften und einzelnen Panzergruppen. Nur vereinzelt wurden rückläufige Bewegungen, die anscheinend auf den Druck unseres rechten Nachbarn zurückzuführen sind, beobachtet. Vor „LSSAH" stärkere Panzerbereitstellungen im Raume Jamki und weiterer Ausbau der feindlichen Feldstellungen beiderseits der Rollbahn. Der Feind fühlte mehrfach in Komp.-Stärke vor. Vor SS-„T" Feind in Stärke eines Panzerkorps und starker Infanterieverbände, er griff lediglich um 12.25 Uhr in Btl.-Stärke gegen linken Flügel des Brückenkopfes an. Die Bereitstellungen wurden durch starke eigene Luftverbände angegriffen. Sowohl auf dem Abschnitt „LSSAH" als auch dem der SS-„T" liegt seit den Vormittagsstunden zeitweise schweres Art.- und Granatwerfer-Störungsfeuer. Feindl. Art. verstärkt sich im Raum um Prochorowka sowie vor SS-„T". Mit starken feindlichen Angriffen, die das Ziel haben, den Brückenkopf einzudrücken, ist zu rechnen.

Rege feindl. Fliegertätigkeit. Die eigene Luftwaffe griff mit gutem Erfolg in die Erdkämpfe ein.

SS-„DR" hat um 17.15 Uhr Iwanowka genommen und greift weiter nach Osten an. Stellungen „LSSAH" und SS-„T" wie bisher.

Gewinnung des Höhengeländes südl. Praworot und Einnahme von Praworot.

Heiter, trocken. Straßenzustand gebessert. Übergang über Pssel infolge versumpfter Anfahrtswege äußerst schwierig.

Generalkommando II. SS-Pz.-Korps, Ia

19.10 Uhr. Fernmdl. durch Ia Armee an Ia II. SS-Pz.-Korps Auftrag für 15. 7.:
Anstatt wie vorgesehen auf Prochorowka vorzustoßen, wird nach Erreichen der Straße Shilomostnoje–Praworot Eindrehen nach Süden befohlen. Starke Unterstützung durch Luftwaffe:

II. SS-Pz.-Korps bricht unter Einsatz aller Kampfmittel, Heranziehung sämtlicher Panzerkräfte und unter Hintenanstellung anderer Aufgaben, den Widerstand des nördlich Leski sich verzweifelt wehrenden Feindes. Es erkämpft sich die Straße Shilomostnoje, Praworot. Korps muß sodann bereit sein, nach Süden einzudrehen. Gesamte Luftwaffe wird II. SS-Pz.-Korps hierzu unterstützen.

19.15 Uhr durch Chef bei Armee erbeten:
167. ID soll linken Flügel bis ostw. der Bahnlinie vorschieben mit Trennungslinie zu Div. „Das Reich" Südrand Iwanowka–Nordrand–Höhe 243,0 (hart nördl. Kalinin).

14. 7. 1943 –
Shurawlinij
Wald NW

19.20 Uhr von Div. „Das Reich":
18.25 Uhr eigene Infanterie auf Höhe 234,9, 18.50 Uhr Panzer auf gleicher Höhe.
An Div. „Das Reich":
In der Nacht ist Praworot zu nehmen.
19.40 Uhr von Div. „Das Reich":
Eigene Panzer im Feuerkampf mit Feindpanzern südl. 242,1.

21.00 Uhr. Aufträge an die Divisionen für 15. 7.:

1. II. SS-Pz.-Korps stößt am 15. 7. mit rechtem Flügel bis zur Linie Höhe nördl. Praworot–Jamki–252,2 vor, richtet sich in dieser Linie zur Abwehr ein und stößt mit stärkeren Teilen nach Umgruppierung von Praworot nach Süden vor, um Verbindung mit III. Pz.-Korps herzustellen.

2. Aufträge:
SS-„DR" setzt Angriff während der Nacht vom 14./15. fort und nimmt Praworot und Höhe hart nördl. davon. Die Höhe ist zu halten. Division gruppiert sich dann beschleunigt so um, daß sie mit gepanzerter Gruppe und starken Teilen der Grenadiere von Praworot nach Süden zusammen mit gep. Gruppe „LSSAH" vorstoßen kann.
„LSSAH" stößt nach Einnahme von Praworot auf Jamki vor und nimmt es. Zeitpunkt wird befohlen. Linker Flügel hält jetzige Stellung. Gepanzerte Gruppe (Pz.Rgt., 1 SPW-Kp., verst. durch schwere Waffen, Art.Abt.Sfl.) tritt um 02.30 Uhr aus jetzigem Raum an und erreicht über Iwanowka Raum hart westl. 234,9, 2 km ostw. Iwanowka. Gepanzerte Gruppe wird Gen.Kdo. II. SS-Pz.-Korps unmittelbar unterstellt. Die Gruppe wird zusammen mit Teilen SS-„DR" zum Stoß nach Süden angesetzt werden. Weg für Panzer von Höhe 234,9 nach Mal. Jablonowo ist zu erkunden.
SS-„T" hält jetzige Stellung.

3. Neue Trennungslinie SS-„DR" rechts, „LSSAH" links: Nordostrand Storoshewoje–Höhe 1,5 km ostw. Storoshewoje („LSSAH")–Ssashenskij-Schlucht von Einmündung der Borschtschewaja-Schlucht an („LSSAH")–Sch. 2 km südl. Prochorowka (SS-„DR"). 1:50000.

4. Nachrichtenverbindungen zu den Divisionen wie bisher, zur gepanzerten Gruppe „LSSAH" Funk.

5. Führer der gepanzerten Gruppe meldet sich 09.00 Uhr auf vorgeschobenem Gefechtsstand Jasnaja Poljana.

6. Korpsgefechtsstand wie bisher. Vorgeschobener Gefechtsstand Jasnaja Poljana.

Generalkommando II. SS-Pz.-Korps, Ia

Nach Einnahme von Praworot nimmt „LSSAH" Jamki. Gp. Gruppe (Pz.Rgt., SPW-Kp., Art.-Abt.Sfl.) wird dem Korps unmittelbar unterstellt und zusammen mit Div. „Das Reich" nach Süden angesetzt.
Div. „Totenkopf" hält jetzige Stellung.
Neue Trennungslinie: Div. „Das Reich" rechts–„LSSAH" links: NO-Rand Storoshewoje–Höhe 15 km ostw. Storoshewoje („LSSAH")–Ssashenskij-Schlucht von Einmündung der Borschtschewaja-Schlucht an („LSSAH")–Sch. 2 km südl. Prochorowka (Div. „Das Reich") (1:50000).
22.00 Uhr. Die zur Verstärkung der gp. Gruppe Div. „Das Reich" vorgesehene Abstellung der gp. Gruppe „LSSAH" ist nach Meldung Ia „LSSAH" nicht möglich. Es wird Abstellung einer verst. gp. Kp. befohlen.
22.40 Uhr von III. Pz.-Korps: Schachowo 21.30 Uhr genommen.
23.05 Uhr Orientierung 167. ID:
N-Rand von Leski nach Aufklärung von Div. „Das Reich", vermint, der Ort selbst wahrscheinlich nur schwach besetzt oder feindfrei.
Von 167. ID: Antreten am 15. 7. wahrscheinlich 06.00 bis 07.00 Uhr.
23.15 Uhr von „LSSAH":
Hart ostw. des Waldes vor „LSSAH" Angriffsvorbereitungen des Feindes, starke Pz.-Geräu-

sche. Eigene Angriffsvorbereitungen zur Wegnahme von Jamki, die der Inbesitznahme von Praworot folgen soll, werden durchgeführt.

14. 7. 1943 –
Shurawlinij
Wald NW

Generalkommando II. SS-Pz.-Korps Ic

Feindlage 14. 7. 1943, Stand: 19.00 Uhr.

Feindverhalten.
Bei eigenem Angriff von Westen und von Norden gegen Belenichino starker Feindwiderstand feindlicher Infanterie und einzelner Panzergruppen. Verminungen im Ort Belenichino. Eigener Angriff erreichte über Iwanowka Höhe 284,8.
Stärkere rückläufige Bewegungen auf Straßen Schachowo nach Norden und Leski nach Nordosten. Luftaufklärung erkannte 64 Panzer und 47 mot. Fahrzeuge in den Vormittagsstunden; während des Nachmittags fuhren insgesamt 152 mot. und bespannte Fahrzeuge in Richtung Prochorowka.
Raum Jamki Panzerbereitstellungen; Gegner baut Verteidigungsstellungen beiderseits der Rollbahn weiter aus. Zeitweise Art.- und Granatwerfer-Störungsfeuer aus Gegend Prochorowka, das sich während des Nachmittags verstärkte.
Die Zahl der durch Luftaufklärung SW und W Prochorowka festgestellten Feindpanzer hat sich nach neueren Aufklärungsergebnissen vermindert. Verlagerung des Panzerschwerpunktes in den Raum Prelestnoje–Michailowka oder nördlich des Brückenkopfes ist wahrscheinlich.
In Gegend Michailowka–Andrejewka wurden starke Ansammlungen feindlicher Infanterie mit Panzern erkannt. Schwerpunktbildung ist zu vermuten.
Nördlich und nordostw. des Brückenkopfes feindliche Infanterie und Panzer in erheblicher Stärke (Zahl der Panzer 120 bis 140).
12.30 Uhr unternahm der Feind aus Westteil Wessely einen Vorstoß in Btl.-Stärke in südlicher Richtung auf die eigene HKL; der Angriff wurde abgewiesen.

Die feindliche Luftwaffe entfaltete mäßige Kampftätigkeit.

Gefangenenaussagen.
24. Pz.Brg., V. Pz.-Korps.
Gliederung (angeblich): 11. Pz.Brg., 12. Pz.Brg., 24. Pz.Brg., 10. mot. S-Brg.
24. Gd.Pz.Brg. (Hauptmann Kdr. des mot. S-Btl. der Brigade).
OB der 5. Gd.Pz.-Armee: Generalleutnant Rotmestrow.
KG des V. Gd.Pz.-Korps: Generalmajor Skwarzow.
Mitglied des Komitees für Volksverteidigung der 5. Gd.Pz.-Armee: Generalmajor Grischin.
Chef der frontnahen Reserveverbände der Woronesh-Front: Generaloberst Popow.
Stellvertreter: Generalleutnant Meschlis.
Brigadekommandeur: Oberst Karpow.
Chef des Stabes: Major Indeikin.
Chef der Polit-Abt.: Major Kurotschki.

Die 24. Gd.Pz.Brg. wurde im Verbande des V. Gd.Pz.-Korps, nachdem sie bei Stalingrad zerschlagen war, im Raume Jarki und Jewdokowo bei Rossosch neu aufgefüllt. Ersatzzuführungen für die Pz.Btle. trafen im Februar in Stärke von 2 Kpn. (T 34) und der Rest bis zur Erreichung des Solls im Mai aus den Panzerwerken und -schulen Nischni-Tagil (Ural) ein.

Hauptmann gibt an, dem V. Gd.Pz.Kps. anzugehören. Das Korps soll gegliedert sein: 24. Gd.Pz.Brg., 10. Gd.Pz.Brg., 11. Gd. ? Brg., 12. Gd. ? Brg. (Unsicher, ob 11. oder 12. Brg. mot. oder Pz.Brg. sind). Der Widerspruch seiner Aussagen über die Gliederung des V. Gd.Pz.-Korps mit den bisherigen Feststellungen kann Gefangener nicht erklären, bleibt aber bei seiner Behauptung, zumal er bei der Verleihung der Gardefahne des Korps zugegen gewesen sei. Die Fahne habe die Inschrift: V. Gd.Pz.-Korps. „Simnikowskij" getragen. (Simnikowskij ist ein Soldat oder Offizier des Korps, der sich besonders hervorgetan hat.) Von dem Beinamen „Stalingrader" Pz.-Korps ist ihm nichts bekannt.
Gefangener wurde noch am Abend zur Armee gebracht.

14. 7. 1943 –
Shurawlinij
Wald NW

VN.
Gegner meldet um 11.45 Uhr aus Raum Iwanowka den Durchbruch von 20 deutschen Panzern in Richtung Malo–Jablonowo und Shilomostnoje und das Zurückgehen der eigenen Einheiten.
09.10 Uhr meldet eine Einheit, daß sie W Praworot die Verteidigung aufnimmt. Gleichzeitig wird berichtet, daß 50 deutsche Flugzeuge Praworot bombardieren.
11.30 Uhr nochmalige Meldung von einem Luftangriff auf Praworot durch 64 schwere Bomber.

Luftaufklärung.
a) Eisenbahnaufklärung 12. 7. und 13. 7. ergab lebhafteren Verkehr auf Strecke Kastornoje–Kursk Richtung Westen mit starker Belegung von Kastornoje.
b) Gefechtsluftaufklärung erkannte rückläufige Bewegungen im Raum S Praworot; sie ergab Anhaltszahlen für die W Prochorowka und nördlich des Brückenkopfes anzunehmenden Feindpanzer.

Feindverluste, Gefangene und Beute.

	„LSSAH"	„Das Reich"	„Totenkopf"	Total
Gefangene	6	230	61	297
Überläufer	12	18	21	51
Flugzeuge	1	5	3	9
Panzer	28	75	41	144
Pak	–	8	10	18
Panzerbüchsen	–	32	83	115
MG	–	90	161	251
Granatwerfer	–	–	3	3
Gewehre	–	450	116	566
MPi.	–	80	116	196
Flak	–	6	–	6

Gesamteindruck.
Feind aus Raum Schachowo weicht vor rechtem Nachbar nach N aus; er richtet sich im Raum Praworot zur Verteidigung gegen Angriffe aus Süden und Westen ein. Mit starkem Widerstand bei eigenem Angriff ist zu rechnen.
Der Gegner versucht, Prochorowka (Straßenspinne und Schlüsselstellung für Psselabschnitt) mit allen Mitteln zu halten. Er verteidigt sich in Feldstellungen und unterstützt die Abwehr durch starke Artillerie. Die Panzer werden zu Gegenstößen bereitgehalten. Im Raum NO Andrejewka starke Infanteriebereitstellungen mit Panzern. Angriffe gegen den Brückenkopf aus dieser Gegend sind wahrscheinlich. Mit Angriffen größeren Ausmaßes durch Infanterie- und Panzerverbände aus Wessely und im Flußtal des Pssel gegen HKL bei Kljutschi und Baracken muß gerechnet werden am 15. 7.
Orientierung Pz.AOK 4.
Feind greift im Abschnitt Belew–Suchinitschi nach Südwesten an. Tiefere Einbrüche bei Bolchoff und bei Shisdra. Deutung: Entlastungsangriffe.
Gegenmaßnahmen sind im Gange.
Mit weiteren Entlastungsangriffen an der Miusfront und bei Slawianek–Isjum wird gerechnet.

Generalkommando II. SS-Pz.-Korps, Ic

Tagesmeldung der Armee:

Beurteilung der Lage: Feind setzte auch am 14. 7. seine Angriffe mit starken Inf.-Verbänden mit Schwerpunkt gegen die Nordfront des XXXXVIII. Pz.-Korps fort.
Vor Ostfront des II. SS-Pz.-Korps hält er zäh seine Stellungen. Mit starken Angriffen von Ost und Nord gegen den Brückenkopf der SS-Div. „Totenkopf" wird gerechnet.
Trotz beiderseitiger Umfassung verteidigt Feind zäh das Waldgebiet Distr. Tolstoje und führt Gegenangriffe nach Osten. Bewegungen vor Front des III. AK lassen Abziehen weiterer Kräfte möglich erscheinen.

Im einzelnen: Gegen Mitte der 167. ID aus Roshdestwenka geführter stärkerer infanteristischer Angriff wurde abgeschlagen. Linker Flügel schloß sich dem Angriff der SS-Div. „Reich" an und hat nach Brechen zähen Feindwiderstandes Bahnwärterhaus 1 km westl. Südrand Iwanowka genommen.

Bei II. SS-Pz.-Korps schreitet Angriff auf rechtem Flügel gegen hartnäckigen Feindwiderstand nur langsam vorwärts. SS-„Reich" mit rechtem Flügel aus Raum Belenichino antretend, nahm nach hartem, schwerem Kampf und in starkem flankierenden Feuer in den frühen Nachmittagsstunden Iwanowka und erreichte mit gep. Gruppe Höhe 2 km nordostw. Leski. Bei „LSSAH" ruhiger Tagesverlauf. SS-„Totenkopf" wies starken aus Wessely nach Süden vorgetragenen Infanterieangriff blutig ab. Weitere Feindansammlungen und Verstärkungen vor rechtem Flügel bei Michailowka und in Gegend Wessely beobachtet.

XXXXVIII. Pz.-Korps schlug Feind im Raum nordwestl. Beresowka und setzte während des ganzen Tages durch beiderseits umfassenden Angriff die Vernichtung des Feindes im Raum Distr. Tolstoje fort. 11. Pz.Div. wehrte fortlaufend auf breiter Front geführte starke Feindangriffe ab.

Pz.-Brigade „Großdeutschland" aus dem Raum ostw. Tschapajew antretend, nahm nach Brechen feindl. Widerstandes Höhe 3 km nördl. Tschapajew, stieß von dort nach Nordosten vor und steht zur Zeit im Kampf mit feindl. Panzern um Höhe 2,5 km südostw. Noweskoje.

Inf. der 332. ID folgte dem Angriff und nahm Krassnijusliw und Waldstück südwestl. davon.

Gep. Gruppe 3. Pz.Div. stellte mit Pz.-Spitze Verbindung mit Pz.Brig. „GD" in Gegend Höhe 2,5 km SO Noweskoje her.

In den frühen Nachmittagsstunden stieß Feind in Rgts.-Stärke mit 20 Panzern aus dem Distr. Tolstoje-Wald nach Osten vor. Gegenangriff von 3. Pz.Div. und „GD" im Gange.

Nach bisherigen Meldungen wurden bei XXXXVIII. Pz.-Korps bisher 65 Panzer abgeschossen.

Bei dem III. AK ruhiger Tagesverlauf. Bei 255. ID Abwehr eines Feindvorstoßes gegen Wald südwestl. Bubny.

Bei 57. ID keine besonderen Kampfhandlungen.

Luftlage: Rege feindl. Fliegertätigkeit bei II. SS-Pz.-Korps und XXXXVIII. Pz.-Korps.

Vordere Linie: 167. ID unverändert bis BW 2 km ostw. Kalinin.

II. SS-Pz.-Korps: SS-„Reich": Iwanowka–Ostrand Wäldchen 2 km ostw. Iwanowskij Wysselok, dann unverändert. Gep. Gruppe 234,9. „LSSAH": unverändert. „Totenkopf": unverändert. XXXXVIII. Pz.-Korps: 11. Pz.Div.: unverändert. „GD": unverändert bis Kubassowskij–1 km ostw. 258,5 (Teile 3. Pz.Div.).

3. Pz.Div.: Nordwestrand Wald Jasnaja Poljana–Südostrand Wald ostw.–südostw. 258,5. 332. ID: Dolgij–Krassnij–Usliw–233,3–Westrand Wald 2 km nördl. Tschapajew–Westrand Wald ostw. Tschapajew, dann unverändert.

Pz.Brg. „GD" und Masse Pz.Rgt. 3. Pz.Div.: 240,2.

LII. AK: unverändert.

Pz.AHQu. ab 14. 7. Nowaja Glinka.

Absicht gem. Fernschreiben.

Wetter: Trocken, warm. Straßen und Wege gut befahrbar.

Pz.AOK 4, Ia

14. 7. 1943 – Shurawlinij Wald NW

Besonderes:

Auf Befehl der Heeresgruppe Süd sind alle nicht mehr verwendungs- und reparaturfähigen abgeschossenen Beutepanzer, soweit sie nicht abgeschleppt werden können, sofort von der Truppe zu sprengen, damit sie nicht wieder in Feindeshand fallen.

Ich mache es allen Kommandeuren zur Pflicht, diesem Befehl ihre besondere Aufmerksamkeit zuzuwenden.

15. 7. 1943 – Shurawlinij Wald NW

Wetter: Meistens bewölkt, teilweise starke Regenfälle. Straßen nur teilweise passierbar; dadurch Munitionierung und gesamte Versorgung äußerst schwierig.
Der während der Nacht fortgesetzte Angriff der Div. „Das Reich" wird in seiner ersten Phase mit dem Erreichen der Höhenrippe ostwärts der Linie Iwanowka–Winogradowka abgeschlossen. Die durch starke Regenfälle völlig aufgeweichten Straßen und Wege lähmen fast alle Bewegungen, so daß für die Fortsetzung des Angriffs die nötige Umgliederung der Artillerie und schweren Waffen den ganzen Tag in Anspruch nimmt. Der Südflügel der Div. überschreitet um 14.20 Uhr die Schlucht hart westl. Mal. Jablonowo und gewinnt Verbindung mit der von Süden heraufgestoßenen 7. Pz.Div. Damit sind die im Raum Gostischtschewo–Schachowo–Leski noch verbliebenen Feindkräfte abgeschnitten und stehen vor ihrer Vernichtung.
Bei „LSSAH" und Div. „Totenkopf" Verlauf des Tages außer Artillerie- und Granatwerfer-Störungsfeuer ohne besondere Vorkommnisse.

Einzelheiten:
Bis 04.45 Uhr Morgenmeldungen der Divisionen.
Div. „Das Reich" erreicht in Fortsetzung des Angriffs nach NO bis 05.00 Uhr die Linie 234,9 ostw. Iwanowka–232,3–242,1–247,2 abbiegend nach NW auf Ostrand Storoshewoje. Bewegungen durch starke Regenfälle sehr erschwert.
Bei „LSSAH" geringes, bei Div. „Totenkopf" stärkeres Art.- und Inf.-Störungsfeuer.
05.30 Uhr. Fernmündlich durch Chef an Ia „LSSAH" und Div. „Das Reich":
Da Praworot in der Nacht nicht genommen wurde, die Einnahme des Ortes wieder den ganzen Tag in Anspruch nehmen würde, der Auftrag jedoch einen raschen Stoß nach S verlangt, werden nur die Höhen südlich und südwestlich Praworot genommen, dort gegen Praworot gesichert und mit Masse Div. „Das Reich" nach S eingedreht. „LSSAH" greift Jamki nicht an, sondern verlängert nur rechten Flügel nach SO über Sch. (1:50 000) zur Schlucht (ca. 2 km südostw. Storoshewoje). Jenseits der Schlucht Anschluß an Div. „Das Reich".
Trennungslinie: Winogradowka (Div. „Das Reich")–SO-Rand Ssashenskij Sch.–Schp. 3 km südl. Praworot.

05.45 Uhr. Morgenmeldung an die Armee:

SS-„DR" griff während der Nacht weiter nach O und NO an und erreichte bis 05.00 Uhr die Linie 234,9 Ost Iwanowka–232,3–242,1–242,7–abbiegend nach NW auf NO Rand Storoshewoje. Erhebliche Beute wurde gemacht.
Absicht Einnahme der Höhen südl. Praworot, dann Vorstoß mit starken Teilen „DR" und „LSSAH" nach Süden.
Bei „LSSAH" während der Nacht feindl. Spähtrupptätigkeit, schwaches feindl. Art.-Störungsfeuer. Auf gesamten Abschnitt SS-„T" stärkeres Art.- und Granatwerferstörungsfeuer.
Feindansammlungen, Batteriestellungen sowie Anmarschstraßen wurden durch Art. bekämpft.

Schwache feindl. Fliegertätigkeit.

06.05 Uhr. Funkspruch von 7. Pz.Div.:
Höhe von Mal. Jablonowo–Plota erreicht. Fußaufklärung gegen Shilomostnoje wurde abgewiesen.
06.30 Uhr. Von Div. „Das Reich":
Höhe 242,7 noch nicht genommen! Vor Praworot tiefe Minenfelder und ein Panzergraben. Feind in Rgt.-Stärke auf Marsch nach S Richtung Schachowo beobachtet.

07.25 Uhr. Morgenmeldung der Armee:

Morgenmeldung vom 15. 7. 1943.
1. Vor Mitte und linkem Flügel 167. ID wurden 3 russ. Spähtrupps abgewehrt, sonst ruhiger Verlauf der Nacht.

II. SS-Pz.-Korps: SS-„Reich" *griff während der Nacht weiter nach Osten und Nordosten an und erreichte Höhenzug beiderseits Straße Praworot, Leski.*
Bei „LSSAH" feindl. Spähtrupptätigkeit.
Auf gesamtem Abschnitt der SS-Div. „Totenkopf" lag stärkeres Art.- und Granatwerfer-Störungsfeuer. Eigene Artillerie bekämpfte Feindansammlungen und Batteriestellungen.
XXXXVIII. Pz.-Korps: Im gesamten Korpsabschnitt verlief die Nacht ruhig.
LII. AK: Außer Abwehr feindl. Spähtrupps vor rechtem Flügel und Mitte 57. ID keine besonderen Kampfhandlungen.
Luftlage: Rege Feindfliegertätigkeit bei II. SS-Pz.-Korps, geringe bei XXXXVIII. Pz.-Korps. Durch zum Teil wolkenbruchartigen Regen verschlechtert sich der Straßenzustand im gesamten Armeebereich.

15. 7. 1943 –
Shurawlinij
Wald NW

Pz.AOK 4, Ia

08.00 Uhr von Armee:
Nach Meldung Armee-Abteilung Kempf ist 7. Pz.Div. in Mal. Jablonowo–Plota eingedrungen, die Orte werden gesäubert.
08.40 Uhr. Fernmündlich von Chef Armee an Chef II. SS-Pz.-Korps:
II. SS-Pz.-Korps nimmt Praworot und Höhen nördl. davon und setzt sodann Angriff auf Prochorowka ostw. Eisenbahn fort. III. Pz.-Korps wird durch Vorstoß über Höhenrücken 3 km ostw. Praworot auf Krassnoje rechte Flanke des II. SS-Pz.-Korps decken.
09.00 Uhr von Div. „Das Reich":
Teile zur Verbindungsaufnahme mit 7. Pz.Div. angesetzt.
09.10 Uhr von Div. „Totenkopf":
Vor gesamter Front verstärkte Aufklärung angesetzt. Feind scheint Höhe 236,7 stark auszubauen. Verbindung mit 11. Pz.Div. ist vorhanden. Allgemein ruhig.
10.30 Uhr. Nach Anfrage meldet 167. ID:
Div. tritt in ganzer Breite an und rückt bis zum Bahndamm vor.
10.45 Uhr. Absicht Div. „Das Reich":
Wegnahme Praworot und Höhengelände nördlich davon. Wegnahme von Leski durch 167. ID wird beantragt.
11.05 Uhr von Div. „Das Reich":
Einzelheiten über Gegner, der die gut ausgebauten Stellungen bei Praworot besetzt hält und anscheinend den Ort und Höhengelände südl. davon zu halten gedenkt.
11.45 Uhr von Div. „Totenkopf":
Um 11.00 Uhr Angriff in Kp.-Stärke von NO gegen Höhe 226,6 abgeschlagen.
11.45 Uhr an Armee:
Nichts Neues. Bei Div. „Das Reich" große Geländeschwierigkeiten. Infanterie im Vorgehen auf Praworot.
12.00 Uhr. Spruch von KG:
Vorkommen linker Flügel Rgt. „Deutschland" z. Z. nicht möglich. Starke Abwehr.
12.30 Uhr von Div. „Das Reich":
Angriff liegt fest. Winogradowkagrund total versumpft, ungeheure Nachschubschwierigkeiten. Um Höhe 242,7 starke Pak- und Flakabwehr. Angriff nur bei Nacht möglich.
Chef: Um 14.00 Uhr wird Start der Luftwaffe erwartet, dies wird Entlastung bringen. Höhe 242,7 muß unbedingt genommen werden.
14.30 Uhr von Div. „Das Reich":
Verbindung mit 7. Pz.Div. um 12.00 Uhr in Mal. Jablonowo hergestellt, Zwischengelände ist nach S gesperrt.
15.00 Uhr. Leski feindfrei festgestellt und von 167. ID besetzt. Anschluß zu Div. „Das Reich" bei Höhe 234,9.
Vorbereitungen zur Wegnahme Höhe 242,7 in der kommenden Nacht werden getroffen. Gegner verstärkt sich laufend, vermehrte Schanzarbeiten südl. und südwestl. Praworot.
16.45 Uhr von „LSSAH":

15. 7. 1943 – Keine Änderungen. Wechselndes Gr.W- und Art.-Störungsfeuer. Vor ganzer Front feindl.
Shurawlinij   Aufklärungsvorstöße bis in Stärke von 2 Kpn.
Wald NW

Bis 17.15 Uhr Tagesmeldungen:
Div. „Das Reich":

Angriff der Div. auf die Höhenlinie Pkt. 234,9–142,1 wurde in den Morgenstunden des 15. 7. abgeschlossen.
Um 05.00 Uhr hatten die Rgter. die Sicherungslinie Pkt. 234,9–Pkt. 232,3–Ostrand Schildkrötenwald–Ostw. Winogradowka–Pkt. 242,1–Höhe 1,5 km NO Winogradowka–Ostrand Storeshewoje erreicht. Das Nachziehen der schweren Waffen und der Stellungswechsel der Art. wurde durch die schlechten Wege besonders in den Mulden sehr erschwert und war erst gegen 12.00 Uhr abgeschlossen.
Im Laufe des Tages setzte der Gegner sich vor dem eigenen Abschnitt und vor dem Angriff der nach Norden von Schachowow angreifenden 7. Pz.Div. nach Norden und nach NO ab.
Die in der Plota-Schlucht und auf der Straße Jablonowo, Praworot nach Norden und NO zurückgehenden Feindkolonnen wurden durch die Art. wirksam bekämpft. 12.00 Uhr stellte eine Kampfgruppe Pz.Rgts. in Jablonowo die Verbindung zur 7. Pz.Div. her und sperrte das Zwischengelände nach Süden.
14.30 Uhr wurde Lesky durch Aufklärung des Rgts. „DF" feindfrei gemeldet und durch Teile der 167. ID besetzt. Das Pi.Btl. und das SPW-Btl. wurden durch die eintretenden Frontverkürzungen für andere Aufgaben frei.
Der Gegner verstärkte seine Abwehr südl. und südwestl. Praworot laufend durch weiteren Einsatz von Pak, Flak und Panzer. Am Nachmittag wurden starke Schanzarbeiten vor dem ganzen Stadtrand erkannt. Die Feindbewegungen wurden durch eigene Art. gestört.
Es kam zu kleinen Panzerkämpfen auf große Entfernungen auf Pkt. 242,7.
Die Vorbereitungen für den geplanten Nachtangriff des verst. SS-„D" auf die Höhen südl. Praworot wurden im Laufe des Nachmittags getroffen.
Bis einschl. 14. 7. abgeschossene Feindpanzer 433.

Wegnahme der Höhen südw. Praworot.

Vormittag starker Regen, nachmittags aufheiternd, Straßen stark aufgeweicht.

Div. „Totenkopf":

Im gesamten Abschnitt starkes Art.- und Granatwerferfeuer. 11.00 Uhr Angriff von NO auf rechten Abschnitt Gren.Rgt. „T" in Stärke 1 Kp., begleitet von 3 Panzern. Angriff wurde durch zusammengefaßtes Art.-Feuer abgeschlagen.
Luftlage: Geringe feindl. Fliegertätigkeit.
15.00 Uhr Abschuß einer IL 2 Durch Flak-Abt. 3.

Starke Regenfälle, Straßen stark aufgeweicht für Räder-Kfz. nur teilweise passierbar.

„LSSAH":

Während des ganzen Tages Art.- und Granatwerfer-Störungsfeuer in wechselnder Stärke auf gesamter Stellung. Schwerpunkt auf dem Ostrand des Waldes südl. Swch. Stalinsk. Verluste traten ein. Durch bereits erfolgte Bereitstellung zum Angriff auf Jamki, der auf Befehl des Korps nicht durchgeführt wurde. Der Feind machte während des ganzen Tages erfolglose Aufklärungsvorstöße bis zur Stärke von 2 Kompanien. Ein zusammenhängendes Stellungssystem ist zu erkennen in der Linie 1,5 km ostw. Storoshewoje–Nordwestspitze Jamki–500 m nördl. 252,2–Südrand Klch. Oktjabrskij.
Rege feindl. Fliegertätigkeit.

Gepanzerte Gruppe (Pz.Rgt., II. AR, 1 verst. Kp. SPW) erreichte gemäß Korpsbefehl nach erheblichen Marschverzögerungen durch schlechtes Wetter den Raum ostw. Iwanowka und wurde ohne 1 Pz.Kp. um 14.30 Uhr durch KG wieder entlassen.

Amerikanische Panzer vom Typ „General Lee" wurden von Stukas erfaßt – SS-Panzerjäger auf Selbstfahrlafetten fahren vorbei, um die Panzergrenadiere der „Leibstandarte" zu unterstützen (Wortmann).

Michael Wittmann führte während der Offensive eine schwere Panzerkompanie im SS-Panzerregiment 1 der „Leibstandarte". Am fünften Tag hatte er schon 30 russische „T 34", 28 Pak und 2 Batterien vernichtet. Als er in der Normandie am 8. April 1944 mit seiner ganzen Besatzung fiel, war er als SS-Hauptsturmführer der erfolgreichste Soldat der Panzertruppe.

Im Sturm nehmen SS-Panzergrenadiere das Dorf.

Russen brechen bei Orel durch – nur im Süden geht unser Angriff voran.

Männer der 1. Kompanie SS-„Deutschland" in der Hauptkampflinie Michailowka/Donez. Davor in der vorhergehenden Nacht abgeschossener Panzer

Die Nahbekämpfung feindlicher Panzer durch Hafthohlladung, die durch Magnete am Feindfahrzeug festgehalten und dann von Hand gezündet wurde (Foto Weill)

Artillerie der Waffen-SS in Feuerstellung am Mius (Foto Kraus)

Angreifender sowjetischer Panzer im Feuer unserer Pak (SS-Pk. Kok)

Sowjetische Infanterie mit Panzern im Gegenangriff

Pz. VI 8, Pz. IV lg. 32, Pz. III lg. 6, Pz. II 4, Bef.Pz. 7; Stugesch. 28; Pak 7,5 mot. Z 13, 7,5 Sfl. 18. Halten der erreichten Linie. Ablösung des II. SS-„T" südl. Storoshewoje nach Einbruch der Dunkelheit. Wolkenbruchartiger Regen, Wege grundlos und unpassierbar.

15. 7. 1943 – Shurawlinij Wald NW

Tagesmeldung an die Armee:

Außer mehreren Aufklärungsvorstößen in Stärke bis zu 2 Komp., die teilweise von einigen Panzern begleitet wurden, gegen die Stellungen „LSSAH" und rechten Flügel SS-„T", griff der Feind nicht an. Schanzarbeiten auf den Höhen von Praworot sowie am Stadtrand sind zu erkennen. Der Gegner verstärkt sich laufend durch weiteren Einsatz von Flak, Pak und Panzern. Ein zusammenhängendes Stellungssystem ist zu erkennen in der Linie 1,5 km ostw. Storoshewoje–Nordwestspitze Jamki–500 m nördlich 252,2–Südrand Kolch.-Oktjabrskij. Die in den Schluchten und auf der Straße Jablonowo, Praworot nach Norden und Nordosten zurückgehenden Feindkolonnen wurden durch SS-„DR" wirksam bekämpft. Um 14.20 Uhr wurde in Mal. Jablonowo zwischen Teilen SS-„DR" und Teilen III. Pz.-Korps Verbindung aufgenommen.
Im Abschnitt „LSSAH" rege feindliche Fliegertätigkeit.
SS-„DR" erreichte bis Mittag die Linie Höhenrücken ostw. Iwanowka–Winogradewka, dann nach Nordwesten abbiegend auf Ostrand Wald nördl. Storoshewoje.
Stellungen „LSSAH" und SS-„T" unverändert.
Meistens bewölkt, teilweise starke Regenfälle. Straßen nur teilweise passierbar, dadurch Munitionierung und gesamte Versorgung äußerst schwierig.

20.45 Uhr. Neuer Auftrag von der Armee:
Erreichte Linie ist zu halten und zu verstärken. Wegnahme der Höhe 249,2 durch Armee-Abteilung Kempf ist zu unterstützen. Die Räumung des Brückenkopfes ist vorzubereiten.

Generalkommando Ia: 22.00 Uhr Aufträge für die Divisionen:

Division „Das Reich" baut erreichte Linie zur HKL aus. Der Angriff des linken Flügels Armee-Abt. Kempf von Süden auf Höhe 249,2 am 16. 7. ist durch alle verfügbaren schweren Waffen sowie ein Stoßtruppunternehmen zur Ablenkung des Gegners zu unterstützen. Zeit wird befohlen.
„LSSAH" setzt Ausbau der HKL fort und hält diese. Gepanzerte Gruppe wird ab sofort wieder der Division unterstellt und ist nach Maßgabe der Division heranzuziehen.
Division „Totenkopf" beginnt sofort mit Herausziehen aller entbehrlichen Fahrzeuge und schweren Waffen aus dem Brückenkopf auf das Südufer des Pssel. Division stellt sich darauf ein, in der Nacht vom 17./ 18. 7. mit letzten Teilen den Brückenkopf zu räumen.
Trennungslinien: Armee-Abt. Kempf rechts, SS-„DR" links: Schlucht westl. Shilomostnoje für Armee-Abt. Kempf – Westrand Praworot.
Trennungslinie: SS-„DR" rechts, „LSSAH" links: Winogradowka („DR")–Südostrand Ssashenskij Schl. bis Schp. 3 km südl. Prochorowka.

Nachrichtenverbindungen wie bisher.

Korpsgefechtsstand wie bisher.

Generalkommando Ic

Feindlage 15. 7. 1943, Stand 21.00 Uhr.

Feindverhalten.
Feind S Prochorowka richtet sich nach Aufnahme der aus dem Raum Schachowo–Mal. Jablonowo ausgewichenen Kräfte bei Shilomostnoje und Praworot zur Verteidigung ein. In Linie Nowossolowka–Krassnoje Panzerriegel mit Front nach Westen (Luftaufklärung erkannte 92 Panzer).
Vor eigenen Angriffsspitzen grub sich Feind bei Shilomostnoje und am Südwestrand Praworot ein. Bei Praworot wurden 20 Panzer in Stellung gebracht.

15. 7. 1943 –
Shurawlinij
Wald NW

SW Prochorowka verstärkte Schanztätigkeit des Gegners. Außer normalem Störungsfeuer und geringer Spähtrupptätigkeit ruhiges Feindverhalten. Schwacher Aufklärungsvorstoß mit Unterstützung weniger Panzer aus ostwärtiger Richtung gegen Höhe 226,6. Der Gegner zog vor dem Brückenkopf Panzer ab, die über Swch. Woroschilowa Prochorowka nach Gegend Praworot geführt wurden.
Während des Tages geringe feindliche Fliegertätigkeit.

Gefangenenaussagen und Beutepapiere.
11. mot. S-Brg.
Bei Beginn der Kämpfe wurde den Mannschaften bekanntgegeben, im Belgorod-Abschnitt sei ein deutscher Einbruch gelungen, doch wären daraufhin sowjetische Kräfte in Stärke von 2 Armeen und 6 Panzerkorps zur Offensive übergegangen, die sich auf die gesamte russische Front ausdehnen würde. Über 1000 Flugzeuge der russischen Luftwaffe würden in diesem Abschnitt die Operationen unterstützen.

127. Gd.SR.
Der erste Ersatztransport traf im Mai 1943 von den E.-Rgtern 15, 19 und 23 aus Tscheljabinsk in Stärke von 3000 Mann ein und wurde auf die Einheiten der 42. Gd.SD verteilt. Weitere Ersatzzuführungen in Stärke von 30 bis 50 Mann trafen laufend bei der Division ein. Brigadekommandeur der 42. Gd.SD: Gen.-Major Boprow.

23. Fallschirmjäger-Rgt.
Gefangener behauptet, der 9. Fallschirmjägerdivision der 5. Gd.Pz.-Armee anzugehören. Division soll seit April im Raum Stary Oskol gelegen haben, am 9. 7. aus Stary Oskol nach Prochorowka abmarschiert. 12. Juli II. Btl. am Angriff längs der Straße von Prochorowka nach SW beteiligt. Keine Fallschirmjägerausbildung, keine Fallschirmjägerausrüstung.

Verkehrs-Nachrichten.
Panzerführer Woronesh-Front und russ. Pz.AOK 5 standen in Funkverbindung mit russ. II. Pz.-Korps und II.Gd.Pz.-Korps.
Der Gegner meldet Angriffe deutscher Panzer und Infanterie auf Praworot, Shilomostnoje sowie einen Angriff über Michailowka, Schachowo in Richtung Prokrowka und die Besetzung von Malo Jablonowo und Ploto.
08.38 Uhr: II. Pz.-Korps an Pz.AOK 5: Im Laufe der Nacht stellte die Aufklärung ungefähr 15 Panzer und Schützen mit autom. Waffen im Abschnitt N Winogradowka fest. In der Schlucht N Winogradowka befindet sich eine Minenwerferbattr. Am Ostrand des Waldes, 1 km N Storoshewoje 15 Feindpanzer.
10.07 Uhr: II. Pz.-Korps an Pz.AOK 5: 1 Panzer und etwa 1 Kp. Inf. des Gegners auf der Höhe mit einzelnen Bäumen, 2 km O Winogradowka, greifen SO-Rand Praworot mit Höhe 247,7 an.
2 Panzer und etwa 1 Kp. Inf. des Gegners greifen Shilomostnoje an. Der Gegner führt Kampfaufklärung durch. Angriff des Gegners von SW auf Praworot zu erwarten.
10.55 Uhr: II. Gd.Pz.-Korps an Pz.AOK 5: Der Feind besetzte in Stärke bis zu 30 Panzern und 1 Btl. Inf. Malinowka, bis zu 1 Btl. Inf. und 30 Panzern Schachowo. Mit 3 Panzern setzt er seinen Angriff in Richtung Leski fort und erweiterte ihn auf die Schlucht 1,5 km SSW Pokrowka in Richtung Ploto. Durch Art.- und Panzerfeuer ist der Gegner wieder in seine Ausgangsstellung zurückgeworfen worden.
11.10 Uhr: II. Gd.Pz.-Korps an Pz.AOK 5: Der Gegner besetzte mit 18 Panzern Malo Jablonowo und mit 20 Panzern Ploto.
15.56 Uhr: II. Gd.Pz.-Korps an Pz.-Führer Woronesh-Front und Pz.AOK 5: Der Gegner versuchte dreimal mit 10 bis 15 Panzern und etwa 2 Kp. Inf. vergeblich in Richtung Nowosselowka anzugreifen.
20.17 Uhr: Pz.AOK 5 an II. Pz.-Korps: In der Nacht zum 16. werden Nachtbomber Truppenansammlungen des Gegners bombardieren. Geben Sie sofort Befehl an die Truppe, sie soll bei Einbruch der Dunkelheit durch paarweise angelegte Feuer im Abstand von 100 m vorderste Linie kennzeichnen.

Luftaufklärung.
Nachtluftaufklärung erkannte auf Straße Stary Oskol–Tim–Kursk 200 Kfz. Richtung NW, 50 Kfz. Richtung SO.
Eisenbahnaufklärung ergab lebhaften Verkehr auf Strecken Waluiki–Swoboda–Woronesh.

Gefechtsaufklärung meldete am Vormittag 92 Panzer im Raum Krassnoje–Nowosselewka, 15 Panzer im Raum O Prochorowka und 50 Panzer O Kartaschewka, um 19.30 Uhr 30 Panzer von Kartaschewka nach Praworot.

15. 7. 1943 – Shurawlinij Wald NW

Feindverluste, Gefangene und Beute.

	„LSSAH"	„Das Reich"	„Totenkopf"	Total
Gefangene	40	55	37	132
Überläufer	4	4	35	43
Flugzeuge	–	1	–	1
Panzer	–	–	3	3
Pak	–	18	23	41
Panzerbüchsen	–	3	26	29
MG	–	14	8	22
LKW	–	6	–	6
PKW	–	2	–	2
MPi.	–	14	7	21
Gewehre	–	70	18	88
Granatwerfer	–	3	3	6
Panzerspähwagen	–	–	1	1
Flak	–	3	–	3
Salvengeschütze	–	1	–	1
Geschütze	–	–	5	5

Gesamteindruck.
Feind erwartet Fortsetzung des eigenen Angriffs auf Prochorowka von Süden und Südwesten. Er richtet sich zur Verteidigung ein und baut eiligst Stellungen aus. Er hat seine Panzerkräfte so eingesetzt, daß sie die Panzerabwehr verstärken. Die Straße Prochorowka–Kartaschewka gestattet ihm rasches Verschieben der Panzerkräfte je nach Lage aus dem Raum Prochorowka nach dem Raum nördlich des Brückenkopfes.
Die Zahl der bei Prochorowka noch vorhandenen Panzer hat sich durch die aus Gegend Schachowo zugeführten Kräfte des II. Gd.Pz.-Korps erhöht. Insgesamt beträgt die Zahl der noch zur Verfügung stehenden Panzer etwa 280 bis 300.
Ein offensiver Ansatz der Panzer scheint nicht beabsichtigt zu sein. Es kommt dem Gegner darauf an, Prochorowka als Schlüsselstellung für den Psselabschnitt unbedingt zu halten. Nach der Gruppierung seiner Kräfte befürchtet er, von Süden und Südosten umgangen zu werden.
Für Neuzuführung von Panzerverbänden liegen keine Anzeichen vor.

Generalkommando II. SS-Pz.-Korps, Ic

Tagesmeldung der Armee:

1. Beurteilung der Lage:
Feind ist im Raum südl. Prochorowka und in der Westflanke der Panzerarmee in die Abwehr gedrängt worden. Er hat die am 15. 7. 1943 erwarteten Gegenangriffe gegen die Nordfront, wahrscheinlich infolge der hohen Verluste am Vortage, nicht fortgesetzt. Nach Besserung der Wetterlage ist mit ihrer Wiederaufnahme, unterstützt durch die immer noch starken Panzerkräfte, zu rechnen. Heranführen neuer Reserven konnte nicht erkannt werden.
Im einzelnen: 167. ID trat auf gesamter Front zum Angriff nach Osten an. Rechter Flügel drang in Westteil Krjukowo ein. Spähtrupps stießen nach Osten bis an den Donez bei Ssashnoje vor. Teile nahmen Teterewino gegen schwachen Feindwiderstand und überschreiten zur Zeit den Donez bei Wolobujewka und Malinowka. In den Mittagsstunden wurde von linker Rgts-Gruppe Leski und Höhengelände ostw. und südl. davon genommen.
Bei II. SS-Pz.-Korps im allgemeinen ruhiger Tagesverlauf. Jede Bewegung durch Straßenzustand äußerst erschwert. Angriff SS-„Reich" wurde auf Grund der Unmöglichkeit, Munitionierung und Versorgung in ausreichendem Maße vorzunehmen, in den Morgenstunden eingestellt. Verbindung mit III. Pz.-

15. 7. 1943 – Shurawlinij Wald NW

Korps bei Maloje Jablonowo wurde hergestellt. Bei „LSSAH" und SS-„T" ruhiger Tagesverlauf. Verstärkungen und vermehrte Schanzarbeiten wurden beobachtet. XXXXXVIII. Pz.-Korps schloß Säuberung des Distr. Tolstoje Waldes ab. Bei II. Pz.Div. außer Abwehr örtl. Vorstöße ruhiger Tagesverlauf. Teile 3. Pz.Div. traten von Osten und Südosten gegen den Tolstoje-Wald an und säuberten ihn von letzten Feindresten. Vorstoß der Pz.-Brigade „Großdeutschland" in die Mulde südostw. Nowenkoje führte zur Vernichtung von 16 Panzern. Masse der Div. beim Herauslösen. Bei 332. ID ruhiger Tagesverlauf. Im gesamten Korpsabschnitt LII. AK keine besonderen Kampfhandlungen. Vor 255. ID wurden Bewegungen und Ansammlungen durch eigene Artillerie gestört.
Luftlage: Geringe feindl. Fliegertätigkeit.

2. Vordere Linie (1:100 000):
167. ID: Nordostrand Wald 1 km südostw. Gostischtschewo–Westufer Ssahnowskij Donez von Ssahsnoje bis Malinowka–225,0 Höhen ostw. und Nordostw. Leski.
II. SS-Pz.-Korps:
SS-„Reich": 1 km ostw. 234,9-Höhe 2 km westl. Shilomostnoje-Höhe 1,5 km nordostw. davon–Nordostecke Storoshewoje.
„LSSAH" und „T" unverändert.
XXXXVIII. Pz.-Korps: 11. Pz.Div. unverändert. Teile „GD" Distr. Malinowoje-Schlucht–232,8–1 km südostw. Kalinowka. 3. Pz.Div. Schlucht Kubassowskij–Nordrand Distr. Tolstoje Wald–1 km nordwestl. Straßengabel 258,5.
LII. AK: 332. ID: Nordwestrand und Westrand Distr. Tolstoje Wald–Westrand Wald westl. Dolgij, dann unverändert. 255. und 57. ID unverändert.

3. 332. ID ab 15. 7., 18.00 Uhr, LII. AK unterstellt.

4. Gen.-Marsch-Kp. IV/255/14 für 255. ID, Stärke 0/22/113, am 12. 7. in Noworborissowka eingetroffen.
Gen.-Marsch.Kp. VIII/57/20 für 57. ID, Stärke 1/17/10, am 11. 7. in Boromlja eingetroffen.

5. Trennungslinien: Zwischen 167. ID und II. SS-Pz.-Korps: Südrand Iwanowka–Nordrand Mal. Jablonowo.
Zwischen XXXXVIII. Pz.-Korps und LII. AK: Mitte Werchopenje–Straßengabel 258,5–Nordwestspitze Wald ostw. Nowenkoje–Mitte Nowenkoje.

6. –

7. Absicht gem. Fernschreiben.

9. Wetter: Wechselnd bewölkt, zeitweise starker Regen, Straßenzustand weiterhin sehr schlecht.

Pz.AOK 4, Ia

Besonderes: Befehl über Ausbau von Stellungen und Hinweis.

1. Die schweren Abwehrkämpfe der letzten Tage haben gezeigt, daß einzelne Truppenteile noch immer nicht schnell genug in die Erde kommen, sobald sie zur Abwehr übergehen. Lange nach der Besetzung von Stellungen sind in einzelnen Abschnitten schwere Verluste durch Artillerie- und Granatwerferfeuer sowie durch Panzerbeschuß eingetreten.
Ich befehle, daß jede Truppe, die zur Abwehr übergeht – und sei es auch nur für Stunden – sich sofort eingräbt; und zwar sind grundsätzlich keine Schützenmulden, sondern schmale und tiefe Panzerdeckungslöcher für stehende Schützen auszuheben. Falls bei Tage infolge starker Feindeinwirkung nur im Liegen geschanzt werden kann, sind die bei Tage hergestellten Schützenlöcher sofort nach Dunkelwerden zu vertiefen und fertig auszubauen.
Ich erwarte, daß die Kompanieführer und Bataillons-Kommandeure hier mit aller Härte durchgreifen. Auch die größte Abspannung der Truppe infolge anstrengender Kämpfe darf an dieser notwendigen Maßnahme nichts ändern.

2. Es ist eine große Zahl von Kopfverwundungen durch kleinste Splitter eingetreten, weil bei vielen Truppenteilen im Kampf und in dem Gebiet, welches unter Artilleriefeuer liegt, der Stahlhelm nicht getragen wird.

Ich habe bereits nach Abschluß der letzten Operation befohlen, daß alle Soldaten bis zum Kompanieführer einschl. im Gefecht und im artilleriegefährdeten Gebiet Stahlhelm tragen. Das Tragen der Mütze im Gefecht von Führern und Männern zeigt einen Mangel an Disziplin und Verantwortungsgefühl. Außer dem gegebenen Befehl müssen sich alle darüber klar sein, daß heute jeder Mann gebraucht wird und der Ausfall im Gefecht nicht die Angelegenheit des einzelnen, sondern der Truppe und ganz Deutschlands ist. Dieser Befehl ist allen Führern bekanntzugeben und seine Durchführung mit aller Strenge, nötigenfalls durch disziplinare Ahndung, zu erzwingen.

Hausser

15. 7. 1943 – Shurawlinij Wald NW

Verlauf des Tages siehe Lagenkarte.

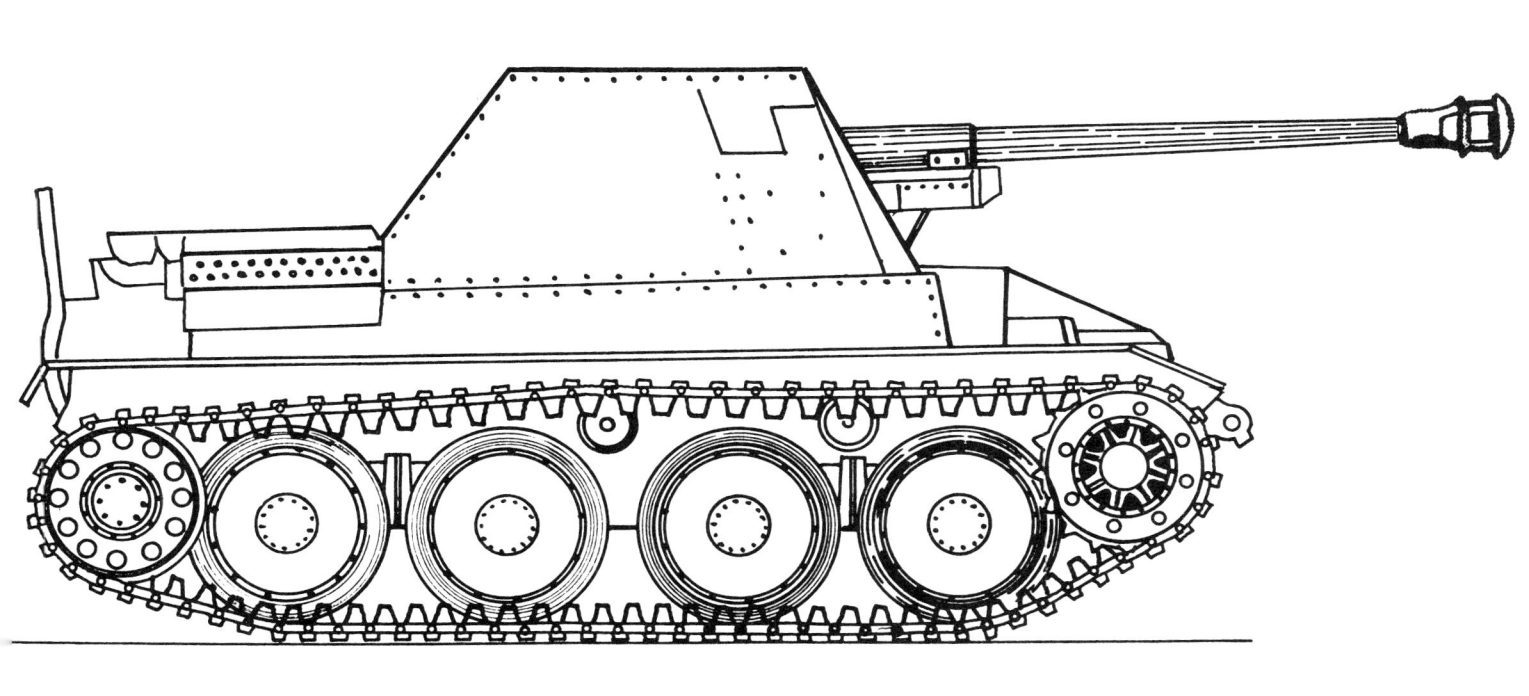

7,5-cm-Pak 40/3 auf Fahrgestell 38 (t), Ausführung H, „Marder III", Sd.Kfz. 139

Besatzung 4 Mann, Gefechtsgewicht 10,5 t, Länge über alles 4650 mm, Breite 2150 mm, Höhe 2480 mm. Panzerung Bug: 20 mm, Fahrerfront 25 mm, Motor 6 Zylinder, 7750 ccm, PS 125/150, Geschwindigkeit 42 km, Kraftstoffvorrat 218 Liter, Fahrbereich Gelände 140 km, Straße 185 km.

16. 7. 1943 –
Shurawlinij
Wald NW

Wetter: Wechselnd bewölkt, teilweise sonnig, mittlerer Wind, am Abend stärkere Regenfälle. Nach Herstellung des Anschlusses an 7. Pz.Div. am Vortage bleibt die eigene Lage unverändert. Divisionen verbessern ihre Stellungen gegen das andauernde feindl. Art.- und Granatwerfer-Störungsfeuer. Gegen 02.00 Uhr wird ein Angriff zweier Kompanien gegen die Mitte Div. „Totenkopf" aus dem Schluchtgelände ostw. Wesselyj unter hohen Feindverlusten abgewiesen. Der Feind greift mit starken Luftkräften die Abschnitte der Divisionen „Das Reich" und „LSSAH" in rollendem Einsatz mit Kampf- und Schlachtfliegern an und verursacht bei Div. „Das Reich" Verluste an Menschen und Material.
Durch neue Befehle wird Umgliederung des Korps für weiteren Einsatz (Herauslösen der Divisionen „Das Reich" und „LSSAH", Festlegen und Besetzen einer neuen HKL und Zurücknahme des Brückenkopfes Div. „Totenkopf") eingeleitet.

Einzelheiten:
Bis 05.00 Uhr Morgenmeldungen.
Div. „Das Reich" und „LSSAH" ohne besondere Vorkommnisse. Bei Div. „Totenkopf" wird ein Angriff nordwestl. 226,6 abgewiesen.
Im gesamten Abschnitt reges Art.-Störungsfeuer.

08.25 Uhr. Morgenmeldung der Armee:

167. ID hat Linie Schachowo-Ost–Höhen ostw. Leski erreicht.
II. SS-Pz.-Korps: Außer einem Vorstoß in Stärke von 2 Kpn. bei SS-„Totenkopf" im gesamten Korpsabschnitt ruhiger Verlauf der Nacht.
XXXXVIII. Pz.-Korps: 2 Angriffe gegen Mitte 11. Pz.Div. blieben im eigenen Sperrfeuer liegen. Vorstoß gegen linken Flügel 3. Pz.Div. wurde abgeschlagen. Ablösung von Teilen „GD" konnte wegen Ungängigkeiten des Geländes noch nicht erfolgen.
LII. AK: Bei 332. ID und 255. ID wurden 3 feindl. Spähtrupps in Gruppenstärke abgewiesen, sonst ruhiger Verlauf der Nacht.
Luftlage: Bei 167. ID und II. SS-Pz.-Korps lebhafte, sonst geringe Feindfliegertätigkeit.

Pz.AOK 4, Ia

Am frühen Vormittag Pz.-Armee-Befehl Nr. 8 über das Unternehmen „Roland":
Es ist beabsichtigt, Feind südl. des Pssel durch Vorstoß nach N und folgendes Eindrehen nach W einzukesseln und zu vernichten.
II. SS-Pz.-Korps, zunächst rechts neben XXXXVIII. Pz.-Korps angreifend, fällt im weiteren Verlauf die Aufgabe zu, nach Eindrehen XXXXVIII. Pz.-Korps nach W, mit Masse die Nord- und Nordostflanke am Höhenrand südl. des Pssel abzudecken.
Trennungslinie zu Armee-Abteilung Kempf: Straße Tomarowka–Bykowka (4. Pz.-Armee)–nördlich Lutschki (4. Pz.-Armee)–255,9–Prochorowka (Armee-Abt. Kempf).
Trennungslinie II. SS-Pz.-Korps–XXXXVIII. Pz.-Korps: Straße Jakowlewo bis 254,5 (XXXXVIII. Pz.-Korps)–Straße 254,5 bis 242,1 (II. SS-Pz.-Korps)–Nowosselowka (II. SS-Pz.-Korps)–Wladimirowka–Imkerei–1972 (alles XXXXVIII. Pz.-Korps).
11. Pz.Div. wird II. SS-Pz.-Korps unterstellt.
Dem II. SS-Pz.-Korps werden neu unterstellt: 15 cm Kan.Battr. 3/371, Pi.Btl. 627 ab sofort Pz.-Armee unmittelbar unterstellt.
Bisheriges Funkbild zur Funktäuschung ist aufrecht zu erhalten.
Angriffsbefehl folgt im Laufe des 17. 7.:
11.40 Uhr von Div. „Totenkopf":
Seit 07.00 Uhr laufend Feindbewegungen von 30 bis 40 Mann aus Kartaschewka nach Wesselyj.
Pz.B.Battr. „LSSAH" und Div. „Das Reich" werden dem Höheren Arko unterstellt.
Tagsüber starke feindl. Fliegertätigkeit. Nachmittags bei „LSSAH" und Div. „Das Reich" Vorbereitungen für Ablösung bzw. Verlegung der HKL.

Bis 17.15 Uhr Tagesmeldungen:

Div. „Das Reich":

16. 7. 1943 –
Shurawlinij
Wald NW

Division hielt die bisher erreichte Linie. Aufklärung und Beobachtung erkannten schwächere Feindbewegungen aus Shilomostnoje nach Norden. Feldstellungen auf den Höhen südwestlich Praworot weiterhin stark besetzt.

Feind griff während des ganzen Tages mit starken Luftwaffenkräften die HKL mit Bomben – teilweise schweren Kalibers – aus großer Höhe und mit Bordwaffen an. Es entstanden erhebliche Ausfälle an Personal und Gerät.

Die Vorbereitungen zur Ablösung und zum Abmarsch der Division in den neuen Einsatzraum wurden getroffen. Teile der Div. begannen am frühen Nachmittag bereits mit dem Abmarsch.

Verlegung der Division in den Raum Jakowlewo, Pokrowka, Beregowoj.

Panzerlage: Pz. III lg. 37, Pz. IV 18, Pz. VI 5, T 34 11, Bef.Pz. 7; Stugesch. 25; Pak 5 cm 28, 7,5 cm mot. Z 16, 7,5 cm Sfl. 3, 7,62 cm Sfl. 9.

Versammlung der Division zu neuer Verwendung.

Sonnig, trocken, leicht bewölkt. Straßen noch leicht aufgeweicht, trocknen aber gut ab. Schluchten teilweise noch stark aufgeweicht.

„LSSAH":

Während der Nacht starkes Art.- und Granatwerfer-Störungsfeuer. Rege feindl. Stoßtrupptätigkeit und starker feindl. Kampffliegereinsatz.

Seit Beginn des Tages Art.- und Granatwerfer-Störungsfeuer in wechselnder Stärke.

Eigene Spähtrupps der AA „LSSAH" stellten folgenden feindl. Frontverlauf am linken Flügel der Div. fest:

Höhen hart südostw. Michailowka bis zur Straße. Michailowka nach Südosten, von dort entlang wieder Straße. Stellungen gut ausgebaut und sehr befestigt.

Reger feindlicher, schwacher eigener Luftwaffeneinsatz.

Art.Rgt. „LSSAH" und Werfer-Rgt. 55 befinden sich mit Teilen seit 14.30 Uhr im Stellungswechsel. Pi.Btl. „LSSAH" seit 12.00 Uhr beim Ausbauen und Besetzen der neuen HKL (Ostrand 258,2 nw. Teterewino-Südrand Wassiljewka). Pz.Rgt. „LSSAH" im Raum westl. Teterewino.

Pz. VI 9, Pz. IV lg. 42, Pz. III 5, Pz. II 4, Bef.Pz. 6; Stugsch. 30; Pak 7,5 mot. Z 13, 7,5 Sfl. 19.

Zurücknahme der Div. in den neuen Unterkunftsraum. Verst. 1. Pz.Gren.Rgt. „LSSAH" am 17. 7., 03.00 Uhr, der SS-„T" unterstellt.

Leicht bewölkt.

Div. „Totenkopf":

Im gesamten Abschnitt Art.- und Granatwerfer-Störungsfeuer. Verluste des Feindes beim Angriff nordwestl. Pkt. 226,6: 50 Tote, 6 Gefangene, 2 Pak.

11.20 Uhr zersprengte Art.Rgt. Feindansammlungen nordostw. Michailowka. Bei 254,7 nördl. W Olschanka laufend Landung feindl. Flugzeuge, wahrscheinlich Kuriermaschinen, beobachtet.

Luftlage: Starke feindl. Fliegertätigkeit, insgesamt 24 Einflüge mit 284 Maschinen.

Pz. VI 9, Pz. IV lg. 23, Pz. IV k. 4, Pz. III lg. 30, Bef.Pz. 7; Stugesch. 20; Pak 7,5 mot. Z 16, 7,5 Sfl. 3.

Gemäß Korpsbefehl.

Wolkig bis heiter, vereinzelte Regenschauer, Straßen teilweise noch aufgeweicht.

16. 7. 1943 –
Shurawlinij
Wald NW

Tagesmeldung an die Armee:

Feind verstärkt seine Stellungen vor der gesamten Front des Korps. Die Massierung von Artillerie und Panzern im Raum Praworot–Prochorowka deutet darauf hin, daß der Feind anscheinend einen Angriff aus südwestl. oder südl. Richtung erwartet. Auf dem gesamten Abschnitt liegt Art. und Granatwerfer-Störungsfeuer in wechselnder Stärke.
Der feindliche Luftwaffeneinsatz ist sowohl in der Nacht, besonders aber am Tage, außerordentlich rege und führte zu erheblichen personellen und materiellen Verlusten. Bei SS-„T" flogen allein 284 feindl. Maschinen ein. Bei 254,7 nördl. W. Olschanka laufend Landungen feindl. Flugzeuge.
Schwache eigene Fliegertätigkeit.

Stellungen wie gestern.

Herauslösen SS-„DR" und Masse „LSSAH" nach Beziehen der neuen Stellung durch 167. ID.

Sonnig, teilweise bewölkt, Straßenzustand gut, teilweise noch sumpfige Stellen.

In der Folge an die Divisionen:
Vorbefehl für die Umgliederung des Korps vom 16. bis 18. 7. 1943:

II. SS-Pz.-Korps wird mit Masse in jetziger Stellung abgelöst und unter Zurücknahme der HKL entlang der Straße Jakowlewo nach Obojan zu neuer Verwendung versammelt.

167. ID besetzt in der Nacht vom 16./17. 7. hinter rechtem Flügel II. SS-Pz.-Korps eine neue HKL. SS-„T" räumt in der Nacht vom 17./18. 7. den Brückenkopf und besetzt neue HKL südl. des Pssel.

Verlauf der HKL (Karte 1:50 000):
Höhe südl. Shilomostnoje–242,1 (3 km südwestl. Praworot)–Nordrand Winogradowka–Höhe 2 km westl. Winogradowka–Nordosthang Höhenmassiv südwestl. Iwanowskij-Wysselok–231,5 (3 km südl. Wassiljewka)–225,2 (1,5 km ostw. Gresnoje)–227,8 (1,5 km nordwestl. Gresnoje–Höhe südl. Einmündung Plotawa-Schl. in die Ssalotinka–Anschluß zu linkem Nachbarn bei 227,0 westl. Kotschetowka.

Trennungslinien:
Zwischen 167. ID rechts und SS-„T" links (gleichzeitig Grenze zur Armeeabt. Kempf): Straße Teterewino, Prochorowka (für 167. ID).
Zwischen SS-„T" rechts und 11. Pz.Div. links: Kotschetowka (für SS-„T").

Ablösung:
SS-„DR" und Masse „LSSAH" räumen in der Nacht vom 16./17. 7. nach Ablösung bzw. Besetzung der neuen HKL durch 167. ID ihre Stellungen und erreichen die neuen Räume gemäß Ziffer 6.
„LSSAH" beläßt linken Flügel. Von jetziger Trennungslinie zu SS-„T" bis zur Straße Teterewino, Prochorowka (ausschl.) unter Zurückbiegen des rechten Flügels dieser Teile zur Anschlußnahme an neue HKL in der Stellung bis zur Ablösung durch SS-„T" in der Nacht vom 18./19. 7.
SS-„T" baut neue HKL sofort beginnend in ihrem Abschnitt aus, erkundet Gefechtsvorposten-Stellung in allgemeiner Linie Andrejewka-Krassny Oktjabr-Nordostrand Kotschetowka und besetzt diese Stellung nach Zurücknahme der Kräfte aus dem Brückenkopf in der Nacht vom 17./18. 7.
Die zwischen 167. ID und SS-„T" bis 18. 7., abends, verbleibenden Teile „LSSAH" werden ab 17. 7., 03.00 Uhr, SS-„T" unterstellt.

Unterziehräume:
SS-„DR": Beregowoj-Krassnaja Dubrawa-Pogorelowka-Jakowlewo-Pokrowka.
„LSSAH": Waldstück südostw. Jablotschki-Wald ostw. Kosimo Derganowka-Ssmorodino-Petrowskij-Gr. Lutschki.
Trosse SS-„T": Rylskij-Bol. Majatschki-Jablotschki. Div. SS-„DR" und „LSSAH" werden in der Nacht vom 17./18. 7. nach Nordwesten weiter vorgezogen. Befehl hierüber folgt.
Unterbringungsskizze ist dem Gen.Kdo. zum 17. 7., 10.00 Uhr, einzureichen.

Marschstraßen: 16. 7. 1943 –
Div. SS-„DR": Teterewino, Klein-Lutschki, Jakowlewo. Shurawlinij
„LSSAH": Teterewino, Kalinin, Groß-Lutschki. Wald NW
Verkehrsregelung durch die Div. auf ihren Straßen, an den Kreuzungspunkten überlagernd durch Korps. Die Divisionen setzen energische ältere Führer zur Überwachung auf den Marschstraßen ein. Es kommt darauf an, daß die Bewegungen mit Masse bis 17. 7., mittags, beendet sind.
Unterstellte Heerestruppen bleiben marschtechnisch und für Unterkunftsraum unterstellt. Änderung der Unterstellung wird befohlen.

Nachrichtenverbindungen: Draht und Funk zu den Div.

Gefechtsstände:
SS-„DR": Erkundet in Gegend Punkt 260,8 an Straße Belgorod, Obojan 3 km südostw. Nowosselowka. Gef.-Standwechsel nicht vor 17. 7., abends.
„LSSAH": Im Raum Kramiza-Dubrowo. Verlegung bis 18. 7.
SS-„T": Ist, falls Verlegung beabsichtigt, rechtzeitig zu melden, möglichst Kl. Lutschi.
Neuer Korpsgefechtsstand: Ab 17. 7., 18.00 Uhr, Waldstück ostw. Punkt 242,1, an Straße Belgorod, Obojan 1 km südwestl. Pokrowskij. Das Waldstück ist durch andere Truppen nicht zu belegen.
Verteiler auf Entwurf.

gez. Hausser

167. ID besetzt in der Nacht vom 16./17. 7. hinter rechtem Flügel II. SS-Pz.-Korps eine neue HKL. Div. „Das Reich" und Masse „LSSAH" räumen vom 16./17. nach Besetzung der HKL durch 167. ID ihre Stellungen und beziehen neue Räume. („LSSAH" Wald SO Jablotschki-Lutschki-Ssmorodino-Petrowskij; Div. „Das Reich": Beregowoje-Krassnaja Dubrawa-Pogorelowka-Jakowlewo-Pokrowka.)
Linker Flügel „LSSAH" verbleibt unter Anschlußnahme rechts an 167. ID, links an Div. „Totenkopf", und wird Div. „Totenkopf" unterstellt bis zur Ablösung durch Div. „Totenkopf" in der Nacht vom 18./19. 7.
Div. „Totenkopf" baut sofort neue HKL (südl. des Pssel) aus und räumt in der Nacht vom 17./18. 7. den Brückenkopf.
Vorbefehl an Div. „Das Reich" über Ablösung von Teilen 11. Pz.Div. vom 17./18. 7. und Bereitstellung für folgenden Angriff gegen Orlowka-Stellungen:

SS-„DR" löst Nacht 17./18. 7. linken Flügel 11. Pz.Div. im Abschnitt (1:50 000) 248,3–Distr. Malinowoje, 1,5 km westl. Straße Belgorod, Obojan ab und stellt sich hinter dieser Linie zum Angriff bereit, mit Schwerpunkt rechts (dort auch Pz.Rgt.) von 248,3 über 239,6–Orlowka-Stellungen bei Sorinskije Dwory anzugreifen und anschließend Stellungen an der Straße und Waldstücke beiderseits der Straße von Norden nach Süden aufzurollen.

Kommandeure und Erkundungskommandos anschließend an Befehlsausgabe des KG heranziehen.

Für das Generalkommando, der Chef des Generalstabes

Tagesmeldung der Armee:

Beurteilung der Lage:
Bei ruhigem Feindverhalten unverändertes Feindbild. Es erscheint möglich, daß der Gegner seine Panzer auf das Nordufer des Pssel gezogen hat.
Im einzelnen:
Bei II. SS-Pz.-Korps ruhiger Verlauf des Tages. Artillerie- und Granatwerferfeuer auf gesamten Abschnitt. Außer Abwehr von 2 Feindangriffen bei 11. Pz.Div. und einem Angriff bei 3. Pz.Div. verlief der Tag bei XXXXVIIII. Pz.-Korps ruhig. Eigene Artillerie bekämpfte wirksam Bewegungen und Feindansammlungen. Art.- und Salvengeschützfeuerüberfälle des Gegners auf Nordwestrand Distr.

16. 7. 1943 –	*Tolstoje Wald. Bei LII. AK keine besonderen Kampfhandlungen. Eigene Artillerie bekämpfte Feindko-*
Shurawlinij	*lonnen vor rechtem Flügel. 332. ID und zerstörte Kampfanlagen des Gegners vor Mitte 57. ID.*
Wald NW	*Luftlage: Sehr rege Feindfliegertätigkeit mit zahlreichen Bombenwürfen bei II. SS-Pz.-Korps, die zu er-*
	heblichen personellen und materiellen Verlusten führten. Geringe Feindfliegertätigkeit bei XXXXVIII.
	Pz.-Korps.

167. ID, 16. 7., 15.00 Uhr, III. Pz.-Korps unterstellt.

Trennungslinie zwischen 4. Pz.-Armee und Armee-Abt. Kempf: Straße Tomarowka, Bykowka (4. Pz.-Armee)–(nördl.) Lutschki (4. Pz.-Armee)–255,9–Prochorowka (Armee-Abt. Kempf).

Absicht: Gem. Fernschreiben.

Wetter: Wechselnd bewölkt, einzelne Gewitterschauer. Straßenzustand gebessert, gegen Abend wieder aufgeweicht.

Pz.AOK 4, Ia

Generalkommando Ic

Feindlage 16. 7. 1943, Stand: 19.00 Uhr.
Feindverhalten.
Feind in Shilomostnoje und Praworot baut Stellungen an den westl. und südwestl. Ortsrändern aus. Verlegung von Minen erkannt. In Praworot starke Flak und Pak. O Praworot beiderseits der Straße Nowo-Sachowka–Krassnoje Panzeransammlungen (84 Panzer, vergl. Gefechtsluftaufklärung). Gegner verhielt sich im Abschnitt Belenichino–Storoshewoje während des Tages ruhig. Keine Bewegungen erkannt.
Vor Abschnitt beiderseits Straße Prochorowka–Teterewino (Nord) Zunahme der feindlichen Art.-Tätigkeit. Art.-Verstärkung in Gegend Prochorowka.
Gegen 02.00 Uhr morgens Angriff gegen eigene HKL in Stärke von 2 Kpn. aus Richtung Michailowka. Angriff abgewiesen. Nördlich des Brückenkopfes verhielt sich der Gegner ruhig. Feindbewegungen N Ilinskij lassen auf Zuführungen schließen.
Im Abschnit Iwanowka–Storoshewoje und SW Prochorowka stärkere feindliche Fliegertätigkeit.

Gefangenenaussagen und Beutepapiere.
121. selbst. Zerstörer-Btl. wurde mit mehreren anderen Zerstörer-Bataillonen im Raum Usud bei Moskau im März 1943 neu aufgestellt. Die Mannschaften fast ausschließlich Neumobilisierte aus dem Winter 1942. Jahrgänge 1923, 1924, 1925. Ein weiterer Teil des Btl. stammt vom 131. E-Rgt. und von der Uffz.-Schule in Pokrow bei Moskau.
Gliederung: 3 Pz.Bü.-Kpn., Stärke 70 Mann, 18 bis 20 Pz.Bü. pro Kompanie.
Btl.Kdr.: Major der Garde Wolowoi.
Am 5. 4. 1943 Btl. im Eisenbahntransport nach Stary Oskol. Eintreffen 27. 4 1943, von hier im Fußmarsch nach Pogorelka (Raum Korotscha).

169. Pz.Brg. FPN. des mot. S-Btl. der Brg.: 59 360 (?)
Brg.Kdr.: Oberstleutnant Stepanow. Mannschaften wurden am 21. 6. 1943 zur Besichtigung eines soeben angekommenen Panzers „Churchill" geführt. Er wurde ihnen als Durchbruchspanzer geschildert und erwähnt, daß von 7 in England verladenen Panzern nur einer angekommen sei.

99. Pz.Brg. mot. S-Btl. Der Nachersatz stammt zu 85 Prozent aus Angehörigen der im Raum Charkow–Belgorod–Ssumy zerschlagenen russ. Verbänden. Der Rest kommt aus Genesenden-Einheiten vom Ural, der Offiziersnachersatz aus den Offiziersschulen Wladiwostok und Chaberowsk.
In der letzten Zeit ist in den russischen Zeitungen die Herausgabe eines neuen Panzertyps, ähnlich des deutschen Panzer VI, veröffentlicht worden sowie die Erfindung einer bisher unbekannten magnetischen Panzerklebemine. Ferner soll die russ. 7,62 cm Pak über eine neue, jede Panzerung durchschlagende Panzergranate verfügen. Nähere Angaben können die Überläufer nicht machen.

Beutepapiere.
Aus Beutepapieren: Ampullenwerferzug des 842. SR. Division unbekannt.

VN.
Panzerführer Woronesh-Front, Pz. AOK 5, II. Gd.Pz.-Korps und II. Pz.-Korps standen miteinander in Funkverbindung.
V. mech. Korps stand in Funkverbindung mit 24. Gd.Pz.Brg. und weiteren 5 Unterstellen.
12.30 Uhr: Unterstelle an II. Pz.-Korps. Infanterie und Feindpanzer gingen zum Angriff auf Praworot über. 2 km N Storoshewoje greift Infanterie an.
07.30 Uhr: 24. Gd.Pz.Brg. an V. mech. Korps. Keine Veränderungen in der Tätigkeit des Feindes. Die Einheit befindet sich in der Verteidigung im Raum Swch. Woroschilowa–Straße 3 km NW Swch. Woroschilowa.
07.30 Uhr: Unterstelle an V. mech. Korps. Habe keine freien Panzerbesatzungen.
13.33 Uhr: V. mech. Korps an 24. Gd.Pz.Brg. An Karpow. Gaitasch mit seiner ganzen Einheit zu uns kommen nach Wassiljew. Kwarzow. (KG V. mech. Korps).
15.25 Uhr: 24. Gd.Pz.Brg. an V. mech. Korps. An den Kdr. Keine Veränderung.

16. 7. 1943 – Shurawlinij Wald NW

Luftaufklärung:
Nachtluftaufklärung meldet 25 km N Obojan, 7 km ostw. der Rollbahn nach Kursk 70 Kfz. Richtung Süden und am frühen Morgen N auf Malo Jablonowo 12 Panzer Richtung Süden fahrend erkannt. . . . im Raum Korotscha–Stary Oskol–Kastornoje–Kursk–Ssudsh . . . Obojan geringer Einzelverkehr. Gefechtsaufklärung meldet am Morgen des 16. 7. 1943 84 Panzer . . . NO Praworot, 22 Panzer NW Prochorowka, 30 Panzer 3 km NW Petr . . . an Rollbahn Prochorocwka–Kortaschewka.

Feindverluste, Gefangene und Beute.

	„LSSAH"	„Das Reich"	„Totenkopf"	Total
Gefangene	–	340	4	344
Überläufer	3	10	23	36
Flugzeuge	3	1	1	5
Panzer	–	25	19	44
Pak	–	12	–	12
Panzerbüchsen	–	17	–	17
MG	–	77	3	80
LKW	–	8	–	8
MPi.	–	5	4	9
Gewehre	–	348	–	348
Granatwerfer	–	2	1	3
Geschütze	–	2	–	2
Tote	–	530	–	530

Gesamteindruck.
Feind in Erwartung eines eigenen Angriffs besonders im Raum Prochorowka verstärkt seine Abwehr. Aus Norden über Obojan weitere Zuführungen.

Generalkommando II. SS-Pz.-Korps, Ic

17. 7. 1943 – Shurawlinij Wald NW

Wetter: Sonnig, heiter, gegen Abend zunehmende Bewölkung.
Die am Vorabend befohlene und während der Nacht bereits angelaufene Umgliederung des Korps dient zur Freimachung von Angriffskräften für ein Unternehmen (Deckname „Roland"), das das Schlagen und Vernichten des Gegners im Raum südl. und südostw. Obojan zum Ziel hat.
Gemäß Pz.-Armeebefehl Nr. 8 vom 16. 7. 1943 (Obkdo. d. 4. Pz.-Armee Ia 3191/43 g.Kdos.) hatte sich II. SS-Pz.-Korps in den Nächten vom 16. zum 17. 7. und 17. zum 18. 7. so umzugliedern, daß es am 18. 7. mit unterstellter 11. Pz.Div. und Div. „Das Reich" aus der Linie 227,0–248,3–Hf. Distr. Malinowka zur Gewinnung des Höhengeländes ostw. und nördl. Orlowka antreten kann.
Für den Aufmarsch zu diesem Unternehmen erfolgt noch in der Nacht zum 17. Befehl an Div. „Das Reich" zur Verlegung hinter die 11. Pz.Div. Das Freimachen der Div. „Das Reich" durch Ablösung des rechten Flügels durch 167. ID und Lösen des linken Flügels vom Feind hinter vorbereitete HKL sowie das Herauslösen der Masse „LSSAH" unter Belassung eines Rgts. in neuer HKL verläuft in der Nacht vom 16. zum 17. im großen und ganzen planmäßig. Den absetzenden letzten Teilen Div. „Das Reich" folgt Gegner dichtauf mit Spähtrupps, „LSSAH" wird durch ihn nicht behindert.
Den Divisionen werden Versammlungsräume zugewiesen, die sie bis 17.00 Uhr mit Masse erreichen. Das Herauslösen der restlichen Teile „LSSAH" ist für die Nacht vom 17. zum 18. 7. befohlen. Vor der Front des gesamten Korps verläuft der Tag, außer in den späten Nachmittagsstunden stärker werdendem Art.- und Granatwerfer-Feuer, ohne größere Kampfhandlungen. Der Gegner fühlt in den Vormittags- und Nachmittagsstunden bei Div. „Totenkopf" und 11. Pz.Div., die dem Gen.Kdo. ab 17. 7., 06.00 Uhr, unterstellt ist, mit Kp.-Angriffen gegen die vorderen Teile vor. Am Nachmittag greift er auf rechtem Flügel Div. „Totenkopf" (dort eingesetzte Teile „LSSAH") in Btl.-Stärke mit 10 Panzern am Nordostbogen des Brückenkopfes mit 15 Panzern und am linken Flügel 11. Pz.Div. mit Inf. in Btl.-Stärke an und wird abgewiesen. Sämtliche Unternehmungen des Gegners werden als kampfstarke Aufklärung angesehen, während sich seine Masse nach Eindruck der Div. „Totenkopf" zum Ausbau einer HKL von den eigenen vorderen Teilen abgesetzt hat.
Zur Geländeerkundung und Befehlsausgabe für Unternehmen „Roland" begeben sich KG und Chef des Stabes frühzeitig zum Abschnitt der 11. Pz.Div. auf deren Gefechtsstand, wo um 11.00 Uhr die Befehle an die Divisionen (11. Pz.Div. und Div. „Das Reich") gegeben werden. Die somit anlaufenden Vorbereitungen werden nach FS Pz.AOK 4 (Ia Nr. 3213/43 g.Kdos.), dessen Inhalt an Chef des Stabes übermittelt wird, eingestellt und die gegebenen Befehle wieder aufgehoben. Die bereits angelaufene Umgliederung des Korps, d. h. Herauslösen zweier Panzer-Grenadier-Divisionen, soll abgeschlossen werden. Mit in der Front verbliebenen Teilen hat das Korps die Stellungen zu halten. Am Nachmittag erfolgt nach fernmdl. Vororientierung durch Armee der Befehl, die Divisionen „LSSAH" und „Das Reich" in den Raum westlich und südwestl. Belgorod zu verlegen. Zur Tarnung der Bewegungen werden die Märsche in den Nächten vom 17. zum 18. 7. und 18. zum 19. 7. durchgeführt. Einzelheiten regelt schriftlicher Korpsbefehl. Einweisung der beiden Stellungsdivisionen über neue Aufgaben des Korps durch kurzes FS mit Einzelaufträgen für die beiden Divisionen.
Noch während der Nacht werden organisatorische Vorbereitungen für Bahntransport der Gleiskettenteile der Divisionen getroffen. Einzelheiten über kommende Aufgaben des Korps sind jedoch noch nicht abzusehen.

Einzelheiten:
Bis 05.00 Uhr Morgenmeldungen der Divisionen:

„LSSAH":

Infolge dauernder Rückfragen der Nachbarn verzögert sich das Absetzen um eineinhalb Stunden. Die Absetzbewegungen gehen reibungslos vor sich.
Feindeindruck: Der Feind scheint sich ebenfalls abzusetzen.

SS-„DR":
17. 7. 1943 –
Shurawlinij
Wald NW

Div. bei Ablösung durch 167. Div. Feind schoß vereinzelt Störungsfeuer und einige Salven auf die vordere Linie und in das Hinterland. Im übrigen verhielt sich der Gegner ruhig.
Die ersten Teile der Div. erreichten im Laufe der Nacht den neuen U-Raum.
Feindl. Fliegertätigkeit gering. Vereinzelte Störangriffe auf Rollbahn Teterewino und Lutschki-Nord.
Ablösung und Besetzen der neuen HKL noch im Gange.

SS-„T":

20.25 Uhr wird russische Infanterie, die von Panzern unterstützt im Vorgehen von 236,7 nach Süden war, durch Artillerie zersprengt.
02.10 Uhr meldet Pi.Btl. 666 vollzogen den Abbau von 2 Brücken.
Unterstellung mit III. Werfer-Abt. 55 wurde aufgehoben. 1. Rgt. „LSSAH" ab 03.00 Uhr vorübergehend der Div. unterstellt.

Morgenmeldung an die Armee:

Morgenmeldung vom 17. 7. 1943.
1. Verlauf der Nacht im allgemeinen ruhig. Morgenmeldung SS-„T" steht noch aus. Besetzung der neuen HKL und Ablösung bzw. Absetzen der Div. „Das Reich" und „LSSAH" noch im Gange.
Feind vor „LSSAH" scheint sich ebenfalls abzusetzen. Während der Nacht geringe feindl. Fliegertätigkeit, mit Hellwerden wieder reger.
2. Keine Änderung der Absichten.

gez. Stolley

Nachmeldung SS-„T":
20.25 Uhr wird russische Infanterie, die von Panzern unterstützt im Vorgehen von 236,7 nach Süden war, durch Art. zersprengt.
Ansonsten verlief die Nacht ruhig.

09.30 Uhr von Armee:
Alle Bewegungen für „Roland" sind einzustellen, Div. „Das Reich" ist abzulösen. Erreichte Stellungen sind zu halten.

10.20 Uhr Morgenmeldung der Armee:

II. SS-Pz.-Korps: Ablösen SS-„Reich" und Absetzen „LSSAH" noch im Gange. Von Panzern unterstützer feindl. Vorstoß gegen Brückenkopf SS-„Totenkopf" wurde in den gestrigen Abendstunden zerschlagen. Sonst ruhiger Verlauf der Nacht.
XXXXVIII. Pz.-Korps: Die Nacht verlief bis auf beiderseitiges Artilleriestörungsfeuer ohne Kampfhandlungen.
LII. AK: 255. ID wehrte 2 feindl. Spähtrupps ab. Vor Mitte 57. ID wurden 2 Feindspähtrupps, vor linkem Flügel der Division ein Feindspähtrupp, je in Gruppenstärke, abgewiesen.
Luftlage: Rege Feindfliegertätigkeit im gesamten Pz.-Armeebereich.

Pz.AOK 4, Ia

11.30 Uhr vor Div. „Totenkopf" Feindangriff in Stärke von 2 Kpn. abgewiesen.
Neuer Gefechtsstand Div. „Totenkopf" ab 17.00 Uhr: Wald 2 km nördl. Bol. Majatschki.

12.20 Uhr: Fernschreiben. Befehl an Divisionen:

Die Divisionen haben dafür Sorge zu tragen, daß sämtliche Fahrzeuge im Laufe des 17. 7. in die befohlenen Unterziehräume abgezogen werden. Aus Bequemlichkeitsgründen dürfen keine Einheiten oder

17. 7. 1943 –
Shurawlinij
Wald NW

Fahrzeuge in anderen als den zugewiesenen Unterziehräumen untergebracht werden. Die Zeit ist zum Instandsetzen auszunutzen, da in Kürze mit größeren Veränderungen gerechnet werden muß.

Gen.Kdo. II. SS-Pz.-Korps, Ia

13.30 Uhr von Armee:
Dem LII. AK sind ab sofort unterstellt: Pi.Rgt.-Stab 680, Pi.Btl. 627.
14.00 Uhr von Armee:
Befehl über Verlegung von „LSSAH" und Div. „Das Reich" in den Raum westl. Belgorod. Die für die Nacht vom 17. zum 18. befohlene Räumung des Brückenkopfes durch Div. „Totenkopf" ist durchzuführen. Anschluß an Armee-Abt. Kempf hart nordostw. 258,2. Div. „Totenkopf" hat westl. 258,2 starke Panzer-Abwehrkräfte bereitzuhalten.
Befehl an Div. „Totenkopf" und 11. Pz.Div. über Besetzen der neuen HKL südl. des Pssel:

II. SS-Pz.-Korps mit unterstellter SS-„T" rechts und 11. Pz.Div. links hält Stellungen südl. des Pssel und baut sie weiter aus.

SS-„T" löst in der Nacht vom 17./18. 7. das auf dem rechten Flügel eingesetzte Rgt. „LSSAH" ab und übernimmt mit eigenen Kräften den Abschnitt bis zur linken Grenze 167. ID.
Schwerpunkt der Panzerabwehr für SS-„T" auf der Naht zur 167. ID.

Auf den Trennungslinien zu den Nachbar-Div. ist durch Austausch von VB artilleristische Überlagerung sicherzustellen.

11. Pz.Div. und SS-„T" melden bis 18. 7., 14.00 Uhr, auf Stellungs-Karte 1:50 000 Gliederung der Abschnitte, Feuerstellungen der Art. und Lage der Reserven.

Kdr.Nb.Tr. 3, Werfer-Lehr-Rgt. 1, Werfer-Rgt. 55 sowie III./AR 818 und Art.Abt. 861 verbleiben im jetzigen Raum. Die Art.Abt. werden Arko 122 unmittelbar unterstellt.

Nachrichtenverbindungen Draht und Funk zu den Div.

Korpsgefechtsstand Nordrand Shurawlinyj Wald.

Generalkommando II. SS-Pz.-Korps, Ia

In der Folge Befehl an „LSSAH" und Div. „Das Reich" über Verlegung in den Raum westl. Belgorod:

II. SS-Pz.-Korps wird mit Masse, in der Nacht vom 17./18. 7. 1943 beginnend, in den Raum westl. Belgorod verlegt.

Hierzu marschieren:
SS-„DR" auf 2 Marschstraßen:

Krassnaja Dubrawa, 254,5, Dubrowa, ostw. Straße nach Olchowka, 231,3, 227,4, 233,6, Dragunskoje, Tomarowka;

Jakowlewo bis Straßengabel 2 km südostw. Jakowlewo, Bykowka, 215,4, 217,1, Kolch. 1 km ostw. 206,1 auf alte H 3 verlaufend in den
Unterkunftsraum: Brijantoff (einschl.)–Selenaja Dubrawa–Tomarowka (ausschl.)–Ortschaften an südwestl. Ausfallstraße von Tomarowka bis Ssereteno–155,4–Stanawoje–Chwostowka (einschl.)–Klemenki (einschl.)–B. Dolshik (ausschl.)–Distr. Kalaschnikoff (ausschl.), dann nach Nordosten verlaufend auf Brijantoff.
„LSSAH" auf 2 Marschstraßen:

Krapiwinskije Dwory bis Nordteil Kolch. Ssmelo k. Trubu, 244,7, 224,2, nach Südwesten laufend auf Straße nach Beresoff, Strelezkoje;

Jakowlewo, Schopino, Belgorod in den
Unterkunftsraum: Strelezkoje (einschl.)–Rakowo (ausschl.)–201,6 (ausschl.)–207,8 (einschl.)–Distr. Kalaschnikoff (einschl.)–B. Dolshik (einschl.)–Almasnoje (einschl.).

Die Linie Olchowka–Krapiwinskije Dwory darf vor 20.30 Uhr nicht überschritten werden. Ende der Ablaufbewegungen über genannte Linie 18. 7., 01.00 Uhr. Reste der Divisionen sind in der Nacht vom 18./19. 7. nachzuführen.

17. 7. 1943 – Shurawlinij Wald NW

Die Märsche sind nur bei Dunkelheit durchzuführen.

„Tiger" SS-„DR" sind nach Vereinbarung mit „LSSAH" in die Marschbewegung einzugliedern.

Verkehrsregelung: Durch II. SS-Pz.-Korps ab Ablauflinie bis zur Linie 233,6–217,1–Beresoff–Klch. Ssmelo K. Trubu, durch Divisionen überlagernd auf den Marschstraßen und im neuen Unterkunftsraum. Beschilderung durch Divisionen ist durchzuführen. Alte Beschilderung ist zu entfernen.

Es ist vollkommen verdunkelt zu fahren.

Meldungen:
Neue Gefechtsstände, der im neuen Unterkunftsraum untergezogenen und der im alten Unterkunftsraum verbliebenen Truppenteile.

Nachrichtenverbindungen:
Draht: SS-„DR" schließt sich an Paula-Vermittlung Tomarowka an. „LSSAH" schließt sich an SS-„DR" an.
Funk: Funkstille für beide Divisionen. Die mit Schreiben vom 16. 7. 1943 Tgb.Nr. 461/43 geh. befohlene Funkverschleierung bleibt bis auf weiteres bestehen. Aufhebung der Funkverschleierung erfolgt durch II. SS-Pz.-Korps.

Korpsgefechtsstand wie bisher.

Unterstellung: III./AR 818 und Werfer-Lehr-Rgt. 1 unter SS-„DR" und Art.Abt. 861 und Werfer-Rgt. 55 unter „LSSAH" wird mit sofortiger Wirkung aufgehoben. Die Truppenteile bleiben zunächst in ihren jetzigen Räumen. Weiterer Befehl folgt.

Ich mache die Kommandeure für strengste Geheimhaltung aller Maßnahmen verantwortlich.

gez. Hausser

16.20 Uhr an die Divisionen:
Befehl über Meldung gesprengter und abgeschleppter russ. Panzer.
Bis 17.00 Uhr Tagesmeldungen:

Div. „Das Reich":

Division wurde in den frühen Morgenstunden von 167. ID abgelöst.
03.00 Uhr traf die Ablösung im Divisionsabschnitt ein.
06.00 Uhr war im rechten Abschnitt, Rgt. „DF", die Ablösung beendet. Die Ablösung erfolgte planmäßig und ohne Störung durch den Gegner. Das Rgt. marschierte in den befohlenen Unterziehraum.
06.25 Uhr meldete das im Abschnitt Rgt. „D" ablösende Regiment die Besetzung der neuen HKL.
07.00 Uhr begann das Absetzen des Rgt. „D". Durch Unstimmigkeiten im Festlegen der Trennungslinie zwischen den beiden Regimentern der 167. ID wurde die 3./SS-„D" mit Verspätung abgelöst. Der Kompanie gelang es mit großen Schwierigkeiten und unter einigen Verlusten, sich zu lösen. Der Gegner folgte teilweise auf Handgranatenwurfweite der Absetzbewegung.
Die mit der Verminung des Geländes vor der neuen HKL beauftragten Pioniere waren in ständiger Fühlung mit Feindspähtrupps.
15.00 Uhr war die Division, außer geringen Teilen, im neuen Versammlungsraum eingetroffen.
Div.Gef.St.: Nordrand Distr. Ssuchaja, 1,5 km südlich Krassnaja Poljana.
Panzerlage: Pz. III lg. 36, Pz. IV 24, Pz. VI 9, T 34 17, Bef.Pz. 6; Stugesch. 25; Pak 5 cm 28, 7,5 cm mot. Z 14, 7,5 cm Sfl. 2, 7,62 cm Sfl. 9.
Waffen- und Kfz.-Instandsetzung: Vorbereitung für neuen Einsatz.
Sonnig, trocken. Straßen gut und trocken.

gez. Maier

17. 7. 1943 – Shurawlinij Wald NW

Div. „Totenkopf":

Geringes Art.- und Granatwerfer-Störungsfeuer.
11.30 Uhr Feindangriff in Stärke von 2 Kompanien von Osten auf Rgt. „E". Durch zusammengefaßtes Abwehrfeuer abgewiesen.
Rege feindl. Fliegertätigkeit.

Div.Gef.-Stand ab 17. 7., 17.00 Uhr, im Wald 2 km nördl. Bol Majatschki.

Pz. VI 7, Pz. IV lg. 25, Pz. IV k. 4, Pz. III lg. 31, Bef.Pz. 7; b) und c) unverändert.

Gemäß Korpsbefehl.

Trocken, heiter, Straßen trocken.

11. Pz.Div.:

Artillerie bekämpfte 16.00 Uhr Feindansammlungen in Zug- und Kompanie-Stärke südl. und südwestl. Punkt 209,3 vor rechtem Flügel. Sonst außer feindl. Art.- und Granatwerfer-Störungsfeuer keine wesentliche Kampftätigkeit. Angriffsabsicht des Gegners liegt offensichtlich nicht vor. Feind scheint sich in Linie 209,3–Südausläufer der Waldschluchten 224,8 zur Verteidigung einzurichten. Absetzbewegungen nicht erkannt.

Geringe Jagdfliegertätigkeit, zahlreiche Einflüge feindl. Bomberverbände bis zu 80 Maschinen vom Muster IL 2 mit Jagdschutz, vereinzelte Bombenwürfe.

11. Pz.Div. ab 17. 7. 1943, 06.00 Uhr, Gen.Kdo. II. SS-Pz.-Korps unterstellt.

Straßen gut befahrbar.

Tagesmeldung an die Armee:

Tagesmeldung vom 17. 7. 1943.
Auf gesamter Front schwächeres feindl. Artillerie- und Granatwerfer-Störungsfeuer, das sich vor 11. Pz.Div. am Nachmittag verstärkte. Feind führte während des Vormittags bei SS-Pz.Gren.Div. „Totenkopf" und gegen Mittag bei 11. Pz.Div. in Komp.-Stärke, gegen 17.00 Uhr aus Raum nordwestl. Swch. Oktjabrskij in Batl.-Stärke mit 10 Panzern gegen rechten Flügel SS-„T" aus Raum Höhe 236,7, mit 10 bis 15 Panzern gegen Nordostbogen des Brückenkopfes, und in Batl.-Stärke westl. der Rollbahn gegen linken Flügel 11. Pz.Div. Aufklärungsvorstöße, die abgewiesen wurden. Vor rechtem Flügel und Brückenkopf SS-Pz.Gren.Div. „Totenkopf" scheint Gegner seine vorderen Teile abzusetzen, um sich zur Abwehr einzurichten. Feindl. Abwehrlinie vor 11. Pz.Div. anscheinend Höhe 209,3–Südausläufer der Waldschluchten 224,8. Ablösung rechter Flügel SS-Pz.Gren.Div. „Das Reich" durch 167. ID war um 06.00 Uhr beendet, Absetzen linker Flügel der Div. begann 07.00 Uhr. Gegner behielt an den sich absetzenden Teilen Fühlung durch Spähtrupps. Zurücknahme Masse „LSSAH" zu gleicher Zeit planmäßig ohne Störungen durch den Feind.

Luftlage: Vor gesamtem Korpsabschnitt rege feindl. Fliegertätigkeit. Eigene Jagdfliegertätigkeit.

258,2–Ostrand Andrejewka–wie bisher.

11. Pz.Div. ab 17. 7. 1943, 06.00 Uhr, Gen.Kdo. II. Pz.-Korps unterstellt.

SS-Pz.Gren.Div. „Das Reich" und „LSSAH"-Pz.Gren.Div. um 15.00 Uhr mit Masse in den Versammlungsräumen (SS-„DR" wie Armeebefehl, „LSSAH" Jablotschki–Lutschki-Süd–Ssmorodino) eingetroffen.

Gefechtsstand: SS-„DR": Nordrand Distr. Ssuchaja–1,5 km südl. Krassnaja Poljana. SS-„T" Wald 2 km nördl. Bol. Maljatschki.

Sonnig, heiter, gegen Abend zunehmende Bewölkung. Straßen trocken und gut befahrbar.

Gen.Kdo. II. SS-Pz.-Korps, Ia

Nachtangriff des II. SS-Panzerkorps bei Prochochowka

Hugo Kraas führte das Panzergrenadier-Regiment 2 der „Leibstandarte". Zuletzt war er als Generalmajor der Waffen-SS Kommandeur der 12. SS-Panzerdivision „Hitlerjugend". Er war Träger der Schwerter zum Eichenlaub des Ritterkreuzes.

Grenadiere im Angriff

SS-Panzerjäger bei
Stepanowka/Mius,
1. August 1943
(5-cm-Pak 38)
im Kampf

Panzerjäger des SS-Panzer-
grenadier-Regiments
„Deutschland" am Abend
des 1. August 1943

19.00 Uhr Tagesmeldung „LSSAH":

Das mit Einbruch der Dunkelheit beginnende Absetzen der Div. in die Linie Ostrand Höhe 258,2– Ostrand Wassiljewka erfolgte reibungslos. Feind fühlte erst im Laufe des Nachmittags mit schwachen Trupps vor und folgt nur zögernd.
Im Laufe des Tages nur schwaches Art.- und Granatwerfer-Störungsfeuer. Schwache eigene und feindl. Lufttätigkeit.

Verst. 1. Pz.Gren.Rgt. „LSSAH" ab 17. 7. 1943, 00.03 Uhr, der „T"-Div. unterstellt.

Div.Gef.-Stand 5 km südwestl. Jakowlewo.

Verlegung in den Raum westl. Belgorod.

Bewölkt, trocken, Straßenzustand gut.

17. 7. 1943 –
Shurawlinij
Wald NW

19.50 Uhr. Befehl der Armee über Zerstörung jeglichen Geräts auf dem Schlachtfelde.
22.45 Uhr obiger Befehl durch FS an die Divisionen:

Der OB der Armee hat nochmals darauf hingewiesen, daß alle auf dem Schlachtfeld liegengebliebenen Panzer sowie Waffen und Gerät, feindliche wie eigene, zurückgeführt oder, sofern dies nicht möglich ist, völlig zerstört werden. Insbesondere dürfen keine „Panther" oder „Tiger" in Feindeshand fallen. Stab z.b.V. Krazert schleppt nach Möglichkeit alle Panzer pp. im Bereich der Divisionen ab; wo dies nicht möglich ist, sorgt die Truppe für vollständige Zerstörung.
Es sind Kommandos einzusetzen, die das Gelände hinter der Front absuchen und alles liegengebliebene nicht abschleppfähige Material nachhaltig vernichten.
Durch die Div. ist Vollzug bis 19. 7., 08.00 Uhr, fernmündl. an Gen.Kdo. II. SS-Pz.-Korps zu melden. Die Kommandeure sind dafür verantwortlich, daß dieser Befehl sofort der Truppe zur Kenntnis gebracht wird und restlos zur Durchführung gelangt.
Durchgabe des Befehls vorwärts der Div. nur mündlich.

Ia

21.45 Uhr Tagesmeldung der Armee:

Beurteilung der Lage: Feind fühlt auf gesamter Front in Vorstößen bzw. Angriffen bis zu Batl.-Stärke vor. Durch Erdbeobachtung wurden Bewegungen von Iwnja in südwestl. Richtung festgestellt. Mit Angriffen gegen die Westflanke der Pz.-Armee muß gerechnet werden.

Im einzelnen:
II. SS-Pz.-Korps: Ablösung SS-„Reich" durch 167. ID beendet. Bei „LSSAH" ruhiger Verlauf des Tages. SS-„Totenkopf" wies 3 feindl. Vorstöße, zum Teil mit Panzern, ab. 2 Angriffe gegen Stellungen 11. Pz.Div. wurden abgewehrt.
XXXXVIII. Pz.-Korps: Gegen linken Flügel „GD" in Batl.-Stärke vorgetragener Angriff wurde unter hohen, blutigen Verlusten für den Gegner abgewiesen. 3. Pz.Div. nahm im Handstreich Höhe südl. Sch. 6 (2,5 km südostw. Nowenkoje) und Höhe 240,2 gegen schwächeren Feindwiderstand. Im übrigen Korpsabschnitt keine Kampfhandlungen. Lebhaftes Art.- und Granatwerfer-Störungsfeuer auf vordere Linie.
LII. AK: In den späten Nachmittagsstunden griff Feind in Batl.-Stärke, unterstützt durch auffallend starkes Art.- und Granatwerferfeuer, Stellungen der 255. ID an Wald 1 km südwestl. Bubny an, Angriff wurde abgeschlagen. Art. der 57. ID bekämpfte Bewegungen und Schanzarbeiten des Gegners.
Luftlage: Rege Feindfliegertätigkeit bei II. Pz.-Korps und XXXXVIII. Pz.-Korps.

Vordere Linie: „LSSAH" 1 km nordostw. 258,2–Westrand Wald westl. Swch. Komssomolez–Südostrand Andrejewka. „Totenkopf" unverändert. 11. Pz.Div. unverändert.
XXXXVIII. Pz.-Korps: „GD" unverändert. 3. Pz.Div.: Bis auf Höhe südl. Sch. (2,5 km südostw. Nowenkoje) und Höhe 240,2 unverändert. 332. ID: unverändert.
LII. AK: unverändert.

17. 7. 1943 –
Shurawlinij
Wald NW

11. Pz.Div. 17. 7., 06.00 Uhr; II. SS-Pz.-Korps, 332. ID, 17. 7., 06.00 Uhr; XXXXVIII. Pz.-Korps, Pz.Div., 17. 7. Pz.AOK 4 unmittelbar unterstellt.
7. Pz.Div., zur Verfügung der 4. Pz.-Armee, im befohlenen Versammlungsraum eingetroffen.
Absicht: Gem. Armeebefehl.
Wetter: Sonnig, gegen Abend zunehmende Bewölkung. Straßen und Wege gut befahrbar.

Pz.AOK 4, Ia

23.10 Uhr von Div. „Totenkopf":
Angriff zweier Feindkompanien auf linken Abschnitt Rgt. „Totenkopf" abgewiesen.
Bewegungen anscheinend planmäßig. Leitung gestört.
23.55 Uhr von Div. „Totenkopf":
Bewegungen planmäßig. Pz.Rgt. Schirmherr 22.10 Uhr Pssel passiert. Brücke im Abbau. Art.-Störungsfeuer auf Pssel-Grund.

Generalkommando II. SS-Pz.-Korps Ic
Feindlage 17. 7. 1943, Stand: 19.00 Uhr.

Feindverhalten.
Feind im Raum Praworot–Prochorowka beim weiteren Ausbau seiner Abwehr. Nach Luftaufklärung hält der Gegner eine große Anzahl von Panzern S Prochorowka für Gegenstöße bereit (111 Panzer). Er folgte der eigenen Absetzbewegung mit Spähtrupps und störte das Herauslösen der Teile durch Salvengeschützüberfälle.
17.00 Uhr wurde Feindvorstoß in Btl.-Stärke mit 10 Panzern aus Richtung Swch. Oktjabrskij abgewiesen. 21.00 Uhr weiterer Vorstoß gegen Brückenkopf (Höhe 226,6).
Im Abschnitt Kotschetowka–Nowosselowka 3 Vorstöße des Feindes in Btl.- bzw. Kp.-Stärke ohne Panzerunterstützung abgewiesen.
Feindliche Luftwaffe klärte über ablösende Teile auf; rege feindliche Schlachtfliegertätigkeit im Nordabschnitt.

Gefangenenaussagen.
5. Schlachtflieger-Rgt. liegt in Nowy Oskol. Rgt. besitzt 30 „IL 2".
309. SD. Überläufer sagte aus, daß er in der Nacht vom 15. auf 16. 7. starke rückläufige Panzerbewegungen beobachtet habe.
780. Bombenflieger-Rgt., 293. Flg.Div., 2. Luftarmee.
Typ des Flugzeuges: Pe 2.
Flughafen: Petrenkowo.
Heimatflughafen: S Ostrogoshk.
Regiment bestand aus 3 Geschwadern zu je 9 Flugzeugen. Nachgeblieben sind davon noch 22 Flugzeuge.
4. mot. S-Brg.
Die 4. mot. S-Brg., im Raume Korotkoje zur Auffüllung liegend, wurde nach Einbruch der deutschen Verbände in die Verteidigungsstellungen im Raume Belgorod, im Rahmen des II. Gd.Pz.-Korps zum Gegenstoß im Abschnitt Schopino–Ternowka–Wissloje angesetzt. Als diese Absicht mißlang, zwangen starke Verluste die Brg., sich in den Raum Gostischtschewo und weiter Schachowo zurückzuziehen. Am 13. 7. wurde die Brigade dann in den Raum Mal. Jablonowo verlegt, um hier mit anderen versprengten Verbänden, deren nähere Bezeichnung dem Überläufer nicht bekannt ist, den deutschen Vormarsch zum Stehen zu bringen.
2. Armee-Strafkp., 153. Gd.SR, 52. Gd.SD.
Die 2. Armee-Strafkp. wurde Mitte Juni 1943 in Tatischtschewo bei Saratow aus zur Frontbewährung entlassenen Sträflingen der Gefängnisse der Gebiete Woronesh und Pipitzk aufgestellt.
In Tatischtschewo liegt eine Sammelstelle für zur Frontbewährung entlassene politische und kriminelle Strafgefangene, außerdem soll in Tatischtschewo die den Zentralabschnitt der Front mit Nachersatz versorgende Frontleitstelle liegen.

Mitte Juni 1943 wurde die 2. Kp. in Tatischtschewo verladen und traf am 26. 6. in Stary Oskol ein. Sie wurden nach Radkowka geschickt (N St. Prochorowka) und hier der 52. Gd.SD unterstellt. Von hier aus kam die 2. Kp. in den Abschnitt Bykowka, wo die Kp. mit Schanzarbeiten W Strelezkoje beschäftigt wurde.

Als nach dem deutschen Einbruch in die russ. Verteidigungsstellungen W Belgorod am 5. 7. auch die 52. Gd.SD ihre Stellungen aufgeben mußte, wurde die 2. Kp. in den Raum Sswino–Pogorelowka (10 km N Prochorowka) zurückgezogen. Hier trafen sie am 11. 7. 1943 ein. Am 12. 7. erhielt die Kp. den Befehl, Stellungen N Wassiljewka zu beziehen.

17. 7. 1943 – Shurawlinij Wald NW

23. Luftlande-S-Rgt., 9. Luftlande-SD.
Der Überläufer wurde Ende April 1943 mit einer Marschkp. vom 220. E-Rgt. aus Stalino/Kaukasus kommend, dem II./23. zugeteilt.
Der Überläufer traf mit einem E-Transport aus Gorki kommend im Mai 1943 in Stary Oskol ein und wurde dem in Sergejewka bei Stary Oskol liegenden II./23. zugewiesen. Das 23. Luftlande-S-Rgt. ist in seiner Zusammensetzung dem gewöhnlichen S-Rgt. gleichgestellt und trägt nur die Bezeichnung „Luftlande". Nach Angaben der Überläufer soll diese Division bei Stalingrad eingesetzt gewesen sein und zur Auffüllung im Raume Stary Oskol seit dem März 1943 liegen.
Am 5. 7. wurde das 23. Luftlande-Rgt. alarmiert und in die ausgebauten Stellungen bei Sergejewka geführt.
Am 9. 7. erhielt das Rgt. den Befehl, in Richtung Prochorowka abzumarschieren. Am 11. 7. traf das Rgt. im Raume O Michailowka ein, und Teile davon – u. a. das II. Btl. – wurden am 12. 7. zum Angriff auf Wassiljewka angesetzt.

Die Überläufer kamen mit einem E-Transport in Stärke von 800 Mann aus Wologda, die auf die Rgter der 97. Gd.SD aufgeteilt wurden. Wie durch Soldbucheintragungen festgestellt wurde, gehört anscheinend das 289. Gd.SR der 97. Gd.SD an und nicht wie durch Aussagen vom 12. 7. 1943 festgelegt der 95. Gd.SD. Außerdem soll nach Angaben eines Überläufers noch das 51. Gd.SR zur 97. GD.SD gehören.

24. Gd.Pz.Brg.
Am 11. 7. trafen die Pz.Btle. der 24. Gd.Pz.Brg., aus dem Raum Rossosch kommend, im Einsatzraum S Wessely ein.
Von den 60 angreifenden Panzern der 24. Pz.Brg. vom Typ „T 34" blieben etwa 40 Panzer bewegungsunfähig oder in Brand geschossen zurück. In dem Raume, der begrenzt wird im Westen, Süden und Osten vom Pssel und im Norden von der Straße Kartaschewka, Swch. Woroschilowa, liegen nach Aussagen des Überläufers außer stärkeren Inf.-Kräften dem Überläufer unbekannte Gd.-Einheiten ca. 60 Panzer. Über die Heranführung frischer Kräfte ist dem Überläufer bekannt, daß am 14. und 15. 7. im Raume Beregowoje SO Kusty stärkere Inf.-Verbände eingetroffen sind und dort Stellungen bezogen haben. Auf den Höhen O Petrowka stehen Panzer eines unbekannten Verbandes und in dem Hügelgelände S der Straße Michailowka, Swch. Stalinsk Panzersicherungen. Besonders stark sind die Stellungen am Südrand von Michailowka, normal die Stellungen O Michailowka und Prelestnoje besetzt. Der Raum und das Sumpfgelände S Poleschajew und der Wald W Petrowka weisen keine Besetzung auf.

32. mot. S-Brg.
Kdr. des XVIII. Pz.-Korps: Generalleutnant Bacharow.
Kdr. 32. mot. S-Brg.: Oberst Chabow.

Das XVIII. Pz.-Korps wurde im Raum von Rossosch aufgefüllt, wohin es von Charkow gekommen war. Am 9. 7. kam das gesamte Korps auf dem mot. Wege in den Raum NO Andrejewka. Am 10. 7. bezog das II. Btl. Stellungen S Andrejewka. Am 12. 7., 10.00 Uhr, griffen etwa 50 Panzer das XVIII. Pz.-Korps von den Typen T-34, T-70 und „Churchill" die deutschen Stellungen bei Wassiljewka an. Nach Ausfall von etwa 20 Panzern zogen sich die restlichen Panzer zurück.

VN.
Panzerführer Woronesh-Front, Pz.AOK 5, II. Gd.Pz.-Korps und II. Pz.-Korps standen miteinander in Funkverbindung. V. mech. Korps stand in Funkverbindung mit 24. Gd.Pz.Brg.

17. 7. 1943 –
Shurawlinij
Wald NW

Spruchaufnahme:
12.06 Uhr: Vermutlich II. Pz.-Korps an ?.
Der Gegner geht aus dem Walde SO Winogradowka und Storoshewoje in westl. Richtung nach Iwanowski–Wysselok in Kolonnen von etwa 1 Btl. Inf., 13 bis 15 Panzern, etwa 20 Kfz. und einigen Krädern vor. Die Art. führt Feuer. Ich bitte die Luftwaffe, Richtung und Ort der Feindgruppierung festzustellen. Der Chef bittet, das Aufklärungsergebnis am 17. 7., 14.00 Uhr, durch Funk mitzuteilen.
04.59 Uhr: An Skwarzow (V. mech. Korps). Die Einheit Karpow (Kdr. 24. Gd.Pz.Brg.) ist vollzählig um 06.00 Uhr in den neuen Raum übergegangen. Karpow.
08.25 Uhr: 24. Gd.Pz.Brg. an V. mech. Korps.
An Skwarzow. Die Einheit hat sich um 08.30 Uhr im Raum NO Tchaja Padina (etwa 3 km NO Prochorowka) zusammengezogen. Karpow.
14.22 Uhr: 24. Gd.Pz.Brg. an V. mech. Korps.
An Sabarow. Die Einheit befindet sich NO Tichaja Padina und hat sich zur Verteidigung eingerichtet. Gorjenkow.
16.30 Uhr: V. mech. Korps an 24. Gd.Pz.Brg.
An Karpow. Der Kdr. befahl, die Einheit zum Aufbruch fertig zu machen. Der Befehl wurde schriftlich mit einem Melder abgeschickt.
10.10 Uhr: Ungedeutetes Netz.
Der Kampf wird W Obojan geführt. Es ist ein feindlicher Funkspruch aufgefangen worden, der besagt, daß Maßnahmen ergriffen werden sollen, damit die 4. Pz.Div. (?) ungeachtet jeglicher Umstände aus Obojan herausgezogen werden kann.

Luftaufklärung.
Nachtluftaufklärung meldet auf Straßen Obojan nach Süden 90 Kfz., Richtung Süden, 40 Kfz. Richtung Norden. Im Raum Prochorowka je 30 Kfz. Richtung Westen und Nordosten. Auf den Straßen Stary Oskol–Skorodnoje (250 Kfz.) und Kursk–Obojan (350 Kfz.) sehr lebhaften Verkehr in beiden Richtungen, der auch in den Morgenstunden anhielt.
Tagesaufklärung meldet nur geringen Einzelverkehr im frontnahen Raum sowie im Raum zwischen HKL und Pssel W der Pena. Auf Straße Obojan–Kursk lebhafterer Verkehr in beiden Richtungen. Eisenbahnaufklärung ergab geringen Verkehr auf Strecke Kursk–Kastornoje. Auf Bahnhof Borschetschnoje und Stary Oskol vermutlich Ladetätigkeit.
Gefechtsaufklärung meldete um 08.30 Uhr 56 Panzer im Raum SO Praworot und 15 Panzer beiderseits Straße Prochorowka–Kartaschewka, um 18.50 Uhr 65 Panzer S Praworot. Vor Nordfront und in der Westflanke nur einzelne Panzer.

Feindverluste, Gefangene und Beute.

	„Das Reich"	„Totenkopf"	Total
Gefangene	1122	14	1136
Überläufer	4	4	8
Panzer	9	9	18
Pak	27	2	29
Panzerbüchsen	54	–	54
MG	82	2	84
Geschütze	4	–	4
LKW	16	–	16
ZKW	1	–	1
PKW	2	–	2
MPi.	88	1	89
Gewehre	220	–	220
Tote	340	80	420
Granatwerfer	32	–	32
Kräder	1	–	1
Flak	2	–	2

Gesamteindruck.
Feind, durch die schweren Verluste der vergangenen Tage in die Abwehr gedrängt, am Vormittag ruhig und abwartend. Er erkannte eigene Absetzbewegungen und versuchte am Nachmittag und in den Abendstunden durch Aufklärungsvorstöße an gesamter Front Klarheit über den Gegner zu erlangen.

Generalkommando II. SS-Pz.-Korps, Ic

17. 7. 1943 –
Shurawlinij
Wald NW

Schweres Infanteriegeschütz (s.IG 33) der „Totenkopf"-Division im Feuerkampf

18. 7. 1943 – Einzelheiten:
Shurawlinij 00.25 Uhr von Div. „Totenkopf":
Wald NW 24.00 Uhr Pssel-Abschnitt passiert, Übergang abgebaut.
Bis 04.45 Uhr Morgenmeldungen der Divisionen:

11. Pz.Div.:

03.30 Uhr wurde Feindvorstoß gegen rechten Flügel in Stärke 30 Mann abgewiesen. Eigener Stoßtrupp ergab, Feindstellungen bei 227,0 stark besetzt; zäh verteidigt.
Im übrigen ruhiger Verlauf der Nacht. Geringe beiderseitige Fliegertätigkeit.

„LSSAH":

Verst. 1. Pz.Gren.Rgt. „LSSAH" 18. 7. bis 03.00 Uhr abgelöst und Raum Gr. Lutschki untergezogen. 2. Rgt. und Pz. Rgt. auf Marsch in neuen Raum. Unterstellung Art.Abt. 861 und Werfer-Rgt. 55 aufgehoben.

SS-„T":

Befohlene Bewegungen und Brückensprengungen planmäßig verlaufen. Neue HKL bezogen. Gefechtsvorposten stand schon kurz nach Räumen des Brückenkopfes mit nachfühlendem Gegner in Gefechtsberührung.

SS-„DR":

Masse SS-„DR" im neuem Raum.

08.35 Uhr. Morgenmeldung an die Armee:

Morgenmeldung II. SS-Pz.-Korps an Pz.AOK 4 am 18. 7. 1943, 05.30 Uhr fernmündlich übermittelt:
Räumung des Brückenkopfes planmäßig verlaufen. Brücken über Pssel gesprengt. Teile „LSSAH" abgelöst. Gegner nahm sofort Fühlung mit Gef.-Vorposten auf.
Bei 11. Pz.Div. außer beiderseitiger Spähtrupptätigkeit ruhiger Verlauf der Nacht.
Bewegungen „LSSAH" und SS-„DR" wie befohlen verlaufen.
Rege feindl. Fliegertätigkeit.

09.15 Uhr von Armee:
Befehl über Unterstellung der III./AR 818 und Werfer-Lehr-Rgt. 1 unter LII. AK.
10.00 Uhr von Armee:
Pz.B-Battr. „LSSAH" und Div. „Das Reich" können herausgelöst werden und sind den Divisionen wieder zu unterstellen.
Schriftlicher Befehl hierüber an die Divisionen. Zugleich wird Unterstellung der 15 cm Kan.-Battr. 3./371 unter II. SS-Pz.-Korps aufgehoben.
Werfer-Lehr-Rgt. 1 und III./AR 818 werden dem LII. AK zugeführt und unterstellt.
11.15 Uhr von 167. ID:
An der Naht ca. 30 Panzer mit Inf.-Begleitung in HKL eingebrochen. Um Einsatz des Pz.Rgt. Div. „Totenkopf" wird gebeten.
11.30 Uhr von Div. „Totenkopf":
Pz.Rgt. ist alarmbereit.
12.30 Uhr von Div. „Totenkopf":
40 Panzer von Höhe 241,6, 60 Panzer südl. Wassiljewka mit Inf. festgestellt.
14.15 Uhr von Div. „Totenkopf":
Pz.-Einbruch bereinigt. 11 Panzer abgeschossen.
14.30 Uhr von Armee FS-Befehl über Herauslösung des Gen.Kdos. um 18.00 Uhr und Verlegung in den Raum „LSSAH" und Div. „Das Reich" (westl. Belgorod).
Den Befehl im bisherigen Korpsabschnitt übernimmt XXXXVIII. Pz.-Korps, Div. „Toten-

kopf" und 11. Pz.Div. werden unterstellt. Sämtliche Heerestruppen ausschl. Arko 122 scheiden aus dem Befehlsbereich des II. SS-Pz.-Korps aus.
15.00 Uhr Befehl hierüber an die Divisionen.
Div. „Totenkopf" verbleibt zunächst noch in ihrem Abschnitt und erhält Werfer-Rgt. 55 und III./AR 818 unterstellt. Korps-Werfer-Abt. wird Gen.Kdo. unterstellt.
Zur Erkundung des neuen Korpsgefechtsstandes ist Vorausbefördertes Personal angesetzt, Verlegung ist für den Abend geplant, alter Gefechtsstand bleibt bis 19. 7., 06.00 Uhr, besetzt.
Pz.-Armeebefehl Nr. 9:
Absetzung der Armee vom Feind in der Nacht vom 18./19. 7. beginnend in die Linie 1 km NO Teterewino–258,2–224,5–Nordrand Wesselyj–Schule Such. Ssolotino–251,4–243,0–258,5 (Ostrand Distr. Tolstoje) wird befohlen.
Es wird weiter beabsichtigt, unter Herauslösen von Div. „Totenkopf" und 332. ID aus der Front, in der Nacht vom 19./20. 7. in die Linie Wald südwestl. Lutschki–Nordrand Klch. Michailowka–254,5–Höhenrand südl. Ssyrzew–Luchanino–Alexejewka–Sawidowka auszuweichen. „LSSAH" und Div. „Das Reich" sind beschleunigt in die Räume nördl. Charkow und um Olschany zu verlegen. Verladung der Raupenteile „LSSAH" in Dolbino und Belgorod, Div. „Das Reich" in Nowoborissowka, Chotmyshsk und Odnonorobowka. Gef.-Stand II. SS-Pz.-Korps wird nach Charkow befohlen.
Befehl an Divisionen mit Marschstraßen und U-Räumen. Antreten um 20.00 Uhr.
Die Transportanmeldungen der Divisionen werden nachmittags durch O 1 zur Armee gebracht und dort Transportfragen geklärt. Überraschend wird Beginn der Verladung für die Nacht vom 18./19. 7. befohlen. Um 18.00 Uhr durch O 1 Befehl an „LSSAH" über Fahrtnummern der ersten Züge und deren Zusammensetzung. Abstellung eines Verbindungsoffiziers zum Bahnhof. Gleichlautender Befehl, jedoch noch ohne Fahrtnummern und ohne Zugzusammensetzung an Div. „Das Reich". Um ca. 22.00 Uhr wird Zusammensetzung der Züge für „LSSAH" überraschend geändert, um 23.00 Uhr werden für beide Divisionen neue Verladebahnhöfe befohlen; für „LSSAH" nur Belgorod, für Div. „Das Reich" nur Ssossnowka. (Die Verladungen sind bei „LSSAH" am 22. 7., 20.00 Uhr, bei Div. „Das Reich" am 23. 7., 19.20 Uhr, abgeschlossen.)

17.00 Uhr Tagesmeldung „LSSAH":

Am 17. 7. 1943, 20.30 Uhr, antretend, sind folgende Verbände im U-Raum westl. Belgorod eingetroffen:
1. Pz.Gren.Rgt. mit 3 Btl. Fla und Pi.Kp.,
2. Pz.Gren.Rgt. in Bsolodownikoff,
Pz.Rgt. Ssomskoj,
Art.Rgt. mit 1. und 2. Abt. Südostecke des Wäldchens hart nördl. Wodjanoje,
AA Wald 1 km südl. Dobraja Wolja,
Flak-Abt. Chworostjany 2,5 km westl. B. Dolshik,
Pz.Jg.Abt. Puschkarnoje,
Pi.Btl., Nachrichtenabtlg. Wald hart ostw. B. Dolshik,
Div.-Gefechtsstand Waldspitze 500 m nördl. B. Dolshik.
Der Marsch verlief reibungslos. Mehrfache feindl. Bombenabwürfe auf Straßen verursachten keine nennenswerten Störungen. Im alten Unterkunftsraum verblieben und werden in der Nacht vom 18./19. 7. nachgezogen: III. AR „LSSAH", Stug.Abt., Rest 1. Pz.Gren.Rgt. und Versorgungstruppen.

Bewölkt, Regenschauer.

17.10 Uhr Tagesmeldung Div. „Das Reich":

Die am Abend des 17. 7. 1943 begonnene Verlegung der Masse der Div. in den Raum südl. Tomarowka war um 06.00 Uhr beendet. Die Marschbewegungen erlitten an Brücken und Engen Verzögerungen.

18. 7. 1943 –
Shurawlinij
Wald NW

18. 7. 1943 –
Shurawlinij
Wald NW

Im alten U-Raum verbleiben: Pz.Rgt., Stugesch.Abt.
Zwischen 05.00 Uhr und 07.00 Uhr Bombenangriffe feindlicher Flugzeuge auf die Rollbahnen im Raume Pokrowka.
Div.Gef.Std. ab 18. 7. 1943, 12.00 Uhr, Kalinina.
Wetter: Morgens leichter Regen, am Vormittag gute trockene Straßen, die durch einen Gewitterregen um 15.00 Uhr stark aufgeweicht wurden.

17.30 Uhr Tagesmeldung Div. „Totenkopf":

Von den frühen Morgenstunden an laufende Inf.-Angriffe bis zu Btl.-Stärke im Abschnitt des Rgt. „T" abgewiesen.
11.30 Uhr feindl. Panzer auf der Nahtstelle zwischen 167. ID und SS-„T" durchgebrochen. Angriff wurde durch 1. Kp. Pz.Rgt. 3 abgeschlagen und Feindpanzer nach Osten zurückgeworfen.
Ab 13.00 Uhr starker feindl. Druck auf Rgt. „T". Angriffsabsichten mit Unterstützung des SS-AR III zunichte gemacht.
14.00 Uhr Feindangriff in Btl.-Stärke mit 30 Panzern im Abschnitt des Rgt. „E" nach Abriegelung von 10 eingebrochenen Feindpanzern mit Unterstützung eigener Art. und zusammengefaßte Feuer der schw. Inf.-Waffen unter schweren Feindverlusten abgewiesen.
14.20 Uhr erneute Panzerbereitstellung in Gegend Iwanowskij–Wysselok. Gleichzeitig Feindangriff in Stärke eines Btl. mit Panzern im Abschnitt Rgt. „E". Durch zusammengefaßtes Feuer AR und der schweren Inf.-Waffen abgewiesen.
14.25 Uhr Bereitstellung des Feindes, etwa 1000 Mann mit 5 Panzern, in Grund hart westl. Koslowka durch eigene Art. bekämpft. 14.30 Uhr Feindangriff mit Panzerunterstützung im Abschnitt Rgt. „E" aus Waldspitze bei Komssomolez.
15.30 Uhr Angriff im Abschnitt Rgt. „E". Einbruch von etwa 15 Feindpanzern durch Vernichtung von 4 Panzern im eigenen Abwehrfeuer liegengeblieben. Feind im Zurückgehen. 15.30 Uhr Feindangriff mit Panzerunterstützung nach Abschuß von 7 Panzern durch eigene Panzer abgewiesen.
Luftlage: 10 Feindeinflüge mit 66 Maschinen.
Gefechtsstand Rgt. „T": Nordwestrand Mal. Majatschki, Rgt. „E": 1 km ostw. Schule Nordostrand Mal. Majatschki. Pz.Rgt. 3: 1,8 km ostw. Südrand Mal. Majatschki. AR 3: Westrand Südteil Mal. Majatschki.
Pz. IV lg. 24, Pz. VI 7, Pz. IV k. 4, Pz. III lg. 30, Bef.Pz. 7.
Heiter mit vereinzelten Regenschauern.

Tagesmeldung an die Armee:

Feind folgte den Absetzbewegungen SS-Pz.Gren.Div. „Totenkopf" auf das südl. Pssel-Ufer. Von den frühen Morgenstunden an laufende Infanterieangriffe bis zu Btl.-Stärke, die meistens durch 30 bis 40 Panzer unterstützt werden, vor allem gegen rechten Flügel SS-„T" und auf der Nahtstelle zwischen SS-T" und 167. ID. Mehrfache Einbrüche konnten bereinigt werden. Zahl der abgeschossenen Panzer noch nicht bekannt. Im Abschnitt 11. Pz.Div. Art.- und Granatwerfer-Störungsfeuer und Verstärkung der feindl. infanteristischen Kräfte. Mot. und Panzerbewegungen in südwestl. Richtung konnten beobachtet werden.
Rege feindl. Fliegertätigkeit.
SS-„T": 258,2–231,5–221,6–227,8–Nordteil Kotschetowka. 11. Pz.Div.: wie bisher.
SS-„T" ab 18. 7. 1943, 18.00 Uhr, XXXXVIII. Pz.-Korps unterstellt. Sämtliche bisher unterstellten Heerestruppen außer Arko 122 ab sofort ebenfalls XXXXVIII. Pz.-Korps unterstellt.
Korpsgefechtsstand ab 19. 7. 1943, 06.00 Uhr, Charkow (altes Quartier).
Marsch „LSSAH" und SS-„DR" in befohlene Unterkunftsräume. Verladung der Gleisteile nach Eingang des Befehls.
Wetter: Teilweise bewölkt und Regenschauer. Straßenzustand im allgemeinen gut.

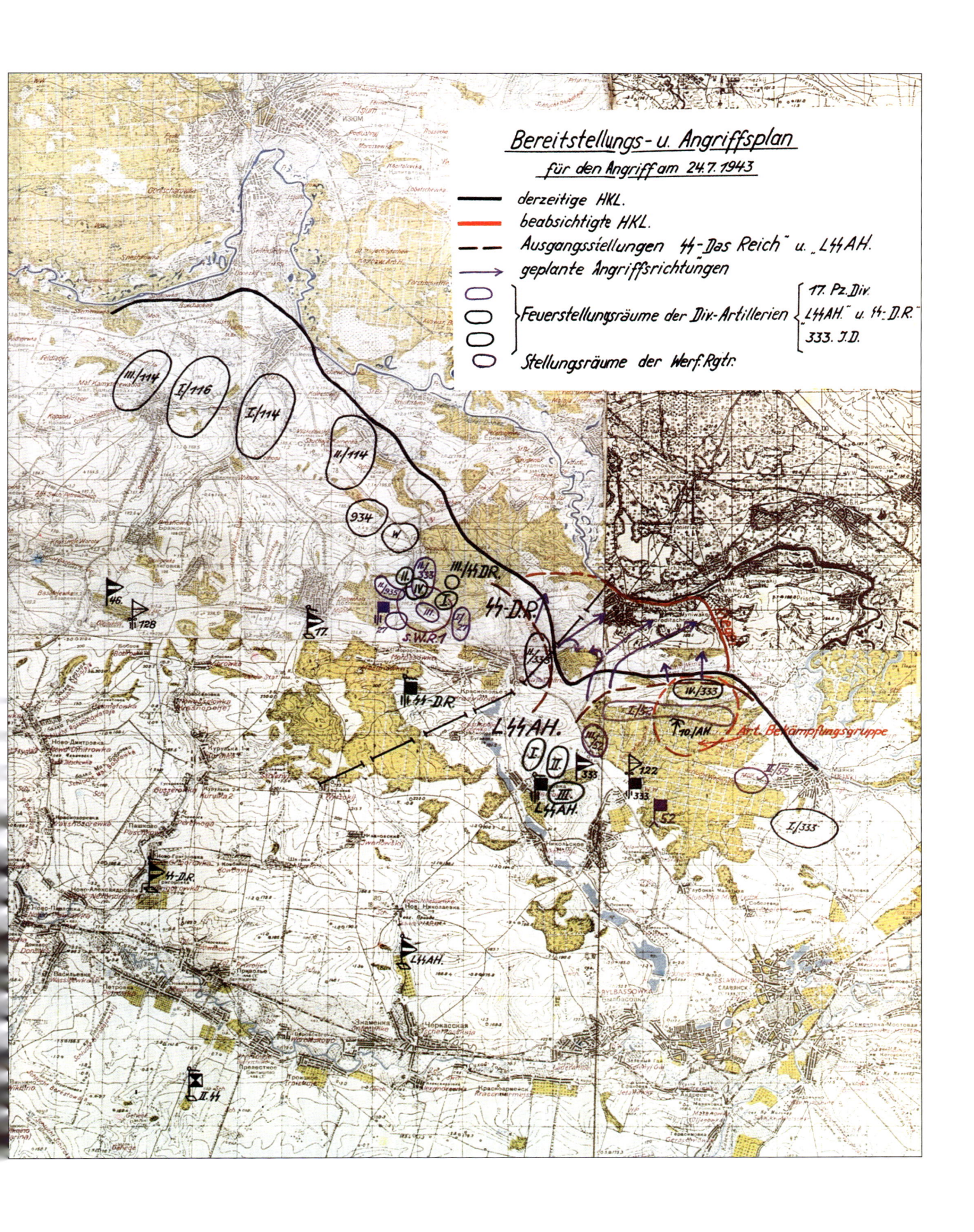

Bereitstellungs- u. Angriffsplan
für den Angriff am 24.7.1943

▬▬▬	derzeitige HKL.
▬▬▬	beabsichtigte HKL.
─ ─ ─	Ausgangsstellungen ↯-"Das Reich" u. "L↯AH."
⟶	geplante Angriffsrichtungen
○○○○ } Feuerstellungsräume der Div.-Artillerien	{ 17. Pz.Div. "L↯AH." u. ↯-"D.R." 333. J.D.
⬭	Stellungsräume der Werf.Rgtr.

KTB Ia, Bd.B Nr. 143

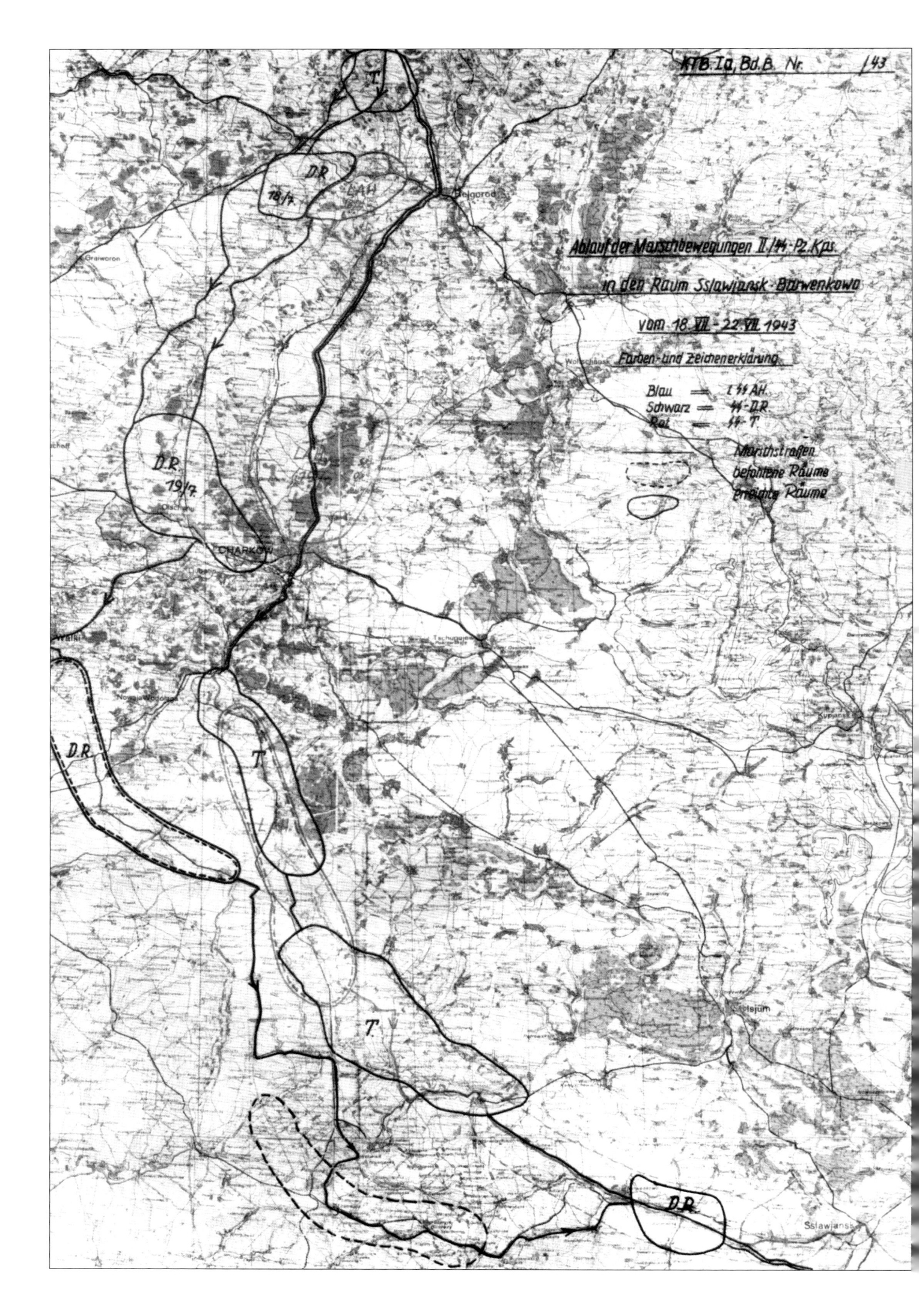

Ablauf der Marschbewegungen II./SS-Pz.Kps.

in den Raum Sslawjansk-Barwenkowo

vom 18.VII.–22.VII.1943

Farben- und Zeichenerklärung:

Blau = L SS AH
Schwarz = SS-D.R.
Rot = SS-T.

— Marschstraßen
- - - befahrene Räume
⎯ erreichte Räume

Feindlage: 18. 7. 1943 –
Shurawlinij
Generalkommando Ic Wald NW
Feindlage 18. 7. 1943, Stand: 19.00 Uhr.

Feindverhalten.
Feind folgte den Absetzbewegungen auf südl. Psselufer. Seit den frühen Morgenstunden griff der Gegner mit starken Inf.- und Panzerkräften beiderseits Straße Prochorowka–Teterewino (Nord) laufend an. Angriffe wurden NO Teterewino zum Stehen gebracht, Gegner unter Panzerverlusten zum Rückzug gezwungen. N Komssomolez wurde Feindangriff aus Gegend Michailowka–Andrejewka nach Süden in Rgt.-Stärke mit Unterstützung von 60 Panzern abgeschlagen.
Am linken Flügel verstärktes Artillerie-, Granatwerfer- und Salvengeschützfeuer auf gesamten Abschnitt. Nördl. Höhe 227,0 6 erfolglose Feindvorstöße gegen Kotschetowka. Hart ostw. Höhe 235,9 Feindangriff in Rgt.-Stärke abgeschlagen. Starke Bewegungen in Gegend Orlowka lassen auf Zuführung von Verstärkungen schließen. Nach Erdaufklärung insgesamt 40 bis 50 Panzer vor Abschnitt. Am linken Flügel rege feindliche Schlachtfliegertätigkeit.
18.00 Uhr Abgabe des Befehls an XXXXVIII. Pz.-Korps.

Gefangenenaussagen.
309. SD.
Gefangene sagen aus, es sei ihnen gesagt worden, daß die Deutschen ihre Kräfte abgezogen hätten. Es sei ein Leichtes, die Front nunmehr einzudrücken.
In Orlowkaschlucht Südteil sollen 10 Panzer stehen, davon 2 KW.
189. Gr.W-Rgt. hat 2 Abt. zu je 12 Werfern 12,2 cm. Am 14. 7. aus Raum Stary Oskol neu zugeführt. Rgt. vollmotorisiert.

VN.
Spruch an XXIX. Pz.-Korps.
„Deutsche Truppen in vollem Rückzuge. Spitzen der fluchtartig zurückgehenden Feindkolonnen Belgorod erreicht.
Auftrag XXIX. AK: Letzte schwache Sicherung zu überrennen und über Bol. Majatschki–Lutschki (Nord) in südl. Richtung auf Kosina Demjanowsk vorzustoßen."
Spruch an XVIII. Pz.-Korps.
„Tagesziel: Krapiwinski Dwory."

Luftaufklärung.
Nachtluftaufklärung meldet zuführende Bewegungen aus Raum 25 km O Prochorowka nach Prochorowka.
Eisenbahnaufklärung ergab nur geringen Verkehr, jedoch starke Belegung der Bahnhöfe Sswoboda und Kastornoje (1200 Wagen).
Gefechtsaufklärung meldet südl. und südwestl. Prochorowka Ansammlung von insgesamt 220 Panzern und 70 Kfz.

Diese „T 34" liefen auf Minen vor den Stellungen des II. SS-Pz.-Korps.

18. 7. 1943 – Shurawlinij Wald NW

Feindverluste, Gefangene und Beute von Beginn der Operation (5. 7.) bis Abschluß am 18. 7. 1943.

	„LSSAH"	„Das Reich"	„Totenkopf"	Total
Gefangene	1545	3349	1547	6441
Überläufer	230	165	166	561
Panzer	487	448	214	1149
Beutepanzer	18	–	–	18
Panzerspähwagen	1	1	1	3
Flugzeuge	22	49	14	85
Pak	204	189	66	459
Panzerbüchsen	154	262	146	562
MG	51	413	257	721
Geschütze	10	27	10	47
LKW	11	68	14	93
PKW	–	16	–	16
ZKW	1	1	–	2
Traktoren	3	2	–	5
Kräder	–	10	–	10
MPi.	–	636	276	912
Gewehre	10	1956	396	2362
Granatwerfer	2	127	21	150
Flak	–	11	1	12
Flammenwerfer	3	10	60	73
Salvengeschütze	–	1	27	28
Tote	212	3970	80	4262

Gesamteindruck.
Nach Rücknahme der eigenen HKL aus Psselbogen glaubt Feind, nur noch schwache Sicherungen vor sich zu haben und versucht, durch starke Inf.- und Panzer-Angriffe hauptsächlich in rechte Flanke diese einzudrücken.

Generalkommando II. SS-Pz.-Korps, Ic

Meldung Arko 122:

Artilleristische Stärke des Gegners vor Korpsabschnitt.
Auf Grund der Feindlage des Ic SS-Pz.-Korps stehen kriegsgliederungsmäßig nach Abzug von 50 Prozent des Solls der Verbände, die nur noch mit Teilen vorhanden sind, dem Korps etwa gegenüber: 50 Batterien 7,6 cm, 18 Batterien 12,2 cm.

Feind-Artillerie-Tätigkeit.

Im Raum des AR „Totenkopf":
Starke Feuerzusammenfassung aller Kaliber auf den Raum Nordwestausgang Krasnyj Oktjabre bis Bachgrund westl. davon (meist vor vordere Linie).
Stellungsraum der Feindartillerie Psselbogen und beiderseits Olschanka. Während des ganzen Tages geringes Störungsfeuer auf HKL.
Aufgeklärt durch Pz.B-Battr.: 2 Battrn. mittl. Kal. mit 3 und 4 Geschützen Ostrand Wald 2 km nördl. Storoshewoje (r 36, h 52).

Im Raum des AR 119:
Während des ganzen Tages Störungsfeuer vorwiegend leichten Kalibers aus Raum Orlowka (r 14, h 62) und westl. davon. Sehr lebhaftes Gr.-Werferfeuer während des ganzen Tages auf HKL. Einsatz eines Gr.-Werfer-Rgts. wird vermutet.
Aufgeklärt wurde 1 Battr. leichten Kalibers im Raum Orlowka (taktisch).

Feindlage beim linken Nachbarn (gem. Unterrichtung Arko 144).

Vermutet werden im Raum Bogdanowka (r 08, h 62) und ostw. davon 8 Batterien, im Raum Kruglik (r 2, h 56) 6 Batterien. Im Raum Nowenkoje (r 98, h 50) 6 Batterien.
Panzer-Bereitstellung: Nördl. Kruglik etwa 70 Panzer, Raum Wosnessenowka (r 04, h 64) etwa 70 Panzer.
Während des ganzen Tages sehr lebhafte Fliegertätigkeit mit zahlreichen Bombenabwürfen. Werchopenje (r 09, h 49) wurde von etwa 100 Flugzeugen bombardiert.
Panzerangriff auf Tolstoje-Wald wurde abgeschlagen.

18. 7. 1943 – Shurawlinij Wald NW

18.30 Uhr. Abmarsch des Hauptquartiers ohne Führungsstaffel.
22.10 Uhr FS-Befehl der Armee:
II. SS-Pz.-Korps wird zur Verfügung der Heeresgruppe in 4 Märschen auf 2 Marschstraßen, mit Räderteilen am 18. 7., abends, beginnend, in den Raum nördl. Stalino verlegt.
Führungsstab des Gen.Kdos., das in die Marschbewegungen einzugliedern ist, voraus zum AOK 6 in Stalino.
Div. „Totenkopf" wird auf besonderen Befehl nachgeführt.
21.51 Uhr Meldung Div. „Totenkopf":
In der Nacht vom 18./19. 7. wird neue HKL besetzt.

Tagesmeldung der Armee Hoth:

Beurteilung der Lage: Feind tastet die gesamte Front der Armee durch Angriffe bis Btl.-Stärke mit wenigen Panzern ab. Mit stärkeren Angriffen am 19. 7. gegen die Westflanke der Armee, auch mit stärkeren Panzerkräften, wird gerechnet.
Im einzelnen: II. SS-Pz.-Korps: Bei SS-„Totenkopf" griff Feind mehrfach mit zahlreichen Panzern an Naht zu 167. ID an. Alle Angriffe wurden in schweren Nahkämpfen abgeschlagen. Gegen Front 11. Pz.Div. mit einzelnen Stoßtrupps vorfühlender Gegner wurde abgewiesen.
XXXXVIII. Pz.-Korps: Abwehr von 2 Feindangriffen in Kp.-Stärke aus Gegend Karlinowka gegen die Stellungen 3. Pz.Div. Im Abschnitt 332. ID wurden 3 Angriffe in Kp.-Stärke abgewiesen. Starke mot. und Panzerbewegungen vor gesamter Front in südwestl. Richtung wurden beobachtet.
LII. AK: Bei 255. ID griff Gegner Michailowka und Potschinok mit Infanterie und Panzern an. Nach wechselvollem Kampf ist Ort fest in eigener Hand. Angriff aus Wald 3 km nordwestl. Korowino gegen Stellungen westl. Korowino blieb im eigenen Abwehrfeuer liegen. Zur Zeit läuft erneuter Angriff, unterstützt von 40 Panzern, auf Korowino. Im Abschnitt 57. ID ruhiger Tagesverlauf. Vor linkem Flügel 255. und rechtem Flügel 57. ID größere Feindbewegungen, dabei mot. Fahrzeuge, in südwestl. Richtung beobachtet. Bei 7. Pz.Div. keine besonderen Vorkommnisse.
Luftlage: Rege feindl. Fliegertätigkeit bei II. SS-Pz.-Korps und XXXXVIII. Pz.-Korps.

SS-„Totenkopf" und 11. Pz.Div. 18, 7., 18.00 Uhr, XXXXVIII. Pz.-Korps, 332. ID 18. 7., 15.00 Uhr, LII. AK unterstellt.

II. SS-Pz.-Korps ab 19. 7., 06.00 Uhr, Charkow. Trennungslinie zwischen 4. Armee und AA Kempf: Udy–Bessenowka–Rakowo (nördl.) (Orte zu AA Kempf)–Bykowo–Lutschki (nördl.)–Teterewino (nördl.)–Prochorowka (Orte zu 4. Pz.-Armee).

Gem. Fernschreiben.

Wetter: Wechselnd bewölkt, stellenweise starker Regen. Straßen- und Wegeszustand vor allem bei XXXXVIII. Pz.-Korps und LII. AK verschlechtert.

Pz.AOK 4, Ia

Der Oberbefehlshaber der 4. Panzerarmee   *AHQu., den 18. Juli 1943*

Tagesbefehl
Am 18. 7. scheidet das II. SS-Pz.-Korps aus dem Bereich der 4. Panzerarmee aus. Als in der 2. Hälfte des März das Korps mit seinen 3 Pz.Gren.-Divisionen unter den Befehl der Armee trat, stand die große rus-

18. 7. 1943 –
Shurawlinij
Wald NW

sische Winteroffensive auf ihrem Höhepunkt und hatte die deutsche Front weit aufgerissen. Unter schwierigsten Bedingungen nahm das SS-Pz.-Korps Schulter an Schulter mit den Verbänden des Heeres den Kampf auf und trug in der großen Frühjahrsschlacht die Hauptlast der Kämpfe. In unvergleichlichem Angriffsschwung warf das Korps die russischen Stoßarmeen zurück und verwandelte mit der Wiedereinnahme von Charkow und Belgorod die drohende Katastrophe in einen glänzenden Sieg. Nach Wochen der Auffrischung, die mit harter Ausbildungsarbeit angefüllt waren, trat das Korps am 5. Juli erneut an. Die tiefgegliederten Feindstellungen wurden in bewährtem Angriffsgeist erstürmt, die zum Gegenangriff angetretenen russischen Panzerkorps in härtesten Panzerschlachten zurückgeschlagen und ihre Angriffskraft gebrochen. Ich spreche dem II. SS-Pz.-Korps für seine während der Unterstellung unter die 4. Panzerarmee bewiesene Haltung, Härte und beispielhafte Tapferkeit meinen Dank und meine höchste Anerkennung aus.

Wenn die Führung dem Korps nunmehr neue, schwere Aufgaben zuweist, so bin ich sicher, daß es auch sie erfolgreich meistern wird in Treue zum Führer, für den Sieg Deutschlands.

Der Oberbefehlshaber, Hoth, Generaloberst

Der Zugführer

Einzelheiten:
02.00 Uhr Abmarsch der Führungsstaffel nach Charkow. KG, Chef des Stabes und O 5 verbleiben bis 06.00 Uhr.
Von Pz.AOK 4 und Armee-Abteilung Kempf werden Straßenkarten des Raumes um Stalino erbeten und durch VO abgeholt.

19. 7. 1943 –
Charkow NO

14.50 Uhr Morgenmeldung von Pz.AOK 4:

XXXXVIII. Pz.-Korps. Bei SS-„Totenkopf" und 11. Pz.Div. verliefen die Bewegungen in die befohlene Linie planmäßig. Feind stieß bisher noch nicht nach. Von 3. Pz.Div. bisher noch keine Meldung. Marschbewegung „Großdeutschland" durch schlechte Straßenverhältnisse verzögert.
LII. AK. In den gestrigen Abendstunden wurden mehrere gegen Mitte und linken Flügel der 332. ID vorgetragene Angriffe abgewiesen. Bei 255. ID Lage zur Zeit westl. Korowino ungeklärt. Während der Nacht überrollten feindl. Panzer die HKL und drangen in Korowino ein, 4 Panzer abgeschossen. „Panther"-Abteilung zum Gegenstoß angetreten. Vor Mitte 57. ID wurden 5, vor linkem Flügel 3 feindl. Spähtrupps abgewiesen. Eigene Artillerie bekämpfte Bereitstellungen und Verkehr vor 57. ID. Bei 7. Pz.-Div. keine besonderen Vorkommnisse. Von II. SS-Pz.-Korps noch keine Meldung. Märsche werden sich durch die aufgeweichten Straßen, bedingt durch die nächtlichen Regenfälle, verzögern.

Luftlage: Rege Feindfliegertätigkeit im Abschnitt XXXXVIII. Pz.-Korps.

Pz.AOK 4, Ia

15.00 Uhr Befehl an die Divisionen über Verlegung des Korps in den Raum nördl. Stalino mit Übersichtskarte über Ablauf der Bewegungen. Gen.Kdo. wird in die Marschkolonne der „LSSAH" eingegliedert.
Beginn der Bewegungen 19. 7., 20.00 Uhr.
Am 22. 7., abends, Versammlung in den Endräumen, die erst bei Eintreffen der Divisionen befohlen werden, bisherige Gefechtsstände der Divisionen und des Korps bleiben bis Ablaufen des letzten Transportes besetzt. VP der Divisionen bis 21. 7., 12.00 Uhr, zu Pz.AOK 1.
Über Einzelheiten siehe Anlage.
16.00 Uhr Abmarsch des VP Gen.Kdo. unter Führung Ia.

17.00 Uhr FS-Befehl von Heeresgruppe Süd:
KG mit Führungsstab voraus zu Pz.AOK 1 zur Einweisung. Gleiskettentransporte werden in dem Raum Kramatorskaja entladen. Entscheidung, ob II. SS-Pz.-Korps bei AOK 1 eingesetzt oder wie vorgesehen im Raum von Stalino versammelt wird, hängt von Entwicklung der Lage bis Eintreffen der Räderteile im Raum Barwenkowo–Losowaja ab.

17.30 Uhr Chef an „LSSAH" und Div. „Das Reich":
Bei Eintreffen der VP der Divisionen bei Pz.AOK 1, Gorlowka, muß sichergestellt werden, daß Bewegungen der Divisionen aus U-Raum in anderer Richtung abgedreht werden können.
18.00 Uhr Abmarsch des Gen.Kdos. unter Führung Kdr. Pz.KNA 400. Befehlsstelle bleibt durch O 5 besetzt. KG und Chef des Stabes verbleiben bis 20. 7., 08.00 Uhr, in Charkow.
20.00 Uhr. Divisionen melden die Marschfolgen. Sie werden zwecks Marschüberwachung an Ia/Verkehr weitergeleitet.

20. 7. 1943 –
Nikopolje

Einzelheiten:
07.30 Uhr. Gefechtsstand Div. „Das Reich" in Peressetschnaja geräumt. Meldekopf in Jeffremowka eingerichtet.
13.35 Uhr. Gefechtsstand „LSSAH" geräumt. Meldekopf in Bereka.

19.00 Uhr Tagesmeldung „LSSAH":

Am 19. 7. 1943, 20.00 Uhr, antretend, marschiert die Masse der Div. im Laufe der Nacht in den Raum Alexejewka–Bereka–Taranowka. Die Kettenteile in Belgorod und Zolschino verladen. Es sind bisher im Raum eingetroffen: Aufklärungsabteilung, Nachrichten-Abteilung, Pionierbataillon, 1. und 2. SS-Pz.Gren.Rgt., Räderteile Artillerie-Rgt., Panzer-Rgt., Sturmgeschütz-Abteilung, Panzerjäger-Abteilung. Meldung über Verladung in Belgorod und Dolbino erfolgt durch Transport-Offizier direkt.

Div.-Gefechtsstand Ostausgang Barwenkowo, sonnig, warm, Niederschläge.

19.00 Uhr Tagesmeldung Div. „Das Reich":

Division verlegte am 20. 7. aus dem Unterkunftsraum Peressetschnaja–Olschany in den Raum Jefremowka. Antreten in dem Raum A 19. 7. 1943, 21.00 Uhr.
Starke örtliche Regenschauer verursachten SO Walki und bei Paraskoweja erhebliche Marschverzögerungen durch Wegeschwierigkeiten.
Letzte Teile hatten um 17.00 Uhr den Unterkunftsraum noch nicht erreicht.
Meldungen über ausgefallene Kfz. liegen noch nicht vor.

Div.Gef.St. Nordteil Jefremowka.

Pak- und Panzerlage kann nicht gemeldet werden, da die Teile im Bahntransport verlegen.

Warm, starker örtlicher Gewitterregen verursacht an einigen Stellen Wegeschwierigkeiten.

21.00 Uhr. Div. „Totenkopf" scheidet aus Befehlsbereich des Pz.AOK 4 aus und wird dem Korps nachgeführt. Verladung der Kettenteile erfolgt in Belgorod und Ssossnowka nach erfolgtem Abmarsch der Teile „LSSAH" und Div. „Das Reich".
Befehl an Kampfkommandant Slawjansk über Unterstellung von III./„Der Führer" und I./AR 2, welche in Slawjansk verbleiben. Andere Teile können durch Div. abgezogen werden.

Einzelheiten:
Aktennotiz über Kommandeurbesprechung:

21. 7. 1943 –
Wald südl.
Prelestnoje

Anwesend:
SS-Obergruppenführer Hausser,
SS-Oberführer Ostendorff,
Kommandeur SS-Pz.Gren.Div. „Das Reich",
Kommandeur SS-„LSSAH"-Pz.Gren.Div.,
Kommandeur Korps-Nachr.Abt. 400.

Den Div. werden Unterkunfts- und Bereitstellungsräume wie folgt zugewiesen:
„LSSAH": Sslawiansk (ausschl.)–Ssobolewska (einschl.)–Nikolskoje (ausschl.)–Iwanowskij (einschl.)–
Schkurky (ausschl.)–Prelestnoje (ausschl.).
„Das Reich": Prelestnoje (einschl.)–Schkurky (einschl.)–Wyssokij (ausschl.)–Perwaja-Kurulka
(einschl.)–Nowo Dimitrowka (einschl.)–Barwenkowo (ausschl.).

Auftrag für:
„LSSAH": Weiterführung der einlaufenden Verbände aus dem Raum C in den obengenannten Raum.
Marschbewegungen müssen durch Barwenkowo um 18.00 Uhr beendet sein. Restteile verbleiben im
Raum C.
Erkundung einer Riegelstellung im Walde westl. Majaki im Anschluß an die Schutzstellung Nikolskoje.
Ablösung bis 21. 7., 18.00 Uhr, der in Schutzstellung Nikolskoje eingesetzten AA „DR" durch Teile
„LSSAH".
„Das Reich": Vorführen der im Raum C eingetroffenen Teile ab 18.00 Uhr durch Barwenkowo antre-
tend, in obengenannten Raum.
Die Unterkunftsräume sind vor allem nach Norden zu sichern. Gleiskettenteile können außer III./„DF"
und I./AR 2, die bis auf weiteres dem Kampfkommandanten unterstellt bleiben, selbständig durch die
Div. herangezogen werden.

Tagesmeldung „LSSAH":

Um 03.00 Uhr mit Anfang aus dem Raum B (Alexejewka–Bereka–Taranowka) antretend, erreich-
ten folgende Verbände um 15.45 Uhr den Ostteil des Raumes C (Snamenka–Barwenkowo–Metsche-
bilowka): Aufklärungs-Abt., 1. Pz.Gren.Rgt., Pi.Btl., Nachr.Abt.
Aufkl.Abt. und 1. Pz.Gren.Rgt. befinden sich seit 12.30 Uhr auf dem Marsch in ihren Versammlungs-
raum. Das Antreten des 2. Pz.Gren.Rgt. verzögerte sich durch einen einstündigen wolkenbruchartigen
Regen. Es erreichte mit Anfang 16.00 Uhr Barwenkowo.
Folgende Kettenteile sind bis 21. 7. 1943, 16.00 Uhr, im Versammlungsraum eingetroffen: 1. und 3./
Stugesch.Abt., 1., 12. und 14./2. Pz.Gren.Rgt., 1. und 3./Pz.Jg.Abt., Aufkl.Abt. (6 Grillen), III./AR,
5 „Tiger" (Neuzuweisung).

Div.-Gefechtsstand ab 16.00 Uhr Obstgarten nördl. Snamenka.

Sonnig, warm, Gewitterbildung.

22. 7. 1943 –
Wald südl.
Prelestnoje

Einzelheiten:
Morgenmeldung Div. „Das Reich":

„DR" verlegt in den Raum ostw. Barwenkowo.
1 verst. Rgt. bisher im neuen U-Raum eingetroffen.
Von den 19 Bahntransporten waren bis 21. 7., 20.00 Uhr, 9 eingetroffen. Es fehlen noch Teile Stu.Gesch.Abtlg., Pz.Rgt., Teile der Div.-Truppen.
Fliegertätigkeit: Feindl. Störflüge über dem U-Raum und dem Anmarschweg. Einzelne Bombenwürfe.
Meldung über Ausfälle bei der Division liegen nicht vor.

Bericht über durchgeführte Verladekontrolle.
Bitte des Korps, das dem Kampfkommandanten Slawjansk unterstellte III. „Der Führer" und I./AR 2 wieder der Div. „Das Reich" zu unterstellen, wird von Armee genehmigt.
15.05 Uhr Befehl hierüber an Div. „Das Reich".
16.55 Uhr von Div. „Totenkopf": Meldung über Stand der Bewegungen.
18.25 Uhr von Pz.AOK 1:
Div. „Totenkopf" mit sofortiger Wirkung II. SS-Pz.-Korps wieder unterstellt. Zuführung in den Raum Metschebilowka–Barwenkowo muß so erfolgen, daß spätestens 27. 7., früh, Einsatz aus dem Raum Dolgenkaja nach NO möglich ist.

18.55 Uhr Tagesmeldung Div. „Das Reich":

Im Laufe des Tages wurde die Verlegung der Räderteile aus dem Raum Losowaja in den Raum Barwenkowo fortgesetzt. Letzte Teile erreichten den U-Raum gegen 18.00 Uhr.
Die bei Sslawjansk ausgeladenen Kettenteile wurden in den neuen Versammlungsraum herangezogen. 14.20 Uhr erhielten die bei Sslawjansk eingesetzten Teile (III./„DF" und unterstellte I./AR „DR") den Befehl, ebenfalls in den Versammlungsraum zu verlegen.
Von den mit der Bahn verladenen Teilen trafen im Laufe des Tages die ersten Panzertransporte ein. Über die Transporte 38, 40, 27 bis 31 liegen Verlademeldungen noch nicht vor.
Teile SS-„D" sichern in Linie Wyssokij (ausschl.)–Ssolenyj (ausschl.). Teile und Panzer AA sichern in Linie Ssolenyj–209,2–180,8–Nordrand Nowosselowka.

Gefechtsstand: Grigorowka, südliche Obstplantage.

Absicht gemäß Weisungen des Korps.

Sonnig, drückend heiß, Straßen gut befahrbar, sehr staubig, am Spätnachmittag Gewitterschauer.

19.45 Uhr Tagesmeldung „LSSAH":

2. und 1. Pz.Gren.Rgt. haben am 21. 7. 1943 bis 21.30 Uhr ihre Versammlungsräume erreicht und mit Teilen folgende Sicherungslinie bezogen:
1 km nördl. Karpowka–Punkt 189,8, (3 km nördl. Slawiansk)–Nordrand Ssobolewka–Nordrand Glubokaja–Maktytka–Südrand Kolomijzy–Nordrand des Teiches 1 km westl. des südlichsten Ausläufers von Kolomijzy–Südrand Nikolskoje–194,0–266,2–223,0–215,7–Nordrand Wyssokij.
Art.-Störungsfeuer, mäßige feindl. und eigene Lufttätigkeit. Auf Grund starker Regengüsse für 5 bis 6 Stunden festliegend, erreichten, um 06.00 Uhr erneut antretend, sämtliche Räderteile die befohlenen Versammlungsräume.
Folgende Kettenteile sind bis 21. 7. 1943, 18.00 Uhr, im Versammlungsraum eingetroffen: 2. Stugesch.Abt., Rest III./(gep.)2. Pz.Gren.Rgt., 1 Zug 6. Flak-Abteilung, 1. und 2. Pz.Jg.Abt., 10./11. AR, 1. bis 3. Flak-Abteilung, 5. AR, 12 „Tiger", Teile 13. und 14. Pz.Rgt., 4. Flak-Abteilung, 9 Panzer III, leichte Panzer-Kolonne, 5 Panzer IV.

Sonnig, warm, Gewitterbildung.

Minenübersicht nach Stand vor Einbruch des Gegners

Im Minenübersichtsplan sind die gelegten Minensperren eingetragen. Minenarten, Feldausdehnung und Minengassen gehen daraus hervor. Die Übersichtspläne werden in die Feuerpläne der schweren Waffen einbezogen.

306.

SS "T"

23. Pz.

Beobachter: Oblt. Sinn 2.
gen. am: 24.7.43.
: F 702/43.
Meldenetz willkürlich in 2cm Abstand eingetragen.
Maßstab: etwa 1:50000

SS-Oberscharführer Peichl vom SS-Panzergrenadier-Regiment 4 „DF" trägt 5 Panzervernichtungsabzeichen auf dem rechten Oberarm.

Panzerschlacht am Mius, 2. August 1943

Artilleriebeobachter leiten am Mius das Feuer.

Standartenführer Heinz Harmel, Kommandeur Rgt. „Deutschland", läßt sich von einem Unterscharführer berichten, der einen Tag lang, selbst am Kopf verwundet, in schwerstem Feuer als Sanitäts-Dienstgrad die Verwundeten versorgte. Stepanowka, 1. August 1943

Der Rückmarsch vom Donez – SS-Panzerjäger und -Grenadiere müssen sich absetzen, um nicht eingeschlossen zu werden.

Tagesmeldung an die Armee:

22. 7. 1943 –
Wald südl.
Prelestnoje

Im Laufe des 21. 7. laufendes Eintreffen der Verbände „LSSAH"-Pz.Gren.Div. Um 21.15 Uhr waren Sicherungen in Linie Ssopolewka–Wyssokij bezogen und Div. vollständig mit Räderteilen im neuen Raum. Während des 22. 7. Eintreffen der Masse SS-Pz.Gren.Div. „Das Reich". 18.00 Uhr Div. mit Räderteilen voll im Raum versammelt. In Slawjansk bisher eingesetzte Teile beim Heranziehen. Div. hat Sicherungslinie nach Norden besetzt.

Verladung „LSSAH" (Gleiskettenteile) nach Stand vom 22. 7., 15.00 Uhr, bis auf letzten Transport abgeschlossen. Von SS-„DR" nach Stand vom 22. 7., 15.00 Uhr, noch 6 Transporte zu verladen. Masse der Pz.Rgter. noch nicht eingetroffen.

Sicherungslinie „LSSAH": 1 km nördl. Karpowka–Punkt 189,3 (3 km nördl. Slawjansk)–Nordrand Ssobolewka–Nordrand Glubokaja–Makatytka–Südrand Kolomijzy–Nordrand des Teiches 1 km westl. des südlichsten Ausläufers von Kolomijzy–Südrand Nikolskoje–194,0–206,2–223,0–215,7–Nordrand Wyssokij.

Div. „Das Reich": Wyssokij (ausschl.)–Ssolenyj (ausschl.)–209,2–180,8–Nordrand Nowosselowka.

III. (gep.) SS-Rgt. „Der Führer" und I. SS-AR 2 (bisher Slawjansk) der Div. „DR" wieder unterstellt.

Gef.-Stde.: „LSSAH": Nordrand Tscherkasskoje; SS-„DR": Grigorowka, südl. Obstplantage.

„LSSAH": Pz. noch beim Transport; Stugesch. 30; Pak 7,5 cm mot. Z 13, 7,5 cm Sfl. 18.

SS-„DR": Pz. noch beim Transport; Stugesch. 28; Pak 7,5 cm mot. Z 15, 7,5 cm Sfl. 1, 7,62 cm Sfl. 9.

Sonnig, drückend heiß. Straßen gut befahrbar.

Pioniere der
„Totenkopf"-Division
legen Riegelminen.

201

23. 7. 1943 –
Wald südl.
Prelestnoje

Einzelheiten:

06.30 Uhr Bewegungen Div. „Totenkopf" laufen an. (Korps erhält Meldung erst 24. 7.)

14.40 Uhr von Pz.AOK 1:
II. SS-Pz.-Korps werden mit sofortiger Wirkung unterstellt: 333. ID, 17. Pz.Div., Werfer-Rgt. 1 und 52 (ohne eine, bei 46. ID eingesetzte Abt.), Pi.Btl. „Wiking".

17.05 Uhr von Armee:
333. ID und 17. Pz.Div. werden erst ab 24. 7. 1943, 04.00 Uhr, dem II. SS-Pz.-Korps unterstellt. Befehl hierüber an die Divisionen. Zugleich Bekanntgabe der y-Zeit: 24. 7. 1943, 08.00 Uhr.

Befehl über Unterstellung von Teilen Div. „Wiking" unter „LSSAH" und Div. „Das Reich":

Der SS-„DR" werden mit sofortiger Wirkung unterstellt eine l.FH-Abteilung und eine s.FH-Batterie SS-„Wiking". Heranziehen erfolgt im unmittelbaren Einvernehmen SS-„DR" und SS-„Wiking".

Der „LSSAH" wird mit sofortiger Wirkung Pi.Btl. SS-„Wiking" unterstellt. Pi.Btl. SS-„Wiking" wird nach Nikolskoje-West zugeführt, Kommandeur voraus zum Div.-Gefechtsstand „LSSAH". Auftrag: Das Pi.Btl. hat die Verminung des Grundes vor der Sehnenstellung im Prischib-Bogen während des Vorstoßes der gep. Gruppe durchzuführen. Gep. Gruppe beläßt solange Gefechtsvorposten ostwärts der Sehnenstellung, bis das Verminen durchgeführt ist.

17.30 Uhr. Bewegungen Div. „Totenkopf" äußerst langsam wegen starker Regenfälle. Sitzt fest in Taranowka. (Korps erhält Meldung erst 24. 7.).

Feindlage nach Unterlagen XXXX. Pz.-Korps:

Generalkommando II. SS-Panzerkorps Ic

Entwicklung der Feindlage.

Der Gegner trat am 17. 7. 1943 am Mius beiderseits Dmitrjewka und am Donez beiderseits Isjum mit starken Kräften zum Angriff an. Der südliche Stoß sollte über Makejweka–Stalino nach Raum Krassnoarmeiskoje, der nördliche über Barwenkowo ebenfalls nach Raum Krassnoarmeiskoje geführt werden. Operative Absicht des Gegners ist Wegnahme des Industriegebietes nördlich Stalino und Vernichtung der nordostwärts Stalino am Donez stehenden eigenen Kräfte. Ein Aufruf der sowjetischen Heeresgruppe Südwestfront zeigt, daß die rote Führung diesem Angriff, der zeitlich mit den Angriffen in Westeuropa abgestimmt ist, kriegsentscheidende Bedeutung beimißt. Nach Beutepapieren der 135. Pz.Brg. sollte Barwenkowo durch Teile des XXIII. Pz.-Korps bereits am 21. 7. 1943, morgens, eingenommen sein.
Der Gegner erzielte am Mius bis zum 22. 7. einen Einbruch bis zu 12 km Tiefe. Am Donez kam es ebenfalls zu Einbrüchen; operative Erfolge konnte der Gegner bisher nicht erringen.
Bis 22. 7. 1943, abends, wurden zwischen Majaki und Petrowskaja insgesamt 16 Schützendivisionen und 2 Pz.- bzw. mot.-mech. Verbände festgestellt. Mit Zuführung von weiteren Infanteriekräften und von 2 bis 3 Panzergroßverbänden wird gerechnet. Möglicherweise sind die durch Führungssprüche bekannten zwei Kav.-Korps der 5. Pz.-Armee (IV. Kav.-Korps, VII. Gd.Kav.-Korps) während der Auffrischung zu mot.mech. Korps umformiert worden.
Der Feind führt seine Angriffe mit starker Art.-Vorbereitung. Als besondere Angriffsverbände sind eingesetzt: 1443. Sturmgeschütz-Rgt., 5. Gd.Pz.-Durchbruchs-Rgt., 141. Gd.Pz.-Durchbruchs-Rgt. Schwerpunkt des Angriffs verlagert sich infolge des zähen Widerstandes der deutschen Inf.-Divisionen und Pz.-Einheiten täglich. Am 22. 7. 1943 führte der Gegner zahlreiche zusammenhanglose Einzelangriffe ohne Panzerunterstützung.

18.20 Uhr von Armee:
Die bei 46. ID eingesetzte Werfer-Abt. ist sofort dem Rgt. wieder zuzuführen.

Korpsbefehl für Bereitstellung und Angriff am 23./24. 7. 1943.

23. 7. 1943 –
Wald südl.
Prelestnoje

Feind im Brückenkopf beiderseits Bogoroditschnoje ist mit seiner Infanterie und seinen Panzerkräften stark angeschlagen. Seine Artillerie auf Nord- und Südufer des Donez ist zahlenmäßig stark und stellt das entscheidende Rückgrat des Gegners dar.

II. SS-Pz.-Korps mit unterstellter „LSSAH"-Pz.Gren.Div., SS-Pz.Gren.Div. „Das Reich", 17. Pz.Div. und 333. ID greift am 24. 7. 1943 den im Prischib-Bogen und im Raum beiderseits Bogoroditschnoje auf das Südufer des Donez eingebrochenen Feind an und vernichtet ihn unter Abschirmung gegen den Südrand des Waldes westl. Bogoroditschnoje. Anschließend Besetzung der Sehnenstellung im Prischib-Bogen und der alten HKL durch 333. ID und 17. Pz.Div. Schnelles Herausziehen der „LSSAH"-Pz.Gren.Div. und Pz.Gren.Div. „Das Reich" muß gewährleistet sein.
Zeitpunkt der Unterstellung und Wiederübernahme des Befehls durch XXXX. Pz.AK wird befohlen.

Es stellen sich in der Nacht vom 23./24. 7. 1943 bereit:

„LSSAH"-Pz.Gren.Div. in und am Nordrand des Waldes zwischen Ssidorowo und Golaja Dolina so, daß sie mit Masse nach Norden bis zum Donez durchstoßen, mit Teilen nach Osten eindrehend, die Sehnenstellung am Westrand der Schlucht Ssidorowo-Erholungsheim (südwestl. Bannowskij) besetzen und mit Teilen nach Westen eindrehend, Wald und Obstgarten 3 km ostw. Golaja Dolina vom Feind säubern kann.
Anschließend an die Säuberung dieses Raumes sind mit gep. Gruppe die im Prischib-Bogen stehenden feindl. Kräfte zu vernichten.

SS-Pz.Gren.Div. „Das Reich" im Raum in und nördl. Golaja Dolina so, daß sie unter Abschirmung der linken Flanke am Südrand des Waldes 4 km nördl. Golaja Dolina die Höhe 200,7 nehmen und das Donez-Ufer bis 2 km nordwestl. Bogoroditschnoje erkämpfen kann.

333. ID folgt dem Angriff der „LSSAH"-Pz.Gren.Div. und besetzt die Sehnenstellung und Südufer des Donez bis Ostrand Bogoroditschnoje.

17. Pz.Div. schwenkt mit rechtem Flügel nach Erreichen des Donez-Ufers durch SS-Pz.Gren.Div. „Das Reich" bis zum Donez vor und besetzt die Linie Nordrand Bogoroditschnoje–Donez-Ufer bis 2 km nordwestl. Bogoroditschnoje–Südrand des Waldes 4 km nördl. Golaja Dolina.
Es kommt darauf an, daß 333. ID und 17. Pz.Div. die befohlenen Abschnitte so schnell wie möglich erreichen und besetzen, ausbauen und halten.
„LSSAH" und SS-„DR" werden nach Ablösung beschleunigt zur Säuberung des feindl. Einbruchs westl. Studenok herausgezogen.
Trennungslinie „LSSAH"-Pz.Gren.Div. rechts, SS-Pz.Gren.Div. „Das Reich" links: Nordrand Wyssokij–Südrand Golaja Dolina–Nordwestrand Bogoroditschnoje.
Ende der Bereitstellung ist bis 07.30 Uhr zu melden.
Angriffsbeginn: y-Zeit wird nach alter Tarntafel befohlen.
Aufklärung durch die Divisionen in ihren Gefechtsstreifen bis zum Donez.

Artillerie:

Gliederung: Arko 122: Art.-Bekämpfungsgruppe, IV./AR 333, 10 cm Kan.Bttr. „LSSAH"-Pz.-Gren.Div.; III./AR 27 der 17. Pz.Div., 10 cm Kan.Bttr. SS-„DR" stehen Arko 122 auf Abruf zur Art.-Bekämpfung zur Verfügung.
Es werden für den Angriff unterstellt: Der „LSSAH"-Pz.Gren.Div. Werfer-Rgt. 52; der SS-Pz.Gren.-Div. „Das Reich" Korps-Werfer-Abt.
Auf Zusammenarbeit werden angewiesen: AR 333 mit „LSSAH"-Pz.Gren.Div., AR 27. der 17. Pz.-Div. mit SS-Pz.Gren.Div. „Das Reich".

Artillerie-Vorbereitung:
von y-100 bis y-15 Einschießen gem. Art.-Befehl;
von y-15 bis y-5 Vorbereitungsfeuer auf erkannte Ziele und Ausschalten der Feindartillerie, davon letzte 2 Min. schnellste Feuerfolge, Nebelwerfer gem. Art.-Befehl;

23. 7. 1943 –
Wald südl.
Prelestnoje

von y-5 bis y-2 alles Feuerpause;
von y-2 bis y schnellste Feuerfolge der Art. und Nebelwerfer,
ab y bis y+6 Springen des Feuers in die Tiefe,
ab y+6 beobachtetes Art.-Feuer.

Artillerie-Bekämpfung ab Hellwerden. Art.-Flieger ab y-Uhr über Ziel.

Luftwaffe untertützt mit Stuka- und Kampfverbänden vor Anriffsbeginn. Letzte Bombe y-5 Uhr. Weitere Unterstützung nach Anforderung der Divisionen wird durch Gen.Kdo. II. SS-Pz.-Korps mit IV. Fliegerkorps geregelt. Bei Divisionen Stuka-Leitverkehr.

Nachrichtenverbindungen:
Pz.-Korps-Nachr.Abt. 400 baut und unterhält Drahtverbindung von Korpsgefechtsstand zu „LSSAH"-Pz.Gren.Div., SS-Pz.Gren.Div. „Das Reich", 333. ID über „LSSAH", 17. Pz.Div. über XXXX. Pz.AK, Arko 122 und von dort zu Art.-Gruppe Mathes und zu 12./AR 2, 12./AR 1 schließt sich an Art.-Gruppe Mathes an.
Funkverbindungen zu „LSSAH"-Pz.Gren.Div., SS-Pz.Gren.Div. „Das Reich", 333. ID, 46. ID, 17. Pz.Div., Arko 122, XXX. AK, XXXX. Pz.AK, Aufkl.-Flieger, Pz.AOK 1, Qu. II. SS-Pz.-Korps, Korps-Nachschub-Führer.
Funkstille bis Angriffsbeginn.
Verbindungsoffiziere der 333. ID und 17. Pz.Div. melden sich bis 23. 7. 1943, 19.00 Uhr, auf Korpsgefechtsstand.
Korpsgefechsstand: Wald 4 km südl. Prelestnoje.
Die Geheimhaltungsbestimmungen sind nach Inhalt und Verteiler beachtet.

gez. Hausser

Artilleriekommandeur 122:

Artillerie-Befehl zum Operationsbefehl des II. SS-Pz.-Korps vom 23. 7. 1943.

1) Gliederung der Artillerie:
Als Artillerie-Bekämpfungsgruppe werden Art.Kdr. 122 unterstellt: s.Art.Abt. AR 333, 10 cm Kan.-Battr. SS-AR 1; auf Abruf stehen zur Verfügung: s.Art.Abt. Pz.AR 27, 10 cm Kan.Battr. SS-AR 2. Ausschalten von Feindartillerie im Aufklärungsbereich der 17. Pz.Div. wird sichergestellt. Niederhalten der Feindartillerie-Gruppe südostw. Krasnyj Oskol ist bei Art.Kdr. 128 beantragt.

2) Zusammenarbeit.
Auf Zusammenarbeit werden angewiesen: Pz.Beob.Battr. „LSSAH" mit 12./Pz.AR „AH", 12./Art.Rgt. 333; Pz.Beob.Battr. „Das Reich" mit IV./Pz.AR. „Das Reich" (ohne 12.).
Flieger-Überwachungs-Batterien: 8./Pz.Art.Rgt. „AH", 12./Pz.AR „AH", 11./Pz.AR „Das Reich", 11./Art.Rgt. 333.
Flieger ab Angriffsbeginn über dem Gefechtsfeld. Funkunterlagen werden den Regimentern zeitgerecht zugestellt.

3) Feuerzusammenfassungen:
Die nach abgeschlossener Erkundung und Aufklärung sich ergebenden Räume für Feuerzusammenfassungen im Angriffsstreifen der Divisionen „LSSAH" und „Das Reich" sind bis 24. 7. 1943, 06.00 Uhr, an II. SS-Pz.-Korps, Art.Kdr. 122, zu melden.

4) Meldekarte. Quadratmeldenetzkarte 1:100 000.

5) Schieß- und Vermessungsunterlagen. Koordinaten-Verzeichnis des XXXX. Pz.-Korps.

6) Wettermeldungen.
Wetterzug le.Beob.Abt. 23 strahlt auf Welle 319, Rufzeichen 10, aus der Grundzahl 127 E täglich von 03.00 bis 24.00 Uhr alle 3 Stunden Barbarameldungen aus, erstmalig heute 15.00 Uhr. Barbaraschlüsseltafel Süd.

7) Nachrichtenverbindung.
Korps-Nachr.Abt. legt Draht zu vorgesch. Gef.-Stand Art.Kdr. 122, Art.-Gruppe Mathes (IV./AR 333), 12./Pz.AR „Das Reich".
12./Pz.AR „LSSAH" schließt sich an Art.-Gruppe Mathes an. Korps-Nachr.Abt. stellt einen Funktrupp C (mot.) an Art.Kdr. 122 ab (wird abgerufen).

8) Gefechtsstand. Südostteil Nowosselowka. Vorgeschobener Gef.-Stand ab X-Tag 06.00 Uhr: Nordteil Nikolskoje-Ost.

9) Zeitvergleich. Am X-Tag 2 Stunden vor Y-Zeit durch Korps-Nachr.Abt.

23. 7. 1943 –
Wald südl.
Prelestnoje

gez. Strecker

Meldung:

An SS-Stubaf. Darges, pers. Adjutant des Führers.

Betr.: FS vom 21. 7. 1943, 12.00 Uhr.

Materielle Lage des Korps: Einsatzbereite Panzer: Pz. II 4, Pz. III lg. 72, Pz. IV k. 4, Pz. IV lg. 94, Pz. VI 30, T 34 17.
Sturmgeschütze: 78.
Totalausfälle: Pz. III lg. 5, Pz. IV lg. 23, Pz. VI 3, Stugesch. 5.
Neuzugang: Pz. VI 5 am 20. 7. 1943 eingetroffen.
Totalverluste an Waffen: 2 s.IG, 1 le.FH 18, 16 7,5 cm Pak 40 mot. Z, 2 7,5 cm Pak 40 (Sfl.), 3,5 Prozent MG, 3,5 Prozent 5 cm Pak.
Kfz.-Ausfälle in Prozent: Kräder 3 Prozent, Kraftwagen 4 Prozent, Zgkw. 4 Prozent.
Spw.-Ausfälle: 8 Prozent.
Urteil: Materiell voll einsatzbereit.

Personelle Lage:
Verluste des Korps bis 16. 7. 1943: 196 Führer (davon 11 Kdre.), 6232 Unterführer und Männer.
Fehlstellen: 1041 Führer, 5609 Unterführer und Männer.
Urteil: Personell zu allen Angriffsaufgaben befähigt. Masse der Fehlstellen in den Gren.Kpn.

Gen.-Kommando II. SS-Pz.-Korps, Ia

Befehl über Grenzen nach Erreichen des Donez.
Am Nachmittag findet beim AOK 6, Stalino, vorbereitende Besprechung für den geplanten Einsatz des Korps statt, an der KG und Chef des Stabes teilnehmen.
Für den 27. 7., 09.00 Uhr, wird Kdr.-Besprechung angesetzt.

24. 7. 1943 - Einzelheiten:
00.15 Uhr Anruf Ostuf. Berger VO zur Armee:
„LSSAH" meldet baldmöglichst Transportstärken zur Verladung als Kampftransport und Ergänzungsstaffel. Vorgesehene Einladeräume: Gorlowka–Debalzewo–Stalino–Jassinowataja.

Durch Ia an „LSSAH" zusätzlich befohlen:
Transporte auf die 4 Bahnhöfe gleichmäßig verteilen, zunächst sofort VO voraus. Abdrehen der Verbände von Vormarschstraße bzw. Versammlungsraum auf Befehl.
An Div. „Das Reich": Beschleunigt in den befohlenen Raum rücken und aufschließen.

Von Armee: Befehl über Abtransport der „LSSAH".
01.00 Uhr. Marschbewegung Div. „Totenkopf" wird in Kramatorskaja durch Pz.AOK 1 angehalten. FS-Meldung darüber um 14.00 Uhr.

17.25 Uhr Meldung von Div. „Totenkopf":
Ab 17.00 Uhr Weiterlaufen der Bewegungen in den vorgesehenen Raum um Gorlowka–Ordshonikidse.
Gefechtsstand ab 27. 7., 07.30 Uhr, Wäldchen 1 km ostw. Ordshonikidse.
18.00 Uhr. Tagesmeldung an Armee.

Zusammenfassung der Ereignisse vom 18. bis 25. 7. 1943.

Nachdem der Durchstoß des II. SS-Pz.-Korps im Rahmen der 4. Panzerarmee infolge starker feindlicher Gegenangriffe in beiden Flanken zunächst liegengeblieben war, erfolgte Umgliederung des Korps zur Fortführung des Angriffs in neuer Richtung. Die dafür geplante Herauslösung der Divisionen „Das Reich" und „LSSAH" hinter eine durch 167. ID besetzte verkürzte Stellung erfolgte in der Nacht vom 16./17. 7. 1943. Darauf folgte Räumung des Brückenkopfes und Einrichten zur Verteidigung auf den Höhen südlich des Pssel durch Div. „Totenkopf". Der Plan, mit dem II. SS-Pz.-Korps die starke Bedrohung der linken Armeeflanke durch überraschenden Angriff mit Divisionen „Das Reich" und „LSSAH" aus Raum westl. Kotschetowka zu zerschlagen (Unternehmen „Roland"), wurde während der Befehlsausgabe am 18. 7. vormittags durch die höhere Führung fallengelassen. (Durch die Zuspitzung der Lage in Italien mußte auch das vom GFM v. Manstein in Vorschlag gebrachte und vom OKW genehmigte Unternehmen „Roland", die Zerschlagung des starken Gegners westlich Kotschetowka durch das II. SS-Pz.-Korps, aufgegeben werden. Die Divisionen „LSSAH" und „Das Reich" sollten umgehend nach Italien in Marsch gesetzt werden. Die Absicht der Verlegung war streng geheim. – Der Verfasser.)

Für die herausgelösten Panzer-Grenadier-Divisionen „LSSAH" und „Das Reich" erfolgte sofort Abmarschbefehl in den Raum südwestl. Belgorod für die folgende Nacht. Gleichzeitig begann bereits am Abend die schnell improvisierte Verladung der Gleiskettenteile zum Transport in Richtung Donez-Becken. Sofort nach Erreichen der U-Räume südwestl. Belgorod mußte Marsch der Divisionen in die Räume nördl. und nordwestl. Charkow fortgesetzt werden.

Das II. SS-Pz.-Korps mit den Divisionen „LSSAH" und „Das Reich" schied am 19. 7. aus dem Verbande der 4. Panzerarmee, mit der das Korps seit 25. 2. 1943 zusammengearbeitet hatte. Der Oberbefehlshaber, Generaloberst Hoth, sprach dem Korps in einem Schreiben an den Kommandierenden General seine Anerkennung aus.

Generalkommando verlegte am 19. 7. in altes Hauptquartier in Charkow und mußte sofort den Weitermarsch der Divisionen für die gleiche Nacht in den Raum Gorlowka–Konstantinowka sowie Grodowka–Grischino (nordwestl. Stalino) einleiten. Die Divisionen traten noch in der gleichen Nacht an und erreichten in einem Zuge die Räume Bereka–Taranowka und südostw. Walki bis Paraskoweja. Die vorausgesandte Führungsstaffel des Generalkommandos wurde am 20. 7. nach Erreichen von Kramatorskaja in den Raum ostw. Barwenkowo zurückgeleitet, um nördl. der Eisenbahn Sslawjansk–Barwenkowo die auf dem Marsch befindlichen Divisionen zu versammeln. Absicht der Führung war, das Korps zur Wiederherstellung der Lage an den Einbruchsstellen des Russen südostw. Isjum einzusetzen. Die dazu notwendige Versammlung der Divisionen war bei starken Verzögerungen durch schlechte und aufgeweichte Straßen sowie langsam anlaufende Zuführung der E-Transporte am 23. 7., abends, abgeschlossen. In der Nacht zum 24. 7. erfolgte die Bereitstellung, die wiederum durch sehr große Wegeschwierigkeiten auf Grund laufender starker Regenfälle behindert wurde.

Für den Angriff sollte das Korps den Befehl über 333. ID und 17. Pz.Div., 2 Werfer-Regimenter, Pi.-Bataillone und eine verst. Art.Abt. der SS-Pz.Gren.Div. „Wiking" übernehmen. Das Korps hatte den Auftrag, durch einen Gegenangriff den zwischen Majaki 10 km südwestl. Krassny Liman und Raum hart südl. Isjum eingebrochenen starken Feind zu vernichten und alte HKL wiederherzustellen.

Mit der nachgeführten und seit 22. 7., abends, wieder unterstellten SS-Pz.Gren.Div. „Totenkopf" als dritter Division erwartete das Korps nach Erfüllung seines bisherigen Auftrages den nächsten Einsatz an der Einbruchsstelle Mius-Front.

In der Nacht vom 23./24. 7. wurde der Angriff des Korps jedoch auf Befehl des Führers angehalten.

26. 7. 1943 –
Wald Krassnaja
Swesda

Wetter: Während der Nacht starke Regenfälle, am Tage aufheiternd bis bedeckt.
Die starken Regenfälle während der Nacht behindern die Märsche der Divisionen in ihre am 25. 7. befohlenen Versammlungsräume.
Die für „LSSAH" befohlene Versammlung wird um Mitternacht durch Befehl für Vorbereitung eines Eisenbahntransportes der Divsision unterbrochen, so daß die Division bereits Teile auf der Vormarschstraße anhalten lassen muß. Die Verladung der Division soll auf den Bahnhöfen Debalzewo, Gorlowka, Jassinowataja und Stalino durchgeführt werden. Zeitpunkt und Richtung der Verladung noch nicht bekannt.
SS-Pz.Gren.Div. „Totenkopf" wird auf Befehl der Heeresgruppe bei Kramatorskaja angehalten und die Div. aufschließen gelassen.
Die für 26. 7., 08.00 Uhr, befohlene Kdr.-Besprechung wird nach Weisung der Armee, daß Einzelheiten über Einsatz des Korps noch nicht geklärt werden können, um 24 Stunden verschoben.
Während des Tages laufende Meldungen der Divisionen über Stand ihrer Marschbewegungen. Um 11.00 Uhr ist „LSSAH" mit einem Rgt., der AA und schweren Waffen und Art. im neuen Raum eingetroffen, während die Masse der Div. südl., in und nördl. Debalzewo steht. Gegen Mittag ist die Masse der Div. „Das Reich" im U-Raum. Es fehlen noch Teile der Art. und des Pz.Rgts.
Die Bewegungen beider Divisionen werden am Abend mit Masse planmäßig abgeschlossen. Nach Erstellung der Tansportanmeldungen durch „LSSAH" wird Befehl an Gen.Kdo. erteilt, für die beiden anderen Divisionen genaueste Transportunterlagen zu erstellen.
Zur Vorbereitung bevorstehender Operation führen KG und Chef des Stabes die erforderlichen Geländeerkundungen im Raum südostw. Malo Tschistjakowo durch.

SS-Sturmmann Meyer erhält als Melder des I./„Deutschland" wegen Tapferkeit auf dem Schlachtfeld von Stepanowka von seinem Rgt.Kdr. Heinz Harmel das EK 1. Klasse und eine Beförderung zum Unterscharführer.

Arbeitskarte
1:100 000

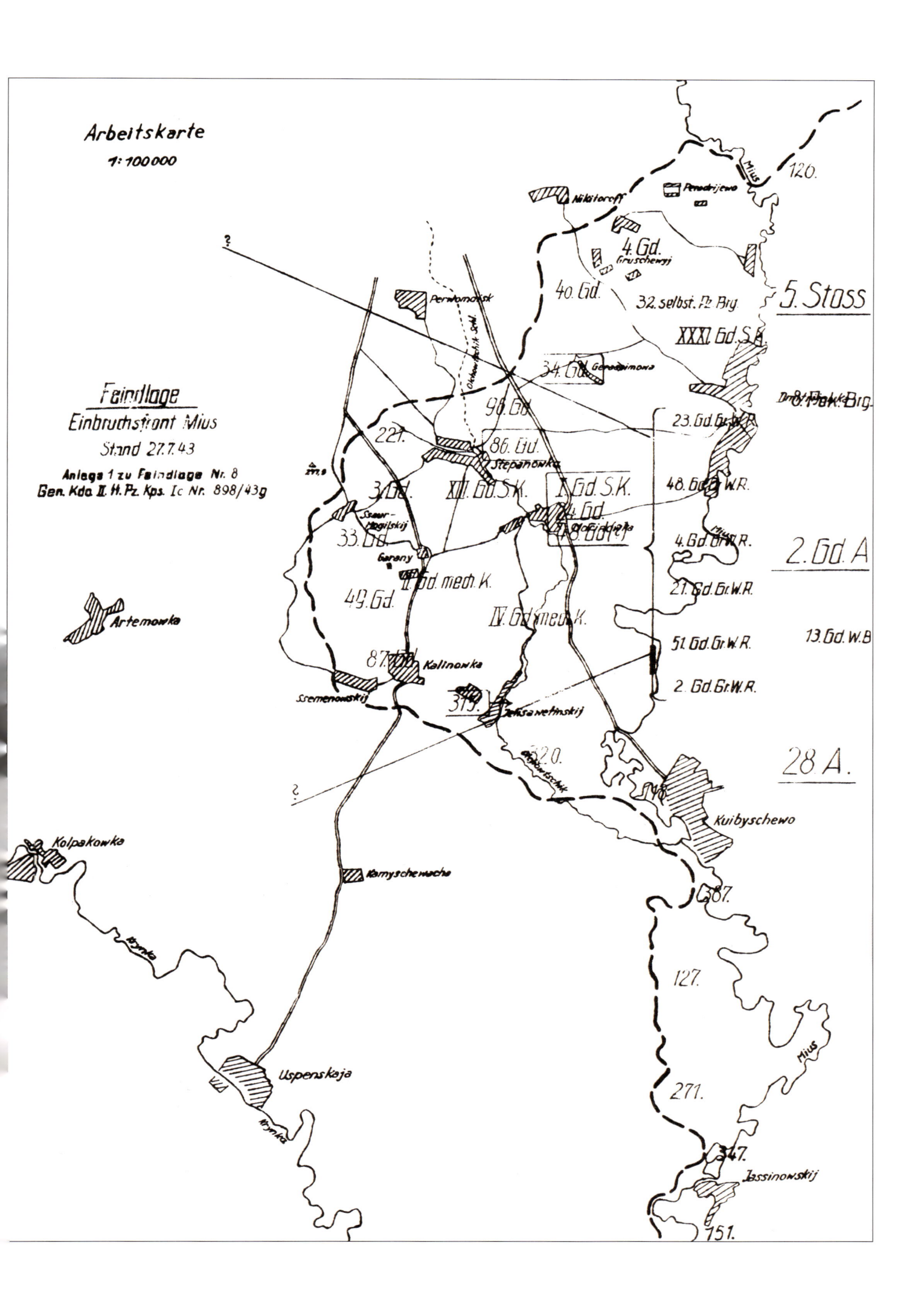

Feindlage
Einbruchsfront Mius
Stand 27.7.43

Anlage 1 zu Feindlage Nr. 8
Gen. Kdo. II. H. Pz. Kps. Ic Nr. 898/43g

Places/units visible on map:

- 120.
- Nikitoroff
- Panadrijewo
- Mius
- 4. Gd. Gruschewyj
- 40. Gd.
- 32. selbst. Pz. Brig.
- 5. Stoss
- Perwomaisk
- XXXI. Gd. S. K.
- 34. Gd. Gerassimowa
- 96. Gd.
- Dnb. Pak. Brig.
- 221.
- 86. Gd.
- Stepanowka
- 23. Gd. Gr. W. R.
- 3. Gd.
- XII. Gd. S. K.
- I. Gd. S. K.
- 48. Gd. W. R.
- Sseewr-Mogilskij
- 4. Gd.
- 33. Gd.
- Garany
- 8. Gd. (?)
- Ssofijewka
- 4. Gd. Gr. W. R.
- 2. Gd. A.
- II. Gd. mech. K.
- 21. Gd. Gr. W. R.
- 49. Gd.
- IV. Gd. mech. K.
- 13. Gd. W. B.
- 51. Gd. Gr. W. R.
- Artemowka
- 87. Gd.
- Kalinowka
- 2. Gd. Gr. W. R.
- Ssemenowskij
- 315.
- Jelisawetinskij
- 320.
- 28. A.
- 248.
- Kuibyschewo
- Kolpakowka
- Kamyschewacha
- 387.
- Krynka
- 127.
- Uspenskaja
- 271.
- Krynka
- 347.
- Jassinowskij
- 151.

B. Nr. 143.

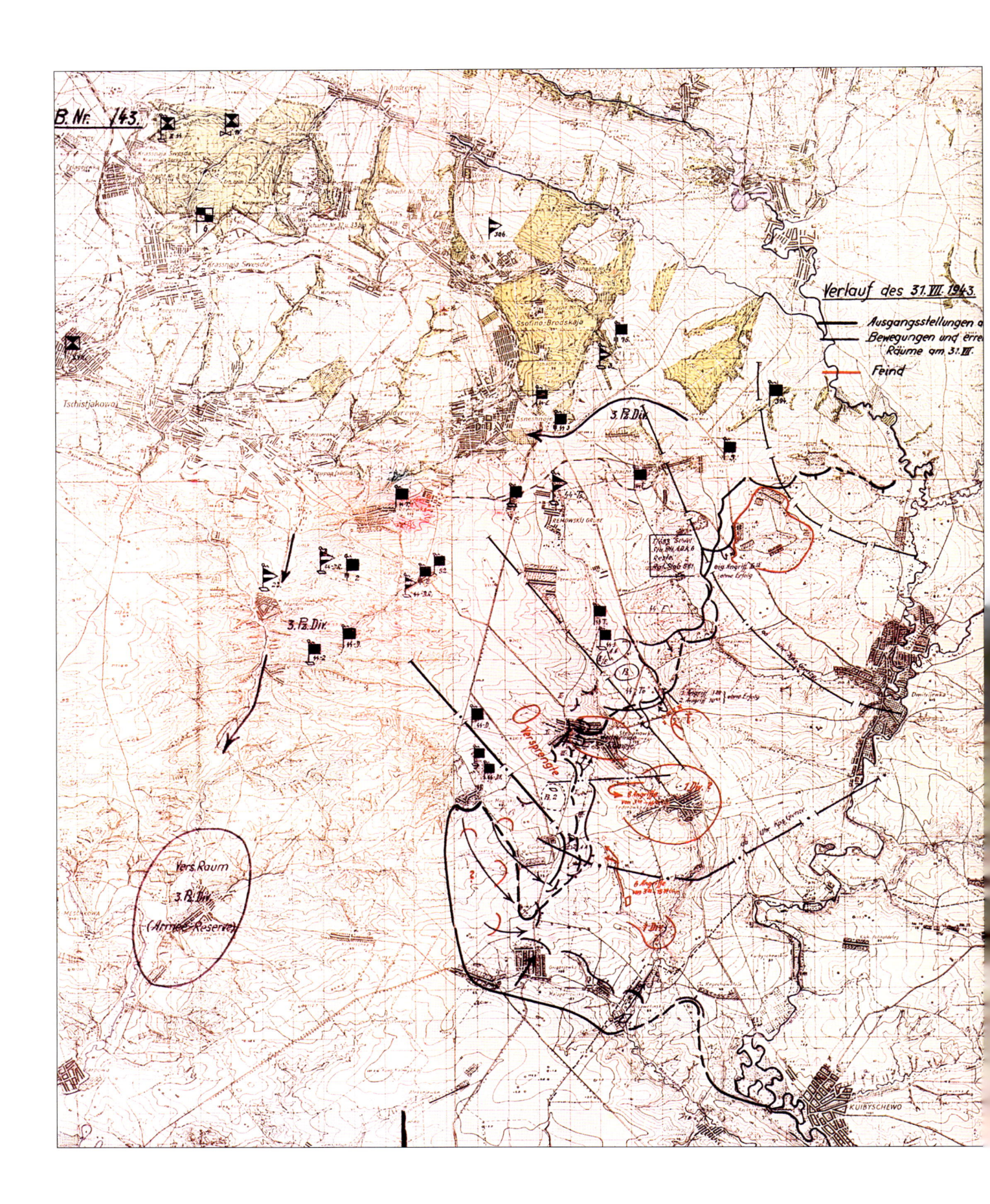

Verlauf des 31.VII.1943.

Ausgangsstellungen a
Bewegungen und erre
Räume am 31.VII.
Feind

3. Pz.Div.

3. Pz.Div.

Vers.Raum
3. Pz.Div.
(Armee-Reserve)

KUIBYSCHEWO

Einzelheiten:
Befehl über Abtransport „LSSAH". Alle verwendungsfähigen Panzer VI, IV und III verbleiben im Bereich der Heeresgruppe. Über ihre Verwendung erfolgt Befehl.
01.25 Uhr. Befehl an „LSSAH" über Verlegung in U-Räume in Nähe der Verladebahnhöfe um reibungslosen Ablauf der Bewegungen der anderen Verbände sicherzustellen.
Abschluß der Verlegungen: 28. 7., 03.00 Uhr.
Gleichzeitig Befehl über Übergabe der Pz. III, IV und VI an Gen.Kdo.
02.30 Uhr Befehl von Armee:
Alle verbleibenden Panzer der „LSSAH" sind an Div. „Das Reich" zu übergeben.
09.30 Uhr. Kdr.-Besprechung auf Korpsgefechtsstand.

27. 7. 1943 –
Wald Krassnaja
Swesda

Besprechungsnotiz:

27. 7. 1943, 09.30 Uhr. Vororientierung der Divisions-Kommandeure und Befehlsausgabe für Erkundung.

Kurzer Vortrag des Ic, daß Feind am Vortag gegen die Mitte des Einbruchbogens mit starken Kräften (40 Panzer unterstützt von 100 Flugzeugen) erfolglos angegriffen hat, sonst aber im wesentlichen keine weiteren Angriffsabsichten im großen erkennen läßt. Zuführungen im großen wurden nicht mehr beobachtet, sondern vielmehr scheinbar ein Herauslösen seiner stark angeschlagenen mot. und mech. Verbände.

Das II. SS-Pz.-Korps mit Divisionen „Das Reich", „Totenkopf" und 3. Pz.Div. soll am 30. 7., etwa gegen 08.00 Uhr aus dem Raum südostwärts Ssneshnoje in südostwärtiger Richtung den Gegenangriff zur Wiederherstellung der alten HKL führen. Dazu ist beabsichtigt mit Div. „Totenkopf" im Schwerpunkt und in der Mitte den feindlichen Brückenkopf aus Raum südostwärts Perwomaisk in südsüdwestlicher Richtung zu durchstoßen und den beiden rechts und links angelehnten Divisionen „Das Reich" und 3. Pz.Div., die für diesen Stoß auftretende Flankenbedrohung auszuschalten, um nach Säuberung des feindlichen Brückenkopfes die eingedrückte HKL mit den zurückgedrängten Stellungsdivisionen wieder zu besetzen.
Einzelheiten der Stoßrichtungen siehe Anlage Karte 1:50 000 (B 32).
Dazu wird befohlen, sofort unter Zusammenarbeit mit den ortsfesten Kommando-Behörden (XVII. AK, 23. Pz.Div., 306. ID) mit den Erkundungen zu beginnen. Das Gelände bietet ausreichend Platz für eine vom Feind aus nicht einzusehende Bereitstellung der 3 Divisionen dicht hinter der neuen HKL. Für den Angriff weist es die typischen Höhenzüge mit dazwischenliegenden tiefen Tälern auf, auf deren Kämmen der Panzervorstoß angesetzt werden muß unter Säuberung der Täler durch die Grenadiere.
Die Erkundungen durch die Divisions-Führungen sind mit dem 27. 7. abzuschließen, so daß der 28. 7. für die Einzelerkundung der Truppe zur Verfügung steht.

12.55 Uhr von Armee: Befehl über die Bereitstellung des II. SS-Pz.-Korps zum Angriff.
17.00 Uhr Tagesmeldungen:

Div. „Das Reich":

Division in Ruhe. Instandsetzung von Waffen, Gerät und Kfz. Am Nachmittag Erkundung der Annäherungswege in die Bereitstellung, der Bereitstellungsräume und der Feuerstellungsräume der Artillerie.
Feindliche Fliegertätigkeit reger als an den Vortagen.
11.30 Uhr Tiefangriff 15 feindl. Bomber auf Charzysk und Umgegend. Ein auf Bahnhof Charzisk stehender Munitionszug der „LSSAH" wurde getroffen und brannte zu zwei Drittel aus.
Wehrmachtseinrichtungen, unter anderem die Ortsverwaltung, wurden zerstört.
Verluste der Division bisher nicht festgestellt.
Die Flak der Division beteiligte sich an der Abwehr. Treffer wurden beobachtet.
Unterstellungsverhältnis Korps-Nebelwerfer-Abt. und Nebelwerfer-Rgt. 1 aufgehoben.

27. 7. 1943 – 18.00 Uhr Tagesmeldung an die Armee.
Wald Krassnaja 20.00 Uhr Meldung VO bei AOK 6 an AOK 6 über den Stand der Bewegungen:
Swesda

„LSSAH" schließt Marschbewegung zu den Verladebahnhöfen bis 28. 7., 03.00 Uhr, ab.
SS-„DR" im Raume Charzysk–Makejewka versammelt, erreicht am 28. 7. den befohlenen Bereitstellungsraum.
SS-„T" mit Masse im Raum von Ordshonikidse–Gorlowka eingetroffen. Teile Nachschubdienste und 1 WK noch auf dem Marsch. Div. erreicht im Laufe des 28./29. 7. den Bereitstellungsraum.
3. Pz.Div. erreichte bis 27. 7., abends, mit vordersten Teilen Krassnogorowka, mit letzten Teilen Krassnoarmejskoje (Räderteile). Die verladenen Kettenteile wurden, soweit angekommen und nicht von der Armee weitergeleitet, im Raume ihrer Zielbahnhöfe belassen. Von den 17 Transporten der Div. trafen bis jetzt 4 auf ihren Zielbahnhöfen ein.
Absicht für 28. 7. gem. Armeebefehl.
Obenstehende Tagesmeldung an AOK 6 um 20.00 Uhr gegeben.

Befehl an Div. „Totenkopf" über Bereitstellungsraum und Hineinführen in die Bereitstellung.
Gefechtsstand Div. „Totenkopf" bis 29. 7., 08.00 Uhr, Ordshonikidse. Neuer Gefechtsstand: Remowskij-Grube (3 km SO Ssneshnoje.)
Nächster Gefechtsstand Div. „Das Reich": Im Tal 1,5 km NO Manilowo.
Gefechtsstand 3. Pz.Div. ab 28. 7., 15.00 Uhr: Häusergruppe 1,5 km NW Nowyj Donbass.
23.30 Uhr Tagesmeldung der Armee.

Wegen der Landung der Alliierten in Süditalien wurde die „Leibstandarte" im Eilmarsch nach Italien verlegt.

Einzelheiten: 28. 7. 1943 –
04.15 Uhr Morgenmeldung Div. „Totenkopf": Wald Krassnaja
Die Nacht verlief bei geringer feindl. Fliegertätigkeit ruhig. Swesda
Morgenmeldung Div. „Das Reich".
06.00 Uhr Orientierung durch XVII. AK:
Im Abschnitt der Einbruchstelle keine besonderen Vorkommnisse.
XXIV. Pz.-Korps: Nacht vollkommen ruhig.
Befehl an Div. „Das Reich" über Bereitstellungsraum, Hineinführen in die Bereitstellung sowie Übernahme von Teilen der Pz. „LSSAH".
Befehl an Div. „Totenkopf" über die zu übernehmenden Pz. „LSSAH" sowie über Durchführung der Bewegung in den Bereitstellungsraum:

SS-Pz.Gren.Div. „Totenkopf" übernimmt am 28. 7. 1943 von „LSSAH" folgende Panzer: 8 Panzer VI, 30 Panzer IV, 4 Panzer III.

1. Die Besatzungen sind unter einem verantwortlichen Führer sofort in Marsch zu setzen nach Artemowsk Südrand. Dort Abstellraum der Panzer „LSSAH". Die Übergabe wird durch Korps-Ing. überwacht.
Die Panzer sind bis 29. 7., 12.00 Uhr, in den Bereitstellungsraum heranzuziehen. Eintreffen ist dem Gen.Kdo zu melden. Für Betriebsstoff sorgt die Division selbst.

2. Wann erfolgt Meldung über Erkundungsergebnisse?

3. Abmarsch der Division so, daß sie am 28. 7., 21.00 Uhr, im nordwestlichen Teil des Bereitstellungsraumes mit Anfängen eintrifft. Ein Verbindungsoffizier ist von der Division zur 3. Pz.Div. (Nowyj Donbass) abzustellen, um die Marschbewegungen beider Divisionen so zu regeln, daß die Anfänge der Div. „Totenkopf" nicht in die Restbewegungen der 3. Pz.Div. hineinlaufen.
Der Empfang dieses Befehls ist fernmdl. zu bestätigen.

11.10 Uhr von Armee:
Befehl der Armee über Munitionseinsatz für die ersten 3 Kampftage.
13.00 Uhr an Div. „Das Reich" und „Totenkopf":
Am 28. 7., 20.00 Uhr, Kdr.-Besprechung mit Teilnahme Ia auf Korpsgefechtsstand.
14.00 Uhr Zwischenmeldung Div. „Das Reich":
Ab 13.00 Uhr Heranführen von Teilen in befohlenen Bereitstellungsraum.
16.25 Uhr von 3. Pz.Div.: Beabsichtigte Angriffsführung:

An II. SS-Pz.-Korps.

1. Bereitstellung:

a) rechts Pz.Gren.Rgt. 3 mit Pz.Abt. zwischen Nikoforoff und Balka Zukurowa;

b) links Gruppe Holm südl. Balka Zukurowa;

c) Pz.Gren.Rgt. 394 nördl. Balka Zukurowa.

2. Angriffsführung:

a) Angriff Pz.Gren.Rgt. 3 mit Pz.Abt. entlang des Höhenweges nach Dmitrijewka auf Höhe 121,7 unter Abdrehen von Teilen auf Höhe 173,4;

b) mit Gruppe Holm über 218,3 auf Höhe 127,7;

c) Pz.Gren.Rgt. 394 folgt zwischen beiden Angriffsgruppen, säubert Srubna und Ortschaften südwestl. davon sowie Schlucht Rassypnaja.
Voraussetzung: Zustimmung XVII. AK über Einsatz der Gruppe Holm.

3. Panzer-Division, Ia

17.00 Uhr Tagesmeldung Div. „Das Reich".

28. 7. 1943 – Wald Krassnaja Swesda	17.00 Uhr Tagesmeldung Div. „Totenkopf". Ruhiger Verlauf des Tages. Ab 16.00 Uhr Einrücken in Bereitstellungsraum. Erkundungsergebnisse Div. „Das Reich" über Bereitstellung und Angriffsführung. 17.30 Uhr von 3. Pz.Div.: AA, letzte Marschgruppe, hat mit Anfang Nowyj Donbass erreicht. 18.30 Uhr Befehl an Div. „Das Reich" über Änderung der Kdr.- und Chef-Kennzeichen auf Panzern. 18.30 Uhr Tagesmeldung an die Armee. Planmäßiger Ablauf der Bewegungen. 20.30 Uhr Tagesmeldung der Armee und Aufträge für 29. 7. 23.15 Uhr von Div. „Totenkopf": Bis 22.00 Uhr Rgt. „Totenkopf", Pz.Rgt., Art.Rgt. und Flak-Abt. Ordshonikidse durchschritten.

Einzelheiten: 29. 7. 1943 –
05.00 Uhr von 3. Pz.Div.: Wald Krassnaja
Div. ohne Pz. und SPW im befohlenen Raum untergezogen. Starke feindl. Fliegertätigkeit mit Swesda
Bombenwürfen und Bordwaffenbeschuß.
07.10 Uhr Fernspruch von Div. „Totenkopf":
Einrücken im Bereitstellungsraum wie befohlen. Wege durch Platzregen schlecht befahrbar.
Rege feindl. Fliegertätigkeit (Aufklärung).
07.30 Uhr an die Armee:
Bewegung 3. Pz.Div. ohne Pz. abgeschlossen, Masse der beiden anderen Divisionen in den befohlenen Räumen.
08.00 Uhr von XVII. AK:
Feindeindruck: Angriffsabsichten nicht erkennbar. Verstärkung der Minenfelder und Pakstellungen sowie Zurückziehen von Teilen der Artillerie wurde festgestellt.
09.00 Uhr von 3. Pz.Div.: Div. vollständig im befohlenen Raum.

10.00 Uhr durch Kurier an die Divisionen und Korpstruppen Korpsbefehl für Bereitstellung und Angriff des Korps zur Vernichtung des Gegners im Einbruchsraum w. Dmitrijewka im Zusammenwirken mit 306. ID, um die alte HKL wiederzugewinnen. Geplant ist Trennung des in der Front stehenden Feindes von seinen rückwärtigen Verbindungen durch Angriff über die Linie 277,9–Perromaisk mit Schwerpunkt in der Mitte (Div. „Totenkopf") und Eindrehen nach Süden nach erfolgtem Durchbruch.
Feindstärke: 15 Schützendivisionen mit 80 bis 100 Panzern.
Dem Korps sind außer Div. „Das Reich" und „Totenkopf" unterstellt: 3. Pz.Div., Arko 122 mit: Art.Rgt.-Stab z.b.V. 140, II./AR 52 (ohne 1 Battr.), III./AR 140; Art.Rgt.-Stab z.b.V. 617 mit s.Art.Abt. 735 (ohne 1 Battr.), II./AR 46, II./AR 72.
Bereitstellungsräume, Trennungslinien und Grenzen sind kartenmäßig festgelegt.
Meldungen sind nach Punktplan zu erstatten.
Besondere Anordnungen für den Art.-Einsatz (bereits am 28. 7. an die Einheiten). Unterstellte Heeresart. wird zu einer Art.-Bekämpfungsgruppe (dabei die 10 cm Kan.Battr. Div. „Das Reich" und „Totenkopf") und einer Schwerpunktgruppe unter Führung der Art.Rgt.-Stäbe z.b.V. zusammengefaßt.
Es werden unterstellt: Werfer-Rgt. 52 der Div. „Das Reich", Werfer-Rgt. 1 und Korps-Werfer-Abt. der Div. „Totenkopf".
Die Zusammenarbeit der Pz.B-Battr. mit den Art.-Einheiten und der Art.-Einheiten mit Fliegern wird festgelegt.
Feuerzusammenfassungen auf breite Räume sind vorzubereiten und auf Abruf auszulösen.
Meldungen sind nach Zielpunktplan zu erstellen.
Räume für Störungsfeuer in der Nacht und bei Morgengrauen werden befohlen, ebenso Funkunterlagen für Fliegerüberwachungsbattr.
Feindlage Nr. 8 gibt zunächst einen kurzen Überblick über die Entwicklung der Feindlage seit 17. 7. unter Herausstellung der operativen Ziele des Gegners, die er nicht erreichen konnte, zeigt die geplante feindl. Angriffsführung und enthält eine Zusammenstellung der festgestellten Feindverbände sowie eine Feindlagenkarte.

Generalkommando II. SS-Panzerkorps Ic

Feindlage Nr. 8

I. Entwicklung der Feindlage:

Am 17. 7. 1943 traten starke Kräfte der Roten Armee im Mius-Abschnitt Jassninowskij–Dmitrijewka zum Angriff nach Westen an.
Das operative Ziel war die Wiedergewinnung des Industriegebietes Donbass. Durch zangenartigen Angriff aus Raum Kuibyschewo nach Westen und aus Raum Isjum nach Süden sollte ein großer Abschnitt aus der deutschen Südfront herausgebrochen werden.
Am Mius waren 3 Angriffsgruppen erkennbar.

29. 7. 1943 –
Wald Krassnaja
Swesda

1. *Schwerpunktgruppe Kuibyschewo-Süd bis Dmitrijewka-Nord (2. Gd.-Armee mit unterstellten II. und IV. Gd. mech. Korps).*
Erstes Ziel: Durchbruch mit starken Panzer- und mot. Kräften nach Südwesten bis zur Linie Uspenskaja–Artemowka.

2. Angriffsgruppe Nordrand Jassinowskij bis Südrand Kuibyschewo (28. Armee).
Erstes Ziel: Krynka-Abschnitt Awilowka–Uspenskaja, dort Vereinigung mit Schwerpunktgruppe.

3. Angriffsgruppe Raum nördl. Dmitrijewka (Teile 5. Stoß-Armee mit . . . . unterstellter 32. selbst. Pz.Brg.).
Erstes Ziel: Bildung einer starken Nordflanke in Linie Peradrijewo, Nikiforoff, Perwomeisk, Höhe 214,3, Höhe 277,9.

4. Fesselungsangriffe beiderseits Malaja Nikolajewka (3 Schtz.Div., 51. Armee).
Der Gegner erzielte Einbrüche beiderseits Kuibyschewo und bei Isjum; er erreichte jedoch sein operatives Ziel nicht.

Am Mius ergab sich ein eindeutiger deutscher Abwehrerfolg:

1. Der Durchstoß der Panzer- und mot. Verbände nach dem Krynka-Abschnitt wurde verhindert. Die Bildung einer starken Nordflanke mißlang.

2. Durch eigene Gegenangriffe wurde der Feind gezwungen, die für den weiteren Angriff nach Westen zurückgehaltenen Infanterie- und Panzerreserven vorzeitig einzusetzen.

3. Der Gegner mußte den Angriff im Abschnitt Jassinowskij–Kuibyschewo einstellen. Er war gezwungen, diese Angriffsgruppe zugunsten der Schwerpunktsgruppe zu schwächen.

4. Der Feind erlitt hohe Verluste. Folgende Verbände haben an Kampfkraft verloren:

a) stark angeschlagen: 34. Gd.SD, 32. Gd.Pz.Brg., 87. SD, 221. SD, 315. SD, II. Gd. mech. Korps (37. Gd.Pz.Brg. gilt als vernichtet), IV. Gd. mech. Korps.

b) angeschlagen: 4. („Rotbanner") Gd.SD, 40. Gd.SD, 302. SD, 49. Gd.SD, 87. Gd.SD, 96. Gd.SD; außerdem die Stellungsdivisionen 99. SD, 126. SD.
Anzahl der vernichteten Feindpanzer: 480 bis 500.
An operativen Reserven können in Frontnähe stehen und herangeführt werden: V. mech. Korps (nach VN Raum Nowoschachtinsk), III. Gd. mech. Korps (nach VN Raum SO Woroschilowgrad), III. Gd.-Kav.-Korps (nach VN Raum O Woroschilowgrad), IV. Gd.Kav.-Korps (nach VN Raum Rostow), V. Gd.Kav.-Korps (nach VN Raum W Kamensk).
Umformierung der Gd.Kav.-Korps in mech. Korps ist denkbar. Auftreten der 24. Armee (Stalingrad) mit unbekannten Verbänden ist möglich.

II. Gesamteindruck:
Der Versuch des Gegners, die eigene Front am Mius zu durchbrechen, ist gescheitert. Die roten Angriffsverbände haben hohe Verluste erlitten. Die zum Einsatz nach erzieltem Durchbruch bereitgestellten starken Infanterie- und Panzerreserven mußten zur Abwehr von Gegenangriffen vorzeitig in den Kampf geworfen werden.
Seit 25. 7. 1943 führt der Feind nur noch zusammenhanglose Angriffe bis zu Rgt.-Stärke mit einzelnen Panzern. Feindbewegungen im Einbruchsraum lassen auf Umgruppierungen schließen. Eine Wiederaufnahme des Großangriffs ist nur nach Heranführung starker Reserven möglich. Bisher wurden neue Feindverbände nicht festgestellt.
Bei eigenem Angriff gegen die im Einbruchsraum versammelten Feindkräfte ist mit organisiertem Widerstand, insbesondere an den Straßen und in den Ortschaften, zu rechnen. Nach Luftaufklärung schanzt der Feind; Ausnützung der ehemaligen eigenen Feldstellungen ist wahrscheinlich. Starke Artillerie, lückenlose Panzerabwehr an den Straßen und Verminungen sind zu erwarten.
Für Gegenangriffe stehen die vermutlich zu 2 Pz.-Brigaden zusammengefaßten restlichen Panzer des II. und IV. Gd. mech. Korps, insgesamt etwa 80 bis 100 Panzer, zur Verfügung. Mit starkem Einsatz der feindlichen Luftwaffe muß gerechnet werden.   *Gen.Kdo., Ic*

10.30 Uhr Kommandeurbesprechung bei AOK 6. Dabei an die Div.Kdre. mündl. Befehl über Feuervorbereitung.

29. 7. 1943 –
Wald Krassnaja
Swesda

1. Mündlich an Kommandeure SS-„DR", SS-„T" und 3. Pz.Div. anläßlich der Kommandeur-Besprechung beim AOK 6 am 29. 7. 1943, 10.30 Uhr, befohlen:
Zur Ergänzung des Artilleriebefehls II. SS-Pz.-Korps Ia/Art.Kdr. 122 Nr. 112/43 g.Kdos. wird die Feuervorbereitung wie folgt festgelegt:
Feuer y-60 bis y-55,
Pause y-55 bis y-33,
Feuer y-33 bis y-30,
Pause y-30 bis y-12,

Feuer y-12 bis y.
2. An Arko 122, Kdr. Nb.Tr. 1, zur Kenntnisnahme.

12.15 Uhr von Div. „Totenkopf": Bewegungen 09.30 Uhr zu Ende geführt.
15.15 Uhr an die Divisionen Befehl über tägliche Ia-Meldungen.
15.30 Uhr Zwischenmeldung an die Armee.

Zwischenmeldung zum 29. 7. 1943, 15.30 Uhr.
SS-Pz.Gren.Div. „Das Reich" mit Masse der vordersten Kampfgruppen im Bereitstellungsraum. Abschluß der Marschbewegungen Korpsreserve (verst. SS-Pz.Gren.Rgt. „Der Führer") folgt 30. 7.
SS-Pz.Gren.Div. „Totenkopf" und 3. Pz.Div. in befohlenen Räumen untergezogen.
Geringe feindl. Fliegertätigkeit.
Gegenüber Vormittag leichte Wetterverschlechterung mit örtlichen Regenschauern.

17.05 Uhr Tagesmeldung 3. Pz.Div.:

Div. im Versammlungsraum mit letzten Teilen 29. 7., früh, vollständig eingetroffen. Während des Tages vereinzelte Aufklärungsflugzeuge in großer Höhe.

Panzer: Pz. III k. 4, Pz. III lg. 11, Pz. III 7,5 cm 11, Pz. IV lg. 11, Bef.Pz. 3; Pak 7,5 cm Sfl. 8, 7,5 cm mot. Z 4, 7,62 cm mot. Z 3.

17.27 Uhr Tagesmeldung Div. „Totenkopf":

SS-Korps-Werfer-Abt. 2 und Werfer-Rgt. 52 der Div. unterstellt.
Gefechtsstände: Rgt. „Totenkopf" Nordostrand Remowka; Rgt. „E" Häusergruppe 1 km NNW Straßengabel ostw. Ssneshnoje; Pz.Rgt. 3 westl. Häusergruppe Rmowskij-Grube; Art.Rgt. Straßengabel ostw. Ssneshnoje T von Tschistjakowo.

Wetter: Wolkig bis heiter, gegen Abend bedeckt. Straßenzustand gut.

17.30 Uhr Tagesmeldung Div. „Das Reich":

Vorbereitungen für Einrücken in die Bereitstellungsräume. Division ohne besondere Vorkommnisse. Im U-Raum Rgt. „Der Führer" südwestl. Tschistjakowo rege feindl. Fliegertätigkeit.

Gef.Std. Rgt. „Deutschland", Pz.Rgt. „DR": Balka, 2 km nordostw. Petrowsky; Pz.AR „DR": 3 km NO Manuilowsk; Pi.Btl. „DR": Balka 2 km NO Petrowsky; Div.Gef.Std.: ab 20.00 Uhr Balka 3 km nordostwärts Manuilowo.

Drückende Hitze, Straßen für alle Kfz. gut befahrbar.

Ia, gez. Maier

29. 7. 1943 – Tagesmeldung an die Armee:
Wald Krassnaja
Swesda *Div. „Das Reich" und 3. Pz.Div. stehen in Bereitstellungsräumen zum Ablauf an der Ablauflinie bei Dunkelheit bereit. Korpsreserve (verst. Rgt. „Der Führer") zieht 30. 7. mit Hellwerden in den Raum um Iljitschewo–Südrand Tschistjakowo vor.*

SS-Pz.Gren.Div. „Das Reich": Bachgrund 2 km nordostw. Manuilowo.
SS-Pz.Gren.Div. „Totenkopf": Remowskij-Grube.
3. Pz.Div.: Vorgeschobener Gefechtsstand Schacht Nr. 37.

Anfangs sonnig, warm. Ab Nachmittag bedeckt. Straßenzustand gut.

Generalkomando II. SS-Pz.-Korps, Ia

17.50 Uhr von Armee:
Befehlsübernahme in der Front durch II. SS-Pz.-Korps bei Angriffsbeginn. Verantwortlich für die Verteidigung bleiben die Stellungsdivisionen bzw. die alten Korps. Erkennungszeichen für eigene Panzer und Inf.: 2 weiße Leuchtkugeln hintereinander geschossen. x-Zeit tritt erst auf Befehl in Kraft.
19.00 Uhr. Fernmündl. Durchgabe x- und y-Zeit an die Divisionen.
19.20 Uhr von Armee:
Befehl über x- und y-Zeit. 30. 7. 1943, 08.10 Uhr. Bei Stichwort „Abendrot": Alle Bewegungen einstellen.
19.45 Uhr Meldung an die Armee, daß die von „LSSAH" übernommenen Panzer auf Div. „Das Reich" und „Totenkopf" aufgeteilt werden.
22.15 Uhr von Armee:
Für morgige y-Zeit maßgebende Normalzeitangabe Sender „Gisela".
Für die Möglichkeit eines neuen Einsatzes bei AOK 1 werden Marschstraßen befohlen.
23.50 Uhr von Div. „Totenkopf": Bewegungen laufen planmäßig und ungestört.

Panzergrenadiere des Regimentes „Der Führer", unterstützt von Sturmgeschützen,
am 1. August 1943 im Angriff am Mius

Die Schlacht am Mius ist erfolgreich abgeschlossen. Im Mittelgrund abgeschossene russische Panzer

Gefangene Rotarmisten:
Vom Panzergrenadierregiment
„Deutschland" am ersten Tag
der Offensive, dem 5. Juli 1943,
eingebrachte gefangene Rotarmisten
aus der Beresoff-Stellung, …

… am 1. August 1943 in der
Einbruchstelle Stepanowka …

… und am Mius Männer der
russischen Garde-Stoß-Armee

Wetter: Heiter, zeitweise bewölkt, trocken.

Der 30. 7. ist der befohlene Angriffstag. Um 08.10 Uhr, wie geplant, überschreiten die 3 Divisionen aus ihren in der Nacht eingenommenen Bereitstellungsräumen die HKL, ohne zunächst durch den Gegner gestört zu werden.

Bei Annäherung an die ersten der HKL vorgelagerten Höhen tritt plötzlich heftiger Feindwiderstand auf, so daß es erst nach harten Kämpfen gelingt, weiter Boden zu gewinnen. Der Div. „Das Reich" gelingt zuerst die Wegnahme zweier wichtiger Höhen (230,9 und 203,9), während die harten Kämpfe der als Schwerpunkt-Div. mit starken Teilen in der Front kämpfenden Div. „Totenkopf" und der 3. Pz.Div. ohne nenenswerten Erfolg bleiben. Durch gutes Vorankommen des rechten Nachbarn (23. Pz.Div.) begünstigt, erzielt die Div. „Reich" bis zum Einbruch der Dunkelheit, ohne daß die Kämpfe dabei geringere Härte aufweisen, weiteren Geländegewinn durch Einnahme der Höhe nördl. 223,7 und des Nordwestteils von Stepanowka. Die feindl. Minengürtel sind besonders dicht und schwer überwindbar im Streifen der Div. „Totenkopf" und 3. Pz.Div. Die wichtigsten Ziele in diesen Streifen, die Höhen 213,9 und 211,5, werden am 30. 7. nicht mehr genommen. Durch den sich auf rechtem Korpsflügel (Div. „Das Reich") anbahnenden geringen Erfolg wird Schwerpunkt dorthin verlegt und die Div. zum Angriff aus Raum südl. 223,7 auf Mironowka in neuer Richtung angesetzt, während es für Div. „Totenkopf" und 3. Pz.Div. darauf ankommt, die Schlüsselhöhen für das Gesamtangriffsunternehmen in die Hand zu bekommen.

Einzelheiten:

05.50 Uhr von Div. „Das Reich":
04.00 Uhr Bereitstellung bzw. Ausgangsstellung eingenommen.

07.45 Uhr von Div. „Totenkopf":
Bereitstellung eingenommen. Allgemein ruhiges Feindverhalten. Bei Höhe 219,0 Verstärkung der Pak.

07.50 Uhr von Arko:
Feind-Art. schweigt. Art.-Aufklärung und Bekämpfung kaum möglich.

07.55 Uhr an die Armee:
07.30 Uhr Bereitstellung beendet.

08.20 Uhr von 3. Pz.Div.:
Befehlsgemäß um 08.10 Uhr angetreten.

08.25 Uhr von Div. „Totenkopf":
Befehlsgemäß 08.10 Uhr angetreten.

08.30 Uhr von Div. „Das Reich":
08.10 Uhr mit Pz.Gren. HKL überschritten. Sehr starke Flakabwehr. Feind-Art. schweigt. Eindruck, daß Feind-Art. hinter den Mius zurückgezogen wird.

08.50 Uhr von Div. „Das Reich":
Doppelkopfhöhe südl. Stepanowka stark feindbesetzt, gut ausgebaute Stellungen. Eigene B-Stellen unter starkem feindl. Art.-Feuer, schwerstes Kaliber.

09.00 Uhr von Arko B-Stellenmeldung:
Eigene Pz.-Spitze 230,9 erreicht, Widerstand vor Stepanowka verstärkt sich, aus Gegend 2 km ostw. 213,9 verstärktes Art.-Feuer. Dorthin eigene Feuerzusammenfassung.

09.05 Uhr von Div. „Totenkopf": 08.20 Uhr Rgt. „Eicke" in Schlucht Popowa, Feind zieht sich zurück und setzt sich erneut fest in Schlucht Sorotschja. Auf rechtem Flügel der Div. starkes Flankenfeuer von 203,9.

09.15 Uhr von Div. „Das Reich":
Von NW-Rand Stepanowka starke Pakabwehr. Stärkstes Art.-Feuer des Gegners auf Höhe 277,0. Pz.Rgt. liegt vor Pakfront auf Höhe 230,9 fest.

09.30 Uhr von Ic:
Starker mot. Verkehr von Rowenki nach SW deutet auf Zuführungen hin.

09.40 Uhr von Div. „Das Reich":
Höhe 230,9 gegen 09.00 Uhr genommen.

30. 7. 1943 –
Wald Krassnaja
Swesda

30. 7. 1943 – Wald Krassnaja Swesda	09.55 Uhr von Div. „Totenkopf": Nur sehr langsames Vorwärtskommen, rechter Flügel sehr stark gebunden durch Flankenfeuer. Angriff ist auf Minenfeld aufgelaufen. Gruppe Becker steht 500 m nördl. 128,1, noch nicht in Popowa-Schlucht. Starkes Art.-Feuer aus dem Raum Stepanowka–Marinowka.

10.00 Uhr von 3. Pz.Div.:
218,3 noch nicht genommen. Angriff liegt vor 218,3 und 105,7 in schwerem feindl. Abwehrfeuer (Granatwerfer) fest.

10.10 Uhr von Div. „Das Reich":
Eigene Inf. im Angriff gegen Höhe 203,9. Rechter Nachbar (23. Pz.Div.) hat 09.20 Uhr Ssaur-Mogilskij genommen, geht gegen Garany vor. Nach Meldung Pz.Rgt. Höhe 230,9 noch nicht genommen. Pz.Rgt. liegt vor der Höhe fest. Es erhielt Befehl, die Höhe südl. zu umgehen.
10.10 Uhr Orientierung an die Armee.

10.45 Uhr von Div. „Das Reich":
Um 10.00 Uhr Höhe 230,9 genommen.

10.50 Uhr von Div. „Das Reich":
Starke Pak-Abwehr von Doppelkopfhöhe. 10.35 Uhr Teile Rgt. „Deutschland" kurz vor Stepanowka, eine Kp. auf 203,9, mit Teilen in der Mulde nördl. davon, stark flankiert von 213,9.
Von 3. Pz.Div.:
Im Westteil Peradrijewo eingedrungen.

11.15 Uhr. Nach Orientierung durch die Armee sollen Pz. der Div. „Das Reich" kurz vor der Doppelkopfhöhe stehen. Der rechte Flügel des Korps kommt dadurch unerwünscht weit vor. Schwerpunkt der Flieger und Art.-Unterstützung muß vor Div. „Totenkopf" gelegt werden.

11.15 Uhr von Div. „Das Reich":
Eigene Infanterie im Westtteil Stepanowka eingedrungen, harter Häuserkampf.

11.45 Uhr von Div. „Totenkopf":
11.15 Uhr Höhe 128,1 genommen. Mit anderen Teilen in der Schlucht westl. davon auf gleiche Höhe vorgedrungen.

11.50 Uhr von Div. „Das Reich":
Angriff gegen Doppelkopfhöhe von Süden umfassend im Gange.

12.10 Uhr Befehl an Div. „Das Reich":
Sofort starke Pz.-Aufklärung gegen Fedorowka und Marinowka ansetzen, um festzustellen, ob das Gelände einen Übergang über das Ostufer des Olchowtschik gestattet. Laufend ist zu melden, wie der Angriff gegen 223,7 läuft. Bei Festlaufen ist Pz.Rgt. weit ausholend über Garani auf Marinowka anzusetzen. Dort Vorstoß über den Fluß, um die Front vor Div. „Totenkopf" im Rücken zu packen und aufzurollen.

12.25 Uhr an Div. „Das Reich":
Korpsreserve, Rgt. „Der Führer", ist vorzuziehen und hinter rechtem Flügel in den Raum westl. 214,3 (bei Straßenknie 3 km NW Stepanowka) bereitzustellen, bleibt aber noch dem Korps unterstellt.

13.00 Uhr von Div. „Das Reich":
Von Marinowka starker Kolonnenverkehr in ostw. Richtung nach Dmitrijewka.

13.15 Uhr von Div. „Totenkopf":
Eigene Teile im Nordteil von Gerasimowa eingedrungen. Minenräumen vor 213,9 beendet.

13.15 Uhr Befehl der Armee über neue Stoßlinie des Korps.

13.50 Uhr Befehl an Div. „Das Reich":
Div. versammelt beschleunigt Masse einschl. Korpsreserve, welche wieder unterstellt wird, auf rechtem Flügel und greift nach Wegnahme der Doppelkopfhöhe Fedorowka und Marinowka an, erzwingt Übergang über den Abschnitt und nimmt Höhe 194,3. Falls Höhe 213,9 von Div. „Totenkopf" noch nicht genommen ist, ist diese Höhe von S anzugreifen. Rechter Nachbar schließt sich an und greift Höhe 202,0 und 203,4 an und übernimmt den Schutz der Südflanke Div. „Das Reich".

13.55 Uhr von Div. „Das Reich":
Nach Beobachtung von 3 Seiten ist Doppelkopfhöhe genommen.
14.00 Uhr Orientierung der Armee durch Ia.

14.45 Uhr von Flivo.:
Auf den Straßen Marinowka–Dmitrijewka und Marinowka–Knibyschewo starke Rückzugsbewegungen festgestellt. Stuka und Kampfflieger sind angefordert.

14.50 Uhr von 3. Pz.Div.:
Nach erneuter Art.-Vorbereitung trat die Div. um 14.00 Uhr erneut an.

14.50 Uhr von Div. „Das Reich":
In Stepanowka unerhörter Widerstand. Steinhäuser stark ausgebaut, eingebaute Geschütze, Flankierung von 213,9. Wegnahme der Höhe unbedingt erforderlich, als Voraussetzung für die Wegnahme der Ortschaft.

Zwischenmeldung Div. „Das Reich":

Vordere Linie:
SS-Pz.Gren.Rgt. „Deutschland": Höhe nördl. Stepanowka–Nordwestrand des Ortes.
Pz.Rgt. und AA: Doppelkopfhöhe südl. Stepanowka.
Rgt. „DF": Im Vorziehen aus bisherigem Raum von Ssaur. Mogilskij.

Zwischenmeldung Div. „Totenkopf":

08.10 Uhr zum Angriff angetreten. 11.05 Pkt. 128,1, 13.05 Uhr Nordrand Gerassimowa in eigener Hand. Angriff der gep. Gruppe liegt seit 09.40 Uhr vor 213,9 unter starkem flankierendem Feuer aus Stepanowka und Höhen nordwestl. und südl. sowie starkem Artilleriefeuer aus Richtung 191,3 fest. Hinter Pz.Rgt. vorgehendes Rgt. „T" erhielt starkes Granatwerferfeuer aus Gerassimowa-Schlucht (Pkt. 140,3) und Infanteriefeuer aus Stellungen beiderseits der Straße 214,0, 213,9. Nach Luftwaffenunterstützung (1 Staffel Stuka) auf 213,9 griff um 13.15 Uhr Pz.Rgt. durch geschaffene Minengassen von nordwestl. Richtung erneut an. Starke eigene Panzerausfälle.
Luftlage: Laufende feindl. Angriffe von IL 2 und BE 2, Bomben und Bordwaffenbeschuß, 1 IL 2 durch eigenen Jäger abgeschossen.

Zwischenmeldung 3. Pz.Div.:

3. Pz.Div. trat 08.10 Uhr zum Angriff mit erstem Ziel Höhengelände 211,5 und Srubna an. Gep. Gruppe stieß gleich nach Überschreiten der HKL nordwestl. Beresew auf einen dreifachen Minengürtel und geriet in Feuerkampf mit 12 feindl. Panzern auf Höhe 211,5, so daß der Angriff zunächst zum Stehen kam. Nach Aufnahme oder Sprengung von über 300 Minen trat die Gruppe gegen 12.00 Uhr erneut an, geriet aber kurz darauf in ein neues Minenfeld und starkes flankierende Pak-Feuer von den Höhen südl. Srubna. Gep. Gruppe tritt 14.50 Uhr über 128,1 nach Westen ausholend erneut auf 211,5 an. Pz.Gren.Rgt. 394 nahm zusammen mit linkem Nachbarn gegen geringen Feindwiderstand Höhe 218,3. Der weitere Angriff auf Srubna blieb unmittelbar vor dem Ortsrand durch sehr starkes Abwehrfeuer aller Waffen aus ausgebauten Feldstellungen von den Höhen südl. Srubna liegen. Während des ganzen Tages rollende feindl. Schlachtfliegerangriffe auf die vorderen Teile von je 15 bis 20 Maschinen.

15.30 Uhr von Div. „Das Reich":
Rgt. „Der Führer" wurde angesetzt. 1. Angriffsziel: Höhe 203,4. Gegen Höhe 202,0 wird aufgeklärt.

16.35 Uhr von Div. „Das Reich":
Seit 15.50 Uhr Höhe 202,0 in eigener Hand. In NO-Teil Stepanowka eingedrungen.

30. 7. 1943 –
Wald Krassnaja
Swesda

30. 7. 1943 – Tagesmeldung Div. „Das Reich":
Wald Krassnaja
Swesda

Nach Bereitstellung trat die Division um 08.10 Uhr zum Angriff auf Höhe 230,9 und Stepanowka an. Nach Überwinden zunächst schwächeren Feindwiderstandes verstärkt sich der Widerstand auf Höhe 230,9 Höhengelände hart westl. und nördl. Stepanowka. Höhe 230,9 war ausgedehnt vermint. Das feindl. Art.-Feuer, teilweise schweres Kaliber, verstärkte sich im Laufe des Angriffes erheblich. 10.00 Uhr nahm Pz.Rgt. Höhe 230,9. Der Angriff kam wegen starker Verminung zunächst nicht vorwärts. Etwa 20 Panzer fielen durch Minentreffer aus. 11.45 Uhr trat Pz.Rgt. gegen Doppelkopfhöhe südl. Stepanowka an. 13.45 Uhr wurde Doppelkopfhöhe genommen. Rgt. drang um 10.10 Uhr in Nordwestteil Stepanowka ein. Im Ort ausgebaute Bunker, Salvengeschütze, Inf.-Waffen und Panzer. Rgt. „D" in erbittertem Nahkampf um Stepanowka. Kampf wird dadurch erschwert, daß linker Nachbar noch vor Höhe 213,9 liegt, dadurch starke Flankierung „D" durch feindl. Pak, Art. und schwere Inf.-Waffen. 12.25 Uhr erhielt Division Befehl zum Vorziehen der bisherigen Korpsreserve in den Raum westlich Punkt 214,3. 13.50 Uhr erhielt Division den Korpsbefehl zum Angriff mit Masse, dazu bisherige Korpsreserve auf rechtem Flügel der Division, auf Marinowka und Höhen ostwärts davon. Panzergruppe und AA gliedern sich z. Z. zum Angriff um.
„DF" beim Vorziehen.
AR „DR" und WR 52 unterstützten die Kämpfe durch wirkungsvolle Feuerzusammenfassungen, besonders auf Stepanowka.
Eigene Luftwaffe unterstützte wirksam durch Bekämpfung der feindl. Art. und Inf. Eigener Jagdschutz nicht ausreichend.
Feindliche Luftwaffe griff mit starken Verbänden laufend eigene Angriffsspitzen an.
Rgt. „DF" beim Vorziehen in den Raum nördl. Garany.
Panzer- und Paklage im Augenblick nicht zu übersehen, etwa 20 Panzer ausgefallen.
Angriff über Marinowka nach Osten bis zum Mius.
Sonnig, warm. Straßen gut befahrbar.

Tagesmeldung Div. „Totenkopf":

Tagesmeldung vom 30. 7. 1943, fernmdl. durch O 1, 17.45 Uhr.
3. Panzerangriff mit Infanterie-Unterstützung durch Rgt. „T" von NNW auf 29 durch erneutem Minengürtel und stärkstem Abwehrfeuer aller Waffen zum Stehen gekommen. Flankierendes Feuer aus Ostteil Stepanowka und von Höhe 191,3 hält an. Rgt. „E" in langsamem Vorgehen auf ostwärtigem Bachgrund nach S erhält starkes flankierendes Feuer aus O.
15.15. Uhr Feindangriff in Btl.-Stärke auf linkem Flügel Rgt. „E".
Starke feindl. Fliegertätigkeit von IL 2 und Lagg 3. Bombenwurf auf Panzer, Art.- und Flakstellungen sowie Bordwaffenbeschuß. In der Nacht vom 29. auf 30. 7. eine U 2 abgeschossen.
16.25 Uhr eigener Stuka-Angriff auf Höhe 213,9.
Panzer-Rgt. und Rgt. „T" 1,5 km NNW 213,9, Rgt. „E" beiderseits Nordteil 13.
Inbesitznahme von 213,9 gem. Korpsbefehl.
Geringe Bewölkung.

Tagesmeldung 3. Pz.Div.:

Tagesmeldung vom 30. 7. 1943, fernmdl. durchgegeben um 17.15 Uhr.
Die Fortsetzung des Angriffs der gep. Gruppe von nördl. 128,1 auf 211,5 brachte keinen Erfolg. Der Angriff blieb 600 m vor der Höhe im flankierenden Pak- und Art.-Feuer von Norden und Süden liegen. Feindeindruck: Der Gegner verteidigt sich zäh in der Linie Höhenschichtlinie 170–Punkt 211,5–Peresej–Srubna unter Einsatz zahlreicher schwerer Waffen, Pak und Panzer. Er deckt damit seine Absetzbewegung im südl. Teil des Brückenkopfes. Feindl. Fliegertätigkeit während des ganzen Tages wie Zwischenmeldung.

Vordere Linie: II./Pz. 6 und I./ 3 800 M westl. 211,5; II./3 hart ostw. Gruschewskij-Schlucht; II./394 in alter HKL südl. 256,3; I./394 nördl. Srubna.

Gefechtsstand Pz.Gren.Rgt. 3: Höhe 256,3.

7 Panzer-Kampfwagen durch Minen, 4 durch Beschuß ausgefallen.

Heiter, zeitweise bewölkt, trocken; Straßen- und Wegezustand gut.

30. 7. 1943 –
Wald Krassnaja
Swesda

Artilleristische Tagesmeldung:

Artillerie-Kommandeur 122 Ia (Erläuterungen in der Anlage H)

1. Feindartillerie:
Die Feindartillerie im Mius-Brückenkopf erwies sich als schwächer, als vor Angriffsbeginn von den hier eingesetzten Einheiten angenommen wurde, die Zahl der panzerbrechenden Waffen des Gegners – in erster Linie Pak 7,62 – war besonders groß.
Während die Artillerie sich fast gleichmäßig auf den ganzen Raum des Brückenkopfes verteilte, traten Panzerabwehrwaffen auch in starken Nestern – vor allem am Ostausgang Stepanowka, auf Höhe 213,9 und im Raum um Srubna – in Erscheinung.

2. Tätigkeit der Heeres-Artillerie:

a) Einheiten der Heeres-Artillerie aller Kaliber bereiteten den Angriff der Divisionen durch zusammengefaßtes Feuer zeitweise zweier Rgt. mit vor. Sie unterstützten ihn laufend durch Art.-Bekämpfung, durch Störungsfeuer auf Marsch- und Rückzugsbewegungen des Feindes, durch starke Feuerzusammenfassungen auf Pak- und Inf.-Widerstandsnester und auf Bereitstellungsräume sowie unmittelbar durch begleitendes Feuer. Insgesamt wurden in der Zeit von 08.00 bis 17.00 Uhr 9 Batterien bekämpft und zum Teil vernichtet. Außerdem sind Abzugsbewegungen des Feindes mit Pak und Artillerie in erheblicher Stärke aus dem Raum um Marinowka und nördl. davon nach Osten zu hohem Maße auf Störungsfeuer und Feuerzusammenfassungen – vor allem auf Pkt. 213,9 – der Heeres-Artillerie zurückzuführen.
Hervorzuheben ist die Tat eines VB der 6./72, der in schnellem Entschluß eine Feindmassierung von etwa 1000 Mann bei Pkt. 223,7 in beobachtetem Feuer mit Abprallern zerschlug. Die Feindausfälle allein durch diesen Art.-Einsatz betrugen etwa 200.

b) Im einzelnen:
Feuerzusammenfassungen:
Y – 60 bis Y + 6 Vorbereitungsfeuer lt. Feuerplan.
Tiefe R 07.55 Uhr 1 Abteilung auf Marinowka, 1 Kampfsatz + 6 Schuß Mörser;
Tiefe T 08.55 Uhr 1 Abteilung auf Ostausläufer Wodkya-Schlucht, ½ Kampfsatz;
Tiefe R 09.50 Uhr 2 Abteilungen auf Paknester am West- und Nordrand von Stepanoje, je ½ Ks.;
Tiefe 3 10.05 Uhr 2 Abteilungen auf Höhe 211,5, je 1 Ks. + 12 Schuß Mörser;
Tiefe T 11.10 Uhr 4 Abteilungen auf Höhe 213,9, je 1 Ks. + 20 Schuß Mörser;
Tiefe R 11.45 Uhr 2 Abteilungen auf Doppelhöhe südl. Stepanowka, je ½ Ks. + 10 Sch. Mörser;
Tiefe T 11.45 Uhr 2 Abteilungen auf Südteil Gerasimowa, je 1 Kampfsatz;
Tiefe 3 12.30 Uhr 1 Abteilung auf Pakstützpunkte bei Srubna, 1 Kampfsatz;
Flanke R 13.25 Uhr 2 Abteilungen auf Südostteil Stepanowka, je 1 Kampfs. + 10 Sch. Mörser;
Flanke R 13.35 Uhr 2 Abteilungen auf Stepanowka, je 1 Kampfsatz + 4 Schuß Mörser;
Flanke 3 13.40 Uhr 5 Abteilungen auf Höhe 211,5, je ½ Kampfsatz;
Flanke T 14.35 Uhr 2 Abteilungen auf Höhe 213,9, je 1 Kampfsatz + 6 Schuß Mörser.

c) Störungsfeuer:
12.30 bis 12.40 Uhr 1 Abteilung auf Pkt. 223,7, 30 Schuß + 3 Schuß Mörser;
12.15 bis 12.45 Uhr 1 Abteilung auf Höhe 140,3, 1 Kampfsatz + 3 Schuß Mörser;
12.50 bis 13.50 Uhr 1 Abteilung auf 2 Westeingänge von Dmitrijewka mit 1 km Tiefenstreuung, 120 Schuß + 8 Schuß Mörser;

30. 7. 1943 –
Wald Krassnaja
Swesda

14.38 bis 16.38 Uhr 2 Abteilungen auf Südwesteingang und Dorfmitte von Dmitrijewka, 160 Schuß + 32 Schuß Mörser;
15.06 bis 15.35 Uhr 2 Abteilungen auf Srubna zur Abschirmung gegen Höhe 211,5, je 1 Kampfsatz;
15.45 bis 16.45 Uhr 2 Abteilungen auf Marinowka und Fedorowka, je 1 Ks. + 9 Schuß Mörser.

d) Aufgeklärt und bekämpft:
09.10 Uhr 1 Batterie YP6b3 (Flieger);
09.40 Uhr 2 Batterien YO8d4 (Flieger);
08.45 Uhr 2 Batterien YP6y–b (Flieger), 1 Flakbttr.
13.05 Uhr 1 Batterie YQ1b4 (Licht-Pz.Bb. „Totenkopf");
13.58 Uhr 1 Flakbttr. YQ5y2 (Licht-Pz.Bb. „Totenkopf");
14.00 Uhr 6 Salvengesch. YQ5a;
14.22 Uhr 1 Batterie YP7a3 (Licht-Pz.Bb. „Totenkopf").

Aufgeklärt:
04.12 Uhr 1 Batterie YQ6c2 (Licht-Pz.Bb. „Das Reich");
09.10 Uhr 1 Batterie YP8c4 (Erdbeob.);
11.54 Uhr 1 Salvengesch. YQ6a2 (Licht-Pz.Bb. „Das Reich").

e) Gesamtverschuß der Heeres-Artillerie:
1850 le.FH, 640 sFH, 1600 10 cm Kan., 250 Mörser.

gez. Strecker

17.30 Uhr von Div. „Totenkopf":
Keine Änderungen in der Absicht, Höhe 213,9 noch am 30. 7. zu nehmen.

17.50 Uhr von Div. „Das Reich":
Für 18.30 Uhr ist Angriff gegen Marinowka geplant. Z. Z. feindl. Gegenangriffe aus der Schlucht zwischen Stepanowka und Marinowka.

18.30 Uhr Befehl an Div. „Das Reich":
Von Ia oder Kdr. ist eine Beurteilung der Lage abzugeben, wie Stepanowka bei Nacht zu nehmen ist.

19.15 Uhr von Div. „Das Reich":
Rgt. „Der Führer" noch nicht angetreten. Birnenhöhe soll heute noch genommen werden.

19.45 Uhr von Div. „Totenkopf":
Angriff gegen 213,9 wurde bei Einbruch der Dunkelheit eingestellt. Starke Ausfälle sind eingetreten. (Pz.Rgt. 75 Prozent, Rgt. „Totenkopf" 50 Prozent).

Befehl an Div. „Totenkopf":
Trotz aller Schwierigkeiten erfordert es die Lage, daß die Höhe noch im Laufe der Nacht genommen werden muß. Dies ist die letzte Chance, sonst fällt der ganze Angriff zusammen.

20.15 Uhr von Div. „Das Reich":
Rgt. „Der Führer" und Pz.AA haben Auftrag, die Linie 202,0–Birnenhöhe–Doppelkopfhöhe zu erreichen und zu halten. Hinter dieser Linie stellt sich Pz.Rgt. bereit. In Stepanowka ist der N.-Teil in eigener Hand.

Aufträge für die Nacht:

SS-„T", SS-„DR", 3. Pz.Div.
1. SS-„DR" setzt Angriff gegen Stepanowka während der Nacht zum 31. 7. fort und nimmt es bis zum Hellwerden.
2. SS-„T" nimmt während der Nacht zum 31. 7. Höhe 213,9 und hält sie.
3. 3. Pz.Div. stellt sich darauf ein, am 31. 7. in bisheriger Gliederung mit Schwerpunkt rechts weiter anzugreifen.
4. Aufträge für 31. 7. folgen.

Generalkommando II. SS-Panzerkorps, Ia

Feindlage:

Generalkommando Ic
Feindlage 30. 7. 1943, Stand: 19.00 Uhr.

1. Feindverhalten.
Am rechten Flügel stieß eigener Angriff auf starken Feindwiderstand in Linie Höhe 230,3–Höhe 203,9. Minenfelder verzögerten das Vordringen. Die zäh verteidigten Höhen S Stepanowka wurden genommen, feindlicher Gegenstoß mit Panzern aus Südteil Stepanowka abgewehrt.
Im Ort Stepanowka mußte hart kämpfender Feind in Häuser- und Nahkämpfen geworfen werden. Feuer schwerer Feindbatterie auf Ort, von Norden in den Ort eindringende Angriffsgruppe von Höhe 213,9 stark flankiert. Bis 19.00 Uhr Nordwestteil in eigener Hand.
Angriff der Schwerpunktdivision entlang Straße Marinowka–Ssneshnoje nach SO gewann infolge starker Verminungen nur langsam Boden und blieb schließlich vor ausgedehnten Minengürteln nordwestl. 213,9 liegen. Höhe 213,9 stark feindbesetzt. Angriffspitze wurde durch flankierendes Feuer, morgens von Höhen N Stepanowka und während des ganzen Tages aus Raum westl. Gerasimowa behindert. Linke Angriffsgruppe dieser Division überwand starken Widerstand bei Höhe 128,1 und drang in den Nordteil Gerasimowa ein.
Linker Flügel fand bei Angriff entlang Straße Dmitrijewka–Nikiforoff starken Feind mit 12 eingegrabenen Panzern und zahlreicher Pak auf Höhe 211,5; Straße vermint. Angriff gegen Peresej kam zum Stehen; W Peresej wurden allein über 300 Minen aufgenommen. Der Ort und Nachbardorf Srubna stark feindbesetzt. In Srubna zahlreiche schwere Waffen in Stellung; nördl. Ort dichter Minengürtel, am Südostrand Feindbatterie. Aus Raum südl. dieser Ortschaften zahlreiche Salvengeschützüberfälle auf angreifende Truppe. Höhe 218,3 genommen.
Erdbeobachtung stellte rückläufige Bewegungen von Feindteilen aus Marinowka und von Höhe 213,9 nach Osten fest.
Sehr rege feindliche Fliegertätigkeit. Einsatz von Kampf- und Schlachtfliegern. Schwerpunkte: Straße von Nordwesten nach Garany, Straße Stepanowka–Krassny Oktiabr, Raum Höhe 213,9, Raum Srubna Peresej.

2. Feindbild.
Die vermutete Kräftegliederung des Feindes ist, abgesehen von geringen örtlichen Verschiebungen, im großen und ganzen bestätigt.
a) Neufeststellungen: keine.
b) Bestätigt:
315. SD, SR 1328, SR 724, Raum SW Stepanowka;
96. Gd.SD, Gd.SR 293, Gd.SR 295, Raum W Stepanowka;
34. Gd.SD, Gd.SR 105, Gd.SR 106, Raum N Stepanowka, Gd.SR 103 Raum NO Stepanowka;
40. Gd.SD, Gd.SR 116 (1. und 2. Kp.), Gd.SR 119, Gerasimowa N Peresej;
4. Gd.SD, Gd.SR 3, NO Srubna.

3. Gefangenenaussagen.
96. Gd.SD: 1. Aussage: Reste II. und III./293. Gd.SR, Stärke 130 Mann, W Stepanowka gefangengenommen.
293. und 295. Gd.SR sollte 291. Gd.SR am 30. 7. 1943 ablösen; eigener Angriff stieß in Versammlung 293. und 295. Gd.SR hinein.
96. Gd.SD gehört zur 5. Stoß-Armee.
Stärkste deutsche Waffenwirkung: Stuka, Werfer.
2. Aussage: Gefangener gehörte ursprünglich IV. Gd. mech. Korps an. IV. Gd. mech. Korps zerschlagen; Reste auf 96. Gd.SD aufgeteilt.
Deutsche Angriffsabsichten bekannt, Termin unbekannt.
3. Aussage: 212. Straf-Kp. bei 293. Gd.SR.
Ersatz 293. Gd.SR, Jahrgang 1926, einzelne Männer 50 Jahre und älter. Ersatz aus im Winter 1942/43 wiedergewonnenen Gebieten (Raum Rostow): 60 Prozent, Mittelasiaten: 40 Prozent.

30. 7. 1943 –
Wald Krassnaja
Swesda

30. 7. 1943 –
Wald Krassnaja Swesda

40. Gd.SD: *Gefangener sagt aus: Division Mai 1943 bis 13. 7. 1943 im Raum Rowenki aufgefrischt. Nach Erreichen Angriffsziel der 5. Stoß-Armee sollte diese durch die im Anmarsch befindliche 62. Sibirische Armee abgelöst werden.*

4. VN.
Unbekannter Verkehr.
08.20 Uhr: Der Feind ging zum Angriff über. Er führt auf unseren Abschnitt starkes Artillerie-Feuer.
08.44 Uhr: Vorbereiten zum Führen eines Konzertes.
09.03 Uhr: Einheit Hamel! Es wird ein Gegenangriff ... aus Perwomeisk erwartet.
09.30 Uhr: Haltet Euch, Ihr bekommt Verstärkungen.
09.35 Uhr: An Kornejew. Beobachtungen um 09.20 Uhr. Vom Rand der Höhe 214,3 und 3 kleine Hügel in der Höhe Ssaur Mogila ging der Feind zum Angriff über. Stärke bis zu 100 Panzer, hinter welchen Infanterie folgt. Artillerie-Überfälle dauern an. Die Angaben werden noch genauer festgestellt.
10.15 Uhr: An Zorniza. 10.00 Uhr westl. von Ssaur Mogilskij 30 Panzer. Am Rande der 3 Hügel der Höhe 277,9 findet ein erbitterter Kampf statt. Die Artillerie führt starke Feuer-Überfälle aus, die Luftwaffe fährt fort, auf die Kampfordnung einzuwirken.
10.47 Uhr: Gegner greift unsere HKL mit Panzern an. Unsere Infanterie geht auf dem ganzen Abschnitt zurück. Die Mehrzahl der Panzer ist im Wäldchen nördl. Ssaur Mogilskij. Höhe 230,9 in Feindeshand.
11.00 Uhr: ... bei Höhe 186,0, Nikiforoff sind angeschossene Panzer. Südostw. geht der Kampf weiter. Südl. der Höhe 242,2 und SO sind 30 bis 40 feindl. Panzer. Wir sind abgeschossen. Der Kampf geht weiter. Bei Ssaur Mogilskij brennen 10 Panzer.

Verkehr Raum Stepanowka.
12.28 Uhr: Feindliche Panzer in Dorf Stepanowka hereinlassen; ich will sie im Dorf vernichten. Feindl. Infanterie abschneiden. (Spruch 12.45 Uhr an SS-„DR").

Unbekannter Verkehr:
17.28 Uhr: Der Gegner befindet sich auf Höhe 196 300 bis 400 m vor unseren Stellungen. Auf Höhe 196 19 Panzer und mehr als 2 Btl. Infanterie festgestellt. Gegner führt eine Umgruppierung von Panzern und Infanterie durch. Er beschießt unsere Stellungen ununterbrochen mit Artillerie und Granatwerfern. Unsere Verluste sind sehr groß. Ich bitte Sie um Ihre Stellungnahme.
17.38 Uhr: Unsere Leute sind auf dem Rückzug. Gegner verfolgt unsere Truppen mit Panzern und Infanterie mit automatischen Handfeuerwaffen. Unsere Truppen ziehen sich durch die Schlucht in der Nähe der Höhe 202 zurück.
18.05 Uhr: Wir befinden uns auf dem Weg 400 m SO Stepanowka oder 200 m links der Brücke. Der Gegner geht durch das Dorf weiter nach Osten vor.

5. Luftaufklärung.
a) *Gefechtsluftaufklärung erkannte im Einbruchsraum bis Nachmittag nur geringe, für den Verlauf des Angriffs wenig bedeutende Bewegungen. LB-Auswertung 06.00 Uhr ergab 40 bis 50 Feindpanzer im Raum Kalinowka (Grigorjewka). Zwischen 14.00 Uhr und 16.00 Uhr starker Verkehr, z. T. Kolonnen bis zu 50 Kfz. (teilweise mit angehängten Geschützen) auf Straße Dmitrijewka, Richtung O.*
b) *Taktische Luftaufklärung meldet rollenden Kfz.-Verkehr von Rowenki über Diakowo nach Süden und nach Kuibyschewo.*
c) *Artillerieaufklärung erkannte zahlreiche Feindbatterien im Raum Marinowka.*

6. Feindverluste, Gefangene und Beute (vom Vortage).
„Das Reich": Gefangene 2; „Totenkopf": Gefangener 1 (sämtl. Flieger).

7. Gesamteindruck.
Eigener Angriff stieß auf voll abwehrbereiten Feind, z. T. in Feldstellungen. Hauptwiderstand auf Höhen und in Ortschaften. Umfangreiche Verminungen und gut geleitetes flankierendes Feuer gegen Angriffsspitzen verzögerten Fortschreiten des Angriffs erheblich.
Das Gelände im westl. Teil des Einbruchraumes für Verteidiger günstig, für Angreifer denkbar ungünstig. Feindliche Infanterie kämpfte zäh; feindliche Artillerie trat nur im Raum Stepanowka stärker in

Erscheinung. Größere Anzahl von Panzern nur bei Höhe 211,5 und bei Stepanowka. Durch Erdbeobachtung und Luftaufklärung erkannte rückläufige Bewegungen deuten auf Zurückführen von Artillerie und Trossen hin.

Verteidigungskraft des Feindes ungeschwächt. Gegner versucht Höhengelände zwischen Marinowka und 213,9 und Höhengelände südl. 211,5 mit allen Mitteln zu halten.

Verlust dieser Landrippen ist gleichbedeutend mit Einsturz seiner Verteidigung.

Wahrscheinliche Feindabsicht: Halten des Brückenkopfes bis herangeführte Reserven Entlastung bringen.

30. 7. 1943 –
Wald Krassnaja
Swesda

Generalkommando II. SS-Pz.-Korps, Ic

Verlustmeldung:

SS-„Das Reich": 10 Offiziere, 300 Mann, 25 Panzer.
SS-„Totenkopf": 20 Offiziere, 460 Unteroffiziere und Männer; 48 Panzer (8 „Tiger"), 12 Sturmgeschütze, 6 SPW.
3. Pz.Div.: Verwundet: 3 Offiziere (1 Kdr., 1 Chef), 70 Unteroffiziere und Mannschaften. Tot: 2 Offiziere (1 Chef), 22 Unteroffiziere und Mannschaften; 18 Panzer.

Von links nach rechts: Helmut Schreiber, Chef der 10. Kompanie „Deutschland", im Hintergrund Hauptsturmführer Wahl, Regiments-Adjutant; Heinz Harmel, Regiments-Kommandeur „Deutschland" und Günther Wisliceny, Kommandeur III./„Deutschland"

31. 7. 1943 – Wald Krassnaja Swesda	Wetter: Anfangs sonnig, klar. Gegen Mittag wolkenbruchartiger Regen mit starken Überschwemmungen.

Um den während des Vortages gegen den zähen Feindwiderstand nur langsam fortgeschrittenem bzw. noch nicht durchgeschlagenen Angriff zum Erfolg zu führen, setzt das Korps mit der Absicht, den Feind zu überraschen, gegen die vorläufig wichtigsten Punkte, den Ort Stepanowka und die beherrschende Höhe 213,9, die Div. „Das Reich" und „Totenkopf" zum Nachtangriff an. Beide Angriffe erreichen die gesteckten Ziele nicht. Der mit Teilen Div. „Das Reich" (Pz.Gren.Rgt. „Deutschland") durch Stepanowka angesetzte Angriff bildet eine Fortsetzung der bereits am 30. begonnenen Häuserkämpfe, bei denen dem Gegner Stützpunkt um Stützpunkt entrissen wird. Zeitweise erzielter Geländegewinn muß feindl. Gegenstößen wieder preisgegeben werden, so daß dem Vormittag des Vortages gegenüber nichts gewonnen ist.

Hinzu kommt die Bedrohung im Rücken der angreifenden Kräfte durch versprengte Feindteile westl. des Ortes und durch die während der Nachtgefechte nicht erfaßten Widerstandsnester im Ort. Durch Teile dieses Feindes wird die Div. auch zur vorübergehenden Aufgabe des Nordteils der Höhe 223,7 gezwungen. Erst nach Räumung des Rückengeländes durch SS-Pi.Btl. 2 und Gegenangriff des III./Rgt. „D" über diese Höhe gegen Südrand des Ortes Stepanowka wird die nötige Sicherheit geschaffen.

Der anscheinend gegenüber dem Vortage umgruppierte Gegner versucht während des ganzen Tages nach Bereitstellungen in der Schlucht Krutaja und in der Bachschlucht Fedorowka durch starke Angriffe die gewonnenen Punkte 202,0 und 223,7 herauszubrechen.

In der Zeit von 03.30 Uhr bis 15.30 Uhr wehrt der rechte Flügel der Div. bei 202,0 und hart nördl. 6 Angriffe mit starker Panzer-Unterstützung bis zu 70 Wagen, die Mitte der Div. in der Zeit von 03.00 Uhr bis 16.00 Uhr 8 Angriffe mit starker Art.-Vorbereitung ab. Dem Feind wurden hohe blutige Verluste zugefügt, bisher 26 Panzer abgeschossen und 1400 Gefangene gemacht.

Nach erneuter Bereitstellung tritt die Div. „Totenkopf" um 10.00 Uhr zum 4. Male gegen die Höhe 213,9 nach stärkster dreiviertelstündiger Stuka-Vorbereitung und Unterstützung der gesamten Korps-Art. zum Angriff an, erreicht die Höhe, kann aber wiederum nicht in die Tiefe der Feindstellungen einbrechen. Sie entschließt sich, zunächst zur Abwehr in dem gewonnenen Gelände überzugehen. Auch das linke Rgt. der Div. kann infolge der starken Feindabwehr keinen Boden gewinnen, richtet sich nördl. Gerasimowa beiderseits des Bachgrundes am Nordrand der Schlucht Popowa zur Abwehr ein.

Die 3. Pz.Div., um 06.30 Uhr mit gleicher Unterstützung wie Div. „Totenkopf" angreifend, bleibt gleichfalls ohne Erfolg und muß Angriff einstellen und zur Abwehr übergehen.

Der Gedanke, sie zum Schutz der linken Flanke Div. „Totenkopf" für den weiteren Angriff anzusetzen, wird durch später eintreffenden Befehl der Armee unwirksam.

Die somit auf der ganzen Front während zweier Tage geführten und nach bisherigem Ermessen mit ausreichenden Kräften unterstützten Angriffe aller 3 Divisionen haben bisher nicht die nötigen Erfolge gezeitigt und sind sehr verlustreich gewesen, obgleich dem Gegner keine anderen Mittel, als seine s.Gr.-W, Pak in starken Stützpunkten und Fronten, seine zahlreich in ungeheurer Breite und Tiefe verlegten Minenfelder zu Gebote standen. Der OB der Heeresgruppe, Generalfeldmarschall v. Manstein, der gegen 14.30 Uhr im KHQu. Vortrag über die Lage erhält, wirft die Frage nach der Ursache dieser bisher in dieser Klarheit nicht in Erscheinung getretenen Neuheit auf und fordert in kurzen Erfahrungsberichten Stellungnahme von Führung und Truppe.

Der am Vortage bereits ins Auge gefaßte Plan, eine Verlegung des Schwerpunktes von Div. „Totenkopf" auf die rechte Div. und mit ihr Angriff in ostw. Richtung über den Flußabschnitt, wird für den 1. 8. befohlen und durch Umgliederung des Korps, vor allen Dingen der Div. „Das Reich", eingeleitet. Die 3. Pz.Div. wird dazu in ihren Stellungen durch die alten Stellungskräfte abgelöst und zur Verfügung der Armee, am Abend des 31. 7. beginnend, in den Raum um Artemowka geführt. Ihr Art.Rgt. soll auf Befehl der Armee zur Unterstützung des Angriffes der Div. „Das Reich" voraus marschieren, um aus neuen Stellungen am kommenden Tage bereits feuerbereit zu sein.

Nach letzter Meldung von Mitternacht glaubt die Div. trotz der seit den Mittagsstunden kaum gangbaren Wege ihre Art. rechtzeitig auf der Rollbahn zu haben, um dann den Marsch antreten zu können. Damit scheidet die Div., wenn auch bis 31. 7. abends nicht befohlen, praktisch aus dem Verbande des Koprs wieder aus.

31. 7. 1943 –
Wald Krassnaja
Swesda

Einzelheiten:
Bis 04.30 Uhr Morgenmeldungen der Divisionen:

SS-Pz.Gren.Div. „Das Reich":
Im Laufe der Nacht und jetzt noch feindl. Gegenangriffe aus Stepanowka und der Schlucht südostw. davon in Richtung Doppelhöhe. Doppelhöhe noch in eigener Hand. Zeitpunkt des eigenen Angriffs steht noch nicht fest.

SS-Pz.Gren.Div. „Totenkopf":
Angriff auf Höhe 213,9 seit 01.00 Uhr im Gange. Sehr starker Feindwiderstand, Höhe z. Z. wahrscheinlich noch nicht in eigener Hand. Auf dem linken Flügel von „T" wird in der nächsten halben Stunde heraus und aus der Schlucht südostw. Pkt. 128,1 zum Angriff angetreten.
Nachtrag: Angriffsbeginn aufgeschoben.

3. Pz.Div.
Lage unverändert. Absicht: Peresei und Höhe 211,5 nach Stuka-Angriff und Vorbereitungsfeuer der Div. und Heeres-Artillerie zu nehmen.
Feindartillerie-Tätigkeit.
Vor rechtem Flügel geringe Feindartillerie-Tätigkeit, vor linkem Flügel fast keine; Gr.-Werfer vor rechtem Flügel erheblich, vor den beiden linken Div. gering.
Do-Gerät und Fliegereinsatz mit Schwerpunkt auf rechter Div.
Aufgeklärte Feindartillerie.
2 Battr., 3 km nördl. Kuibyschewo: a) 2 Geschütze 15,2 r 92510 h 01542; b) 3 Geschütze 12,2 r 93100 h 01400.
Eigene Tätigkeit.
20.00 Uhr: Marschierende Infanterie in Stärke von 1000 Mann auf Straße 223,7–Stepanowka bekämpft. 150 bis 200 Mann außer Gefecht gesetzt.
Störungsfeuer: vom 21.00 bis 04.00 Uhr Störungsfeuer der Div.- und Heeres-Artillerie vor die Div.-Abschnitte und in den Raum Dmitrijewka und aus Dmitrijewka nach Westen führende Straßen.

06.45 Uhr. Bei der Armee wird folgende neue Trennungslinie zum XXIV. Pz.-Korps beantragt: Garani (XXIV. Pz.-Korps)–202,0 (XXIV. Pz.-Korps)–Nordrand Krutaja-Schlucht–Südhang 203,4–1,5 km südl. Iwanowka–Wegekreuz 1,5 km ostw. Marinowka–Südrand Dmitrijewka.

06.50 Uhr von 3. Pz.Div.:
06.15 Uhr erneut gegen Höhe 211,5 angetreten.

07.55 Uhr von Arko:
Vor Div. „Das Reich" geringe, vor Div. „Totenkopf" und 3. Pz.Div. kaum feindliche Art.-Tätigkeit.
Verstärkter Einsatz von Granatwerfern und Salvengeschützen. Starke feindl. Fliegertätigkeit. Eigene Art.-Munitionslage knapp, 4 Munitionszüge ausgefallen.

10.15 Uhr von Div. „Totenkopf":
Um 10.00 Uhr nach starker Art.-Vorbereitung erneute gegen 213,9 angetreten.

11.20 Uhr von Div. „Das Reich":
Bei Höhe 202,0 laufend starke Feindangriffe mit Pz.-Unterstützung. Bisher 22 Panzer abgeschossen.

31. 7. 1943 –
Wald Krassnaja
Swesda

11.35 Uhr von Div. „Totenkopf":
Angriff anscheinend ohne Erfolg. Pz.-Angriff bleibt vor starker Pakfront auf der Höhe liegen.
12.50 Uhr von 3. Pz.Div.:
Mit vordersten Teilen in Peresej eingedrungen, dort Festliegen in schwerem Granatwerferfeuer.
13.30 Uhr. Besuch des OB der Heeresgruppe Süd, Generalfeldmarschall v. Manstein, auf Korpsgefechtsstand.
14.30 Uhr durch Funk an Div. „Das Reich":
Div. „Das Reich" säubert Raum westl. Höhe 202,0, Ostrand Doppelkopfhöhe nördl. Stepanowka vom Feind, hält diese Linie und stellt sich gemäß Auftrag für 31. 7. zum Angriff bereit. Zeitpunkt melden.
14.45 Uhr von Div. „Das Reich":
Stabsbalka durch Wolkenbruch 50 m breit unter reißendem Sturzwasser. Masse Stab nicht arbeitsbereit. Fahrzeugverluste noch nicht abzusehen. Verbindungen größtenteils abgerissen. In Gegend Höhe 202,0 setzt der Gegner seine Angriffe fort, heftiges Art.- und Gr.-W-Feuer. Über Lage in Stepanowka keine Meldungen, da Verbindung zu Rgt. „Deutschland" gestört. Alle Vorbereitungen verzögert. Zeitpunkt für den weiteren Angriff noch nicht abzusehen.
15.00 Uhr. Orientierung an die Armee.
15.00 Uhr an 3. Pz.Div.:
1. 3. Pz.Div. wird durch Teile XVII. AK baldmöglichst abgelöst. 3. Pz.Div. ist über Ssneshnoje–Manilowo in den Raum Artemowka zur Verfügung der Armee heranzuführen.
2. Alle herauslösbaren Teile, auch Art., sofort dahin in Marsch setzen. VO der Art. zum XXIV. Pz.-Korps voraus zwecks Vorbereitung der Angriffsunterstützung. Verkehrsregelung durch SS-Pz.-Korps im Einvernehmen mit XVII. AK.

Bis 15.00 Uhr Zwischenmeldungen der Divisionen:

SS-Pz.Gren.Div. „Totenkopf":
Nach starker Artillerievorbereitung und Luftwaffenunterstützung griffen Pz.Rgt. und Gren.Rgt. „T" um 10.00 Uhr Höhe 213,9 erneut an. Eine starke Pakfront auf der Höhe konnte nicht restlos ausgeschaltet werden, so daß Panzervorstoß nicht zur Auswirkung kam. Infanterie gewann Raum 300 m nördlich der Höhe, konnte aber wegen sehr starker frontaler Abwehr und flankierendem Feuer nicht mehr weiter Raum gewinnen. Rgt. „E" konnte über Popowa-Schlucht zunächst nicht weiter vorstoßen. Div. geht in mündlich gemeldeter Linie zur Abwehr über.
Luftlage: Rege feindl. Fliegertätigkeit, insbesondere in den frühen Morgenstunden.
SS-Pz.Gren.Div. „Das Reich":
03.30, 07.15, 09.50, 10.30 und 14.00 Uhr Feindangriffe mit starken Infanteriekräften mit Unterstützung von über 70 Panzern aus Krutaja-Schlucht gegen verstärktes Rgt. „DF" bei Höhe 202,0 und nördlich davon. Aus Schlucht zwischen Stepanowka und Marinowka Infanterieangriffe gegen Doppelkopfhöhe mit starker Artillerieunterstützung. In Stepanowka seit 30. 7. erbitterter Häuserkampf.
Im Abschnitt verstärktes Rgt. „DF" 25 Panzer abgeschossen. Weitere Meldungen aus anderen Abschnitten noch nicht eingegangen. Durch wolkenbruchartigen Regen größere Ausfälle an Kfz. bei Pz.Gren.Rgt. „D", AA und Pi.-Stab.
12.10 Uhr Balkas hoch überschwemmt. Verkehr auf längere Zeit unterbrochen. Verbindungen gestört.

15.25 Uhr. Befehl der Armee über das Herauslösen der 3. Pz.Div. (siehe 15.00 Uhr).

18.00 Uhr Tagesmeldung Div. „Das Reich":

Während des ganzen Tages Feindangriffe mit stärkeren Inf.-Kräften, unterstützt von über 70 Panzern aus Krutaja-Schlucht gegen verstärktes „DF" bei 202,0 und nördl. davon. Durch diese Kämpfe etwa 200 Ausfälle.

Aus „Lange Schlucht" Feindangriffe gegen Doppelkopfhöhe mit starker Artillerieunterstützung. SS-„D" mit III. Btl. im Angriff auf nördlichen Teil Doppelkopfhöhe hat diesen 14.30 Uhr wieder genommen. Btl. in weiterem Vorstoß auf Südrand Stepanowka.

Seit 30. 7. 1943 in Stepanowka erbitterter Häuser- und Nahkampf. Von Höhe 213,9 und südl. noch starkes feindl. Feuer gegen Front der Division.

31. 7. 1943 –
Wald Krassnaja
Swesda

18.00 Uhr Tagesmeldung Div. „Totenkopf":

Tagesmeldung am 31. 7. 1943, fernmdl. 17.30 Uhr.
Div. rechts in erreichter Linie zur Abwehr übergegangen. Gruppe Becker im Angriff auf Gruschewka Höhe. Im Abschnitt Baum wurden 1200 Minen, größtenteils Holzkastenminen, aufgenommen. Luftlage: Rege feindl. Schlachtfliegertätigkeit. Bombenwürfe auf Art.- und Flakstellungen. 2 IL 2 durch Flak abgeschossen.

18.00 Uhr Tagesmeldung 3. Pz.Div.:

Tagesmeldung am 31. 7. 1943, fernmdl. um 17.20 Uhr.
Keine Veränderung gegenüber Zwischenmeldung. AA, I./Rgt. 3, II./Pz.Rgt. 6 wie befohlen in Marsch gesetzt.

Tagesmeldung an die Armee:

Generalkommando Ia

Bei Abwehr starker Feindangriffe auf rechtem Flügel und weiter andauernden heftigen und wechselvollen Häuserkämpfen in Stepanowka griff das Korps, mit Div. „Totenkopf", um 10.00 Uhr und mit 3. Pz.Div. um 06.15 Uhr antretend, die Höhen 213,0 und 211,5 nach starker Stuka- und Art.-Vorbereitung an, blieb jedoch mit den Angriffsgruppen vor den durch das Vorbereitungsfeuer nicht ausgeschalteten feindl. Pakfronten in den Minenfeldern und im schweren feindl. Abwehrfeuer liegen.

Feind südl. und ostw. Stepanowka in Stärke von 3 Schützendiv. und Teilen einer Pak-Brigade unternahm nach Neuordnung seiner Verbände zahlreiche Gegenangriffe mit Unterstützung der aus dem Raum Kalinowka abgezogenen Panzer.

Bei Höhe 213,9 und im Abschnitt Peresej–Srubna erbitterter, gut organisierter Feindwiderstand, der zunächst nicht zu brechen war.

Erreichte Linie:
SS-„DR": Höhe 202,0–Höhe 223,7 (einschl. nördl. Teil)–Westteil Stepanowka–Höhe 203,9–Schlucht 1,5 km ostw. 203,9.
SS-„T": 500 m nördl. 213,9–Nordrand Schlucht Popawa–128,1.

3. Pz.Div. hat Befehl, nach Ablösung durch Teile XVII. AK beschleunigt den Raum um Artemowka zu erreichen. Art.Rgt. seit 19.00 Uhr beim Herausziehen.

Div. „Das Reich" Schlucht 3 km nordostw. Petrowskij.

Panzerlage:

	Pz. III	Pz. IV	Pz. VI	Bef.Pz.	Stugesch.	Pak 7,5 m. Z	7,5 Sfl.	7,62 Sfl.
„Das Reich"	10	12	1	5	20	15	2	9

	Pz. III	Pz. IV k.	Pz. IV lg.	Pz. VI	Bef.Pz.	Stugesch.	Pak 7,5 m. Z	7,5 Sfl.
„Totenkopf"	5	1	8	1	5	14	15	6

	Pz. III lg.	Pz. III 7,5	Pz. IV lg.	Pak 7,5 m. Z	7,5 Sfl.
3. Pz.Div.	3	3	3	5	10

31. 7. 1943 – Vorläufige Feindverluste am 30. und 31. 7. im Korpsbereich:
Wald Krassnaja
Swesda

Gefangene	3067
Überläufer	31
Panzer	60
Pak	112
Granatwerfer	42
MG	67
MPi.	120
Panzerbüchsen	34
Flugzeuge	10
LKW	1

Eigene Ausfälle: Personell: 3. Pz.Div. 106, SS-„DR" 370, SS-„T" 838.
Materiell (Totalausfälle): 3. Pz.Div. –, SS-„DR" Pz. III lg. 4, Pz. IV lg. 4, SS-„T" Pz. III lg. 2, Pz. IV lg. 10, Stugesch. 3.
Im Kampfraum des Korps gegen Mittag wolkenbruchartige Regenfälle, die zu starken Überschwemmungen in den mit Truppen und Fahrzeugen belegten Schluchten führten und Fahrzeugausfälle verursachten. Straßen zur Zeit bedingt befahrbar.

Generalkommando II SS-Pz.-Korps, Ia

20.45 Uhr Armeebefehl für die Fortsetzung des Angriffs am 1. 8.:

1) Feind: Infolge starker feindl. z. T. mit Panzern geführter Gegenangriffe, die abgewiesen wurden, und heftiger flankierende Gegenwehr konnte der Angriff der Armee am heutigen Tage nur am rechten Flügel Boden gewinnen. Mit weiterem hartnäckigen Feindwiderstand und örtlichen Gegenangriffen muß auch am 1. 8. gerechnet werden. Neuheranführung von Kräften ist im Einbruchsraum noch nicht festgestellt.

2) Die Armee setzt den Angriff am 1. 8. mit Schwerpunkt auf den inneren Flügeln des II. SS-Pz.-Korps und XXIV. Pz.-Korps südl. Marinowka vorbeistoßend fort und nimmt das Höhengelände ostw. Marinowka.

3) Kampfführung und Aufträge:
a) II. SS-Pz.-Korps hat den rechten Flügel so zu verstärken, daß der Angriff zu 2. kräftig genährt werden kann. In Stepanowka ist dazu nur die notwendigste Sicherung zu belassen.
b) XXIV. Pz.-Korps, dem die Artillerie der 3. Pz.Div. unterstellt wird, schließt sich dem Angriff nach Osten an und schaltet gleichzeitig eine Flankierung des rechten Flügels des II. SS-Pz.-Korps von Südosten aus.
c) Der linke Flügel des II. SS-Pz.-Korps hat den Angriff in der befohlenen Richtung fortzusetzen. Hierbei ist weitgehend vom Stoßtruppverfahren Gebrauch zu machen. Die Pz.-Gruppe ist dicht heranzuhalten, um schwache Stellen des Gegners sofort zu durchstoßen. Außerdem ist durch zweckmäßigen Einsatz schwerer Waffen und Artillerie eine Flankierung von den Höhen ostw. der Gerassimowa-Schlucht auszuschalten.
d) XVII. AK hält die erreichten Stellungen. Es hält mit seinem Westflügel Anschluß an den Angriff des linken Flügels II. SS-Pz.-Korps.
Neue Grenze: Zwischen SS-Pz.-Korps und XVII. AK: Ostrand Lomantschuk 1 km ostw. Gerassimow–1 km südl. Ortsmitte–Dmitrijewka (bisherige Grenze zwischen SS-„T" und 3. Pz.Div.).
e) XXIX. AK setzt in Zusammenwirkung mit rechtem Flügel XXIV. Pz.-Korps den befohlenen Angriff auf Grenzhöhe (4 km nordostw. Jelisawetinskij) fort und bekämpft weiterhin die massierte Feindartillerie im Raum bei und nordwestl. Kuibyschewo.

4) Art.: II. SS-Pz.-Korps und XXIV. Pz.-Korps haben die Masse ihrer Artillerie so zu gruppieren, daß beide Artillerien einheitlich straff geführt, durch gute unmittelbare Nachrichtenverbindungen und Sicherstellen von überschneidender Beobachtung in der Lage sind, sich gegenseitig im Angriffsschwerpunkt zu unterstützen. Aufgeklärte Feindziele sind mit beobachtetem Feuer, nicht mit Feuerschlägen zu bekämpfen. Längere Feuerzusammenfassungen nur zum Sturmreifschießen.

5) IV. Flieger-Korps wird den Schwerpunktsangriff der inneren Flügel XXIV Pz.-Korps und II. SS-Pz.-Korps unterstützen. Anträge rechtzeitig unmittelbar und an Armee.

6) Angriffsbeginn: Berta minus drei (06.00 Uhr).

7) Armeereserve: 3. Pz.Div. ohne Art. (um Artemowka). Armeenachrichtenführer hält Funk- und Fernsprechverbindung mit der Div.

8) Vorgeschobener Armee-Gef.St.: unverändert.

AOK 6, Ia

31. 7. 1943 –
Wald Krassnaja
Swesda

Entsprechende Befehle an die Divisionen. Aufträge sind unverändert. Schwerpunkte der Art.- und Luftwaffen-Unterstützung zunächst vor Div. „Das Reich". Angriffsbeginn 06.00 Uhr. Antreten Div. „Totenkopf" auf Befehl des Korps nach vorausgehender Feuerzusammenfassung gesamter Schwerpunkts-Art. und Luftwaffen-Unterstützung.
23.20 Uhr. Da rechter Nachbar (XXIV. Pz.-Korps) um 06.00 Uhr nicht angriffsbereit sein kann, wird auf Vorschlag des Chefs von der Armee als neue Angriffszeit 08.30 Uhr festgesetzt.

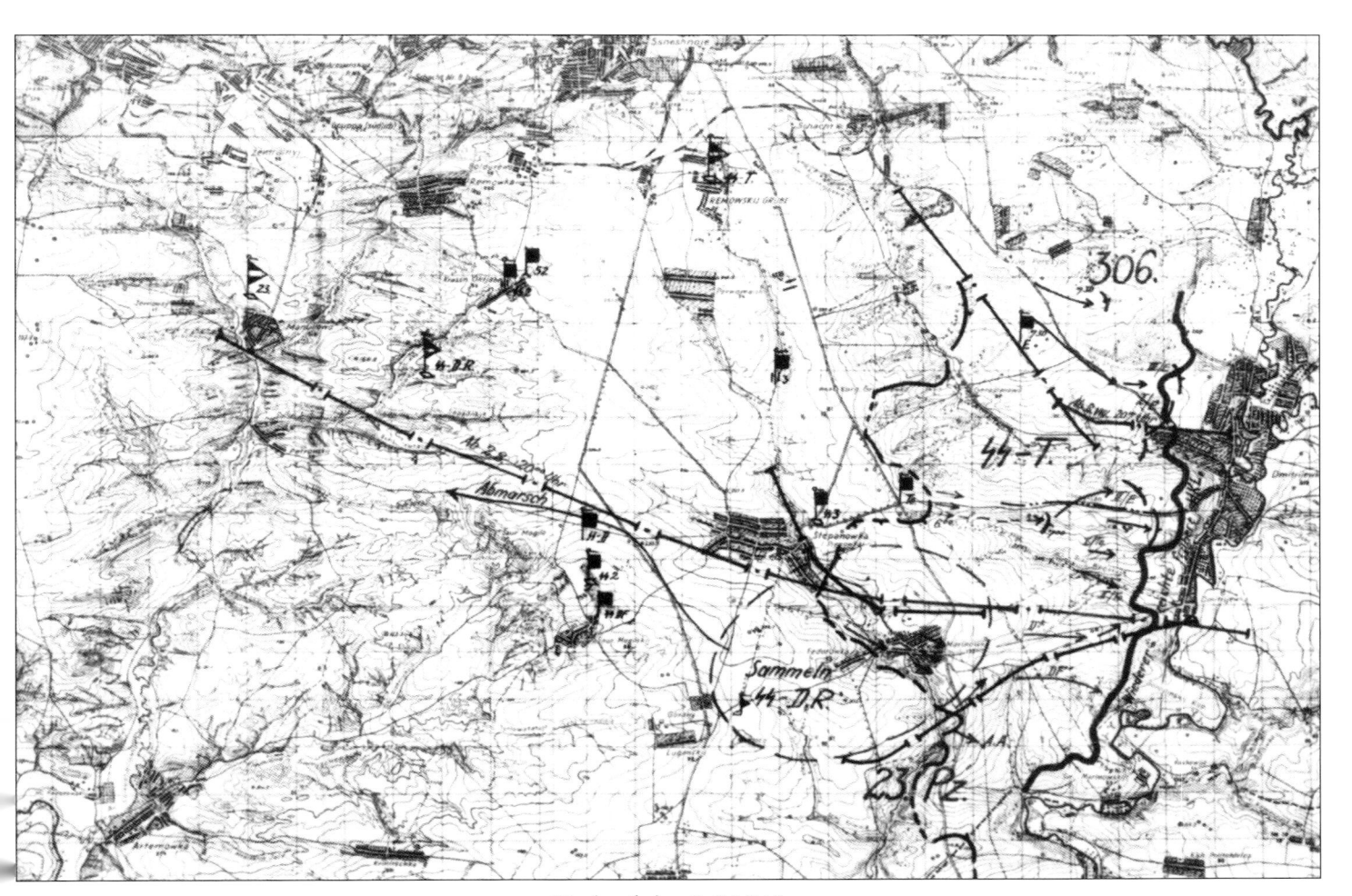

Verlauf des 2.8.1943

1. 8. 1943 – Wetter: Sonnig und klar, gegen Abend zunehmende Bewölkung, trocken, warm.
Wald Krassnaja
Swesda
Die bereits am Vortage eingeleitete, jedoch nur unvollständig zur Ausführung gekommene Verlegung des Angriffsschwerpunktes auf die Div. „Das Reich" mit Kräftezusammenfassung auf deren rechten Flügel wird durch den Angriff des Korps am 1. 8. durchgeführt.
Er bringt durch Stoß südl. Marinowka über die beherrschende Höhe 203,4 und die Schlucht südl. des Ortes eine starke Flanken- und Rückenbedrohung des auf der Höhenrippe 194,3–213,9 stehenden Feindes und somit eine Auflockerung seiner Abwehrkraft. Dadurch wird es nach erneutem Angriff der Div. „Totenkopf" gegen die Höhe 213,9 möglich, diese dem Gegner trotz gleichen zähen und Widerstandes zu entreißen. Nach Antreten um 08.30 Uhr erfordert die Wegnahme der südl. Fedorowka liegenden Höhe 203,4 kaum Zeit. Der weitere Angriff jedoch leidet unter starkem feindl. Abwehrfeuer von den Höhen jenseits des Bachabschnittes und wird darum zeitraubend. Dem Bestreben der Div. „Das Reich", den zunächst sich anbahnenden Erfolg mit weiteren Kräften auf breiter Front ebenfalls zu suchen, tritt das Korps unter Betonung der Schwerpunktbildung rechts entgegen. Nur dadurch gelingt die am Spätnachmittag erfolgende Brückenkopfbildung hart nördl. des Olchowtschik-Knies südl. Marinowka. Das gleichfalls flüssige Vorwärtskommen des rechten Nachbarn begünstigt den eigenen Angriff des rechten Flügels der Div.
Der bereits seit 48 Stunden laufende und auch am 1. 8. noch die Masse des Rgt. „D" bindende Angriff durch Stepanowka muß zwangsläufig bis zum endgültigen Erfolge weiterlaufen. Stepanowka fällt gleichzeitig in den Abendstunden. Nach erneuter schwerer Artillerievorbereitung mit Luftwaffenunterstützung muß sich die Div. „Totenkopf" durch das feindl. Hauptkampffeld gegen die eigentliche Höhe 213,9 vorarbeiten.
Der Feind versucht gegen Abend in wiederholten wütenden Gegenangriffen die ihm entrissene Höhe 213,9 zurückzugewinnen, was ihm jedoch nicht gelingt. Die Kämpfe dauern noch bis in die Dunkelheit hinein.
Die örtlichen Erfolge am 31. 7. bilden gute Ausgangsstellungen für die Fortsetzung des Angriffs des SS-Pz.-Korps.
Das Korps beabsichtigt für den 2. 8. das Starkmachen des rechten Korpsflügels mit Pak und Panzern. Der weitere Stoß der Divisionen muß zur Vereinigung der Angriffsspitzen auf der Höhe 194,3 führen.
Aus diesem Raume kann dann die letzte Phase, die Wiedereinnahme der alten HKL, gelingen.

Einzelheiten:
Bis 04.20 Uhr Morgenmeldungen:

SS-„Das Reich" (03.37 Uhr):
In zähen und harten Häuserkämpfen in Stepanowka erreicht SS-„D" die Linie: 150 m ostw. der N-S-Straße durch Ortsmitte, weiter nach S auf 223,7. Der Feind kämpft weiterhin besonders zäh und verbissen. SS-„D" im weiteren Angriff auf Ost- und Südostteil des Ortes. AA wurde bei 202,0 durch 23. Pz.-Div. abgelöst. Versammlung der Angriffsgruppe zum Angriff auf Höhe 203,4.
Im Abschnitt SS-„DF" Art.- und Granatwerfer-Störungsfeuer.
Rege feindl. Fliegertätigkeit, Bombenwürfe auf Angriffsspitzen und Vormarschstraßen.

3. Pz.Div.:
Im Laufe der Nacht wurden die Ablösungen der Truppenteile der Div. einzeln durchgeführt (306. ID). Pz.AR 75 sowie gep. Gruppe konnten bereits am Abend, 31. 7., zum befohlenen U-Raum in Marsch gesetzt werden.
Feind versuchte durch vermehrte Spähtrupptätigkeit gegen die HKL vorzufühlen.
Während der ganzen Nacht lebhafte Fliegertätigkeit.

SS-„Totenkopf" (04.20 Uhr):
Während der Nacht starke feindl. Fliegertätigkeit. Bombenwürfe auf eigene Stellungen, Ortschaften und Feuerstellungen der Art. und Flak.
Umgliederung gem. Korpsbefehl eingeleitet.

Morgenmeldung Arko 122:

Morgenmeldung vom 1. 8. 1943, fernmündlich 07.35 Uhr.

1. Feindtätigkeit.
a) Vereinzelt geringes feindl. Störungsfeuer, vorwiegend leichtes Kaliber. Im Raum Div. „Totenkopf" fast völlige Ruhe.
b) Während der ganzen Nacht wurde die eigene vordere Linie sowie rückwärtige Räume von starken Schlachtfliegerverbänden wiederholt angegriffen und mit zahlreichen Bomben belegt.
c) Geringe Feindbewegungen von Pereseij nach Dimitrijewka sowie im Nordteil Marinowka.
2. Tätigkeit der Heeres-Artillerie:
Störungsfeuer auf Dimitrijewka und in Krutaja-Schlucht.

1. 8. 1943 –
Wald Krassnaja
Swesda

Morgenmeldung an Armee:

1. In hartem Häuserkampf wurde in Stepanowka die Linie 150 m ostw. der Straße in Ortsmitte erreicht. Sonst keine Änderungen im Frontverlauf. Ablösungen der Teile SS-„DR" auf Höhe 202 durch 23. Pz.Div. sowie Masse 3. Pz.Div. durch 306. ID planmäßig durchgeführt. Vor 3. Pz.Div. vermehrte feindl. Spähtrupptätigkeit. Die Versammlung der Angriffsgruppe „DR" ist im Gange.
3. Lebhafte feindl. Fliegertätigkeit mit Bombenwürfen auf Stellungen, Ortschaften und Nachschubstraßen.

09.30 Uhr von Div. „Das Reich": Wie befohlen 08.30 Uhr angetreten.

09.45 Uhr von XXIV. Pz.-Korps: XXIV. Pz.-Korps planmäßig angetreten.

09.50 Uhr von Div. „Das Reich": 08.45 Uhr Höhe 203,4 genommen.

10.30 Uhr Fernspruch von Armee:

1. August 1943, 10.30 Uhr, Fernspruch Ia AOK 6 an Ia Gen.Kdo. II. SS-Pz.-Korps.
Gen.Kdo. II. SS-Pz.-Korps wird ab 3. 8. 1943 abtransportiert. Wahrscheinlich kein Kampf-, sondern Verlegungstransport. Auf Anfrage, wie der Abtransport der Korpstruppen geregelt wird, sagt die Armee baldige Klarstellung zu.
Vorübergehenden Befehl über SS-„DR" und SS-„T" übernimmt III. Pz.-Korps.
VP trifft am Nachmittag des 1. 8. 1943 ein. Ein Offizier vom Gen.Kdo. ist zum Bv.TO nach Stalino zu entsenden.

Von Div. „Das Reich":
In Marinowka Unruhe festgestellt, 2 Feind-Kpn. 1 km nordostw. Stepanowka ratlos umherlaufend, 5 bespannte Geschütze dort untätig.
Nach Flivo-Meldung Feindbewegungen Marinowka–Dmitrijewka.

11.00 Uhr von Div. „Das Reich":
Feindeindruck: Gegner ist weich, hat starke Verluste, setzt sich ab.
Absicht: Sofort über den Olchowtschik nachstoßen. Lage in Stepanowka ungeklärt.

11.15 Uhr Befehl an Div. „Das Reich":
Rgt. „Deutschland" säubert beschleunigt Stepanowka und stößt hinter ausweichendem Gegner durch das Tal und durch die Schlucht 1 km NO 223,7 auf Marinowka vor und nimmt Marinowka. Div. „Totenkopf" schließt sich dem Angriff an, nimmt 213,9 und stößt von dort dem Gegner nach.

31. 7. 1943 –
Wald Krassnaja
Swesda

11.25 Uhr Befehl an Div. „Totenkopf":
Div. „Totenkopf" stellt sich beschleunigt zur frontalen und rechts umfassenden Wegnahme von 213,9 bereit. Zeitpunkt melden.

11.45 Uhr von Div. „Das Reich":
Wo bleibt rechter Nachbar?

12.15 Uhr von Arko:
Am Wegeknick 2 km südl. Westteil Marinowka eigene Teile (VB-Meldung).

13.45 Uhr von Div. „Totenkopf":
Um 13.30 Uhr angetreten.

14.00 Uhr Befehl an Div. „Das Reich":
Der linke Flügel ist anzuhalten, alle verfügbaren Kräfte sind auf den rechten Flügel zu ziehen, um dort unter allen Umständen den Übergang über den Abschnitt zu erzwingen.

14.25 Uhr erfolgreicher Stukaangriff auf Hinterhang 213,9 gegen aufgefahrene Salvengeschütze.

14.35 Uhr von Div. „Totenkopf":
Feindwiderstand dicht vor eigener HKL wurde gebrochen, der Angriff gewinnt weiter Raum.

14.50 Uhr von Arko:
Div. „Totenkopf" erbittet neue Feuerzusammenfassung auf 213,9.

16.00 Uhr an Div. „Totenkopf":
Div. setzt sofort Stoßtrupp mit Sturmgeschützunterstützung gegen den Rücken der Feindstellung vor Rgt. „Deutschland" (Stepanowka) an.

16.35 Uhr von Div. „Das Reich":
Abschnitt erreicht. Eigene Truppe soll nach Beobachtungen am SO-Rand Stepanowka stehen.

16.55 Uhr von Arko:
Angriff von Stepanowka nach SO geht vorwärts. Eigene Panzer 1 km südl. 213,9 erhalten starkes Pakfeuer. Von 213,9 Feind in Rgt.-Stärke im Zurückgehen nach O ins Schluchtsystem.

17.15 Uhr Tagesmeldung Div. „Das Reich":

Tagesmeldung zum 1. 8. 1943, fernmdl. übermittelt um 17.15 Uhr.
Nach Bereitstellung trat die Div. um 08.30 Uhr zum Angriff gegen 203,4 an. 08.45 Uhr wurde diese Höhe genommen. Starkes feindl. Abwehrfeuer von Süden, Südosten und Osten hielt den Angriff zunächst auf. Rechter Nachbar nahm gegen 11.00 Uhr Anschluß. Mehrere Vorstöße gegen den Olchowtschik-Abschnitt mußten im Feindfeuer abgebrochen werden. Nach Aufmunitionierung und Auftanken der Panzer und Sturmgeschütze wurde 14.30 Uhr erneut angetreten und 16.00 Uhr die Olchowtschik-Schlucht etwa 2 km südl. Marinowka erreicht.
Linker Flügel „DF" wurde im Verlauf des Angriffs in Linie Höhe 203,4–Ostrand 223,7 vorgenommen. Ein Vorstoß in die Schlucht zwischen Marinowka und Stepanowka um 12.30 Uhr führte zur Vernichtung eines Feind-Btl., rund 300 Gefangene.
SS-„D" im harten Ortskampf gewann langsam nach Osten Boden und erreichte um 15.15 Uhr den Nordeingang zum Südostteil Stepanowka, während die Wegnahme des starken Feindstützpunktes an der Straßengabel ostw. Stepanowka bis 16.00 Uhr nicht gelungen war.
Rechter Flügel SS-„D" griff zwischen Höhe 223,7 und Südrand Stepanowka nach Südosten an, blieb aber im starken Abwehrfeuer von 213,9 und südl. liegen. Pz.AR „Das Reich", Werfer-Rgt. 52 und Stuka unterstützten die schweren Kämpfe der Div. wirkungsvoll.
Feindeindruck: Gegner weicht vor dem starken eigenen Druck langsam und zäh kämpfend über den Olchowtschik-Abschnitt aus, um auf den Höhen ostw. davon eigenen Angriff aufzuhalten (Schanzarbeiten erkannt). In Stepanowka leistet er starken Widerstand, um Vorstoß auf Marinowka oder die Höhenrippe 213,9 von Süden her zu verhindern. Ein Absetzen hinter den Mius in großem Stil ist noch nicht erkennbar.

Laufende feindl. Luftangriffe mit Bomben und Bordwaffen, besonders auf die Angriffsspitzen der Div. III. (gp.) SS-„DF": Kp.-Stärke 35 bis 40 Mann.

Wegnahme der Höhe ostw. Marinowka, um den Mius zu gewinnen. Vernichtung des Gegners im Raum Marinowka–Stepanowka.

Sonnig, trocken, warm. Straßen für alle Kfz. befahrbar.

SS-„D" 4 Panzer im Nahkampf vernichtet. Pi.Btl. „DR" 1 T 34 im Nahkampf vernichtet. Pi.Btl. „DR" 320 Feindminen aufgenommen und gesprengt.

17.20 Uhr von Div. „Das Reich":
Durch Rgt. „Der Führer" ist ein kleiner Brückenkopf gebildet, ca. 2000 m südl. Marinowka. Laufend Gegenangriffe und stärkstes Art.- und Granatwerferfeuer.

17.30 Uhr Tagesmeldung Div. „Totenkopf":

Tagesmeldung vom 1. 8. 1943, fernmdl. durchgegeben um 17.30 Uhr.
Trotz starken Abwehrfeuers konnte feindl. HKL 14.30 Uhr mit wirksamer Unterstützung eigener Art. durchbrochen werden. Unsere Inf. arbeitet sich langsam an die Höhe heran. 15.30 Uhr steht rechtes Angriffs-Btl. 300 m westl. der Höhe, AA (2. Angriffs-Btl.) 250 m nordwestl. der Höhe. Nach erneutem Stukaangriff und starker Art.-Unterstützung um 16.00 Uhr Vorstoß der Panzer auf die Höhe. 16.35 Uhr Panzer und Inf. auf dem Westteil der Höhe.
15.05 Uhr Feindangriff gegen Mitte Abschnitt „E" aus Schlucht Gerassimowa. Abwehr noch im Gange.

Luftlage: Am Nachmittag geringe feindl., rege eigene Fliegertätigkeit.

Feindlage wie Ic-Meldung.

Im Raum nordwestl. der Höhe 213,9 bisher 2000 Minen aufgenommen.

Gem. Korpsbefehl

In schwerstem feindl. Feuer wurden durch Pz.Pi.Kp. des Pz.Rgts. über 1200 Minen aufgenommen. 4./Flak-Abt. 3 erzielte in unermüdlichem Einsatz an der Ostfront am 29. 7. 1943 ihren 100. Abschuß.

Wetter: Bewölkt, trocken.

Tagesmeldung Arko:

Feindtätigkeit:
Feind verteidigte sich zäh im Raum um Stepanowka und auf Höhe 213,9. Seine Artillerie unterstützte, mit Masse aus dem Raum Marinowka–Pkt. 213,9 Südteil Dmitrijewka, den Widerstand und erschwerte zusammen mit mehreren Salvengeschützen die Angriffe der eigenen Truppe. Die Paknester am Nordostausgang von Stepanowka sowie auf Höhe 213,9 waren auch heute wieder die Angelpunkte des feindl. Verteidigungssystems und hielten sich bis in die späten Nachmittagsstunden. Mehrfach griffen Schlachtflieger die eigenen Angriffsspitzen und Feuerstellungen mit Bomben und Bordwaffen an.

Tätigkeit der Heeres-Artillerie:
Die Heeres-Artillerie unterstützte fast pausenlos die eigenen Angriffe. Sie begleitete in beobachtetem Feuer den Angriff der Div. „Das Reich" im Raum Stepanowka–Marinowka, belegte beide Orte sowie die Schlucht dazwischen wiederholt mit starken Feuerzusammenfassungen und Störungsfeuer und schaltete Flankeneinwirkung von der Höhe 194,3 mehrmals aus. Nachdem bereits beobachtetes Feuer den Widerstand des Paknestes bei Stepanowka erschüttert hatte, wurde dieser für unsere Truppen sehr unangenehme Stützpunkt mit Brisanz und Nebel bekämpft und geblendet, so daß das Feuer von dort nach einer erneuten Zusammenfassung aller Rohre eingestellt wurde.
Vor und während des Angriffs der Div. „Totenkopf" lagen der Punkt 213,9 sowie die Höhen 140,3, 191,3 und 194,3, von denen der Feind flankierend wirken konnte, unter starkem Feuer der Heeres-Art., wobei mehrmals 5 Abteilungen mit etwa 600 Schuß an einem Feuerschlag beteiligt waren.

1. 8. 1943 –
Wald Krassnaja
Swesda

1. 8. 1943 –
Wald Krassnaja
Swesda

Als der Feind begann, sich in die Schlucht westl. Dmitrijewka zurückzuziehen, wurde er weiter anhaltend bekämpft, während auf den Ort selbst im Laufe des Tages mehrmals Störungsfeuer geschossen worden war.

Bekämpft und zum Teil vernichtet wurden: 11 Feind-Batterien, die durch Flieger, Pz.B-Battr. und Erdbeobachtung aufgeklärt bzw. festgestellt und vereinzelt bestätigt wurden, 7 Salvengeschütze, mehrfach bevor sie zum Schuß gekommen waren.

Gesamtverschuß der Heeres-Artillerie: etwa 800 Schuß le.FH, 403 Schuß s.FH, 2066 Schuß 10 cm Kan., 274 Schuß Mörser.

17.35 Uhr Orientierung der Armee über Lage bei Div. „Das Reich".

17.40 Uhr von Div. „Totenkopf":
Höhe 213,9 genommen! Gleich dahinter wieder eine starke Pak- und Art.-Front.

17.45 Uhr von Armee:
Befehlsübernahme wahrscheinlich nicht durch III. Pz.-Korps, sondern die Divisionen werden zum linken bzw. rechten Korps zugeteilt.

17.45 Uhr Auftrag an Div. „Totenkopf":
Linker Flügel (Rgt. „Eicke") sofort Antreten gegen Gerassimowa.

17.50 Uhr von Div. „Totenkopf":
Eigene Teile im Vorgehen von 213,9 nach Osten. Absetzbewegungen von Marinowka nach Osten werden durch Art. bekämpft. Gegen linken Flügel dauernd Gegenangriffe aus Gerassimowa.

19.00 Uhr an Div. „Das Reich":
Div. wird am 4. 8. beginnend im Verlegungstransport abtransportiert.

22.30 Uhr von Div. „Das Reich":
Brückenkopf in der Basis auf 800 m verbreitert. Fedorowka genommen. Gegen Marinowka wird abgeschirmt.

22.50 Uhr von Div. „Totenkopf":
Ab 22.00 Uhr bei 213,9 schwere Feindangriffe.

1) II. SS-Pz.-Korps nimmt am 2. 8. im konzentrischen Angriff beider Divisionen den Höhenblock X um Pkt. 194,3 nordostw. Marinowka und stößt anschließend auf Höhenrippen ostw. 194,3 und ostw. 213,9 zur Wiedergewinnung der alten HKL vor.

2) SS-„DR" greift aus Brückenkopf südl. Marinowka nach Nordosten an und nimmt Südhang Höhe 194,3. Später wird die Div. mit rechtem Flügel auf Höhenrippe ostw. 194,3 bis zur alten HKL vorstoßen und mit linkem Flügel die Abwehr nach Osten bis zum Südosthang der Höhe 213,9 übernehmen, und ferner den Raum Marinowka vom Feind säubern.

3) SS-„T" greift, von Südhang 213,9 antretend, nach Südosten an und vereinigt sich bei 194,3 mit SS-„DR". Nach Umgruppierung wird Div. Höhenrippe ostw. 213,9 bis zur alten HKL nehmen. Linker Flügel hält jetzige Abwehrfront.

4) Arko 122 bringt Feuerunterstützung durch die Div.-Artillerien und Art.-Schwerpunktgruppe in Einklang.
Es sind zu bekämpfen:
a) mit Schwerpunkt-Art. die im Raum ostw. Marinowka erkannten Ziele,
b) die aus der Ostflanke einwirkenden Feindstellungen, vornehmlich Artillerie und Pak.
Vorbereitungsfeuer ab Hellwerden.

5) Angriffsbeginn K + 3 + 30 Minuten.

6) Trennungslinien: Zwischen SS-„DR" und 23. Pz.Div. bis 63 wie bisher–Höhenrand 1 km südostw.

41–500 m südostw. 43–Südrand 46; zwischen SS-„DR" und SS-„T" bis 1 km nördl. Marinowka wie bisher–Höhe 194,3.

7) *Korpsgefechtsstand und Nachrichtenverbindungen wie bisher.*

AOK 6, Ia

1. 8. 1943 – Wald Krassnaja Swesda

Feindlage:

Feindlage 1. 8. 1943, Stand: 19.00 Uhr.
Feindverhalten.
Feind leistete bei Wegnahme der Höhe 203,4 am Vormittag und bei weiterem Angriff S Marinowka und Stepanowka erheblichen Widerstand, unterstützt durch stark flankierendes Feuer aus Süden und Südosten. Feindbatterie schoß aus offener Feuerstellung von Höhe 194,3 gegen eigene Angriffsgruppe auf Höhe 203,4. Nach Glasbeobachtung Einsatz zahlreicher schwerer Waffen ostw. und südostw. Höhe 194,3.
Gegen schwächer werdenden Feindwiderstand wurde um 16.00 Uhr das Ostufer des Flusses in der Olchowtschik-Schlucht, 2 km S Marinowka, erreicht.
In Stepanowka verteidigte sich der Feind zäh. Straßengabel hart O Stepanowka stark befestigt: Widerstand in ausgebauten Bunkerstellungen und befestigten Häusern wurde gebrochen; eingegrabene Panzer und Salvengeschütze erschwerten eigenen Angriff.
Feind unternahm am Vormittag 2 Vorstöße aus Gegend Höhe 140,3 nach Nordwesten gegen eigene HKL am Nordrand Schlucht südostw. Grube Gruschewka, Stärke je 150 Mann. Stärkere Feindteile nördl. Linie Gerassimowa–Gruschewka Grube leisteten bei Säuberungskämpfen erbitterten Widerstand.
Erneuter eigener Angriff gegen Feindstellungen auf Höhe 213,9 traf auf stärksten Widerstand. Nach Überwindung der feindlichen Abwehr in tiefem Stellungssystem gelang es 17.00 Uhr, die Höhe in eigene Hand zu bekommen und bis 1 km südlich davon vorzudringen. Nach Truppenfeststellungen hatte Gegner an der Höhe 213,9 die Masse zweier Pak-Brigaden eingesetzt; nördlich Höhe 213,9 wurden insgesamt 1200 Minen aufgenommen.
In den Abendstunden wurde gegen schwächeren feindlichen Widerstand Federowka genommen; seit 19.00 Uhr auch Südostteil Stepanowka in eigener Hand.

Gefangenenaussagen.
24. Gd.SD:
Div.Kdr.: Generalmajor Koschewoj.
Division in Roskasewa (Gebiet Tambowsk) nach Kämpfen am Wolchow aufgefrischt. Im November 1942 mit Bahntransport (anschließend 100 km Fußmarsch) nach Werchnij-Kumskoj (140 km W Stalingrad). Div. war hier eingesetzt. Anschließend Einsatz am Mitteldon. Bei diesen Kämpfen große Verluste. Am 10. 3. 1943 Auffrischung in Korschina–Iwanowka. Im Mai 1943 nach Wolodowka (Raum Woroschilowgrad), bis 22. 7. hier in Ruhe. Am 24. 7. nach Russka–Wassiljewka. Am 28. 7. nach Stepanowka. In der Nacht vom 28. auf 29. 7. Mius überschritten.

60. Flieger-Rgt., 2. Flieger-Div.
O Manuilowo abgeschossen. Flugzeug Typ U 2. 2jährige Ausbildung. Einsatz Südfront. Es fliegen im Rgt. jede Nacht 8 bis 10 Flugzeuge, Typ U 2. Verluste gering.
Wirkung der eigenen Waffen: am besten Scheinwerfer und Fla.MG. Geschwindigkeit 100 km/h, Flughöhe 700 bis 800 m.

232. Flieger-Rgt., 289. Flieger-Div.
SW Stepanowka abgeschossen. Flugzeugtyp IL 2.
Gliederung der Division: 232. Flg.Rgt., 686. Flg.Rgt., 947. Flg.Rgt.
Sollbestand 24 Flugzeuge pro Rgt. Ausfälle in den letzten 10 Einsatztagen 8 Flugzeuge.

VN.
Erfaßt wurde Spruchabsatz unbekannter Verkehre. Aus dem Spruchinhalt ist nur teilweise der Absatzraum erschließbar.

1. 8. 1943 –
Wald Krassnaja
Swesda

Feind meldet im Laufe des Vormittags eigene Angriffe und die daraus für ihn entstehende Lage.

06.35 Uhr meldet Feind, daß sich seine Kräfte in Stellungen 1 km W Stepanowka verteidigen.

08.30 Uhr wird gemeldet, daß Pioniere Auffangstellungen bauen.

09.10 Uhr wird befohlen, sofort alle Maßnahmen zu ergreifen, um Munition abzutransportieren.

09.16 Uhr wird aus unbekanntem Raum schnellstens Artillerie-Unterstützung erbeten. Es wird befohlen, sich für direkten Beschuß vorzubereiten. Gegenstelle meldet, daß keine „Gurken" mehr da sind. – Es wird befohlen, die „Gurken" von der Nachbarbatterie zu besorgen.

09.32 Uhr Meldung, daß Wirtschaft von Karinaschow zu große Verluste an Menschen und Material hat, als daß sie noch mit Erfolg weiterarbeiten könnte.

10.02 Uhr wird Verlust der Höhe 203,4 gemeldet. Eigene Infanterie geht zurück, auch die Artillerie macht Stellungswechsel. Der Feind drückt.

10.15 Uhr: Aus Raum ostw. 202 werden Panzerbüchsen angefordert.

10.32 Uhr wird gemeldet, daß Gegner von Höhe 202 mit Panzern und mot. Infanterie angreift. Vorbereitung von Auffangstellungen O Marinowka wird befohlen. Herangeführte Infanterie soll zur Verstärkung in den Auffangraum geführt werden.

11.15 Uhr: Meldung, daß eigene Infanterie Höhe 168,5 verlassen hat und daß Feind sie in seinen Besitz nimmt.

16.25 Uhr wird befohlen: „Schießen Sie auf Weg NW Stepanowka... Schießen Sie, was Sie können. Verschießen Sie alle Munition. Schießen Sie auf das Gelände zwischen Stepanowka und Höhe 213,9 auf die feindlichen Panzer. Sparen Sie keine Munition!"

16.50 Uhr: Schießen Sie sofort auf den Weg Höhe 213,9–Stepanowka. Schießen Sie bis zur letzten Granate. Der Feind darf auf keinen Fall weiter. Geben Sie den Befehl weiter an Ihren Nachbarn, der ebenfalls schießen soll. Der Feind muß unter allen Umständen zum Stehen gebracht werden. Der Kdr. hat befohlen, daß bis zur letzten Granate geschossen werden soll.

17.15 Uhr: Die Infanterie geht zurück. Feindliche Panzerkräfte verfolgen uns durch die Schlucht O Marinowka–Stepanowka, alles vernichten oder mitnehmen.
Antwort: Die Infanterie muß auf jeden Fall aufgehalten werden. Es muß alles getan werden, um die Ordnung wiederherzustellen. Erst den rechten Flügel aufhalten, bleiben Sie in Verbindung mit mir.

Luftaufklärung.
Gefechtsluftaufklärung meldet geringe mot. Bewegungen im Einbruchsraum. Insgesamt wurden noch 30 bis 40 Panzer festgestellt.

Taktische Luftaufklärung erkannte lebhafte mot. Bewegung ostw. des Mius im Raum Kuibyschewo, Verkehr Richtung West überwiegend.

Feindverluste, Gefangene und Beute (vom Vortage).

	3. Pz.Div.	„Das Reich"	„Totenkopf"	Total
Gefangene	7	916	66	989
Überläufer	3	–	34	37
Flugzeuge	1	2	4	7
Panzer	2	39	–	41
Pak	2	39	3	44
Panzerbüchsen	–	6	9	15
MG	–	22	28	50
Geschütze	–	–	2	2
LKW	–	1	–	1
PKW	–	1	–	1
Granatwerfer	–	22	7	29
Gewehre	–	100	81	181
MPi.	–	60	15	75
Flak	–	–	1	1

Gesamteindruck.
Gegner versucht, das Höhengelände 194,3–213,9 mit allen Mitteln zu halten. Er führte in den Raum S Marinowka–Stepanowka eine neue Schützendivision zu und sicherte Riegelstellung bei Höhe 213,9 durch starke Infanterie, umfangreiche Verminungen und den Einsatz von 2 Pak-Brigaden. Zuführung weiterer Kräfte in den Raum O Marinowka und starker Widerstand im Höhengelände O Straße Marinowka–213,9 ist wahrscheinlich.

Generalkommando II. SS-Pz.-Korps, Ic

1. 8. 1943 –
Wald Krassnaja
Swesda

Tagesmeldung an die Armee:

Auszug aus Zwischenmeldung zum 1. 8. 1943 und Tagesmeldung.

Zwischenmeldung:
08.30 Uhr Angriff SS-Pz.Gren.Div. „Das Reich" aus Raum 202,0 und nördl. mit verst. Gren.Rgt. „Der Führer" und Pz.Rgt. über Höhe 203,4 auf Olchowtschik-Abschnitt.
08.45 Uhr Höhe 203,4 genommen und gegen Mittag Westrand Fedorowka erreicht.
Im Abschnitt Stepanowka noch andauernde harte Ortskämpfe gegen sich weiterhin in Häusern und Bunkern verteidigenden Feind. Korps-Artillerie, besonders Mörser, bekämpfte wirksam starke feindl. Pak- und Salvengeschützstützpunkte an Straßengabel hart nordostw. des Ortes. Verst. Gren.Rgt. „Deutschland" hat vordere Linie bis Brücke Stepanowka–Westrand Schlucht nördl. des Ortes vorgeschoben.
Linkes Rgt. der Div. „Totenkopf" hatte von Höhe 140,3 um 07.00 Uhr und um 09.30 Uhr zwei Feindangriffe abzuwehren.

Tagesmeldung:
Der Nachmittag des 1. 8. brachte nach den nunmehr mit erneut zusammengefaßten, von Artillerie und Luftwaffe stark unterstützten Kräften beider Div. weiter geführten Angriffen das Erreichen der ersten Angriffsziele.
Nach Einnahme der Höhe 203,4 stieß Angriffsgruppe der Div. „Das Reich" mit Infanterie und Panzern bis in den Flußgrund vor und erreichte um 16.00 Uhr das Ostufer 2 km südl. Marinowka, wo sie sich zum Vorstoß nach Nordosten gliedert. Der linke Flügel der Div. zerschlug im Zusammenwirken mit einer Stoßgruppe Div. „Totenkopf" den feindl. Pakstützpunkt an der Straßengabel hart nordostw. Stepanowka und befand sich um 17.30 Uhr im weiteren Vorgehen am Ostufer des Olchowtschik-Abschnittes entlang des Ostrandes von Stepanowka.
Nach Antreten um 13.30 Uhr gelang es der Div. „Totenkopf", um 14.30 Uhr die feindl. HKL bei Höhe 213,9 zu durchbrechen und sich langsam durch das tiefe Stellungssystem gegen die eigentliche Höhe vorzuarbeiten. Nach erneuten Feuerzusammenfassungen der Div.- und Korps-Artillerie und weiterem Luftwaffeneinsatz wurde 16.30 Uhr die Höhe mit Panzern, um 16.35 Uhr der Ostteil der Höhe mit Infanterie genommen. Um 17.00 Uhr war 213,9 in eigener Hand. Der Gegner hält sich weiter in neu aufgetretener Pakfront am Hinterhang der Höhe. Seit 15.05 Uhr Abwehr eines neuen Feindangriffes aus Gerassimowa-Schlucht gegen linken Flügel der Div. im Gange.

Luftlage: Bei Div. „Das Reich" stärkere, im Raum „Totenkopf" geringere feindl. Fliegertätigkeit. Hervorragende eigene Luftwaffenunterstützung, die einen wesentlichen Anteil an der Ausschaltung des feindl. Widerstandes hatte.

Feindeindruck: Feind versuchte Höhengelände 194,3–213,9 mit allen Mitteln zu halten. Er führte in den Raum südl. Marinowka–Stepanowka eine neue Schützendivision zu und sicherte Riegelstellung bei Höhe 213,9 durch starke Infanterie, umfangreiche Verminungen und den Einsatz von 2 Pak-Brigaden. Zuführung weiterer Kräfte in den Raum ostw. Marinowka und starker Widerstand im Höhengelände ostw. Straße Marinowka–213,9 ist möglich.

2. Div. SS-„DR": Angriffsspitze Ostufer des Olchowtschik 2 km südsüdostw. Marinowka–Höhe 203,4–Westrand Fedorowka–1 km ostnordostw. Höhe 223,7–Wegespinne am Südrand des Ostteils

1. 8. 1943 –
Wald Krassnaja
Swesda

Stepanowka–Straßengabel hart nordostw. Stepanowka. Vorgehende Teile von dort nach Südosten bei Zahl „138".

Div. SS-„T": Stoßgruppe in Anlehnung an rechten Flügel Div. SS-„DR" bei Zahl „138"–Höhe 213,9– auf Ostteil der Höhe noch Kämpfe, linker Flügel der Div. wie bisher.

Bei Div. SS-„DR" 5 Feindpanzer im Nahkampf vernichtet und 320 Feindminen aufgenommen und gesprengt.

Vereinigung Div. SS-„DR" und Div. SS-„T" auf 194,3, zur Bildung einer Abwehrfront für die Nacht auf dem Höhenkamm nach Osten. Am 2. 8. Erreichen der alten HKL am Mius im Abschnitt Höhen ostw. Marinowka–Höhe 174,6 und Säuberung des Gerassimowa-Abschnittes.

In schwerstem feindl. Feuer wurden durch die Pz.Pi.Kp. des SS-Pz.Rgts. 3 („Totenkopf") über 1200 Minen während des Angriffs auf 213,9 aufgenommen.
4. Flak-Abt. 3 („Totenkopf") erzielte am 29. 7. 1943 in unermüdlichem Einsatz an der Ostfront ihren 100. Flugzeugabschuß.

Sonnig und klar, gegen Abend etwas zunehmende Bewölkung, trocken, warm. Straßen für alle Kfz. befahrbar.

Generalkommando II. SS-Pz.-Korps, Ia

Wetter: Sonnig, klar.
Den mit Hellwerden angesetzten kampfstarken Aufklärungskräften folgend, beginnt der Divisionsangriff der Div. „Totenkopf" entlang der Höhenrippe von 213,9 nach Südosten vorzeitig und führt schnell gegen den nach den gestrigen Angriffen endlich weich werdenden Gegner zum ersten Erfolg, der Wegnahme der Höhe 194,3. Nachdem sich der linke Flügel der Div. „Das Reich" bereits der vorgehenden Div. „Totenkopf" angeschlossen und den Ort Marinowka im schnellen Vorstoß genommen hat, tritt auch, wie geplant, um 08.30 Uhr Regimentsgruppe „Der Führer" nach Nordosten und später Osten an. Nach Wegnahme der letzten beherrschenden Höhe im Gefechtsstreifen des Korps in allgemeiner Linie 2 km westlich des Mius ist der Weg frei, und bis 10.30 Uhr wird von beiden Divisionen die alte Miusstellung erreicht. Die weiteren Kämpfe des Tages sind Säuberungskämpfe im Stellungsgelände und in den Schluchten beiderseits der Angriffskeile und führen zur restlosen Vernichtung des Feindes auf dem Mius-Westufer. Damit ist der harte viertätige Kampf zur Wiederherstellung der alten Lage am Mius entschieden.
Mit Beendigung der Kämpfe befindet sich die Division „Das Reich" bereits in der Herauslösung, um ab 4. 8. im Eisenbahntransport verlegt zu werden.
Generalkommando hat Befehl über Division „Totenkopf" an XVII. AK abgegeben und richtet sich zum Abtransport am 3. 8. 1943 ein.

2. 8. 1943 –
Wald Krassnaja
Swesda

Einzelheiten:
Befehl für VP Gen.Kdo. Abfahrt 03.00 Uhr.
Morgenmeldung Div. „Das Reich":

17.45 Uhr Brückenkopfbildung über Olchowtschik-Schlucht durch Rgt. „DF" 2000 m südl. Marinowka.
18.10 Uhr III./„D" im Angriff auf Fedorowka hat SW-Teil genommen. Dadurch wurde III. (gep.) „DF" frei und an den rechten Flügel „DF" geführt.
19.40 Uhr SS-„D" mit I. Btl. SO-Rand Stepanowka erreicht.
21.00 Uhr bis 04.00 Uhr Störungsfeuer der Heeresartillerie jede 2. halbe Stunde auf Übergang Mius, Marinowka und Schluchten ostw. davon.
Div.Art. schoß in jeder 1. halben Stunde auf Inf.-Stellungen.
22.15 Uhr II./Pz.Rgt. Höhe 168,5 erreicht. Dort 150 bis 200 Mann mit 4 bis 5 Pak. Feindartillerie-Stellungen im Miusbogen westl. Klch. Politotdelez und Art.- und Paknest sowie 20 T 34 nördl. dieses Flußbogens erkannt.
Nacht verlief ruhig. Rege feindl. Fliegertätigkeit, geringer Abwurf von Bomben und Leuchtbomben.

Morgenmeldung Div. „Totenkopf":

Im Laufe des 1. 8. wurden weitere 412 Holzkastenminen, dabei größere Panzerminen, aufgenommen.
Ab 22.00 Uhr Feind in Btl.-Stärke von Osten kommend, angreift Höhe 213,9 mit etwa 8 Panzern.
22.50 Uhr Angriff abgewehrt.
Rege feindl. Fliegertätigkeit mit Bombenwürfen im gesamten Abschnitt.

Morgenmeldung an die Armee:

Nach Erreichen der wichtigsten Geländeteile am Olchowtschik wurden die eigenen Sicherungen in den späten Abendstunden zwischen die Angriffsgruppen vorgeschoben. Durch eine Panzer-Abteilung wurde enge Verbindung mit rechtem Nachbarn bei 168,5 gehalten.
Um 22.00 Uhr Feindangriff in Btl.-Stärke mit 8 Panzern von Osten gegen Höhe 213,9, der um 22.50 Uhr abgewehrt war. Sonst verlief die Nacht ruhig. Eigene Art. schoß Störungsfeuer auf Miusübergänge, Marinowka und Schluchten ostw. davon.
Rege feindl. Fliegertätigkeit mit Bombenwürfen im gesamten Abschnitt.

2. 8. 1943 – Morgenmeldung Arko 122:
Wald Krassnaja Bei Div. „Totenkopf" Feindangriff in Btl.-Stärke mit 8 Panzern gegen Höhe 213,9, um 22.50
Swesda Uhr abgewehrt. Im ganzen Abschnitt rege feindl. Fliegertätigkeit.

05.45 Uhr von Div. „Totenkopf":
Allgemein ruhige Lage. Feindangriff aus Gerassimowa-Schlucht wird erwartet.

06.45 Uhr von Div. „Totenkopf", 07.00 Uhr an die Armee: Div. „Totenkopf" hat im Nachstoß hinter weichendem Gegner um 06.30 Uhr Höhe 191,3 genommen. Feindwiderstand nur noch schwach. Rechter Flügel im Vorgehen gegen 194,3. Feindbild dort noch unklar.

08.30 Uhr Funkspruch von der Armee:
Feind weicht! Verfolgung auf breiter Front! Ziel: Alte HKL.
08.35 Uhr Morgenmeldung der Armee.

09.30 Uhr an die Armee:
Rechter Flügel Div. „Das Reich" um 09.00 Uhr am N-Rand der Schlucht 1 km südl. 194,3 im Angriff nach O gegen schwachen Feindwiderstand. Linker Flügel Div. „Das Reich" hat Marinowka feindfrei gemeldet und folgt links rückwärts gestaffelt.
Div. „Totenkopf" von Höhe 191,3 in Verfolgung des Gegners Richtung 174,6, linker Flügel um 08.00 Uhr 2 km NO Gerassimowa (2 Sternchen-Höhe 1:50 000) im Vorgehen auf 121,7. Aufklärung gegen 173,4 ist angesetzt. Verbindung mit linkem Nachbarn wird gesucht. Zwischen den beiden Angriffsspitzen Div. „Totenkopf" wird in breiter Front die Schlucht gesäubert. Bei Marinowkskije noch starker Feind, Stauung beim Mius-Übergang. Wird durch Stuka und Art. bekämpft.

10.20 Uhr von Armee:
Neue Grenze zwischen II. SS-Pz.-Korps und XVII. AK: Gerassimowa-Schlucht ist nach Wiedergewinnung der alten HKl durch II. SS-Pz.-Korps zu sperren.

11.35 Uhr von Armee:
Befehl über Verlegung des Gen.Kdos. und Div. „Das Reich" und neue Unterstellungsverhältnisse.
Beginn des Abtransportes Gen.Kdo. 3. 8., Div. „Das Reich" rückwärtige Teil 4. 8., fechtende Teile voraussichtlich 5. 8. 1943.
Vorübergehende Unterstellung nach Herauslösen des Gen.Kdos.: Div. „Das Reich" zu XXIV. Pz.-Korps, Div. „Totenkopf" zu XVII. AK.
15.20 Uhr Zwischenmeldung Div. „Totenkopf".
Zwischenmeldung an die Armee.
Befehl II. SS-Pz.-Korps über die Befehlsabgabe an XVII. AK und XXIV. Pz.-Korps am 2. 8., 20.00 Uhr, und dadurch bedingte Änderung in Unterstellung und Grenze.

Tagesmeldung Div. „Totenkopf":

Tagesmeldung zum 2. 8. 1943, fernmdl. durchgegeben 17.20 Uhr.
Besetzung der alten Mius-Stellung noch im Gange.
Luftlage: Geringe feindl. Fliegertätigkeit. 1 Feindflugzeug durch 15./„E" abgeschossen.
Alte Mius-Stellung erreicht mit Gren.Rgt. „T" rechts und Gren.Rgt. „E" links.
Trennungslinie: Höhenweg von 213,9 über 131,3 nach Osten.
Gefechtsstand: „T" nördl. Wegegabel ostw. Stepanowka; „E" 1 km westl. Straßengabelung 2 km westnordwestl. Pkt. 121,7; Pz.Rgt., Pi.Btl., Rgt. „T", Art.Rgt. 1 km nördl. Bachgabelung in Schlucht Olchowtschik.
Verteidigung in der alten Mius-Stellung.
Heiter, warm.

Tagesmeldung Div. „Das Reich".

Tagesmeldung an die Armee: 2. 8. 1943 –
Wald Krassnaja
Swesda

Zwischenmeldung.
Gegen überraschend geringen Feindwiderstand gewann SS-Pz.Gren.Div. „Totenkopf" um 07.40 Uhr Höhe 191,3, um 07,55 Uhr Höhe 194,3. Nach Abwehr eines feindl. Panzervorstoßes bei 194,3 um 09.50 Uhr und unter Zurücklassung schwacher Sicherungen trat SS-„T" um 10.00 Uhr erneut zum Angriff an, nahm um 11.15 Uhr Höhe 121,7, um 11.20 Uhr Höhe 174,6 gegen schwachen Widerstand und besetzte alte HKL mit Grenze rechts: Südrand Dmitrijewka–194,3 (ausschl.), Grenze links: Nordrand Westortsteil Dmitrijewka–Südrand Gerassimowa.

Tagesmeldung.
Die Ergebnisse bei Hellwerden vorgetriebener kampfstarker Aufklärung ausnutzend, trat SS-Pz.Gren.-Div. „Totenkopf" bereits vor befohlenem Angriffsbeginn gegen den Mius an. SS-Pz.Gren.Div. „Das Reich" schloß sich zunächst mit linkem Flügel und 08.30 Uhr planmäßig mit rechter Regimentsgruppe dem Angriff gegen den Fluß an.
Verlauf des Angriffs SS-„DR": 06.10 Uhr Antreten des linken Flügels in Anlehnung an auf der Höhenrippe nach Südosten vorgehenden rechten Flügel SS-„T". Gegen 07.30 Uhr Wegnahme von Marinowka mit linkem Regiment abgeschlossen. 08.30 Uhr Angriff rechter Regimentsgruppe mit Rest Panzer-Abt. zunächst in nordostw. Richtung und Abdrehen nach Osten nach Erreichen des Nordrandes der Nordsüdschlucht, da ursprüngliches Angriffsziel Höhe 194,3 bereits durch SS-„T" genommen. Mit gep. Gruppe bricht Div. letzten Versuch des Gegners, sich am Ostrand der Nordsüdschlucht südostw. Marinowka erneut zu setzen und erreicht um 10.30 Uhr trotz starken feindlichen Abwehrfeuers von den jenseitigen Höhen des Flusses die alte HKL.
Durch den gegen den Mius zu immer schmaler werdenden Gefechtsstreifen war es der Div. „Das Reich" bereits während des Angriffs möglich, laufend Verbände herauszuziehen. Div. „T" erhielt gleichzeitig Befehl, noch während des Vorgehens nach Süden bis zur neu befohlenen Trennungslinie zu verlängern, so daß nach abgeschlossenem Angriff die Masse der Div. „DR" bereits freigeworden ist und sich schon mit Teilen auf dem Marsch in den neuen Versammlungsraum befindet.
Feindeindruck: Feindwiderstand an der Einbruchsfront nach Verlust seiner Schlüsselstellung Höhengelände 213,9 und infolge hoher Verluste an Menschen und Material zusammengebrochen. Gegner hat sich im Laufe der Nacht mit der Masse seiner restlichen Kräfte auf das Ostufer des Mius abgesetzt. Er besetzt seine alte HKL.
Alte HKL im Abschnitt Südrand Dmitrijewka–Nordrand Gerassimowa-Schlucht.
Herauslösung Div. „DR" und Versammlung im Raum Charzyssk. Einrichten zur Verteidigung in der alten Miusstellung mit Div. „T".
Abgabe des Befehls an XXIV. und XVII. AK und Abtransport Gen.Kdo.
Wetter: Sonnig, klar. Gute, trockene Straßen.

Generalkommando II. SS-Pz.-Korps, Ia

Korpstagebefehl:

Die Truppen des II. SS-Pz.-Korps haben in 4 Tagen ihre Aufgabe, den Gegner bis über den Mius zu werfen, im Rahmen der 6. Armee erfüllt. Die Kämpfe waren ungewöhnlich schwer und hart. Ein zahlenmäßig weit überlegener Gegner verteidigte sich in ausgebauten Stellungen hinter starken Minenfeldern und zahlreichen Paks und Panzern auf engen Landbrücken, in unübersichtlichen Schluchten und vorbereiteten Ortschaften.
Die bewährten Truppen der SS-Divisionen wurden ausgezeichnet unterstützt durch Arko 122 mit seiner Heeresartillerie, den Werfer-Regimentern und das IV. Fliegerkorps.
Sie alle verdienen Anerkennung und Dank.
Wir senken die Standarten vor unseren Gefallenen.
Weiter vorwärts für Führer und Volk!

gez. Hausser

Schlußbetrachtung

Das II. SS-Pz.-Korps, als Stoßkeil im Rahmen der 4. Panzerarmee eingesetzt, war seiner Aufgabe gerecht geworden, obschon der südliche Teil des Kursker Bogens laut Bericht des Generalstabes, Abteilung Fremde Heere Ost, am stärksten ausgebaut und befestigt war. Mit unerhörter Wucht und soldatischem Können waren die erste und zweite Stellung trotz heftigster feindlicher Gegenwehr durchbrochen worden und die vordersten Teile bereits am 6. 7. abends im freien Gelände vor Kalinin, obwohl der Gegner über unsere Vorbereitungen und unseren Angriffsbeginn genau im Bilde war. Vielleicht waren die Russen infolge ihrer materiellen Überlegenheit ihrer Sache zu gewiß. Marschall Schukow berauschte sich anscheinend ebenso an Zahlen, wie das leider auch bei uns oft anzutreffen war. So schreibt er z. B. auf Seite 457 seiner „Erinnerungen und Gedanken":

„In der Schlacht bei Kursk übertrafen die Truppen der ‚Woronesch-Front' und der ‚Zentralfront', wie ich bereits erwähnt habe, den Gegner an Kräften und Mitteln. In konkreten Zahlen sah das Übergewicht folgendermaßen aus: Wir waren an Personal um das 4fache überlegen, an Geschützen und Granatwerfern um das 9fache, an Panzern um das 3fache und an Flugzeugen um das 6fache."

Jeder Frontsoldat kann ermessen, was es heißt, wenn bis zum 8. 7. dennoch 502 russische Panzer aus der operativen Reserve von den Panzern und Sturmgeschützen des Korps bereits abgeschossen waren. Das war ein harter Schlag, den auch die Russen nicht so ohne weiteres verdauen konnten.

Schon nachdem Lutschki gefallen war, also am 6. 7. mittags, konnten von einer eigenen Funk-Nahaufklärungsgruppe russische Funksprüche mitgehört werden, die eindeutig bewiesen, daß der Gegner völlig aus den Angeln gehoben war. Ein Korpsgeneral forderte stundenlang verzweifelt Reserven und Hilfe von seiner Armee. Doch der Oberbefehlshaber, vielleicht war es auch der Militärberater bei der Armee, sprich Politkommissar, beschimpfte und bedrohte ihn in einer Weise, die nicht wiederzugeben ist. Hurensohn war das mindeste. Für uns war das, wie so viele Dinge auf russischer Seite, sowohl gute wie böse, einfach unvorstellbar. Die höhere Führung war also bereits am zweiten Angriffstag total überrumpelt und vollkommen konfus, damit auch einer ruhigen und überlegten Führung nicht mehr fähig. Wir waren überrascht und sprachlos. So einfach wollten wir uns die Beurteilung der Lage aber nicht machen und setzten unseren Angriff in Richtung der angepeilten näheren Funkstelle fort, warfen den schon schwächer werdenden Gegner und erreichten gegen 19.00 Uhr ein kleines Bauernhäuschen westlich Kalinin. Darin saß tatsächlich ein russischer General mit seinem Korpsstab. Der Gegner ließ sich ohne Gegenwehr gefangennehmen. Nicht einmal ein Posten war vor seinem Gefechtsstand, so überrraschend waren wir vor ihm aufgekreuzt. Die Gefangenen bestätigten die Funksprüche und berichteten, daß starke operative Reserven an Panzern und Infanterie im Eilmarsch unterwegs wären und stündlich erwartet wurden. Die Truppe sei aber kaum einsatzfähig, weil die meisten Teile erst vor kurzer Zeit aufgestellt und nur sehr flüchtig ausgebildet worden seien.

Es war also durchaus nicht so weit her mit der gegnerischen Überlegenheit, wie es heute den Anschein hat. Masse war einer gut ausgebildeten und tapfer für das Vaterland kämpfenden Truppe immer noch unterlegen, mochte sie noch so brutal nach vorne getrieben worden sein. Liddell Hart schreibt auch hierüber ganz interessant auf Seite 608 in „Geschichte des Zweiten Weltkrieges":

„Die ‚Rote Armee' hatte auch erheblich an taktischer Wendigkeit gewonnen. Während in diesem Punkt im Jahre 1942 eine Verschlechterung eingetreten war infolge des Verlustes eines großen Teiles der am besten geschulten Truppen zu Beginn des Krieges, war dies durch größere Kriegserfahrung im Jahre 1943 größtenteils ausgeglichen worden, und die neugebildeten Einheiten hatten eine bessere Ausbildung erhalten als die alten vor dem Kriege. Die Verbesserung begann an der Spitze. Die drastische Beseitigung vieler der alten Kommandeure hatte die Bahn freigemacht für den Aufstieg einer Generation dynamischer junger Generale, meistens noch unter 40, die beruflich besser geschult und politisch weniger abtestempelt waren als ihre

Vorgänger. Das Durchschnittsalter der höheren russischen Kommandeure lag jetzt fast 20 Jahre unter dem der deutschen: und diese Verjüngung führte zu einer Erhöhung der Leistung und Aktivität. Die kombinierte Auswirkung dynamischer Führung und reiferer Kampferfahrung war sowohl in der Generalstabsarbeit als auch in der taktischen Beweglichkeit der Truppe erkennbar. Die Verbesserungen hätten sich noch mehr ausgewirkt, wenn nicht die Generale, aus Angst oder Gier nach Lob von oben, die Neigung gehabt hätten, Angriffe in unökonomischer Weise fortzusetzen, auch wenn sie auf starken Widerstand stießen. Um nicht einen Mißerfolg zuzugeben, warfen sie oft ihre Truppen unablässig gegen unbezwingbare Hindernisse, unter steigenden Verlusten. Solche nutzlosen Angriffe sind ein Erzübel aller Armeen wegen der Kombination der hierarchischen Rangordnung mit der militärischen Disziplin: aber es war natürlich noch schlimmer in der ‚Roten Armee' wegen der speziellen Verhältnisse im Sowjetsystem, der alten russischen Tradition und der riesigen russischen Menschenreserven. Unter diesen Umständen konnten nur Kommandeure mit ganz starker Stellung es wagen, ein Gefühl für die Grenzen des Möglichen zu entwickeln, während das überreiche ‚Menschenmaterial' eine großzügige Verausgabung nahelegte. Es war leichter, rücksichtslos Menschen zu opfern, als den Zorn des Mannes an der Spitze zu riskieren."

Bezeichnend ist vor allem der letzte Satz. Eine entsetzliche Erkenntnis! Wie oft haben wir uns in den Jahren in Rußland gewundert, wenn an einer für uns günstigen Verteidigungsstellung immer wieder angegriffen wurde, fünfmal, zehnmal, an einem Tage sogar vierzehnmal, und die Russen kamen immer wieder an der gleichen Stelle und ließen sich zusammenschießen. In der Kursker Schlacht war das zweifellos nicht mehr der Fall.

Die folgende große Panzerschlacht ab 8. 7. hat natürlich auch uns Verluste gebracht, die weh getan haben, doch es war kein Vergleich mit denen des Gegners, und sie haben uns nicht entscheidend geschwächt. Die russische taktische Führung hatte zweifellos aufgeholt, doch das reichte noch lange nicht, um uns zu schlagen. Das soll keine Überheblichkeit sein, sondern lediglich die Feststellung über die Einstufung der Ausbildung.

Am 10. und 11. 7. wurden die Voraussetzungen für den weiteren Angriff auf Prochorowka und den Übergang über den Pssel erkämpft. Die Kämpfe waren hart, aber es ging trotz heftiger Abwehr des Gegners stetig voran.

Am 12. 7. stieß das II. SS-Pz.-Korps bei seinem Angriff auf Prochorowka auf die ebenfalls angreifende 5. Garde-Panzerarmee und Teile der russischen 5. Gardearmee. Das schwere Ringen dauerte den ganzen Tag bis in die Abendstunden. Nennenswerte Erfolge blieben allerdings auf beiden Seiten aus, das blieb auch am 13. 7. so. Der gegnerische Angriff wurde endgültig abgeschlagen. Damit war ein weiterer bedeutender Teil der operativen Reserve der Russen nicht nur schwer angeschlagen, sondern praktisch außer Gefecht gesetzt, wie sich später noch herausstellte.

Generalfeldmarschall v. Manstein schreibt zu dieser Gefechtsphase in seinem Buch „Verlorene Siege", Seite 501:

„Im ganzen hatte der Feind nunmehr 10 Panzer- bzw. mechanisierte Korps gegen die Heeresgruppe neu in den Kampf geworfen. Dies waren im wesentlichen alle greifbaren Reserven, die der Gegner vor unserer Front bereitgestellt hatte, mit Ausnahme der Gruppen, die vor unserer Donez- und Miusfront standen, wo sich feindliche Angriffe nun vorzubereiten schienen. Der Feind hatte bis zum 13. Juli bereits 24 000 Gefangene, 1800 Panzer, 267 Geschütze und 1080 Pak an unserer Zitadelle-Front eingebüßt. Die Schlacht stand auf dem Höhepunkt. Die Entscheidung über Sieg oder Fehlschlag schien bevorzustehen. Wohl war dem Oberkommando der Heeresgruppe seit dem 12. Juli bekannt, daß die 9. Armee den Angriff hatte einstellen müssen und der Gegner gegen die 2. Panzerarmee zur Offensive übergangen war. Aber der Entschluß des Oberkommandos der Heeresgruppe, die Schlacht nicht vorzeitig – vielleicht dicht vor dem endgültigen Erfolg – abzubrechen, stand fest. Noch hatte es das XXIV. Panzerkorps mit der 17. Panzerdivision und mit der SS-Pz.Grenadier-Division ‚Wiking' in der Hand, um sie als Trumpf in die Schlacht zu werfen."

Ausgerechnet in diesen entscheidenden Stunden der Schlacht wurden die beiden Oberbefehlshaber der Heeresgruppen am 13. Juli in das Führerhauptquartier befohlen. Hitler erläuterte die ernste Gesamtlage durch die Landung der Alliierten in Sizilien am 10. 7. und befürchtete weitere Landungen der westlichen Gegner in Unteritalien und auf dem Balkan. Aus diesem Grunde müsse er Kräfte aus der Ostfront abziehen und in Italien zum Einsatz bringen. Die Offensive um Kursk müsse deshalb sofort abgebrochen werden. Generalfeldmarschall v. Kluge mußte zudem melden, daß die 9. Armee nicht mehr weiter vorankomme, weil der feindliche Widerstand zu groß sei. Selbst Marschall Schukow räumte ein, daß seine Kräfte um Orel noch stärker waren als vor Kursk und dort auch starke Panzerreserven standen. Das erklärt auch z. T. das Steckenbleiben der Armee des Generalobersten Model.

Generalfeldmarschall v. Manstein hingegen war überzeugt, daß die Schlacht trotz des langsamen Tempos des bisherigen Vormarsches noch erfolgreich abgeschlossen werden könne, und erklärte das auch Hitler. Doch lassen wir den Feldmarschall hierzu am besten selbst sprechen auf Seiten 502/503 seines Buches „Verlorene Siege":

„Ich erklärte demgegenüber, daß – was die Heeresgruppe Süd angehe – die Schlacht jetzt auf dem entscheidenden Punkt angekommen sei. Nach den Abwehrerfolgen der letzten Tage gegen fast die gesamten in den Kampf geworfenen operativen Reserven des Gegners läge der Sieg in greifbarer Nähe. Jetzt den Kampf abzubrechen, würde voraussichtlich bedeuten, daß man den Sieg verschenke!

Immerhin erklärte sich Hitler damit einverstanden, daß die Heeresgruppe Süd versuchen sollte, die ihr z. Z. gegenüberstehenden Feindkräfte so weit zu schlagen, daß sie auf der ‚Zitadelle'-Front die Möglichkeit zum Herausziehen von Kräften erhielte."

Leider wurde auch daraus nichts mehr, denn am 17. 7. befahl das Oberkommando des Heeres die sofortige Herauslösung des II. SS-Pz.-Korps zugunsten eines Einsatzes in Italien und am 18. 7. die Abgabe von zwei weiteren Panzerdivisionen an die Heeresgruppe Mitte. Das war das Ende der großen Schlacht um Kursk.

In Anbetracht dieses Aderlasses in Form der Abgabe von 5 Panzerdivisionen mußte sich nunmehr auch der Generalfeldmarschall v. Manstein schweren Herzens entschließen, seine Armeen in die Ausgangsstellungen zurückzunehmen. Ein bitterer Entschluß.

Die Russen merkten natürlich sehr schnell unsere Absetzbewegungen und nützten die Situation, zumindest im Orelbogen. Bereits am 15. 7. waren sie an der Orelfront mit starken Panzerkräften zum Gegenangriff angetreten. Ihre Angriffsoperationen waren lange vor unserem Angriff geplant und generalstabsmäßig vorbereitet worden. Sie nannten ihre Offensive „Kutusow".

Zwar hatte Stalin gefordert, daß auch die Truppen der „Woronesch-Front" (unser Gegenüber) und der sogenannten „Steppenfront" zum Gegenangriff übergehen. Doch diese Truppen waren von uns geschlagen und nicht mehr einsatzfähig. Schukow bekennt das auch ganz offen auf Seite 455 „Erinnerungen und Gedanken":

„Wegen der großen Erschöpfung unserer 1. Panzerarmee und 6. und 7. Gardearmee konnte der Feind seine Hauptkräfte bis zum 23. 7. auf die Belgoroder Abwehrlinie zurückführen. Die Truppen der ‚Woronesch'- und der ‚Steppenfront', die am 23. Juli die Hauptkampflinie der feindlichen Verteidigung erreichten, waren nicht in der Lage, gleich zum Gegenangriff überzugehen, wie der Oberste Befehlshaber es gefordert hatte. Es galt, die fast aufgebrauchten Bestände an Treibstoff, Munition und anderen materiell-technischen Kriegsgütern aufzufüllen, das Zusammenwirken aller Waffengattungen und eine gründliche Feindaufklärung zu organisieren und eine gewisse Umgruppierung der Truppen, insbesondere der Artillerie und der Panzer, vorzunehmen. Nach den knappsten Berechnungen waren dazu mindestens 8 Tage nötig.

Der Oberste Befehlshaber konnte sich nur schweren Herzens und erst nach heißen Diskussionen zu unserem Entschluß bekennen. Er war schließlich einverstanden, weil es damals einfach keinen anderen Ausweg gab.

Aber der Oberste Befehlshaber drängte zur Eile. Es kostete Wassilewski und mich große Anstrengung, Stalin zu überzeugen, daß so große Offensiven nicht übereilt beginnen, sondern in jedem Fall gründlich vorbereitet werden müßten. Der Oberste Befehlshaber beugte sich dem Rat seiner Generale bzw. Marschälle."

Schukow schreibt nun weiter auf Seite 456:
„Die Schlacht um Kursk, Orjol und Belgorod war eine der größten des Vaterändischen Krieges und überhaupt des Zweiten Weltkrieges. Hier wurden nicht nur die mächtigen Elitetruppen der Deutschen zerschlagen, hier zerschellte auch unwiderruflich der Glaube des deutschen Volkes und der Bundesgenossen Hitlers an die faschistische Führung und an die Fähigkeit Deutschlands, der wachsenden Macht der Sowjetunion standzuhalten.
Die Zerschlagung der Hauptkräfte der Deutschen im Raum Kursk schuf die Voraussetzungen für die darauf folgenden großangelegten Angriffsoperationen der sowjetischen Truppen zur restlosen Vertreibung der Deutschen von unserem Territorium und anschließend auch aus Polen, Ungarn, Jugoslawien, Rumänien und Bulgarien und die Voraussetzung zur endgültigen Niederwerfung Hitler-Deutschlands."

Die Euphorie des Siegers ist menschlich verständlich und natürlich typisch kommunistisch. Sie ist aber nicht berechtigt. Denn die Truppen der Heeresgruppe Süd und unter ihnen das II. SS-Pz.-Korps sind nicht vom Gegner geschlagen worden, im Gegenteil. Aus den Ausführungen von Marschall Schukow geht einwandfrei hervor, daß die 1. Panzerarmee und die 6. und 7. Gardearmee geschlagen und deshalb nicht imstande waren, zur ebenfalls vom russischen Generalstab lange vor unserem Angriffsbeginn geplanten und vorbereiteten Offensive anzutreten.

Der Angriff im Raum Belgorod, also unserem Einsatzraum, erfolgte erst am 3. August, das waren drei Wochen später, und wahrscheinlich auch nur deshalb, weil unsere Fronten an mehreren anderen Stellen vom Gegner schon durchbrochen waren.

Das II. SS-Pz.-Korps, nach Verlegung der Panzerdivision „Leibstandarte" nach Italien, nunmehr aus den Divisionen „Das Reich" und „Totenkopf" und 33. Panzerdivision des Heeres bestehend, kämpfte zu dieser Zeit längst nicht mehr bei Belgorod, sondern hatte, bereits wieder als Feuerwehr eingesetzt, mehrere Einbruchstellen des Gegners abgeriegelt und Auftrag erhalten, den von den Russen gebildeten Mius-Brückenkopf zu beseitigen. Der Angriff unserer seit Wochen in härtestem Einsatz stehenden Männer in dem vom Gegner gut einzusehenden Hügelgelände war außerordentlich schwierig. Dennoch gelang am 2. 8. durch die handstreichartige Wegnahme der Höhe 202 der entscheidende Durchbruch. Die Russen wehrten sich den ganzen Vormittag verzweifelt und führten laufend Gegenangriffe mit bis zu 30 Panzern. Doch unsere tapferen und geschundenen Panzergrenadiere, hervorragend unterstützt von den Sturmgeschützen, wankten nicht.

Gegen Mittag, als der in breiter Front vorgetragene Panzerangriff der drei Panzerdivisionen voll zum Tragen kam, waren die Russen geschlagen. Im Hagel von Stuka-Bomben flüchteten sie panikartig über den Mius. Leider war das der letzte Angriffserfolg in Rußland. Die Beute war beachtlich.

Der OKW-Bericht vom 4. 8. meldete:
„In der Schlacht am Mius haben Infanterie- und Panzerverbände des Heeres und der Waffen-SS unter Führung des Generalfeldmarschalls v. Manstein und des Generals der Infanterie Hollidt mit vorbildlicher Unterstützung der von General der Flieger Dessloch geführten Luftwaffenverbände wiederholte Duchbruchsversuche starker feindlicher Kräfte vereitelt und im schwungvollen Gegenangriff den nördlich Kuibyschewo eingedrungenen Feind zerschlagen. Bis zum 2. August wurden in diesen Kämpfen 17 895 Gefangene eingebracht, 730 Panzer, 703 Geschütze und 398 Granatwerfer erbeutet oder vernichtet. Die Verluste des Feindes an Toten betragen ein Vielfaches der Gefangenenzahl."

Das II. SS-Pz.-Korps wurde noch am Abend des 2. 8. bzw. in der Nacht vom 2. auf den 3. 8. herausgezogen und sollte nach Italien verladen werden. Die 1. SS-Panzerdivision „Leibstandarte" war schon nach dort auf dem Marsch. Der Korps-Stab folgte ebenfalls nach, doch für die Panzerdivisionen „Das Reich" und „Totenkopf" war der Abmarsch nicht mehr möglich. Die Front brannte lichterloh. Schwere Durchbrüche bei Charkow mußten erst einmal bereinigt werden, bis ein geordneter Rückzug an den Dnjepr möglich wurde.

Das waren die Folgen des plötzlichen Abbruchs der Schlacht um Kursk in einem Augenblick, als sich unser Sieg schon abzeichnete. Dieser Entschluß war ein fundamentaler Fehler unserer obersten Führung. Er wurde zum Schicksal der gesamten Front, und fortab war das Gesetz des Handelns auf die russische Seite übergegangen.

Eine siegreiche Beendigung der Kursker Schlacht hätte zwar den Zweiten Weltkrieg nicht mehr zu unseren Gunsten entschieden, zu groß und mächtig waren mittlerweile unsere Feinde in der ganzen Welt geworden, doch vielleicht hätte er früher und zu besseren Bedingungen beendet werden können.

Im Rückblick war die Schlacht um Kursk tatsächlich die Entscheidungsschlacht und nicht Stalingrad. Dort ging zwar die 6. Armee nach heroischem Kampf verloren, und dies war sicher auch eine sehr empfindliche Niederlage, aber der Abbruch der Schlacht um Kursk war mehr als eine Niederlage. Von da ab hatten wir nicht mehr die Kraft zu einem entscheidenden Gegenschlag. Die Fronten in Ost und West wurden immer länger, unsere schwächer gewordenen Kräfte immer mehr zersplittert, und so begann nach dem Abbruch der Schlacht von Kursk das furchtbare Ende seinen Lauf zu nehmen. Nach den Jahren glänzender Siege folgte nun der bittere Rückzug aus Rußland. An seinem Ende verloren wir den Krieg und damit einen Großteil unseres deutschen Vaterlandes, für das so viele unserer tapferen Kameraden ihr Leben geben mußten. An ihrem Opfer wollen wir unser heutiges Handeln ausrichten und ihrer stets in Treue gedenken.

Anhang

Generalkommando II. SS-Panzerkorps KHQU., den 3.8.1943 Anhang A
Ia

Stellungnahme

zu den Gefechtsberichten über den Gegenangriff des II. SS-Panzerkorps im Rahmen des AOK 6 gegen den feindl. Einbruchsraum westl. Dmitrijewka.

II. SS-Panzerkorps hatte den Auftrag, am 30. 7. 1943 zusammen mit XXIV. Pz.-Korps und XXIX. AK den feindl. Einbruch in die Miusfront westl. Dmitrijewka durch Gegenangriff zu bereinigen und den in diesem Brückenkopf stehenden Gegner zu vernichten.

Dem II. SS-Panzerkorps waren hierfür unterstellt:

SS-Pz.Gren.Div. „Das Reich";
SS-Pz.Gren.Div. „Totenkopf";
3. Pz.Div.;

Arko 122 mit:
Art.Rgt.-Stab z.b.V. 140,
II./AR 52 (o. 1. Battr.),
III./AR 140,
Art.Rgt.-Stab z.b.V. 617 mit s.Art.Abt. 735 (o. 1 Battr.),
II./AR 46,
II./AR 72;

Kdr.Nb.Tr. 1 mit s.Werfer-Rgt. 1, Werfer-Rgt. 52.

Der Kommandierende General erhielt den Auftrag von der Armee am Abend des x-5. Tag und erkundete mit Chef des Generalstabes das Angriffsgelände nach Verbindungsaufnahme mit den Stellungs-Korps und Divisionenen am x-4. Tag und trug am Abend dieses Tages die Absicht für die Angriffsführung der Armee vor. Die Angriffsführung wurde hierbei mündlich befohlen.

Der x-3. Tag stand nach mündl. Befehlsausgabe am Morgen an die Div.Kdre. den Divisionen für die Erkundung zur Verfügung, so daß die Erkundung der Truppe ab x-3. Tag durchgeführt werden konnte.

Das Hereinführen der Divisionen und unterstellten Heerestruppen in den Bereitstellungsraum wurde in der Nacht vom x-2./x-1. Tag beginnend am Abend des x-1. Tag beendet. Artillerie und Nebelwerfer wurden mit Teilen in der Nacht zum x-1. Tag und mit Masse in der Nacht zum x-Tag in Stellung gebracht.

Die Angriffstruppe rückte in der Nacht zum x-Tag aus dem Bereitstellungsraum in die Ausgangsstellungen. Angriffsbeginn wurde von der Armee nach Befragen des Korps aus 8.10 Uhr befohlen.

An Unterlagen für die Vorbereitung des Angriffs standen zur Verfügung:

a) art. Aufklärungsergebnisse in beschränktem Umfange, da aus Mangel an Beobachtung-Art. kein lückenloses Aufklärungssystem bestand. Dieses wurde erst am x-1. Tag durch Einsatz der 3. Pz.-Beobachtungs-Battren. des II. SS-Panzerkorps hergestellt.

b) Luftbilder, zum Teil mit ausgewerteten Truppeneinzeichnungen, welche jedoch nur in geringem Umfange feindl. Stellungen erkennen ließen. Ihre Ausnützung für den eigenen Feuerplan war daher gering.

c) Aufklärungsergebnisse der Stellungstruppe fast gar nicht, da diese von der Gruppierung des Gegners in und dicht hinter seiner vorderen Linie kein klares Bild hatte.

Die Angriffsdivisionen konnten nur noch am x-Tag vom Hellwerden bis Angriffsbeginn (etwa 4½ Stunden) Gefechtsaufklärung durchführen.

Anhang A   Das Korps hatte daher von der Abwehrgliederung des Gegners kein Bild und konnte sich nur auf Grund der Kenntnis der zahlreichen feindlichen Großverbände im Einbruchsraum darauf einstellen, gegen starke und tiefgegliederte Abwehr anzugreifen.

Die Armee hatte den Versammlungsraum des Koprs nordwestl. des Einbruchsraumes befohlen, um mit starkem linken Flügel (im Rahmen der gesamten Angriffskräfte gesehen) den Gegner in südostw. Richtung anzugreifen, ihn durch Vorstoß bis zu den Höhen westl. des Mius von seinen rückwärtigen Verbindungen zu trennen und dann durch Eindrehen nach Südwesten im Zusammenwirken mit den von Süden angreifenden Kräften zu vernichten. Diese Angriffsrichtung führte in die Flanke der feindl. Hauptstoßrichtung, welche nach Westen und Südwesten zeigte.

Nach mündl. Aussprache zwischen KG, Div.Kdren. und Art.Kdren. am Abend des x-2 Tages wurden Angriffsführung, Art.-Gliederung und Schwerpunktbildung durch Art.- und Luftwaffenunterstützung mündlich voraus befohlen.

Die „Besonderen Anordnungen für den Artillerie-Einsatz" enthielten alle Vorbereitungen für Einsatz der Schwerpunkt-Art. und Art.-Bekämpfungstruppe. Ein lückenloses, mehrfach überlagerndes Art.-Nachrichtennetz stellte die schnelle Anforderung eigener Art.-Zusammenfassung und Bekämpfung der Feindartillerie sicher. Die Artilleriebekämpfung litt unter Mangel an Artilleriefliegereinsatz. Da starker Jagdschutz notwendig war, konnten Artillerieflieger nur einige Male im Laufe der drei Gefechtstage starten.

Der Schwerpunkt lag zunächst bei der mittleren Division und wurde am Mittag des x-Tages auf die rechte Div. verlegt, da diese am schnellsten Raum gewann und auch die rechte Nachbar-Div. (linke Div. des rechten Nachbar-Korps) ebenso schnell vorwärts kam. Die schwerpunktmäßige Unterstützung wurde durch gesamte Schwerpunkt-Artillerie, Nebelwerfer und Luftwaffenverbände in stärkerem Umfange sichergestellt.

Das Angriffsgelände erforderte eine Verteilung der Angriffstruppe auf die ganze Breite des Korpsgefechtsstreifens, da die drei in der Angriffsrichtung verlaufenden Höhenrippen und die dazwischen liegenden Schluchten und Ortschaften eine gleichzeitige Bindung aller Feindkräfte erforderte, um die starke Flankierungsmöglichkeit in dem für die Verteidigung besonders günstigem Gelände auszuschalten.

Dem Angriff stellten sich folgende starke Abwehrkräfte und Abwehrmittel entgegen:

a) Sämtliche für Panzer gangbaren Geländestreifen waren durch mehrere, tiefe Minenfelder, dazwischen Streuminen, gesperrt. Die Pz.Pi.Kp. des Pz.Rgt. 3 (SS-Div. „Totenkopf") nahm allein am ersten Angriffstag während des Vorstoßes der Panzer auf 3 km Tiefe 1200 Minen auf, durch welche lediglich breite Gassen geschaffen und in keiner Weise sämtliche Minen geräumt wurden. Das Aufnehmen der einzelnen Minenfelder erforderte erhebliche Zeit und lag unter starkem feindl. Art.-Beschuß und Bombenwurf, so daß trotz Abschirmung der Entminung durch Artillerie bei Panzern und Pionieren erhebliche Verluste eintraten.

b) Der Gegner hatte die zahllosen Seitenschluchten, Täler, Ortsränder und Waldstücke mit einer großen Zahl von Granatwerfer-Btl., Pak und eingegrabenen Panzern verstärkt, so daß die angreifende Truppe durch starkes Feuer von allen Seiten gefaßt wurde. Der eigenen Artillerie und den Luftwaffenverbänden war es nur zu einem Teil möglich, diese Unzahl von geschickt eingebauten und getarnten schweren Waffen zu fassen. Trotz wendiger Art.-Führung und hohem Munitionseinsatz gelang es erst im Laufe vieler Stunden, diese Stützpunkte soweit niederzukämpfen, daß der Angriff wieder Boden gewann.

c) Die eigene Luftwaffe wurde in ihrer Unterstützung durch starke, überlegene feind. Luftstreitkräfte gehemmt. Art.-Flieger konnten nur unter starkem Jagdschutz angesetzt werden. Eigene Stuka-Verbände konnten infolge besonders starker Fliegerabwehr nur schnell ihre Bomben abwerfen, ohne ihre Ziele im einzelnen sorgfältig zu suchen.

d) Der Russe hatte seine Stellungen zum Teil unter Ausnutzung der alten deutschen Stellungen und der Ortschaften in den zur Verfügung stehenden 10 Tagen so stark ausgebaut, daß nach Gefangenenaussagen in einem Abschnitt, der unter zusammengefaßtem Artillerie und Nebelwerferfeuer vieler Abteilungen gelegen hatte, nur zwei Verwundete angefallen waren.

Schlußfolgerung: Der Angriff wurde nach kurzer Bereitstellung geführt. Die russische Kampfführung in der Verteidigung hat jedoch in den zwei Kriegsjahren so an Wendigkeit gewonnen, daß gegen Verteidigungsstellungen, welche von starken Kräften mit starker Artillerie besetzt sind, nur ein Angriff nach l a n g e r eingehender Vorbereitung Erfolg verspricht. Es muß durch Luftbilderkundung und lückenlosen Einsatz aller Aufklärungsmittel (B-Abt., Luftbildaufklärung, Erdaufklärung, Funk- und Horchaufklärung, Gefangenen- und Überläufervernehmungen) die Gliederung der feindl. Infanterie-, Panzer- und Art.-Kräfte sowie die Lage der Stäbe aller Stellungen im einzelnen bekannt sein. Dann ist v o r Angriffsbeginn die Bekämpfung aller den Angriff entscheidend hemmenden Feindwaffen möglich, so daß der Angriff in Fluß bleibt.

Das II. SS-Panzerkorps hat die gleichen Erfahrungen in der Operation nördl. Belgorod gemacht. Soweit der Angriff gegen die sehr starken und tiefen feindl. Stellungen führte, welche durch Luftbildaufklärung bekannt waren, blieb er trotz stärkster Gegenwehr in Fluß. Nachdem dem Korps 5 feindl. Panzer-Korps entgegengeworfen wurden und den Angriff vorübergehend zum Stoppen brachten, konnte die Fortsetzung des Angriffs trotz Einsatz stärkster Unterstützung aller Angriffsmittel nur langsam Boden gewinnen, weil der Gegner die Zeit fand, in kürzester Zeit durch Verminung und flankierenden Einsatz schwerer Waffen, welche immer erst während des Angriffes aufgeklärt werden konnten, den Angriff entscheidend zu verlangsamen.

Nach Auffassung des Korps muß infolgedessen für Aufträge, wie den hier vorliegenden, eine Vorbereitung von mehreren Tagen zur Verfügung stehen, um ohne schwere Verluste zu durchschlagendem Erfolg zu kommen. Nur ein schnell auf den Einbruch folgender Gegenangriff am darauffolgenden oder spätestens übernächsten Tage verspricht noch nach kurzer Bereitstellung Erfolg.

Für die eigene Führung der Verteidigung ist der Schluß zu ziehen, daß die flankierende Wirkung aller schweren Waffen in noch stärkerem Maße in den Abwehrplan eingebaut werden muß.

Ferner müssen zur Verstärkung der Verteidigung in weit größerer Zahl als bisher Minen zur Verfügung stehen und auch tatsächlich bis zur letzten verfügbaren Mine unter Einsatz des letzten Mannes verlegt werden.

Zum dritten muß die Truppe mit drakonischen Mitteln zum schnelleren Eingraben gezwungen werden, und zwar sind zu fordern:

> in einem Tag Panzer-Deckungslöcher für jeden einzelnen Schützen, gleichzeitig als Stellung für die Waffe des betr. Mannes, neben dem Panzer-Deckungsloch ein splittersicherer Unterschlupf;
>
> bis zum vierten Tag ein durchgehender Stellungsgraben und schußsichere Unterstände unmittelbar hinter der Stellung.

Die Gräben müssen tief, schmaler und schärfer geknickt sein, als dies bei uns bisher durchgeführt wurde, um die Verluste zu vermeiden. Zusammenfassend muß gesagt werden, daß durch den straff geführten Artilleriekampf der Widerstand des Gegners am Abend des zweiten Tages so entscheidend geschwächt war, daß der dritte Tag den Erfolg brachte.

Anhang A

Anhang B					Artillerie-Befehl vom 21. 6. 43

1) Artillerie- und Werferverbände vermessen in den durch die Planpausen festgelegten Stellungsräumen, soweit noch nicht geschehen, unverzüglich ihre Stellungen.
Die Batterien gehen nach Weisung der Rgt.Kdre. je zur Hälfte in den beiden Nächten vom x – 3. auf x – 2. und vom x – 2. auf x – 1. Tag in Stellung.

2) Die Schießgrundlagen für die durch den Feuerplan festgelegten Aufgaben der art. Vorbereitung sind ab sofort zu errechnen und in Zieltafeln für sämtliche Feuerstellungen und Beobachter übersichtlich niederzulegen. Die auf Grund der letzten Wettermeldungen vor y Uhr vorzunehmenden Berichtigungen und etwaige Korrekturen infolge der Überprüfung (y bis y + 15) sind in den Zieltafeln vorzubereiten.

3) In der Nacht vom x – 1. auf x Tag schließt sich nach genauer Vereinbarung mit den Gren.Rgtern. von jeder Abt. ein Battr.-Chef den Stoßtrupps an, die die feindl. Vorposten wegnehmen. Der Battr.-Chef richtet eine neugewonnene vorgeschobene B-Stelle so ein, daß er am x Tag bei erstem Dämmerlicht mit Funk und möglichst auch mit Draht die Lage des errechneten Feuers seiner Abteilung beobachtet nachprüfen kann.
Nachprüfen (am besten flügelweise durch Battr.-Salven) und Korrektur des Feuers erfolgt von y bis y + 15. Bei jedem Feuerraum ist durch den Art.Rgt.Kdr. Art der Nachprüfung, Reihenfolge und Uhrzeit für die Abten. genau festzulegen.

4) Art.-Vorbereitung des Angriffs.

a) Von y bis y + 3 faßt das verstärkte SS-AR 1 mit 4 Art.Abt. und einer s.Werfer-Abt. das Feuer auf Höhe 228,6 (Raum J) zusammen. Vernichtungsfeuer je Abt. 3 Kampfsätze Werfer-Abt. 1 Salve.
Anschließend Wegnahme der Höhe 228,6 durch „LSSAH".
Auf der Höhe 228,6 sind sofort vorgeschobene B-Stellen zu errichten, die durch Beobachtung auf K und L die Lage des Feuerschlages y + 15 bis y + 25 nachprüfen und für den 2. Feuerschlag (y + 30 bis y + 40) nötigenfalls korrigieren.

b) Von y + 15 bis y + 25 und y + 30 bis y + 40 legen die Art.Rgter. und Werfer-Abt. je einen Feuerüberfall von 10 Min. auf die Räume A, B, C, F, G, H, K, L. Jeder Feuerüberfall je Art.Abt. 4 Kampfsätze, je le.Werfer-Abt. 2 Salven, s.Werfer-Abt. eine Salve (siehe Feuerplan).
Von y + 45 bis y + 50 ist die Feuervorbereitung fortzusetzen auf die Räume A, B, C, K, L mit 2 Kampfsätzen je Art.Abt., zu steigern zum höchsten Feuertempo (Vernichtungsfeuer) auf F, G, H mit 5 Kampfsätzen je Art.Abt. und einer Salve je Werfer-Abt.
Die zwischenliegenden Feuerpausen von 2mal je 5 Min. und die Beendigung des Feuers auf F, G, H um y + 50 sind durch Berücksichtigung der Flugbahnzeiten sicherzustellen (Schüsse zu den befohlenen Zeiten im Ziel).
y + 50 Angriff der Div. „Das Reich" auf die Räume G, H.

c) Zur verstärkten Fortsetzung der Feuervorbereitung auf Räume K und L werden um y + 50 eine Abteilung SS-AR 2, das Werfer-Rgt. 55 und II./Werfer-L-Rgt. 1 dorthin geschwenkt.
Von y + 50 bis y + 60 je Art.Abt. 4 Kampfsätze, je le.Werfer-Abt. 2 Salven, II./Werfer-L-Rgt. 1 eine Salve.
Feuersteigerung zu Vernichtungsfeuer y + 60 bis y + 65 mit 5 Kampfsätzen je Art.Abt. und 1 Salve je le.Werfer-Abt.
y + 65 Angriff der Div. „LSSAH" auf K und L.

d) Mit Beginn des Angriffs der Div. „Das Reich" ab y + 50 blenden eine Art.Abt. und 2 Werfer-Abt. Feind in der rechten Flanke durch Nebel auf Räume C, D, E.
Mit Beginn des Angriffs der Div. „LSSAH" ab y + 65 blenden eine Art.Abt. und 2 Werfer-Abt. Feind in der linken Flanke durch Nebel auf Räume M, N, O, P, Q.
SS-AR 1 bereitet vor, daß je nach Feindeinwirkung das Blenden durch Nebel auf die genannten Räume schon vor y + 65 durch eine Abt. SS-AR 1 einsetzen kann.

Die Leitung des Nebelschießens unter Berücksichtigung der Windverhältnisse und im Einklang mit der Angriffsbewegung obliegt den Abt.Kdren. unter besonderem Einsatz der VB.
e) SS-AR 3 bereitet einen Feuerüberfall von 2 Min. (2 Kampfsätze) auf Räume D und E vor, der auf Befehl der Div. „Totenkopf" vom Regiment ausgelöst wird, sobald die Div. im Verlauf des Angriffs zum Sturm auf die Räume antritt.

Anhang B

5) Bei der Durchführung der planmäßigen art. Vorbereitung kommt es auf eine besonders enge und eingehend vorbereitete Zusammenarbeit von Artillerie und Grenadieren an.
Die Grenadiere schieben sich während der Feuervorbereitung der Artillerie möglichst nah an den Feuerraum heran und brechen nach der schlagartigen Beendigung des Art.-Feuers sofort in die Feindstellungen ein.

6) Nach Abschluß der Feuervorbereitung unterstehen die Art.Rgter. (ohne die 10 cm Battr. des AR 1 und 2) den Divisionen, auf deren Weisung die weitere Art.-Kampfführung durch die Rgt.Kdre. erfolgt.
Es werden hierbei unterstellt: Der Div. „Totenkopf": die Korps-Werfer-Abt.; der Div. „Das Reich": das Werfer-L-Rgt.1 (ohne II. Abt.); der Div. „LSSAH": das Werfer-Rgt. 55 (ohne II. Abt.) und le.Art.Abt. 861.
Die II./Werfer-L-Rgt. 1 bleibt dem Kdr. d. Nb.Tr. 3 zur Verfügung des Korps unterstellt.
Geb.Art.Kdr. 132 hält während des Angriffs Fühlung mit den Art.Rgtern. der Divisionen.

7) Die gemäß Munitions-Übersicht für die Vorbereitung des Angriffs benötigte Munition ist ab Bekanntgabe des x-Tages durch die Abten. zu empfangen und in den bis zum x – 1. Tag verfügbaren Nächten in den Stellungsräumen bereitzustellen. Es ist sicherzustellen, daß beim ersten Stellungswechsel die Abten. noch über ihre volle Munitions-Ausstattung verfügen.

8) Artillerie-Bekämpfung.
Vor dem Angriff zuletzt mit Sicherheit aufgeklärte Feind-Battr. werden mit Planschießen, beim Angriff neu auftretende Feind-Battr. mit Fliegerbeobachtung bekämpft; hierzu wird als Art.-Bekämpfungsgruppe unter Geb.Art.Kdr. 132 eingesetzt: le.Art.Abt. III. 818, 2 10 cm Kan.Battr. (SS-AR 1 und 2).
Die beiden Kan.Battr. werden le.Art.Abt. III./818 unterstellt.
Die Meßbatterieen der Rgter. bleiben nach Angriffsbeginn mit vereinfachtem Meßsystem in ihren bisherigen Stellungen. Abbau befiehlt Geb.Art.Kdr. 132.

9) Gef.Std. des Geb.Art.Kdr. 132 und Kdr. Nb.Tr. 3 in Nähe Korpsgefechtsstand.
Korps-Nachr.Abt. legt Draht vom Gef.Std. Geb.Art.Kdr. 132 zu den 3 Art.Rgtern. und zur le.Art.Abt. III./818. Sie stellt einen Funktrupp c an Geb.Art.Kdr. 132 ab (für Flivo).
Durch Abstellung eines weiteren Funktrupps an Geb.Art.Kdr. 132 ist Funk-Verbindung im Sternverkehr zu den Art.Rgtern. und zur Art.-Bekämpfungsgruppe sicherzustellen.
Die Art.Rgter. legen Draht zu den Werfer-Verbänden in ihren Gefechtsstreifen.

gez. Hausser

Anhang C Zusätze zum Artillerie-Befehl vom 21.6.1943 zu Seite 25

Der Art.-Befehl Nr. 507/43 g.Kdos. vom 21. 6 1943 behält seine Gültigkeit mit folgenden Änderungen und Zusätzen:

1. Änderung zu Ziff. 1.:
Die Battr. gehen in den beiden Nächten x – 3./ x – 2. und x – 2./ x – 1. Tag nicht unmittelbar in die Feuerstellungen. Nahegelegene Tarnmöglichkeiten sind weitestgehend solange wie möglich auszunützen.

2. Änderung zu Ziff. 4. a):
Der Feuerschlag y bis y + 3 auf Höhe 228,6 (Raum J) entfällt.
„LSSAH" nimmt die Höhe 228,6 in der vorhergehenden Nacht ohne Art.-Vorbereitung. Gemäß Ziff. 3. des Art.-Befehls sind vorgeschobene B-Stellen im Zuge der Wegnahme der Höhe 228,6 einzurichten. Von y bis y + 15 ist die Lage des Feuers auf Räume K und L nachzuprüfen.

3. Die 10 cm Kan.Battr. der Div. „LSSAH" und „Das Reich" setzen sich für das Instellunggehen unmittelbar mit le.Art.Abt. 861 (Gef.Std. 2,5 km ostwärts Rakowo–Satschetejewka) in Verbindung, die die Kan.-Stellungen vermessen und verpflockt hat.
Das SS-Art.Rgt. 2 stellt zur 10 cm Kan.Battr. einen Funktrupp c ab.

4. Zum Feuerplan.
Die Art.Rgter. stellen sicher, daß mit Beginn des Inf.-Angriffs um y + 50 und y + 65 keine Pause im Art.-Feuer eintritt zwischen der Beendigung der planmäßigen Feuervorbereitung und dem Beginn des beob. Art.-Feuers. Die Zeit bis zum Einsetzen der beob. Art.-Unterstützung der Grenadiere ist durch ein entsprechend vorverlegtes Planfeuer zu überbrücken.

5. Zusammenarbeit Artillerie und Werfer.
Kdr. d. Nb.Tr. 3 gibt die Weisungen für den Einsatz der Werfer-Abt. gemäß Feuerplan. Die Werfer-Abt.Kdre. nehmen umgehend mit den Art.Rgt.Kdren. Verbindung auf. Der Art.Rgt.Kdr. bestimmt für die Feuerräume seines Gefechtsabschnittes Reihenfolge des Einschießens sowie Zusammenwirken der Werfer- und Art.Abten.

6. Art.-Bekämpfung.
Jedes Art.Rgt. bestimmt eine sFH-Battr., SS-„T" eine 10 cm Kan.Battr., mit c-Gerät in der Feuerstellung für Einsatz zur Art.-Bekämpfung durch Geb.Art.Kdr. 132, falls die Artillerie-Bekämpfungsgruppe nicht ausreicht. In diesem Falle fällt die betreffende Battr. im allgemeinen Vorbereitungsfeuer für die Dauer des Fliegerschießens aus.

7. Nebelschießen.
Die Entscheidung je nach Windrichtung, ob und bei welchen Feuerräumen Nebelschießen durchzuführen ist, trifft, wenn möglich, das Korps. Unter Umständen ist jedoch örtliche Entscheidung durch die Div. oder die schießende Abt. erforderlich.
Für den Fall, daß das Nebelschießen nicht möglich ist, ist die entsprechende Menge Brisanz-Munition bereitzustellen.

8. „LSSAH" unterstellt 1 Battr. von II./Werfer-Rgt. 55 für den Angriff dem Gren.Rgt. 315.

9. Das Artillerie-Nachrichtennetz ist dazu auszuwerten daß die art. und taktische Beobachtung schnellstens zur Kenntnis der Führung kommt. Die Art.Rgter. geben die Meldungen an B-Stellen laufend sowohl an die Div. als auch an Geb.Art.Kdr. 132 zur unmittelbaren Unterrichtung des Korps.

10. Die 3. Art.Rgter. reichen spätestens zum x – 3. Tag abends eine Planpause mit den neuen Stellungen sämtlicher Battr. und B-Stellen an Geb.Art.Kdr. 132 ein.

gez. Hausser

Überblick zum Feuerplan

Anhang D

1. Nachts   Inf. nimmt feindl. Gef.-Vorposten weg.
   Artillerie bezieht die neu gewonnenen B-Stellen.

2. y bis   SS-AR 1 mit 4 Abt. Vernichtungsfeuer   auf J   (3 Kampfsätze)
   y + 3   II./Werfer-L-Rgt. 1   auf J   (1 Salve)
            Anschließend (y + 3) Wegnahme von J durch „LSSAH"

   y bis   Die drei Art.Rgt. überprüfen von den neu gewonnenen B-Stellen aus die
   y + 15   errechneten Schießgrundlagen für die ihnen zugewiesenen Zielräume.

3. y + 15   Feuerzusammenfassungen
   bis   SS-AR 3 mit je einer Abt.   auf A, B, C, F (4 Kampfsätze)
   y + 25   KW-Abt.   auf B, C   (je 1 Salve)
            SS-AR 2 mit 1 le., 1 s.Abt.   auf G   (4 Kampfsätze)
            SS-AR 2 mit 2 le.Abt.   auf H   (4 Kampfsätze)
            WLR 1 mit 1 Abt.   auf F   (2 Salven)
            WLR 1 mit 1 Abt.   auf G   (2 Salven)
            II./WLR 1   auf G   (1 Salve)
            WR 55 mit 1 Abt.   auf F   (2 Salven)
            WR 55 mit 1 Abt.   auf H   (2 Salven)
            SS-AR 1 mit 1 le., 1 s.Abt.   auf K   (4 Kampfsätze)
            SS-AR 1 mit 1 le. u. 861   auf L   (4 Kampfsätze)

4. y + 25
   bis   Feuerpause
   y + 30

5. y + 30   Wiederholung der Feuerzusammenfassungen wie Ziff. 3
   bis   SS-AR 3 mit je einer Abt. Feuervorbereitung   auf A, B, C, F (4 Kampfsätze)
   y + 40   KW-Abt.   auf B, C   (je 1 Salve)
            SS-AR 2 mit 1 le., 1 s.Abt.   auf G   (4 Kampfsätze)
            SS-AR 2 mit 2 le.Abt.   auf H   (4 Kampfsätze)
            WLR 1 mit 1 Abt.   auf F   (2 Salven)
            WLR 1 mit 1 Abt.   auf G   (2 Salven)
            II./WLR 1   auf G   (1 Salve)
            WR 55 mit 1 Abt.   auf F   (2 Salven)
            WR 55 mit 1 Abt.   auf H   (2 Salven)
            SS-AR 1 mit 1 le., 1 s.Abt.   auf K   (4 Kampfsätze)
            SS-AR 1 mit 1 le.u. 861   auf L   (4 Kampfsätze)

6. y + 40
   bis   Feuerpause
   y + 45

   y + 45   Fortsetzung der Feuervorbereitung mit Steigerung des Feuers auf F, G, H
   bis   (Vernichtungsfeuer)
   y + 50   SS-Ar 3 je 1 Abt.   auf A, B, C (2 Kampfsätze)
            SS-AR 3 je 1 s.Abt.   auf F   (5 Kampfsätze)
            SS-AR 2 mit 1 le., 1 s.Abt.   auf G   (5 Kampfsätze)
            SS-AR 2 mit 2 le.Abt.   auf H   (5 Kampfsätze)
            WLR 1 mit 1 Abt.   auf F   (1 Salve)
            WLR 1 mit 1 Abt.   auf G   (1 Salve)

Anhang D

　　　　　　　　y + 40
　　　　　　　　bis　　　Feuerpause
　　　　　　　　y + 45

7. y + 45　　Fortsetzung der Feuervorbereitung mit Steigerung des Feuers auf F, G, H
　 bis　　　　(Vernichtungsfeuer)
　 y + 50　　SS-AR 3 je 1 Abt.　　　　　　　　auf A, B, C　(2 Kampfsätze)
　　　　　　SS-AR 3 1 s.Abt.　　　　　　　　auf F　　　　(5 Kampfsätze)
　　　　　　SS-AR 2 mit 1 le., 1 s.Abt.　　　　auf G　　　　(5 Kampfsätze)
　　　　　　SS-AR 2 mit 2 le.Abt.　　　　　　auf H　　　　(5 Kampfsätze)
　　　　　　WLR 1 mit 1 Abt.　　　　　　　　auf F　　　　(1 Salve)
　　　　　　WLR 1 mit 1 Abt.　　　　　　　　auf G　　　　(1 Salve)
　　　　　　WR 55 mit 1 Abt.　　　　　　　　auf F　　　　(1 Salve)
　　　　　　WR 55 mit 1 Abt.　　　　　　　　auf H　　　　(1 Salve)
　　　　　　SS-AR 1 mit 1 le., 1 s.Abt.　　　　auf K　　　　(2 Kampfsätze)
　　　　　　SS-AR 1 mit 1 le. u. 861　　　　　auf L　　　　(2 Kampfsätze)
　　　　　　Anschließend (y + 50) Angriff „Das Reich" auf Beresoff.

8. y + 50　　Fortsetzung der Feuerschläge auf K und L
　 bis　　　SS-AR 2 mit 1 Abt.　　　　　　　　auf K　　　　(4 Kampfsätze)
　 y + 60　　SS-AR 1 mit 1 le., 1 s.Abt.　　　　auf K　　　　(4 Kampfsätze)
　　　　　　SS-AR 1 mit 1 le. u. 861　　　　　auf L　　　　(4 Kampfsätze)
　　　　　　WR 55 mit je Abt.　　　　　　　　auf K, L　　　(je 2 Salven)
　　　　　　II./WLR 1　　　　　　　　　　　　auf K, L　　　(1 Salve)

　 y + 60　　Feuersteigerung auf die gleichen Räume (Vernichtungsfeuer)
　 bis　　　jede Abt.　　　　　　　　　　　　　　　　　　　(5 Kampfsätze)
　 y + 65　　Werfer-Rgt. 55　　　　　　　　　　　　　　　　(1 Salve)
　　　　　　Anschließend (y + 65) Angriff „LSSAH" auf K und L

9. ab　　　SS-AR 3 mit 1 Abt. Nebel　　　　　auf D　　　　(1200 Schuß)
　 y + 50　　Rest beobachtetes Feuer nach Gefechtsverlauf
　　　　　　KW-Abt. Nebel　　　　　　　　　　auf C　　　　(1200 Schuß)
　　　　　　SS-AR 2 beobachtetes Feuer nach Gefechtsverlauf
　　　　　　WLR 1 mit 1 Abt. Nebel　　　　　　auf E　　　　(1200 Schuß)

10. ab　　　SS-AR 1 beobachtetes Feuer nach Gefechtsverlauf
　　y + 65　1 le.Abt. SS-AR 1 Nebel　　　　　　auf Q　　　　(1200 Schuß)
　　　　　　WR 55 Nebel　　　　　　　　　　　auf M, N, O　(3000 Schuß)
　　　　　　WR 55 Nebel, später　　　　　　　　auf N, O, F　(3000 Schuß)

11. Zeitfrei-　SS-AR 3 bereitet Feuerzusammenfassung auf D und E vor, die auf Anord-
　　bleibend　nung des Kdr. ausgelöst wird　　　　　　　　　　(2 Kampfsätze)

Anhang E

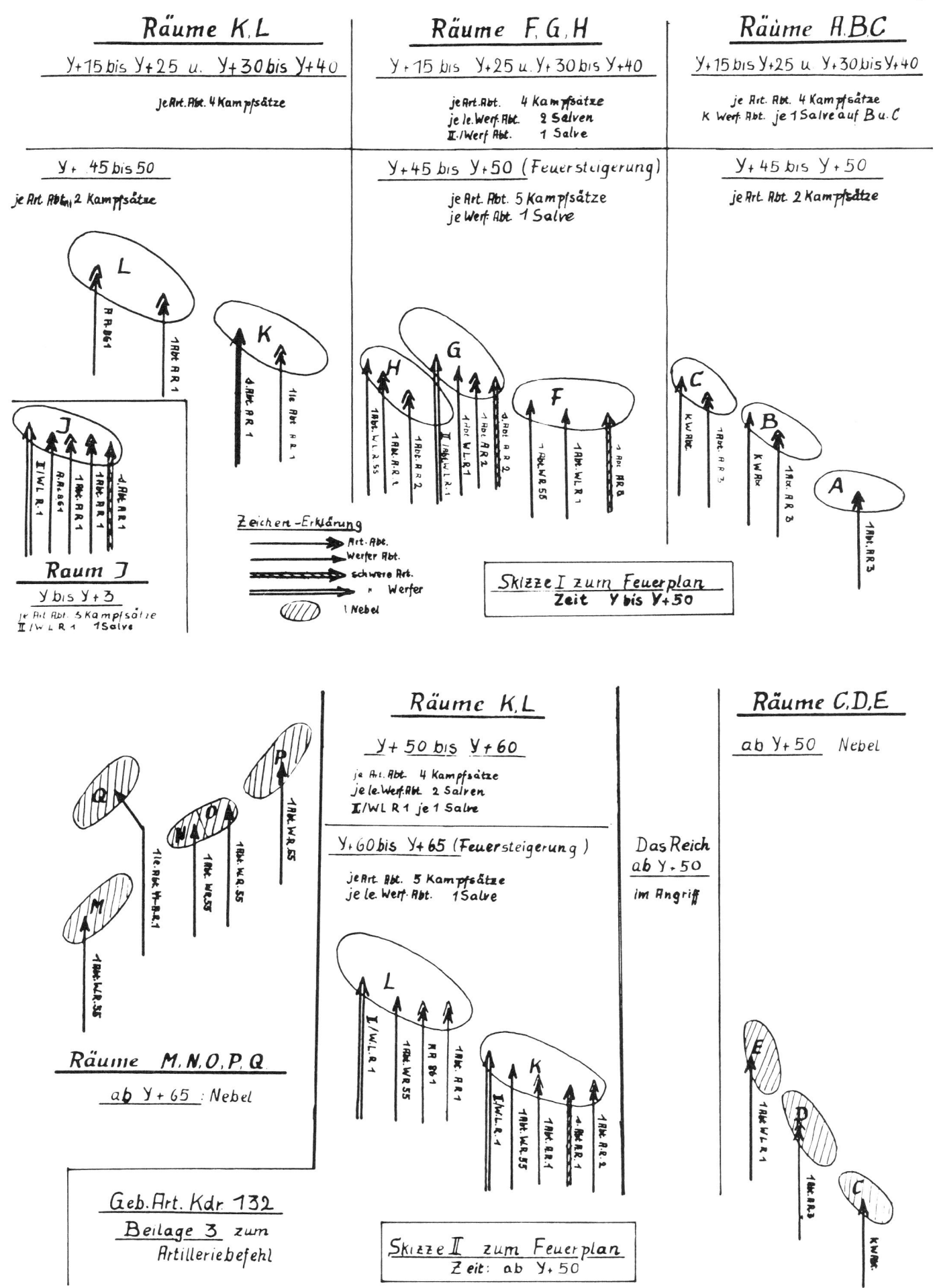

Skizze I zum Feuerplan — Zeit Y bis Y+50

Räume K, L	Räume F, G, H	Räume A, B, C
Y+15 bis Y+25 u. Y+30 bis Y+40	Y+15 bis Y+25 u. Y+30 bis Y+40	Y+15 bis Y+25 u. Y+30 bis Y+40
je Art. Abt. 4 Kampfsätze	je Art. Abt. 4 Kampfsätze je le. Werf. Abt. 2 Salven II./Werf. Abt. 1 Salve	je Art. Abt. 4 Kampfsätze K Werf. Abt. je 1 Salve auf B u. C
Y+45 bis 50	Y+45 bis Y+50 (Feuersteigerung)	Y+45 bis Y+50
je Art. Abt. 2 Kampfsätze	je Art. Abt. 5 Kampfsätze je Werf. Abt. 1 Salve	je Art. Abt. 2 Kampfsätze

Raum J — Y bis Y+3
je Art. Abt. 5 Kampfsätze
II./W.L.R.1   1 Salve

Zeichen-Erklärung
→→→ Art. Abt.
→→   Werfer Abt.
⇒⇒⇒ schwere Art.
→   Werfer
▨   Nebel

Skizze II zum Feuerplan — Zeit: ab Y+50

Räume K, L	Räume C, D, E
Y+50 bis Y+60	ab Y+50 Nebel
je Art. Abt. 4 Kampfsätze je le. Werf. Abt. 2 Salven I./W.L R 1 je 1 Salve	
Y+60 bis Y+65 (Feuersteigerung)	Das Reich ab Y+50 im Angriff
je Art. Abt. 5 Kampfsätze je le. Werf. Abt. 1 Salve	

Räume M, N, O, P, Q — ab Y+65: Nebel

Geb. Art. Kdr. 132
Beilage 3 zum Artilleriebefehl

Anhang F   Feuerplan mit Munitionsübersicht (Anlage 2 z. Art.Bef.) **Geb.Art.Kdr. 132**

Zeit	Dauer	"LSSAH"		"Das Reich"		"Totenkopf"		Kdr.Nb.Tr.
		SS-AR 1 mit unterstellter 861	WR 55 (ohne II. Abt.)	SS-AR 2	WLR 1 (ohne II. Abt.)	SS-AR 3	KW-Abt.	II. WLR 1
y bis y+3	3 Min.	3 Kampfsätze 2 le., 1 s.Abt., 1 Sfl.-Abt. auf J 648 lFH 218 sFH						1 Salve auf J 90 21 cm
y bis y+15	15 Min.	Überprüfen der Schießgrundlagen 432 lFH 144 sFH	Überprüfen der Schießgrundlagen 12 15 cm	Überprüfen der Schießgrundlagen 648 lFH 288 sFH	Überprüfen der Schießgrundlagen 12 15 cm	Überprüfen der Schießgrundlagen 648 lFH 96 sFH 48 10 cm Kan.	Überprüfen der Schießgrundlagen 6 15 cm	Überprüfen der Schießgrundlagen 6 21 cm
y+15 bis y+25	10 Min.	4 Kampfsätze 1 le., 1 s.Abt. auf K 288 lFH 192 sFH Sfl.Abt. u. 861 auf L 576 lFH 96 sFH	2 Abt. Salven auf F 216 15 cm 1 Abt. Salven auf H 216 15 cm	4 Kampfsätze 1 le., 1 s.Abt. auf G 288 lFH 128 sFH Sfl.Abt. u. 861 auf H 576 lFH 96 sFH	2 Abt. Salven auf F 216 15 cm 2 Abt. Salven auf G 216 15 cm	4 Kampfsätze je 1 le.Abt. Sfl.-Abt. auf A, B auf C 864 lFH 96 sFH s.Abt. auf F 128 sFH 64 10 cm Kan.	1 Salve auf B 144 15 cm 1 Salve auf C 144 15 cm	1 Salve auf G 90 21 cm
y+25 bis y+30	5 Min.	Feuerpause						
y+30 bis y+40	10 Min.	4 Kampfsätze 1 le. u. 1 s.Abt. auf K 288 lFH 192 sFH Sfl.Abt. u. 861 auf L 576 lFH 96 sFH	2 Abt. Salven auf F 216 15 cm 2 Abt. Salven auf H 216 15 cm	4 Kampfsätze 1 le., 1 s.Abt. auf G 288 lFH 128 sFH Sfl.Abt. 1 le.Abt.	2 Abt. Salven auf F 216 15 cm 2 Abt. Salven auf G 216 15 cm	4 Kampfsätze je 1 le.Abt., Sfl.Abt. auf A, B auf C 864 lFH 96 sFH s.Abt. auf F 128 sFH 64 10 cm Kan.	1 Salve auf B 144 15 cm 1 Salve auf C 144 15 cm	1 Salve auf G 90 21 cm
y+40 bis y+45	5 Min.	Feuerpause						
y+45 bis y+50	5 Min.	2 Kampfsätze 1 le., 1 s.Abt. auf K 144 lFH 98 sFH Sfl.Abt. 861 288 lFH 48 sFH	1 Abt. Salve auf F 106 15 cm 1 Abt. Salve auf H	5 Kampfsätze 1 le., 1 s.Abt. auf G 360 lFH 160 sFH Sfl.Abt. 1 le.Abt. 720 lFH 120 sFH	1 Abt. Salve auf F 108 15 cm 1 Abt. Salve auf Q 108 15 cm	2 Kampfsätze je 1 le.Abt. Sfl.Abt. auf A, B auf C 432 lFH 48 sFH 5 Kampfsätze Abt. auf F 80 10 cm Kan., 160 sFH		
y+50 bis y+60	10 Min.	4 Kampfsätze 1 le., 1 s.Abt. auf K 288 lFH 192 sFH Sfl.Abt. u. 861 auf L 576 lFH 96 sFH	2 Abt. Salven auf K 216 15 cm 2 Abt. Salven auf L 216 15 cm	4 Kampfsätze 1 le.Abt. auf K 288 lFH				1 Salve auf K 90 21 cm 1 Salve auf L 90 21 cm
y+60 bis y+65	10 Min.	5 Kampfsätze 1 le., 1 s.Abt. auf K 360 lFH 240 sFH Sfl.Abt. u. 861 auf L 720 lFH 120 sFH	1 Abt. Salve auf K 108 15 cm 1 Abt. Salve auf L 108 15 cm	5 Kampfsätze 1 le.Abt. auf K 360 lFH				
ab y+50				mit 4 Abt. beob. Feuer n. Gef.-Verlauf 1080 lFH 280 sFH	mit 1 Abt. Nbl. auf F 1200 15 cm Nbl.	Nbl. durch 1 Abt. auf D 1200 lFH Nbl. mit 3 Abt. nach Gef.-Verlauf 720 lFH 280 sFH 80 10 cm Kan.		
ab y+65 bis zum 1. Stellgs.-wechsel der Abt.		beob. Feuer nach Gef.-Verlauf 576 lFH 288 sFH mit 1 le.Abt. Nbl. auf Q 1200 lFH Nbl.	Nbl. auf M, N, O N, O, P 3000 15 cm Nbl.					
Zeit frei-bleibend	2 Min.					2 Kampfsätze auf D, E 432 lFH 112 sFH 32 10 cm Kan.		
Munitionsmenge		5760 lFH 2020 sFH 1200 lFH Nbl.	1726 lFH 3000 15 cm Nbl.	5184 lFH 1296 sFH	1080 15 cm 1200 15 cm Nbl.	3960 lFH 1096 sFH 368 10 cm 1200 lFH Nbl.	576 15 cm 1200 15 cm Nbl.	450 21 cm
Munition für Art.-Bekämpfung mit III./818 und 2 10 cm Battr. durch Geb.Arko 132 1440 lFH 960 10 cm Kan.								
Munition gesamt	Artillerie: Werfer:	16324 lFH 3414 15 cm		4412 sFH 456 12 cm		1328 10 cm Kan. 5400 15 cm Nbl.		2400 lFH Nbl.

Erläuterungen zum Feuerplan

Anhang G

von Karl Kreutz,
ehem. Kommandeur SS-Artillerie-Regiment 2 der SS-Panzerdivision „Das Reich"

1. Die Buchstaben hinter dem Wort „Vernichtungsfeuer" bezeichnen die jeweiligen Zielräume, auf die das Feuer der je Ziel verfügbaren Artillerieverbände zeitlich zusammengefaßt wird.

2. Der Feuerplan wurde vom „Arko" (= Artilleriekommandeur) aufgestellt. Vor einem Großangriff wurde dem ranghöchsten Artilleristen eines Korps oder einer Armee die für diesen Angriff verfügbare gesamte Artillerie unterstellt. Dasselbe galt für einen Arko in einem Verband, der nur zeitweise für einen bestimmten, begrenzten Auftrag zusammengestellt war.

3. Kampfsätze:
Ein Kampfsatz war diejenige Anzahl von Granaten, die ein Geschütz in einer Minute mit Höchstgeschwindigkeit abfeuern konnte:

        a) lFH (leichte Feldhaubitze, 10,5 cm)   : 6 Schuß
        b) sFH (schwere Feldhaubitze, 15 cm)   : 4 Schuß
        c) 10 cm Kanone   : 5 Schuß

Demnach 1 Abteilung lFH : 12 Geschütze   = 72 Schuß
              1 Abteilung sFH : 8 Geschütze   = 32 Schuß
              1 Batterie 10 cm Kan. : 4 Geschütze   = 20 Schuß

(Anmerkung: 1 Schwere Abt. war seinerzeit gegliedert in: 2 Batterien sFH und 1 Battr. 10 cm Kan. Gut ausgebildete Kanoniere haben diese Höchstgrenzen leicht überschreiten können.)

4. Salven:
Diese Bezeichnung galt nur für die Werferwaffe (meist Nebelwerfer genannt). Der Abschuß der 6 Rohre eines 15 cm Werfers erfolgte je Batterie zentral durch einen speziellen elektr. Zündapparat.
1 Salve je Werfer-Abteilung: 106 Schuß in 2 bis 3 Sekunden.

5. Y, Y + 3, usw.:
Y   = Uhrzeit des Beginns der Feuerschläge bzw. des Angriffs insgesamt.
Y + 3 = Dauer des befohlenen Feuerschlages für Vernichtungsfeuer: 3 Minuten.

6. Überprüfung der errechneten Schießgrundlagen für die zugewiesenen Ziele des Feuerplans. Die neu eingetroffenen Art.-Verbände hatten folgende Möglichkeiten:

a) Sie übernahmen von bereits in Stellung befindlichen Art.-Einheiten deren schon erschossene Schießgrundlagen und übertrugen sie nach entsprechender Korrektur auf die eigenen Stellungen.

b) Sie errechneten, auf sich allein gestellt, nach Plan (Karte) die jeweiligen Schießgrundlagen für die verschiedenen Ziele und überprüften die Richtigkeit durch einzelne beobachtete Schüsse, entweder auf den Zielraum selbst oder – besser – auf einen Zielraum neben dem eigentlichen Ziel, um dem Gegner nicht das eigentliche Ziel zu verraten.

7. Beobachtetes Feuer:
Nach dem Ablauf des Planfeuers erfolgte die Unterstützung der angreifenden Verbände durch beobachtetes Feuer von den einzelnen Beobachtungs-Stellen (B-Stellen) der Abteilungen, Batterien oder Vorgeschobenen Beobachter (VB). Die VB begleiteten den Angriff vorn und unterstützten ihn durch das Feuer ihrer Batterien bzw. durch Feuerzusammenfassungen ihrer Abteilungen.

Anhang G 8. Bekämpfung feindlicher Artillerie:
Sie erfolgte durch:

a) Nebelschießen auf Geländeteile, auf denen feindl. B-Stellen zu vermuten waren, um den Gegner zu blenden und dadurch gezieltes Feuer auf die eigenen Angriffsverbände zu erschweren oder für eine befristete Zeit unmöglich zu machen.

b) Vernichtungsfeuer eigener Artillerie auf Feuerstellungen, die durch eigene Beobachtungs-Abt. oder -Batterien mit Hilfe ihrer Schall- oder Lichtmeßverfahren erkannt und errechnet worden waren. Diese Einheiten verfügten über Spezialisten auf ihren B-Stellen, die mit ihren Spezialgeräten feindliche Artillerie während deren Feuertätigkeit feststellen konnten. Sie arbeiteten zur Bekämpfung mit bestimmten Art.-Einheiten zusammen, die für die Bekämpfung nach Reichweite und Kaliber geeignet waren.

Karl Kreutz, Kommandeur des Panzer-Artillerie-Regiments „Das Reich"

Panzerartillerie in Feuerstellung – Selbstfahrlafetten

Erläuterungen zur artilleristischen Tagesmeldung zu Seite 177/178   Anhang H

1) Abprallerschießen:

Das Schießen mit Abprallern gegen nicht eingegrabenen Feind erhöht die Splitterwirkung erheblich.

Hierzu wird an jeder Granate eine Verzögerungszeit eingestellt, die bewirkt, daß das Geschoß beim Aufprall auf dem Boden nicht sofort detoniert, sondern für den Bruchteil einer Sekunde weiterfliegt, aufsteigt und dann in der Luft zerspringt.

Voraussetzung für das Abprallerschießen: eine genügend flache Flugbahn und/oder hierfür geeignetes Zielgelände.

2) Feuerzusammenfassungen:

a) Y−60 bis Y+6: Beginn des Vorbereitungsfeuers für den Angriff 1 Stunde davor und bis 6 Minuten danach.

b) Die Bezeichnungen „Tiefe R" und „Tiefe T" sowie „Flanke R" und „Flanke T" bezeichnen vermutlich Ziele in der Tiefe und Flanke der beiden Divisionen „Das Reich" und „Totenkopf".

c) Kampfsatz:

Das ist die Bezeichnung für jene Anzahl von Granaten, die je Geschütz in einer Minute mit Höchstgeschwindigkeit abgeschossen werden können:

- bei leichter Feldhaubitze (lFH 18) : 6 Schuß
- bei schwerer Feldhaubitze (sFH 18): 4 Schuß
- bei 10-cm-Kanone 18   : 5 Schuß
- bei 21-cm-Mörser   :

Der 21-cm-Mörser war eine hervorragende Schwerpunktwaffe.

3) Störungsfeuer:

Es wurde in einem bestimmten Zeitraum entweder als beobachtetes Feuer oder als Planschießen (ohne Beobachtungsmöglichkeit) auf ausgewählte Ziele oder Zielräume eingesetzt, entweder, um den Gegner weiter in Deckung zu zwingen oder ihn in rückwärtigen Räumen in seinen Bewegungen oder vermuteten Vorhaben zu stören.

4) YP6B3:

Planquadratbezeichnung für Flugzeugbeobachter, die in diesen Zielräumen feindliche Batterien bekämpft hatten, bzw. durch Artilleriebeobachter einer Lichtmeßbatterie der Division „Totenkopf".

Voraussetzung für letztere Bekämpfungsart: Die Abschüsse einer Feindbatterie müssen von mindestens 2 Lichtmeß-Beobachtungsstellen (B-Stellen) gleichzeitig erkannt werden. Die Genauigkeit der Schießgrundlagen zur Bekämpfung einer erkannten Feindbatterie wächst mit der Zahl der B-Stellen, die das gleiche Ziel angemessen haben.

Die 8,8-cm-Flak war wegen ihrer Reichweite und der flachen Flugbahn (hohe Anfangsgeschwindigkeit) hierzu gut geeignet.

5) Salvengeschütz:

Meist Nebelwerfer genannt. Eine 15-cm-Werfer-Batterie bestand aus 6 Werfern, je Werfer 6 Rohre, kreisförmig auf einer Rundplatte angebracht. (Daneben gab es noch: 21-, 28- und 32-cm-Werfer). Neben dem 15-cm-Werfer auf Einachs-Lafette gab es von gleichem Kaliber noch den 15-cm-Panzer-Werfer mit 10 Rohren je Werfer. Batterien dieser Art verfügten über meist 8 Werfer = 80 Rohre je Batterie.

Die Zündung je Werferbatterie erfolgte über einen elektrischen Zündapparat, der durch Kabel mit den Werfern verbunden war. Somit konnte eine 15-cm-Werfer-Abteilung (3 Batterien) in

Anhang H 10 Sekunden 108 Schuß auf ein einziges Flächenziel abfeuern. Damit wurde erreicht, daß schlagartig niedergehendes Massenfeuer (ohne Einschießen durch die Werferbatterie) auf ein Ziel eingesetzt werden konnte.

6) Überprüfung der errechneten Schießgrundlagen für die zugewiesenen Ziele des Feuerplans. Die neu eingetroffenen Art.-Verbände hatten folgende Möglichkeiten:

a) Sie übernahmen von bereits in Stellung befindlichen Art.-Einheiten deren schon erschossene Schießgrundlagen und übertrugen sie nach entsprechender Korrektur auf die eigenen Stellungen.

b) Sie errechneten, auf sich allein gestellt, nach Plan (Karte) die jeweiligen Schießgrundlagen für die verschiedenen Ziele und überprüften die Richtigkeit durch einzelne beobachtete Schüsse, entweder auf den Zielraum selbst oder – besser – auf einen Zielraum neben dem eigentlichen Ziel, um dem Gegner nicht das eigentliche Ziel zu verraten.

7) Beobachtetes Feuer:
Nach dem Ablauf des Planfeuers erfolgte die Unterstützung der angreifenden Verbände durch beobachtetes Feuer von den einzelnen Beobachtungs-Stellen (B-Stellen) der Abteilungen, Batterien oder Vorgeschobenen Beobachter (VB). Die VB begleiteten den Angriff vorn und unterstützten ihn durch das Feuer ihrer Batterien bzw. durch Feuerzusammenfassungen ihrer Abteilungen.

8) Bekämpfung feindlicher Artillerie:

a) Nebelschießen auf Geländeteile, auf denen feindl. B-Stellen zu vermuten waren, um den Gegner zu blenden und dadurch gezieltes Feuer auf die eigenen Angriffsverbände zu erschweren oder für eine befristete Zeit unmöglich zu machen.

b) Vernichtungsfeuer eigener Artillerie auf Feuerstellungen, die durch eigene Beobachtungs-Abteilungen oder -Batterien mit Hilfe ihrer Schall- oder Lichtmeßverfahren erkannt und errechnet worden waren. Diese Einheiten verfügten über Spezialisten auf ihren B-Stellen, die mit ihren Spezialgeräten feindliche Artillerie während deren Feuertätigkeit feststellen konnten. Sie arbeiteten zur Bekämpfung mit bestimmten Art.-Einheiten zusammen, die für die Bekämpfung nach Reichweite und Kaliber geeignet waren.

K. Kreutz

Abkürzungsverzeichnis — Anhang I

Abkürzungen im Kriegstagebuch, die auch in Zusammensetzungen vorkommen
(Beispiel: Pz. = Panzer, Rgt. = Regiment oder zusammen Panzerregiment)

A.A.	Aufklärungsabteilung	i. A.	im Auftrag
A.Abt.	Armeeabteilung	i. V.	in Vertretung
Abt.	Abteilung	Ia	1. Generalstabsoffizier, Führungsabteilung
Abw.	Abwehr		
AHQu	Armeehauptquartier	Ib	2. Generalstabsoffizier, Quartiermeisterabteilung
AK	Armeekorps		
AOK	Armeeoberkommando	Ic	3. Generalstaboffizier, Feindaufklärung und Abwehr
AN-Führer	Armeenachrichtenführer		
Arko	Artilleriekommandeur	IIa	Adjutant
Art.	Artillerie	III	Gericht
Aufkl.	Aufklärung	IVa	Intendantur
		IVb	Arzt
Battr.	Batterie	V	Kraftfahrwesen
Bef.	Befehl	Inf.	Infanterie
Bhf.	Bahnhof	ID	Infanteriedivision
B-St.	Beobachtungsstelle	IR	Infanterieregiment
Btl.	Bataillon	Ic/Lw	3. Generalstabsoffizier, Luftwaffe
Bv.TO.	Bevollmächtigter Transportoffizier	IG	Infanteriegeschütz
Brüko.	Brückenkolonne	i.G.	im Generalstab
Beob.	Beobachtung		
Brig.	Brigade (russ.)	IL 2	Schlachtflieger (russ.)
		JPz.	Jagdpanzer
Chef	Chef des Generalstabes	k.	kurz
Dg.	Durchgangsstraße	Kdo.	Kommando
Div.	Division	Kan.	Kanone
DR	„Das Reich"	Kav.	Kavallerie
		Kdr. d. Ntr.	Kommandeur der Nebeltruppe
Feldgen.	Feldgendarmerie	KG	Kommandierender General
FH	Feldhaubitze	KNA	Korpsnachrichtenabteilung
Flak	Fugabwehrkanone	Korück	Kommandant rückwärt. Armeegebiet
F.P.N.	Feldpostnummer	Kodeis	Kommandant Eisenbahn
Flivo	Fliegerverbindungsoffizier	Kgr.	Kampfgruppe
Fl.W.	Flammenwerfer	Kp.	Kompanie
FS	Fernschreiben	Krad	Kraftrad
FSpr.	Funkspruch	KTB	Kriegstagebuch
Füs.	Füsilier	KW	Kampfwagen
		Kwk	Kampfwagenkanone
GAR	Gardeartillerieregiment (russ.)	LAH	„Leibstandarte"
Geb.	Gebirgs-	Lb.Ausw.	Lichtbildauswertung
Gef.	Gefangene	le.	leicht
Gef.Std.	Gefechtsstand	lg.	lang
geh.	geheim	LAGG 3	Jagdflugzeug (russ.)
GFM	Generalfeldmarschall	LKW	Lastkraftwagen
gel.	geländegängig		
g.Kdos.	geheime Kommandosache	MG	Maschinengewehr
Gen.	General	mot.Z	motorisiert mit Zugkraftwagen
Gen.Kdo.	Generalkommando	MPi.	Maschinenpistole
gep.	gepanzert	N, Na., Nachr.	Nachrichten
Ger.	Gerät	Nbl.	Nebel
Gren.	Grenadier	Nbl.W.	Nebelwerfer
Gr.W.	Granatwerfer	NV	Nachrichtenverkehrauswertung
GSD	Gardeschützendivision (russ.)		
GSR	Gardeschützenregiment (russ.)	o.	ohne
Gde.	Garde (russ.)	OO	Ordonnanzoffizier
		O1	1. Ordonnanzoffizier (usw.)
Harko	Höherer Artilleriekommandeur (bei Armee)	OB	Oberbefehlshaber
H.Gr.	Heeresgruppe	Obkdo.	Oberkommando
HKF	Hauptkampffeld	OKH	Oberkommando des Heeres
HKL	Hauptkampflinie	OKW	Oberkommando der Wehrmacht
HVP	Hauptverbandsplatz	Op.	Operation

Anhang I

OT	Organisation Todt	„T"	„Totenkopf"	
O.U.	Ortsunterkunft	Tr.	Trupp, Truppen	
		T 34	Panzer (russ.)	
Pak	Panzerabwehrkanone			
Pi.	Pionier	U-Raum	Unterkunftsraum	
Pkw.	Personenkraftwagen			
Pz.	Panzer	verst.	verstärkt	
Pz.II,III,IV,V,VI	Panzertypen (z.B. VI = Tiger)	V.P.	Vorausbefördertes Personal	
Pz.Bü.	Panzerbüchse			
Pz.Jg.	Panzerjäger	Wa.Mun.	Waffen und Munition	
		WuG	Waffen und Gerät	
Qu.	Quartiermeister	WR	Werferregiment	
		„Wiking"	5. SS-Panzer-Grenadier-Division	
Radf.	Radfahr, -er			
Res.	Reserve	Zgkw.	Zugkraftwagen, Zugmaschine	
Rgt.	Regiment			
RSO	Raupenschlepper Ost	Richtungsbezeichnungen:		
s.	schwer	N	Nord	
Salv.Gesch.	Salvengeschütz (russ.)	NNO	Nordnordost	
San.	Sanitäts-	O	Ost	
Schtz.	Schützen	o	ostwärts	
SD	Schützendivision (russ.)	OSO	Ostsüdost	
Sfl.	Selbstfahrlafette	S	Süd	
SPW	Schützenpanzerwagen	SSW	Südsüdwest	
SR	Schützenregiment (russ.)	W	West	
St.G., Stu.Gesch.	Sturmgeschütz	w	westlich	
Str.	Straße	WNW	Westnordwest	
Stukaleit.	Sturzkampfflieger-Leitoffizier			

Anhang J

Quellenverzeichnis

G. K. Schukow, „Erinnerungen und Gedanken", APN-Verlag, Moskau.
Liddell Hart, „Geschichte des Zweiten Weltkrieges", Fourier VVA.
v. Manstein, „Verlorene Siege", Bernhard & Graefe.
K. Cerff, „Waffen-SS im Wehrmachtbericht", Munin Verlag.
Dr. Klink, „Das Gesetz des Handelns – Operation Zitadelle", Deutsche Verlagsanstalt.

Ungedruckte Quellen:

Bundesarchiv-Militär-Archiv, Freiburg RS 2-2, RS 1, RS 2-3/1, RS 3-3, RS 3-36; Pz.AOK 4: 49417, 51492 und 62754; RH 21-1, RH 19 V, RH 21-7.

Anhang K

Verzeichnis der Karten

Lage der 4. Panzerarmee und der Armee-Abt. „Kempf" am 3.7.1943	S. 39
Lage am 4.7.1943 abends	S. 40
Verlauf am 6.7.1943, Lage am 5.7. 1943 II. SS-Pz.-Korps	S. 42
Verlauf am 7.7.1943, Ausgangsstellungen vom 6.7.1943 II. SS-Pz.-Korps	S. 71
Feindlage vor Armee-Abt. „Kempf" vom 8.7.1943	S. 72
Entwicklung der Lage am 8.7.1943, Lage 7.7.1943 abends	S. 81
Verlauf des 9.7.1943, Aufträge für den 10.7.1943 II. SS-Pz.-Korps	S. 82
Versorgungslagekarte II. SS-Pz.-Korps 10.7.1943	S. 101
Lage der 4. Panzerarmee und Armee-Abt. „Kempf" am 10.7.1943 abends	S. 102
Verlauf des 11.7.1943, erreichte Räume am 10.7.1943	S. 104
Verlauf des 12.7.1943, Lage am 11.7.1943 abends	S. 115
Feindlage Stand 12.7.1943	S. 116
Verlauf des 13.7.1943, Lage am 11.7.1943	S. 137
Feindlage Stand 15.7.1943 Armee-Abt. „Kempf"	S. 138
Bereitstellungs- und Angriffsplan für den 24.7.1943	S. 187
Ablauf der Marschbewegungen II. SS-Pz.-Korps vom 18. bis 22.7.1943	S. 188
Minenübersicht nach dem Stand vor Einbruch des Gegners	S. 197
Luftbild vom 24.7.1943	S. 198
Feindlage Einbruchsfront Mius Stand 27.7.1943	S. 209
Verlauf des 31.7.1943, Ausgangsstellung am 30.7.1943	S. 210
Verlauf des 2.8.1943	S. 235

DIE WAFFEN-SS IN WORT UND BILD

WENN ALLE BRÜDER SCHWEIGEN
Großer Bildband über die Waffen-SS
604 S. – 1.116 Fotos, Karten, Uniformtafeln – geb. im Atlas-Großformat – € 65,–. – Der Opfergang aller 38 Divisionen.

DIE LEIBSTANDARTE IM BILD
320 S. – viele s/w. Abb. – Text deutsch u. englisch – geb. im Atlas-Großformat – € 36,80. – Der älteste Truppenteil der Waffen-SS, die „Leibstandarte SS Adolf Hitler", an allen Fronten.

BEFEHL DES GEWISSENS
Charkow – Winter 1943
348 S. – viele s/w. Abb. und farb. Karten – geb. im Atlas-Großformat – € 36,80. – Ein unverstellter Blick auf die damaligen Ereignisse.

FRONTKÄMPFER
SS-Panzergrenadier-Regiment 3 „Deutschland"
320 S. – viele s/w. Abb. u. Karten – geb. im Atlas-Großformat – € 36,80. – Von Polen über den Rußlandfeldzug bis hin zu den Verteidigungskämpfen 1944/45.

DIE GUTEN GLAUBENS WAREN
4. SS-Polizei-Panzergrenadier-Division im Bild
224 S. – viele s/w. Abb. – geb. im Atlas-Großformat – € 29,80. – Ein bleibendes Denkmal für Tapferkeit und Kameradschaft.

E.G. KRÄTSCHMER
DIE RITTERKREUZTRÄGER DER WAFFEN-SS
832 S. – viele s/w. Abb. – geb. im Großformat – € 49,80. – Im Zweiten Weltkrieg wurden 465 Soldaten der Waffen-SS mit dem Ritterkreuz ausgezeichnet. Dieses Werk stellt jeden einzelnen von ihnen vor.

NIKOLAUS V. PRERADOVICH
DIE GENERALE DER WAFFEN-SS
288 S. – viele s/w. Porträtfotos – geb. im Großformat – € 25,95. – Die rund 100 höchsten Waffen-SS-Führer stellt das vorliegende Nachschlagewerk in Text und Bild in Einzelbiographien vor.

PETER SCHUSTER (HRSG.)
SS-STURMBANNFÜHRER HELMUT SCHREIBER
Hitlerjugend-Führer, Ritterkreuzträger, Träger der Nahkampfspange in Gold. Zeitgeschichte in Bildern
160 S. – s/w. Abb. – geb. im Atlas-Großformat – € 22,80.

WILHELM TIEKE
TRAGÖDIE UM DIE TREUE
Kampf und Untergang des III. (germ.) SS-Panzer-Korps
248 S. – s/w. Abb. – geb. im Großformat – € 22,80. – SS-Freiwillige werfen ihr junges Leben im Kampf gegen den Bolschewismus in die Waagschale.

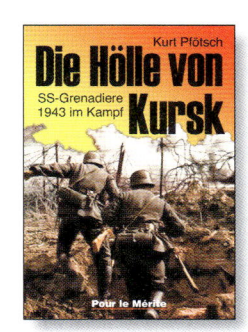

KURT PFÖTSCH
DIE HÖLLE VON KURSK
SS-Grenadiere 1943 im Kampf
256 S. – s/w. Abb. – geb. im Großformat – € 25,95. – Ein aufwühlendes Tagebuch, das in der Kriegsliteratur seinesgleichen sucht.

PIONIERE DER WAFFEN-SS IM BILD
248 S. – viele Abb. – geb. im Atlas-Großformat – € 29,80. – An allen Brennpunkten des Krieges waren sie unter den schwierigsten Bedingungen im Einsatz; immer an vorderster Front, zahlten sie einen hohen Blutzoll.

ERNST AUGUST KRAG
AN DER SPITZE IM BILD
Späher – Aufklärer – Kradschützen in den Divisionen der Waffen-SS
262 S. – s/w. Abb. – geb. im Atlas-Großformat – € 29,80. – 400 Fotos legen Zeugnis ab, wie die Einheiten der Waffen-SS kämpften.

EDITION ZEITGESCHICHTE

Edition Zeitgeschichte • Postfach 52 • 24236 Selent • Tel.: 04384/59700 • Fax: 04384/597040

ZEITGESCHICHTE IN WORT UND BILD

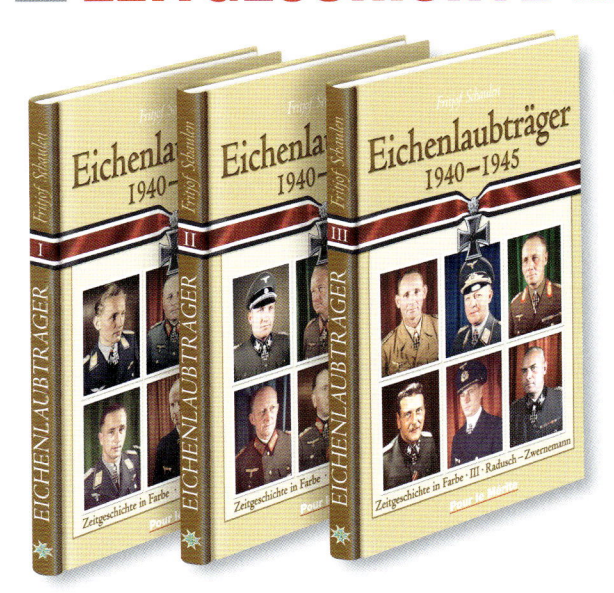

Fritjof Schaulen
Eichenlaubträger 1940–1945

Zeitgeschichte in Farbe. – Das 1813 erstmalig als höchste preußische Kriegsauszeichnung gestiftete Eiserne Kreuz wurde 1939 erneuert und in seiner Erweiterung als „Ritterkreuz mit Eichenlaub" bis Kriegsende an insgesamt 882 Soldaten verliehen. Die dieses Ehrenzeichen erhielten, gelten unter Militärhistorikern als die besten Soldaten ihrer Epoche. Von über 350 von ihnen liegen durch glückliche Umstände hochkarätige Farbfotos vor. Alle in dieser Trilogie abgebildeten Eichenlaubträger werden mit Kurzbiographien gewürdigt und in gestochen scharfen, meist unveröffentlichten farbigen Porträts gezeigt.

Band I
Abraham – Huppertz. – 160 S., durchgängig vierfarbig, geb. im Atlas-Großformat.
€ 25,95

Band II
Ihlefeld – Primozic. – 160 S., durchgängig vierfarbig, geb. im Atlas-Großformat.
€ 25,95

Band III
Radusch – Zwernemann. – 160 S., durchgängig vierfarbig, geb. im Atlas-Großformat.
€ 25,95

Die gesamte Trilogie zum Sonderpreis:
Alle drei Bände nur € 65,90 (Sie sparen € 11,95!)

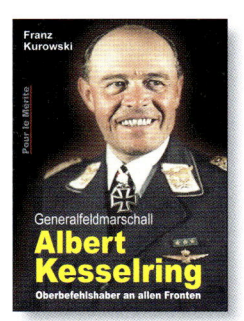

FRANZ KUROWSKI
GENERALFELD-MARSCHALL ALBERT KESSELRING
Oberbefehlshaber an allen Fronten
352 S. – viele s/w. Abb. – geb. im Großformat – € 25,95. – Die Einsätze eines der höchstrangigen Befehlshaber der Wehrmacht.

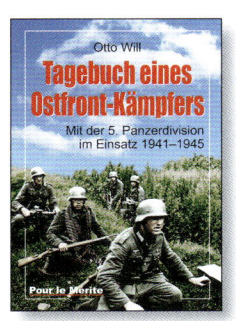

OTTO WILL
TAGEBUCH EINES OSTFRONT-KÄMPFERS
Mit der 5. Panzerdivision im Einsatz 1941–1945
320 S. – viele farb. Abb. – geb. im Großformat – € 25,95. – Packend schildert der hochdekorierte Autor den Frontalltag des Zweiten Weltkrieges.

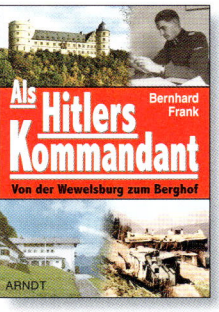

BERNHARD FRANK
ALS HITLERS KOMMANDANT
Von der Wewelsburg zum Berghof
288 S. – viele farb. Abb. – geb. im Großformat – € 25,95. – 1943 wird der Autor als Kommandant zum Obersalzberg befohlen.

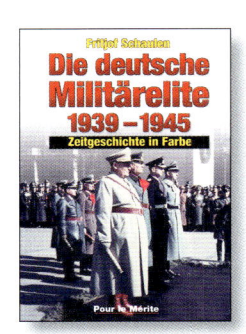

FRITJOF SCHAULEN
DIE DEUTSCHE MILITÄRELITE 1939–1945
Zeitgeschichte in Farbe
160 S. – durchgängig farbig – geb. im Atlas-Großformat – € 25,95. – Bildband mit unveröffentlichten Farbfotos der Oberbefehlshaber, von Heerführern und Schwerter-Trägern.

PETER STOCKERT
DIE DEUTSCHEN GENERALFELD-MARSCHÄLLE UND GROSSADMIRALE 1936–1945
Zeitgeschichte in Farbe
176 S. – durchgängig vierfarbig – geb. im Atlas-Großformat – € 25,95.

PETER STOCKERT
DIE BRILLANTENTRÄ-GER DER DEUTSCHEN WEHRMACHT 1941–1945
Zeitgeschichte in Farbe
176 S. – durchgängig farbig – geb. im Atlas-Großformat – € 25,95. – Alle 27 Träger der Brillanten werden in Wort und Bild biographisch gewürdigt.

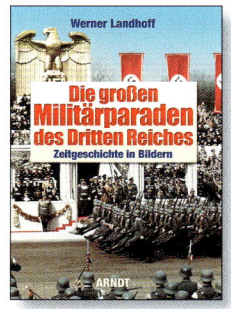

WERNER LANDHOFF
DIE GROSSEN MILITÄRPARADEN DES DRITTEN REICHES
Zeitgeschichte in Bildern
160 S. – s/w. u. farb. Abb. – geb. im Atlas-Großformat – € 25,95. – In sensationellen Fotos erwachen die Paraden des Dritten Reiches zu neuem Leben.

WERNER LANDHOFF
GROSSDEUTSCHER REICHSKRIEGERTAG 1939
Zeitgeschichte in Bildern
160 S. – s/w. u. farb. Abb. – geb. im Atlas-Großformat – € 25,95. – Großaufmarsch aller Waffengattungen in Kassel in einem sensationellen Farbbildteil.

EDITION ZEITGESCHICHTE

Edition Zeitgeschichte • Postfach 52 • 24236 Selent • Tel.: 04384/59700 • Fax: 04384/597040

DIE WAFFEN-SS IN WORT UND BILD

ALBERT FREY
ICH WOLLTE DIE FREIHEIT
Erinnerungen des Kommandeurs des SS-Panzergrenadierregiments 1 der „Leibstandarte"
538 S. – viele s/w. Abb. – geb. im Großformat – € 29,80. – Erinnerungen, die nichts verklären und nichts verteufeln.

KOMPANIE-KAMERADSCHAFT (HRSG.)
DIE 3. KOMPANIE
Im Einsatz beim SS-Panzerregiment 12 der 12. SS-Panzerdivision „Hitlerjugend"
160 S. – viele s/w. Abb. – geb. im Großformat – € 19,95. – Die Geschichte der 3. Kompanie des SS-Panzerregiments 12.

ALBERT SUDHOFF
FREIWILLIG ZUR WAFFEN-SS
Ein Angehöriger der SS-Panzeraufklärungsabteilung 11 erinnert sich
208 S. – viele s/w. Abb. – geb. im Großformat – € 19,95. – Als SS-Panzeraufklärer im Osten im Einsatz.

RALF TIEMANN
CHRONIK DER 7. PANZERKOMPANIE
An vorderster Front in der 1. SS-Panzerdivision „Leibstandarte SS Adolf Hitler"
320 S. – viele s/w. Abb. – geb. im Großformat – € 25,95. – Der Leser erlebt die Dramatik verbissener Panzerduelle.

HANS STÖBER
DIE EISERNE FAUST
Chronik der 17. SS-Panzergrenadierdivision „Götz von Berlichingen"
176 S. – viele s/w. Abb. – geb. im Großformat – € 19,95. – Das Tagebuch schildert militärisch kurz und sachlich das Kriegsgeschehen.

MICHAEL REYNOLDS
EIN GEGNER WIE STAHL
Das I. SS-Panzerkorps in der Normandie 1944
304 S. – davon 16 s/w. Bilds. – geb. im Großformat – € 25,95. – Selten ist der Waffen-SS solche Reverenz erwiesen worden wie von dem Briten Reynolds.

SS-KAVALLERIE IM OSTEN
Vom 1. SS-Totenkopf-Reiterregiment zur SS-Reiter-Brigade Fegelein
208 S. – ca. 300 s/w. Abb. – geb. im Atlas-Großformat – Schutzumschlag – € 39,95. – Nachdruck des Originals von 1943.

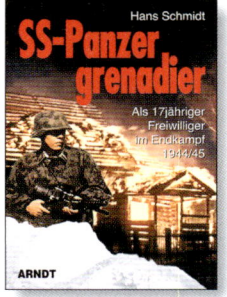

HANS SCHMIDT
SS-PANZER-GRENADIER
Als 17jähriger Freiwilliger im Endkampf 1944/45
288 S. – viele s/w. Abb. – geb. im Großformat – € 25,95. – Eine umfassende Würdigung der Leistungen und Opfer der Männer der Waffen-SS.

JEAN MABIRE
BERLIN IM TODESKAMPF 1945
Französische Freiwillige der Waffen-SS als letzte Verteidiger der Reichskanzlei
400 S. – viele s/w. Abb. – geb. im Großformat – € 25,95. – Erschütternde Schilderung des Endkampfes um Berlin.

RÜDIGER W.A. FRANZ
KAMPFAUFTRAG: „BEWÄHRUNG"
Das SS-Fallschirmjäger-Bataillon 500/600 1943–1944
384 S. – viele s/w. Abb. – geb. im Großformat – € 25,95. – Die Einsätze einer Bewährungseinheit der Waffen-SS.

HENRY PEDERSEN
GERMANISCHE FREIWILLIGE
Als dänischer Waffen-SS-Mann an der Ostfront
208 S. – viele s/w. Abb. – geb. im Großformat – € 19,95. – Der dänische Autor meldet sich 1941 freiwillig zur 5. SS-Division „Wiking".

HERMANN NIEDERLEIG
MIT DER LEIBSTANDARTE AM FEIND
Meine Fronteinsätze bei der „Leibstandarte SS Adolf Hitler" und der 25. Waffen-Grenadier-Division der SS „Hunyadi"
192 S. – viele s/w. und farb. Abb. – geb. im Großformat – € 24,–.

EDITION ZEITGESCHICHTE

Edition Zeitgeschichte • Postfach 52 • 24236 Selent • Tel.: 04384/59700 • Fax: 04384/597040

DIE WAFFEN-SS IN WORT UND BILD

Illustrierte Fachzeitschrift über die Waffen-SS

Kostenloses Probeexemplar anfordern!

Informationen über die Waffen-SS gibt es weder im Geschichtsunterricht der Schule noch in Zeitungen oder im Fernsehen. Lediglich das ZDF erweckt den Anschein, in seinen sogenannten Dokumentationen unter der Leitung von Guido Knopp über Geschichte zu informieren. Bei näherer Betrachtung stellt sich heraus: Es handelt sich dabei um blanke Desinformation. Dem stellen wir uns mit DMZ ZEITGESCHICHTE entgegen. Diese neue Zeitschrift wendet sich vertieft einer militärischen Eliteeinheit zu, die im Streit der Meinungen hart umkämpft ist. Die Vokabeln reichen von „verbrecherisch" (Nürnberger Tribunal) bis zu „Soldaten wie andere auch" (Konrad Adenauer). DMZ ZEITGESCHICHTE will sich dieser Diskussion stellen: Mit gut recherchierten Fakten wird über die Waffen-SS und ihre Verbände aufgeklärt und informiert. Nüchtern, sachlich, historisch einwandfrei. Alle Beiträge sind reich bebildert, die Texte beruhen auf Erlebnisberichten ehemaliger Soldaten und berücksichtigen jüngste Forschungserkenntnisse. 68 S., A4. Eine geballte Ladung an Informationen für nur € 46,80 im Jahr!

Alles Wissenswerte über die Waffen-SS finden Sie alle 2 Monate in DMZ ZEITGESCHICHTE:

- Verbände
- Führende Köpfe
- Bewaffnung und Uniformierung
- Auszeichnungen
- Kriegsschauplätze
- Nachkriegsschicksale

EDITION ZEITGESCHICHTE

Edition Zeitgeschichte • Postfach 52 • 24236 Selent • Tel.: 04384/59700 • Fax: 04384/597040

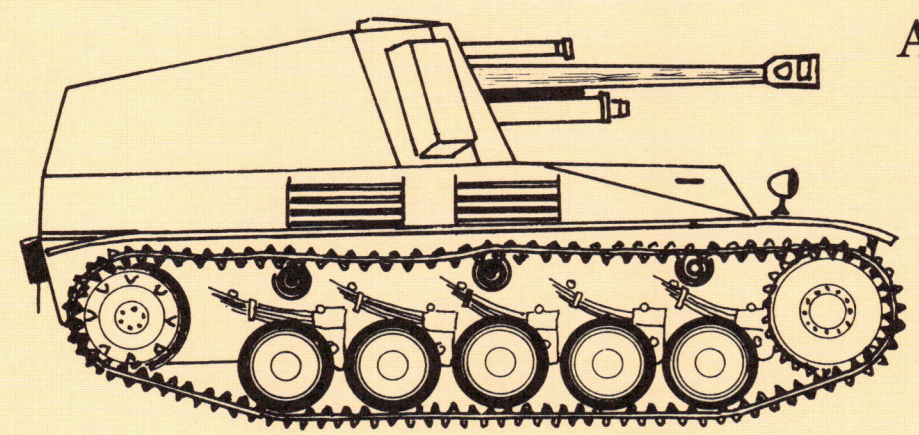

An der Offensiv
beteiligte d
gepanzerte F

„10,5 cm le. Feldhaubitze 18/2 auf Geschützwagen II" (Sd.Kfz. 124) „Wespe"

Gewicht:	11 t	Länge: 4,810 m
Motor:	140 PS	Breite: 2,280 m
Kraftstoff:	200 ltr. einschl. Reservetank	Höhe: 2,300 m
Fahrbereich: Straße: 220 km, Gelände: 150 km		Bewaffnung: 1 le. F.H. 18 M
Panzerung: Front: 18 mm; Turm: 10 mm; Seite: 15 mm		Besatzung: 5 Mann

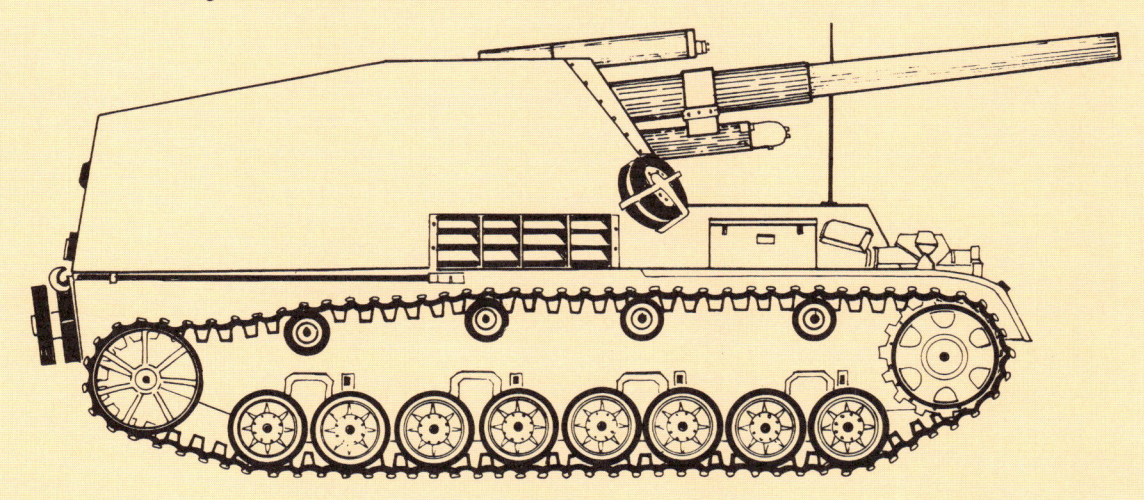

„15 cm Feldhaubitze 18/1 auf Geschützwagen III/IV" (Sd.Kfz. 165) „Hummel"

Gewicht:	24 t	Länge: 7,170
Motor:	265 PS	Breite: 2,970 m
Kraftstoff:	470 ltr. einschl. Reservetank	Höhe: 2,810 m
Fahrbereich: Straße: 215 km, Gelände: 130 km		Bewaffnung: 1 s. F.H. 18
Panzerung: Front: 20 mm; Turm: 10 mm; Seite: 20 mm		Besatzung: 6 Mann

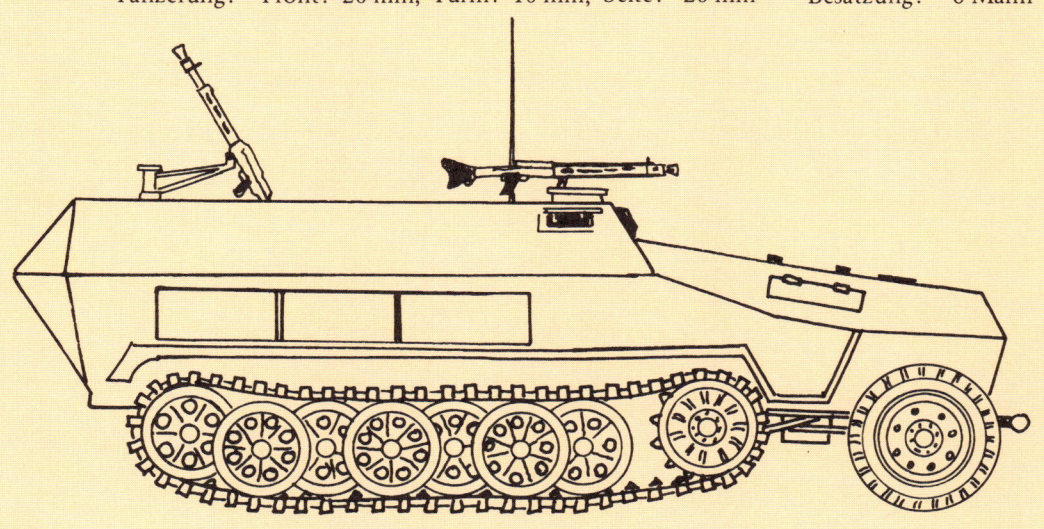

„Mittlerer Schützenpanzerwagen (Sd.Kfz. 251/1)" – für 1 Gruppe mit 2 le MG 42

Gewicht
des Fahrzeuges: 9,0 t
Motor: 120 PS
Kraftstoffmenge: 160 ltr.
Fahrbereich
pro Füllung: Straße: 300 km, Gelände: 150 km
Länge: 5,80 m Breite: 2,10 m Höhe: 1,75 m

Panzerung: Front: 14,5 mm
Seite: 8,0 mm
Boden: 5,5 mm
Dach: 5,5 mm

Besatzung a): 12 Mann = 1 Gruppe mit 2 le. MG
b): 11 Mann = 2 s. MG-Bedienungen
Bewaffnung: bei a): 1 Bord-MG
2 le. MG
1 MPi
bei b): 1 Bord-MG, 2 s. MG,
1 Bord-MPi, 2 MPi der Gruppe